Spanish for Health

WORKTEXT

Shirley Melston
Niagara County Community College

Margaret M. Spadinger, MS, RN, ANP
Roswell Park Cancer Institute
Millard Fillmore Hospital

Sophie Knab, MS, RN
Kaleida Health–Buffalo General Hospital

Heinle & Heinle
Thomson Learning

United States • Australia • Canada • Denmark • Japan • Mexico • New Zealand
Philippines • Puerto Rico • Singapore • Spain • United Kingdom

The publication of the *Spanish for Life* Worktext was directed by the Heinle & Heinle College Foreign Language Publishing Team:

Wendy Nelson, Senior Acquisitions Editor
Stephen Frail, Marketing Manager
Esther Marshall, Senior Production & Development Editor Supervisor
Jennifer Aquino, Developmental Editor

Also participating in the publication of this program were:

Publisher: **Vincent P. Duggan**
Associate Marketing Manager: **Kristen Murphy-Lojacono**
Senior Manufacturing Coordinator: **Mary Beth Hennebury**
Project Manager: **Susan Lake**
Composition: **Greg Johnson, Art Directions**
Illustrator: **Len Shalansky**
Cover Designer: **Ha Nguyen**
Cover Illustration: **Christie's Images/Superstock**
Text Printer/Binder: **Phoenix Color Corp.**

Copyright © 2000 Heinle & Heinle, a division of Thomson Learning, Inc.
Thomson Learning™ is a trademark used herein under license.

All rights reserved. No part of this work covered by the copyright hereon may be reproduced or used in any form or by any means—graphic, electronic, or mechanical, including photocopying, recording, taping, or information storage and retrieval systems—without the written permission of the publisher.

> For permission to use material from this text contact us:
> Web: www.thomsonrights.com
> Fax: 1-800-730-2215
> Phone: 1-800-730-2214

Heinle & Heinle Publishers
20 Park Plaza
Boston, MA 02116

UK/EUROPE/MIDDLE EAST	**LATIN AMERICA**	**JAPAN**
Thomson Leaning	Thomson Learning	Thomson Learning
Berkshire House	Seneca, 53	Placeside Building, 5F
168-173 High Holborn	Colonia Polanco	1-1-1 Hitotsubashi, Chiyoda-ku
London, WCIV 7AA,	11560 México D.F. México	Tokyo 100 0003, Japan
United Kingdom		

AUSTRALIA/NEW ZEALAND	**ASIA (excluding Japan)**	**SPAIN**
Nelson/Thomson Learning	Thomson Learning	Thomson Learning
102 Dodds Street	60 Albert Street #15-01	Calle Magallanes, 25
South Melbourne	Albert Complex	28015-Madrid
Victoria 3205 Australia	Singapore 189969	España

CANADA
Nelson/Thomson Learning
1120 Birchmount Road
Scarborough, Ontario
Canada MIK 5G4

ISBN: 0-8384-0747-1

Printed in Canada

1 2 3 4 5 6 7 8 9 03 02 01 00

Scope and Sequence

Capítulo		Communicative Functions	Vocabulary
Capítulo preliminar: **Bienvenidos a la clase de español: El mundo de la salud y la medicina**	1	• Greet people • Say your name and say good-bye • Identify cognates	• Greetings • Good-byes • Cognates
Capítulo 1: **Los hispanos en los Estados Unidos: En la sala de espera y el consultorio**	7	• Identify people in the waiting room and office • Identify and describe objects and people in the doctor's office • Ask questions about important data relating to patients including telephone numbers and addresses	• Objects and people in the waiting room • Objects in the receptionist's office • Question words and personal data
Capítulo 2: **Cuba y los Cubanos: En el consultorio y la farmacia**	21	• Tell and ask how patients are • Describe location of medical buildings and areas of hospital • Tell where you are going in the hospital and what you are going to do for the patient • Tell a patient what he or she has to do • State the number of pills, tablets, etc. a patient must take	• Adjectives of health and conditions • Health conditions using the verb **tener** • Recommendations from the doctor • Objects and medicines in the pharmacy or drugstore • List of common generic medications
Capítulo 3: **México y los mexicanos: Diagnósticos comunes**	37	• Describe patients' everyday activities and common illnesses • Express dates for appointments and dates of birth • Describe patients' preferred activities and how weather affects allergies	• Common illnesses and activities that help to make a diagnosis • Words to make appointments at the doctor's or specialist's office • Preferred activities of patients, names of allergies, weather conditions
Capítulo 4: **La República Dominicana y los dominicanos: La salud y los problemas cardiovasculares**	55	• Express symptoms related to the heart • Maintain good cardiovascular health • Make and keep a schedule in the doctor's office	• Nouns, verbs, and adjectives related to the heart, its functions, and problems • Activities for maintaining good cardiovascular health • Scheduling words and time references for making appointments, schedules, etc.

Capítulo		Communicative Functions	Vocabulary
Capítulo 5: **Puerto Rico y los** **puertorriqueños: La nutrición** **y la dieta**	73	• Request and plan a healthy diet • Describe the problems of being diabetic and requesting a healthy diet • Compare various foods and body types for optimum health	• Food groups and diets • Diabetic diet • Good health
Capítulo 6: **El Salvador y los** **salvadoreños: El cuarto** **del hospital y la sala** **de examen**	89	• Tell what is going on in the hospital room using the present progressive tense • Explain what is happening to patients and family members using direct object pronouns • Give commands to a child in an examination room and hospital room using the **tú** form	• Objects in the hospital room and typical activities • Family members, visitors, rules and activities in the hospital • Instructions to children, the examination room, and general instruments
Capítulo 7: **Colombia y los colombianos:** **Los accidentes y las** **heridas**	105	• Narrate what occurred at an accident • Relate injuries from the accident scene • Tell how long ago aspects of the accident occurred	• Accidents • Injuries • Ambulance and rescue
Capítulo 8: **Guatemala y los guatemaltecos: Primeros auxilios**	117	• Talk about accidents in the home • Explain how to use first-aid techniques • Relate first-aid measures at the scene of an injury or medical situation	• Objects used in first aid and related verbs • First-aid maneuvers and activities including the Heimlich maneuver • Common injuries, poisons, and natural disasters requiring on-the-scene first aid
Capítulo 9: **El Perú y los peruanos:** **La sala de emergencia**	131	• Instruct patients to remove clothing and prepare for physical examination • Explain the physical exam to the patient • Fill out forms for hospital records	• Articles of clothing and reflexive verbs • Verbs for the physical exam • Insurance and admissions
Capítulo 10: **Argentina y los argentinos:** **La pediatra**	145	• Ask about the medical history of an adolescent • Ask about children's health • Talk about babies' health	• Medical problems and medical history of adolescents • Diseases and medical problems of younger children • Health terms and care for babies

Capítulo		Communicative Functions	Vocabulary
Capítulo 11: Costa Rica y los costarricenses; Honduras y los hondureños: La salud mental, el trabajo social, el alcoholismo y la drogadicción	159	• Narrate social and mental health problems • Speak about alcoholism • Ask for help for drug addiction	• Basic psychiatric terms and social work: emotions • Verbs and nouns related to symptoms and consequences of alcoholism • Drug addiction therapy, clinics, and self-help
Capítulo 12: Nicaragua y los nicaragüenses; Panamá y los panameños: La radiografía y las otras pruebas médicas	173	• Use **Ud.** commands to instruct patients for medical tests • Give instructions for patients to prepare for medical tests • Report opinions and diagnosis on the results of medical tests	• Instructive verbs for patients undergoing medical tests and medical test vocabulary • Nouns and verbs relating to preparing for a medical test • Vocabulary for reporting test results
Capítulo 13: Venezuela y los venezolanos: La salud de la mujer: La ginecología y la planificación familiar	185	• Express recommendations for female reproductive health, pelvic exams • Discuss stages of a woman's life: puberty through postmenopause • Talk about family planning and sexually transmitted diseases	• Pelvic exam • Nouns for medical tests and verbs to talk about results, stages of life • Family planning and related emotions, sexually transmitted diseases
Capítulo 14: España y los españoles: La sala de operaciones	197	• Express opinions on surgical outcomes • Express directions and activities of the surgical team • Express the purpose of surgical instruments and procedures	• Types of surgeries • Surgical team • Surgical instruments and post-operation
Capítulo 15: Chile y los chilenos: El cuidado en casa, el sida y el cáncer	211	• Discuss healthcare set-ups and getting home care • Discuss cancer and its treatments and progression • Discuss AIDS and its treatments and progression	• Home-care equipment, home-care workers • Types of cancer, treatments, tests • AIDS symptoms, HIV
Capítulo 16: Bolivia y los bolivianos: El cuidado de los ancianos y la salud del hombre	223	• Use of gentle commands to speak to the elderly and family about housing • Ask about recent health problems mostly associated with the elderly • Talk about men's health problems	• Housing and care units for the elderly • Health problems and diseases of the elderly • Urology and other men's health issues

Capítulo		Communicative Functions	Vocabulary
Capítulo 17: **Ecuador y los ecuatorianos;** **Guinea Equitorial y los** **guineanos: El embarazo** **y la planificación familiar**	237	• Talk about having a baby, prenatal care • Instruct a pregnant woman in labor • Talk about family planning and postnatal care	• Nouns and verbs dealing with pregnancy and prenatal care • Verbs for giving commands to a woman in labor and the delivery • Family planning and postnatal care
Capítulo 18: **Paraguay y los paraguayos;** **Uruguay y los uruguayos:** **La clínica del dentista y** **la óptica**	251	• Discuss dental problems • Discuss hypothetical situations and dental problems • Discuss optometry	• Dental equipment and prostheses • General care of the teeth and dental diseases • Optical vocabulary and diseases of the eye

Apéndice A: 265
La anatomía humano

Apéndice B: 272
¡Escuchemos! Tapescript

Answer Key   283

Vocabulario español–español   294

Vocabulario inglés–español   303

Preface

Features of the Worktext

The *Spanish for Health Worktext* contains eighteen chapters, as well as a preliminary chapter. Each chapter's country and grammatical focus correspond directly to the *Spanish for Life* Textbook. The *Spanish for Health Worktext* provides additional vocabulary in the domain of health-related fields, organized by theme, and provides opportunities to use this material in authentic contexts while keeping in mind the grammar of the textbook.

Each of the eighteen chapters is divided into four lessons. The first three lessons share the same structure, while the fourth section synthesizes the various thematic elements of chapter and provides additional opportunities for communication.

Chapter Format

Each of the first three lessons includes:

- *Vocabulario:* Vocabulary lists are organized thematically according to the theme of the chapter.
- *Diálogo:* These contextualized dialogues can be used for reading, speaking, or listening practice. For listening practice, an audio program, on cassettes, accompanies the worktext. Each dialogue integrates both the grammar of the textbook and the vocabulary of the lesson. Each dialogue is followed by comprehension questions, called ¿**Comprende?**
- *¡Practiquemos!:* These activities practice vocabulary and grammar. Activity types include fill-in-the-blanks, matching exercises and filling out health-related documents and forms.
- *¡Escuchemos!:* This contextualized listening activity asks you to listen for specific information or to respond to personalized questions you hear. Listening selections are inspired by real-world situations, including hospital and office settings, dialogues, and answering machine messages.
- *¡Hablemos!:* In this open-ended, personalized speaking task, you will use the vocabulary presented in the chapter in an authentic health-related context. These tasks include mini-presentations, Dr./RN and patient dialogues, answering personalized questions, and role-playing situations relevant to health-related fields.
- *La situación:* This interactive activity provides you with a real-life situation where you put into practice the vocabulary and grammar you've studied in the lesson to formulate appropriate solutions.
- *¿Sabía Ud... ?:* These information boxes give you important and interesting facts related to the health-world and to the particular theme of the chapter.
- *Nota cultural:* These culture notes include practical information related to the country profiled in the chapter as well as the theme of the chapter.

The final section of each chapter, *Síntesis*, contains the following:

- *¡A leer!:* These reading selections are preceded by **Antes de leer** section and followed by ¿**Comprende?**, comprehension and discussion questions. Readings include a variety of documents, articles from Spanish-speaking health journals, and other health-related materials.
- *Se necesita traductor (a):* These activities give you the opportunity to translate practical health-related documents and/or dialogues that you will encounter in any health-related career. The translations reflect the topic and theme of the chapter.

- *Correo electrónico* and ***Contestador automático:*** These activities allow you to negotiate in Spanish over both email and voicemail within a health field context. You'll read "emails" and hear a voice-mail message; and then you will demonstrate comprehension by responding with a written message.
- *Mi agenda:* These activities give you the opportunity to personalize your study of Spanish with chapter-related topics and suggestions. A variety of agendas are included to appeal to various student needs. You are also directed to seek information on the *Spanish for Life* web site regarding each chapter's particular presentation topic.
- *Para discutir:* These discussion topics relate to both the culture and the language you studied in the chapter. The topics are designed to allow for input from classmates, instructors, study groups, and so on.

Appendices

- Diagrams of all the major human systems as well as particular parts of the human body with Spanish and English labels
- Tapescripts for the **¡Escuchemos!** and **Contestador automático** for every chapter
- Answer key for the activities in every chapter
- *Glossary:* Spanish/English and English/Spanish

Nombre _____ Fecha _____

Bienvenidos a la clase de español: El mundo de la salud y la medicina

CAPÍTULO
Preliminar

In this chapter you will learn:

COMMUNICATIVE FUNCTIONS
- Greet people
- Say your name and say good-bye
- Identify cognates

VOCABULARY
- Greetings
- Good-byes
- Cognates

BEFORE YOU BEGIN:

You will be using the anatomy diagrams found in Appendix A on page 265 throughout this text, because the vocabulary for parts of the body will not be repeated in the chapters. As soon as you learn the Spanish pronunciation system, practice saying the parts of the body. You may also want to make your own set of flash cards with the Spanish word on one side and the English word on the other to help you to memorize this vital information.

Before you start this or any chapter, be sure to read the corresponding chapter in your coretext. There you will find all the necessary details regarding pronunciation, alphabet, and grammar. Then, you can apply that knowledge to the more specific material provided in your health worktext.

Bienvenidos a la clase de español: El mundo de la salud y la medicina

❖ Vocabulario

señor (Sr.)	Mr.	¿Qué tal?	How are you? (rather informal), How's it going?
señora (Sra.)	Mrs.		
señorita (Srta.)	Miss	¿Cómo está usted?	How are you? (formal to one person)
el doctor/el médico	the doctor (male)		
la doctora/la médica	the doctor (female)	¿Cómo andas?	How are you? (informal to one person)
Buenos días./Buen día.	Good morning.		
Buenas tardes.	Good afternoon.	Muy bien.	Very well.
Buenas noches.	Good evening., Good night.	No muy bien.	Not very well.
¡Hola!	Hello!, Hi!	Así así./Regular.	So, so.
		mal	not good, bad, poorly

CAPÍTULO PRELIMINAR 1

Nombre _____ Fecha _____

muy mal	*very bad, very poorly*	Hasta mañana.	*See you tomorrow.*
gracias	*thank you*	Hasta luego.	*See you later.*
me llamo	*my name is*	Hasta la vista./Hasta pronto.	*See you soon.*
¿Cómo se llama?	*What is your name?*		
Adiós.	*Good-bye.*	**Expresiones**	***Expressions***
Chao./Chau.	*So long. (popular in Spain and Argentina)*	buena suerte	*good luck*
		perdón	*pardon, excuse me*

1. Diálogo. Buenos días. ¿Cómo se llama usted?

Listen to the following dialogue, which shows the very first things you would say to your patient or client when you first see him or her. Mr. Ricardo and Dr. García are formal in their manner of greeting each other because they are not close, personal acquaintances. (Mr. Ricardo's eight-year-old son is with him in the doctor's office.)

¡OJO! (This word literally means "eye," but it also means "watch out." ¡OJO! will appear whenever there is a particularly difficult point about Spanish that needs further explanation or that you need to be especially aware of in the health or medical world.) Since you are in the health care profession, the answers to "How are you?" are often going to be negative because your patient isn't feeling well. Nevertheless, no matter what the situation is, you would be expected always to greet the person and inquire about his or her health. Later you will learn phrases to help you respond to many different circumstances regarding health conditions.

SR. RICARDO: Buenos días, doctor García. Me llamo Juan Ricardo.
DR. GARCÍA: Buenos días, señor Ricardo. ¿Cómo está usted?
SR. RICARDO: Regular.
DR. GARCÍA: ¡Hola! ¿Cómo te llamas? ¿Qué tal?
JUAN: Me llamo Juan. Estoy muy bien, gracias. ¿Y usted?
DR. GARCÍA: Muy bien.

■ ¿Comprende? *(Do you understand?)*

1. Is it morning, afternoon, or evening when Dr. García and Mr. Ricardo greet each other? _____

2. How is Mr. García feeling? _____

3. How does Dr. García greet Juan? How is it different from the greeting he gave to his father?

2. ¡Practiquemos! *(Let's practice!)*

(This section gives you writing practice utilizing the grammar from the coretext and the vocabulary from this section of the Health worktext.)

If you were the doctor, how would you greet the following patients who come into your office? Note the time of day. Also, more than one greeting may be appropriate.

Nombre _____ Fecha _____

(Note that in most cases in the ¡**Practiquemos**! section, you will have a **modelo**, an example, that will show you the format that you should use for your answers.)

MODELO: 8:00 A.M., señora López
Buenos días.

1. 2:00 P.M., señor Gómez _____
2. 5:00 P.M., Rosita, a five-year-old girl _____
3. 10:00 A.M., señorita Emelda _____
4. 8:00 P.M. when your office is closing, señora Bermúdez _____
5. 4:30 P.M., señora Colón _____

3. ¡Escuchemos! *(Let's listen!)*

(In this section, you will always hear a short dialogue or announcement in Spanish. You are not expected to understand every word but rather to understand the gist of the selection. Then you will be asked to do a specific activity related to the selection. Note that the tape cassette icon signals you to use the tape that accompanies your worktext.)

¿Cómo está Ud.? Listen to the dialogue between Dr. Colón and Mr. Martín. Then listen again and fill in the blanks with the missing phrases.

DRA. COLÓN: _____ _____, señor Martín.

SR. MARTÍN: _____ _____, doctora.

DRA. COLÓN: ¿Cómo está usted?

SR. MARTÍN: _____, gracias. ¿Y usted?

DRA. COLÓN: Muy bien, _____.

4. ¡Hablemos! *(Let's talk!)*

(In this section, you will have the opportunity to use the spoken language. Usually the ¡**Hablemos**! section will allow you to communicate with a fellow classmate, switching roles so that each of you has a chance to act out each part.)

¡Buenos días! ¡Hasta luego! Practice greeting your classmates or saying good-bye. One of you can be the doctor and the other can be the patient. State how each person feels. Then switch roles.

MODELO: señora López, 8:30 A.M., poorly
    DOCTOR(A): *Buenos días, señora López. ¿Cómo está usted?*
    PACIENTE: *Mal. ¿Y usted?*
    DOCTOR(A): *Muy bien, gracias.*

1. señora Carrera, 9:30 A.M., very well
2. María, a six-year-old, 3:00 P.M., very poorly
3. Carlos, a 14-year-old, 7:30 P.M. as he leaves the office, well
4. your colleague Dra. Marán, 10 P.M.
5. señorita Martín, 10:30 A.M., so-so
6. señor Sánchez, whom you will see in the morning

CAPÍTULO PRELIMINAR

Nombre _____ Fecha _____

⇄ 5. La situación *(The situation)*

(In this section, you will be presented with a real-life situation in which you can use the Spanish that you have learned in each chapter. Answers will vary, but you can try out your solutions with other members of the class or with your instructor to test your communication skills.)

¿Cómo está su paciente? You are a doctor who usually relies on a Spanish-speaking nurse to help you interpret when you have a Hispanic patient. However, your nurse is late today and you have to try to find out as much as you can from your first patient, an elderly lady. Greet her and ask her name. Tell her your name. Ask how she is feeling. Is there anything else you can say to her?

¿Sabía Ud. que... ? (Did you know . . . ?)

(In this section, you will learn about the cultural aspects of the Hispanic world. Usually this information will relate to medical or health issues. Make sure to check your coretext for further cultural notes that relate to everyday Hispanic life for each Spanish-speaking country. Remember that understanding the cultural information is just as important as learning how to use the Spanish language.)

Greetings are very important in the Hispanic culture. In the United States, we are sometimes rather casual about if, how, and when we greet other people. However, under all circumstances when you say hello in Spanish, you would be expected to use the greetings that you have learned. Note that greetings differ depending on the person's age and the formality of the situation. You would rarely use **¿Qué tal?** with an adult patient. You would also be expected to greet the receptionist in a polite, formal manner.

Nota cultural (Cultural note)

(The **Nota cultural**, appearing after every **¿Sabía Ud. que... ?** in each section of every chapter, presents various cultural notes relating to the country profiled in the chapter as well as to the theme of each chapter.)

In the Hispanic world there are many different dialects just as there are many different pronunciations and differences in vocabulary in English depending on where the speakers live. Nevertheless, all speakers of Spanish can understand each other. However, there may be vocabulary words that are more common in one country than in another. For example, the word for *peach* in most parts of the Hispanic world is **melocotón**, but **durazno** is favored in Central America. As speakers of Spanish become more assimilated into the Anglo culture, they may borrow English words and convert them into Spanish words either by using Spanish spelling or pronunciation. Sometimes these words are referred to as Spanglish. Frequently they will not be recognized by speakers of Spanish in their native countries. For example, the word **grocería** is used in the U.S. to mean *grocery store*. This is a problem in Spanish because **grosería** with a different spelling but the same pronunciation means *gross words or expressions*. Less harmful are the adaptations of words like **admisiones** for *admissions* at a hospital instead of using **ingresos**. You need to be aware of these differences. Your book signals many of these variations and preferences for you.

¡OJO! Las palabras afines *(The cognates)*

As you have learned in your coretext, cognates are words that are similar in Spanish and English. Sometimes the words are written exactly the same, such as **doctor**. Sometimes there is a minor difference because the word has an accent mark, such as **región** or **lesión**, and sometimes the word is

Nombre _____ Fecha _____

spelled differently. You can learn what to look for and make a safe guess as to its meaning. A huge percentage of medical words fall into these categories, because most of English medical terminology comes from Latin, which is the root of the Spanish language. This fact works to your advantage and you will be able to increase your medical vocabulary base very quickly. However, it is crucial that you learn to pronounce these words in *Spanish* so that your Spanish-speaking listeners can understand you and you can understand them! Check your coretext for word endings, prefixes, and other clues that will help you identify and pronounce these words.

Watch out for *false cognates*! They can be deceiving. These words may look like English words, but they have different meanings. The awareness of false cognates is very important in the medical world where mistakes can be embarrassing at best and life threatening at worst! Keep an ongoing list of these problem words as you encounter them in your studies.

The following cognates are spelled the same in English and Spanish, but the pronunciation is different!

bacteria	humor	oral	viable
cardiovascular	iris	pectoral	yoga
doctor	kilo	regular	zinc (or cinc)
enema	libido	saliva	
flexible	malaria	temporal	
gastritis	neural	urticaria	

Palabras afines con ortografía distinta o con acentos	***Cognates with different spelling or accents***
anormal	*abnormal*
accidente	*accident*
bicarbonato	*bicarbonate*
cápsula	*capsule*
distensión	*distention*
endémico	*endemic*
fluido	*fluid*
gástrico	*gastric*
hemofilia	*hemophilia*
impuro	*impure*
litro	*liter*
microscopio	*microscope*
ortopédico	*orthopedic*
permanente	*permanent*
reumático	*rheumatic*
severo	*severe*
temperatura	*temperature*
uniforme	*uniform*
vena	*vein*
zona	*zone*

CAPÍTULO PRELIMINAR

Nombre _____ Fecha _____

Cognados falsos	***False cognates***
asistencia	*attendance (can also mean "assistance")*
embarazada	*pregnant (NOT embarrassed)*
cavidad	*cavity (body) (NOT dental cavity)*
constipado	*having a cold, stuffed up (NOT constipated)*
excusado	*usually refers to the toilet (can also mean "excused")*
fólico	*folic (NOT follicle)*
quieto	*still (NOT quiet)*

Expresiones	***Expressions***
¿Cómo se dice... en español?	*How do you say . . . in Spanish?*
Se dice...	*You say . . .*

Nombre _____ Fecha _____

Los hispanos en los Estados Unidos: En la sala de espera y el consultorio

CAPÍTULO 1

In this chapter you will learn:

COMMUNICATIVE FUNCTIONS
- Identify people in the waiting room and office
- Identify and describe objects and people in the doctor's office
- Ask questions about important data relating to patients including telephone numbers and addresses

VOCABULARY
- Objects and people in the waiting room
- Objects in the receptionist's office
- Question words and personal data

Transparency: A–6: Country Profile, **Los Estados Unidos**

A. En la sala de espera de la doctora Olmos

❖ Vocabulario

Objetos en la sala de espera	*Objects in the waiting room*
el asiento	seat
el consultorio	doctor's office
el despacho (de la recepcionista)	receptionist's office
el escritorio	desk
el formulario/la planilla/ la forma *(slang)*	form
la mesa	table, desk
la ventanilla	window (in the inner office)

Personas en la sala de espera	*People in the waiting room*
el/la doctor(a)	doctor (title)
el/la médico(a)	doctor (profession)
el/la paciente	patient

Expresiones	*Expressions*
encantado	pleased (enchanted to meet you)
mucho gusto	a pleasure (to meet you)
por favor	please
su nombre completo	your full name

Especialistas médicos	*Medical specialists*
el/la cardiólogo(a)	cardiologist
el/la endocrinólogo(a)	endocrinologist
el/la ginecólogo(a)	gynocologist
el/la neurólogo(a)	neurologist
el/la obstetra	obstetrician
el/la ortopedista	orthopedist
el/la pediatra	pediatrician

CAPÍTULO 1   7

Nombre _____ Fecha _____

1. Diálogo A. En la sala de espera de la doctora Olmos

Some patients are sitting in the waiting room of Dr. Olmos's office. Mrs. López has just arrived with her father, Mr. García, and her son, Tomás. They are at the receptionist's window.

RECEPCIONISTA: Buenos días.
SRA. LÓPEZ: Buenos días. Soy la señora López.
RECEPCIONISTA: ¿Es Ud. la paciente?
SRA. LÓPEZ: No, señorita. Mi padre *(My dad)*, el señor García, es el paciente.
RECEPCIONISTA: Su nombre completo, por favor.
SRA. LÓPEZ: Se llama *(His name is)* Antonio García y Martínez.
RECEPCIONISTA: Gracias, señora López. ¿Y el niño? *(And the little boy?)*. ¿Tú eres... ?
TOMÁS: Soy Tomás López García.
RECEPCIONISTA: Muy bien, Tomás. ¿Eres paciente de la doctora Olmos también *(also, too)*?
TOMÁS: Sí, señorita. Mi abuelo *(My grandfather)* y yo somos los pacientes hoy.

¿Comprende?

1. Who is the first patient? _____
2. What is his or her name? _____
3. Which of Antonio's last names would you use to alphabetize your files? _____
4. How does Tomas's last name show his relationship to his mother and grandfather? _____

¡OJO! For the most part you will only be using **usted** to address one patient and **ustedes** for more than one. You will probably only use the **tú** form with a child.

2. ¡Practiquemos!

A. ¡Hola! Indicate how you would address each of the following people, using **tú**, **usted**, or **ustedes**.

1. your 35-year-old patient _____
2. the doctor and her husband _____
3. your six-year-old patient _____
4. the salesman _____
5. your parents _____
6. two little girls _____

B. Muchas personas en el consultorio. After working in the doctor's office all day, Sara, your assistant, wants to tell you about herself and the different people who come into the waiting room. How will she start each sentence when referring to the following people? Give the appropriate subject pronoun and remember that you are talking *about* people, not addressing them.

1. Dr. Almedas _____
2. Sara herself _____
3. Mrs. López _____
4. the salesman _____
5. the cardiologist (female) _____
6. Mrs. López and her father _____

Spanish for Health Worktext

Nombre _____ Fecha _____

C. El verbo *ser*. Practice identifying different people by filling in the blank with the form of the verb *ser* that tells who the subject is. Check your coretext for the conjugation.

1. Carlos Sánchez y Guzmán _____ el paciente.
2. Yo _____ la recepcionista.
3. Ellos _____ los papás *(the parents, the mom and dad)*.
4. Tú _____ mi abuelo.
5. Nosotros _____ los amigos *(the friends)*.

3. ¡Escuchemos!

El (La) próximo(a) paciente. Listen to the next patient who enters the doctor's office and to the receptionist's replies. Then listen again and fill in the missing words below.

SR. COLÓN: Buenas tardes, señorita. _____ José Colón.

RECEPCIONISTA: Buenas tardes, señor Colón. ¿Su nombre _____, por favor?

SR. COLÓN: José Colón Robles.

RECEPCIONISTA: Muy bien. ¡Ah! ¿_____ Ud. el padre de María Colón Sánchez, la cardióloga?

SR. COLÓN: Sí, señorita. Soy _____.

RECEPCIONISTA: María _____ mi amiga del Hospital de Los Ángeles. Yo soy Carmen Rodríguez Martín. Mucho gusto.

SR. COLÓN: _____, señorita Rodríguez.

4. ¡Hablemos!

La conferencia médica. Assume that your entire class is at a medical conference and all of you are specialists in various areas of medicine. Either the instructor can assign a specialist role to each student or you can decide for yourself. Begin your conversation giving your name. Then ask the name of the person next to you, identify yourself as a specialist (chosen from the vocabulary list), and ask the other person what kind of specialist he/she is. Be careful of your noun endings.

¡OJO! Watch those accent marks! The words for medical specialists are usually more than two syllables, and you must note which syllable receives the emphasis. Practice the word before you begin.

MODELO: STUDENT A: *Hola, yo soy Martin Lansbury. Soy urólogo.*
STUDENT B: *Hola, soy Carolina Montez, soy cardióloga.*
STUDENT A: *Mucho gusto.*
STUDENT B: *Encantada.*

5. La situación

Recepcionista y paciente. Work with a classmate. One of you will be the receptionist and the other the patient. As the receptionist, you want to identify yourself and find out the complete name of the patient. Also ask which medical professional he/she is here to see. (Practice using the vocabulary for medical professionals listed in the vocabulary section.)

MODELO: *Buenos días. Soy Susana. ¿Está Ud. aquí para ver* (to see) *al pediatra?*

CAPÍTULO 1

Nombre _____ Fecha _____

¿Sabía Ud. que... ?

The rules that govern capitalization of nouns in Spanish may vary somewhat depending on the source you use. In many modern texts the titles of doctor, Mr., Mrs., etc. (**doctor**, **doctora**, **señor**, **señora**, etc.), are not capitalized unless they appear at the beginning of a sentence. **Viudo** and **viuda** (widow and widower) are titles that were used for people who had lost their spouses but are not as common today. The abbreviations are **vdo.** and **vda.**

Nota cultural

The term "Hispanic American" is a general term indicating people of Mexican, Puerto Rican, Cuban, Central American, South American, or some other Spanish origin, but there is no typical "Hispanic." Hispanic Americans have long been incorrectly grouped together as one general ethnic and cultural group. While they share the common bonds of a Spanish language, Catholic religion, and many of the same values, there is a great deal of diversity within these countries. When taking a health history or talking about the client, try to use identifiers that refer to the country of origin such as Cuban American, Guatemalan American, Peruvian American, etc. This can serve as a first step in becoming more culturally sensitive and recognizing the individuality of the client.

B. El presupuesto para la sala de espera y el despacho de la recepcionista

❖ Vocabulario

Objetos en el despacho y la sala de espera	*Objects in the waiting room and office*
el archivo	*file*
el archivador/el fichero	*file cabinet*
la agenda	*agenda, diary, datebook*
el armario	*closet, armoire*
la balanza	*scale*
la bandeja	*tray*
el bloc de papel (*pl.* bloques)	*pad, tablet of paper*
el bolígrafo (el boli)	*pen (ballpoint)*
la cinta adhesiva	*adhesive tape*
la computadora/ el ordenador *(Spain)*	*computer*
la cosa	*thing*
el diccionario médico	*medical dictionary*
el dinero	*money*
el dólar	*dollar*
el escritorio	*desk*
la farmacopea	*prescription book*
la ficha médica	*medical record*
la fotocopiadora	*photocopier*
el lápiz	*pencil*
el libro de citas	*appointment book*
la luz	*light*
la mesa	*table, desk*
el pañuelo	*handkerchief*
el pañuelo de papel	*tissue (paper)*
el papel	*paper*
la papelera	*wastebasket*
el presupuesto	*budget*
el reloj	*clock, watch*
la revista	*magazine*
el sacapuntas	*pencil sharpener*
Los materiales	**Materials**
el metal	*metal*
el plástico	*plastic*

Nombre _____   Fecha _____

Adjetivos	*Adjectives*	eficiente	*efficient*
amable	*kind*	eléctrico	*electric*
antiguo	*old, ancient*	feo	*ugly*
barato	*inexpensive, cheap*	necesario	*necessary*
bien educado	*well-mannered*	útil	*useful*
caro	*expensive*	viejo	*old*
cortés	*polite*		

1. Diálogo B. El presupuesto para la sala de espera y el despacho de la recepcionista

The receptionist, Carmen, needs to inventory the various articles in her office and the waiting room area. She is discussing some supplies with Dr. Sosa.

CARMEN: Dra. Sosa, aquí está el presupuesto de la sala de espera y del despacho exterior.
DRA. SOSA: ¡Ay! Es mucho dinero, ¿no, Carmen? ¿Son necesarias todas estas cosas *(all these things)*?
CARMEN: Sí, doctora. La papelera es vieja. Es de plástico y es fea. La papelera nueva es de metal.
DRA. SOSA: Costó quince dólares. Hoy en día *(Nowadays)* las cosas no son baratas. ¿Qué más? *(What else?)* Veinte bloques de papel, doce lápices. Muy bien. No son caros.
CARMEN: Las revistas de la sala de espera son viejas. Son caras pero son importantes para los pacientes.
DRA. SOSA: Claro. *(Of course.)* Compraremos *(We'll buy)* Hola, El Tiempo y Padres.
CARMEN: Una cosa más, doctora. La farmacopea es de hace dos años. ¿Pido *(Should I order)* la más reciente *(the most recent one)*?
DRA. SOSA: Sí, es necesaria. Gracias, Carmen.

■ ¿Comprende?

1. Dr. Sosa seems surprised by the budget for the waiting room and outer office. What words does she use to let you know how she feels? _____

2. How is the new waste basket different from the old one? _____

3. Why does Carmen think it's a good idea to order new magazines? _____

2. ¡Practiquemos!

A. Los artículos definidos. It is important to learn the word and its gender as you have seen in the coretext. Write the definite article (**el, la, los, las**) in front of these office items. Check the gender in the vocabulary section if you are not sure.

_____ papel   _____ consultorios

_____ lápiz   _____ bloques de papel

_____ luz   _____ pared

_____ formulario   _____ farmacopea

Nombre _____ Fecha _____

B. Artículos para la recepcionista. You are preparing the office for a new receptionist. Make a list of the items and how many of each she'll need for each part of the office. Write out the numbers.

MODELO: *doce lápices*

EN EL ESCRITORIO

_____

_____

_____

_____

_____

EN LA SALA DE ESPERA

_____

_____

_____

_____

_____

EN LA PARED

_____

_____

_____

_____

_____

EN EL FICHERO

_____

_____

_____

_____

_____

3. ¡Escuchemos!

Los artículos. Listen to the receptionist order a specific number of items for the office on the telephone. Then write the number of each item next to it. You should have 88 items in total.

_____ bloques de papel

_____ rollos *(rolls)* de cinta adhesiva

_____ sacapuntas eléctricos

_____ cajitas *(small boxes)* de pañuelos de papel

_____ bolígrafos

_____ revistas

_____ asientos

_____ mesa de madera

_____ papeleras de plástico

_____ ARTÍCULOS EN TOTAL

4. ¡Hablemos!

¿Qué es? With a partner in class, practice describing what an item is made of or what it is like. Then say where it is used. One student will describe the item and the other will try to guess what it is. Take turns asking the questions. Be creative: there could be more than one answer! Use the vocabulary list of adjectives and materials to help you.

MODELO: STUDENT A: *Es de papel y es para (for) la sala de espera.*
         STUDENT B: *¿Es la revista?*

Nombre _____ Fecha _____

⇄ 5. La situación

Un presupuesto. Make a budget for small supplies in the office. Select five items from the vocabulary list. Assign a realistic price to each item and decide on the quantity you need. Multiply the quantity by the price and add up the total. Then, work with a partner, dictating the information to see if you come up with the same numbers. Be careful that your numbers don't go over $30.00.

MODELO: 5 bolígrafos X $1.00 = $5.00

¡Sabía Ud. que... ?

In most of the Spanish-speaking world, numbers are written using dots to mark the thousands and commas to mark decimal points. Thus, the number 1,566.33 is written 1.566,33. This can cause confusion, especially for people whose country uses the opposite system.

Nota cultural

In some Latin American countries, it is the custom for a child to bear two family names: the last name is the mother's family name and the second-to-last name is the father's family name, which is the child's official surname. Therefore, a person named José Muñoz Gómez would be called **Señor Muñoz**. If a woman whose name is María García Rivera marries José Muñoz, she drops her mother's family name, retains her father's name and adds her husband's name, usually with a **de**, for example, **Señora María García de Muñoz**.

C. Arreglando el consultorio (Putting the office in order)

❖ Vocabulario

Adjetivos	**Adjectives**
activo	active
alegre	cheerful, happy
alto	tall
ambicioso	ambitious
bajo	short
delgado	thin
educado	well-mannered, educated
eficiente	efficient
exigente	demanding
gordito	chubby
joven	young
paciente	patient
pasivo	passive
pequeño	small
sensible	sensitive
simpático	nice
tímido	timid, shy

Sustantivos	**Nouns**
la calle	street
la carpeta	file folder
la cita/el turno	appointment
la compañía	company
la dirección	address

CAPÍTULO 1   13

Nombre _____ Fecha _____

Sustantivos	Nouns (cont.)		
el estado civil	marital status	el hospital	hospital
casado	married	el número de seguro social	social security number
divorciado	divorced	el seguro	insurance
soltero	single	el teléfono	telephone (number)
separado	separated	el/la visitador(a) médico(a)	salesperson (of pharmaceuticals)
viudo	widowed		

1. Diálogo C. Arreglando el consultorio

Dr. Reyes and Luz, the receptionist, are putting the office in order at the end of the day. Each has some questions about the patients and the office.

Dr. Reyes: Luz, ¿de quién es esta ficha?
Luz: Es del Sr. Gómez.
Dr. Reyes: ¿Quién es el Sr. Gómez?
Luz: Es el señor alto y delgado. Es diabético.
Dr. Reyes: Ah, sí. Ahora recuerdo. *(Now I remember.)* ¿De dónde es?
Luz: Es de Cuba.
Dr. Reyes: Casado, ¿verdad? ¿Cómo es la Sra. de Gómez?
Luz: Es una señora muy baja y amable.
Dr. Reyes: Luz, ¿cuál es el número de teléfono del Hospital de Miami?
Luz: Es 676-8240.
Dr. Reyes: ¿Cuál es la dirección de la farmacia Walgreen, por favor?
Luz: Calle Leo 235.
Dr. Reyes: Y una cosa más *(one more thing)*, ¿cuándo es la cita de los Deluca *(the Delucas)*?
Luz: Es mañana, doctor.
Dr. Reyes: Muchísimas gracias, Luz. Hasta mañana.
Luz: Buenas noches, Dr. Reyes.

¿Comprende?

1. Where is Mr. Gómez from? Which question words does Dr. Reyes use to ask this question? _____

2. What is Mrs. Gómez like? _____

3. When is the Delucas' appointment? _____

4. Which words do the doctor and Luz use to say good-bye for the day? _____

2. ¡Practiquemos!

A. ¡Riesgos! *(Jeopardy!)* Supply the question words for the following answers. Check your coretext for interrogative words.

1. La Sra. de Gómez es de Cuba. _____

Nombre _____ Fecha _____

2. El paciente es mi papá. _____

3. El diccionario médico cuesta veintiocho dolares. _____

4. El teléfono de la farmacia es 444-7890. _____

5. La cita con el visitador médico es mañana. _____

B. ¿De quién es? English speakers are often tempted to use the English construction 's to show possession. Review your coretext for this grammar point. State that each article shown below belongs to the person next to it.

MODELO: la Sra. Gómez   *Es la mesa de la señora Gómez.*

1. el Sr. Martín _____

2. el doctor _____

3. la vendedora _____

4. lss enfermeras _____

5. los pacientes _____

3. ¡Escuchemos!

Su información. A patient has arrived in the doctor's office and the receptionist has asked you to write down the information on the first page of the patient file as she asks the questions. Listen to what the receptionist is asking and fill in the form.

Nombre	_____
Apellidos	_____
Dirección	_____
Teléfono	_____
Estado civil	_____

CAPÍTULO 1   15

Nombre _____ Fecha _____

4. ¡Hablemos!

¿Quién es? The doctor has asked you to give her a short description of each patient and his/her address for her files before she comes into the examining room. With a partner, take turns playing the role of patient and receptionist. Find out the following information and report it back to the doctor (the class).

a. complete name
b. where he/she is from
c. his/her marital status
d. his/her address

5. La situación

El teléfono. You need to phone the homes of four different patients to give them some information that you promised and to obtain some information from the patient. Create your own numbers, addresses, and information. Practice with a partner, taking turns writing down each other's responses.

MODELO: Sr. Molino / dirección — pediatra / teléfono de su *(his/her/your)* farmacia
Sr. Molino, la dirección del pediatra es Calle Main 445. ¿Cuál es el teléfono de su farmacia?

1. Srta. Carreras / teléfono — la dermatóloga / dirección de su mamá
2. Sr. Juárez / dirección — el urólogo / teléfono de su farmacia
3. Sra. de López / nombre — la gastroenteróloga / dirección de su clínica
4. Sr. Sega / código postal — el ortopedista / nombre de su esposa *(wife)*

¿Sabía Ud. que...?

It is very important to dispel cultural and gender stereotypes. However, students should note that in the Hispanic world, certain jobs traditionally held by males are now seeing more and more females in the same role. But, the reverse is still rather uncommon. For example, a male receptionist in a doctor's office and a male primary school teacher are less common than in the United States.

Nota cultural

On the initial interview it is important for the health care provider to try and assess the degree to which an individual still believes and participates in the traditional medical practices of their original country. One of the most common beliefs is the hot-cold theory where illness, diseases, medicines, and food are designated as being either hot or cold (e.g., Mexican Americans). Have they seen a healer, a **curandero**, in their community prior to seeking help at your agency? It is important for health practioners to understand and integrate these traditional belief systems into the plan of care in order to improve health and compliance.

Nombre _____ Fecha _____

D. Síntesis: Por el mundo de la salud y la medicina

■ ¡A leer!

Antes de leer: What information do you need to pass on to the next shift if you have admitted a new patient?

Among the notes left for you by the night nurse is the following description of a new patient at the hospital where you work the early morning shift. Read the information and find out who the new patient is.

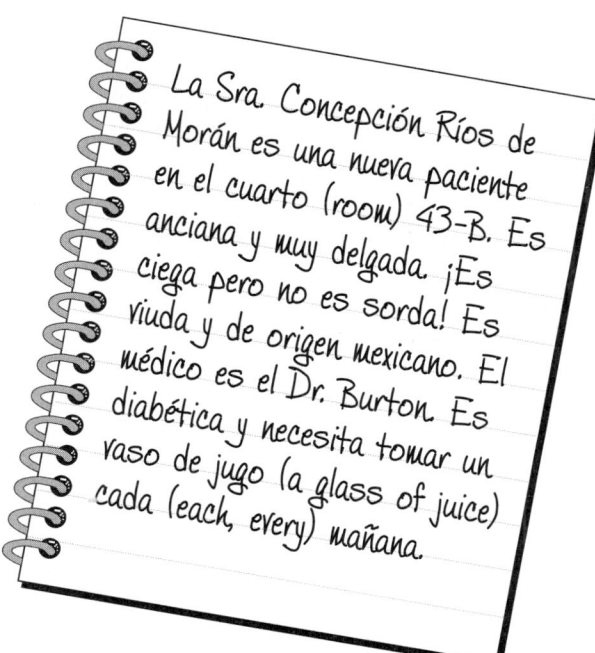

La Sra. Concepción Ríos de Morán es una nueva paciente en el cuarto (room) 43-B. Es anciana y muy delgada. ¡Es ciega pero no es sorda! Es viuda y de origen mexicano. El médico es el Dr. Burton. Es diabética y necesita tomar un vaso de jugo (a glass of juice) cada (each, every) mañana.

¿Comprende?

1. What is the patient's married name? _____
2. What is her marital status? _____
3. Where is she from? _____
4. What is her medical problem? _____

■ Se necesita traductor(a).

Una entrevista *(interview)*. Interview another student from your class as if you were the receptionist in a doctor's office. Ask the following questions in Spanish and then switch roles. Write down the information in order to verify that you have understood what he or she has said.

1. What is your full name? _____
2. Where are you from? _____
3. What is your address and telephone number? _____
4. What is your marital status? _____
5. When is your appointment? _____

CAPÍTULO 1   17

Nombre _____ Fecha _____

■ Correo electrónico

Su información médica. Mrs. Carrera is contacting you regarding some information for the medical files that you have transferred to her office.

De: carrera@ucsf.com
Para: usted@escríbame.com
Asunto: Información para la ficha médica de José Guevara Ramos
Mensaje:

Hola. Soy la Sra. Carrera, de la Clínica Prados. ¿Cuál es el nombre completo del Dr. Olmos? Es necesario para el formulario de la compañía de seguros del paciente José Guevara. También, ¿cuál es la dirección del consultorio del doctor y quién es su cardiólogo? Muchas gracias.

De: usted@escríbame.com
Para: carrera@ucsf.com
Asunto: Información del consultorio del Dr. Olmos
Mensaje:

_____
_____
_____
_____
_____
_____

■ Contestador automático

A. ¿Quién llama? Listen to the voice-mail from a receptionist in another doctor's office. María is giving you some information that you had asked for previously and is asking you a question that you will need to answer. Write down the information that she has left for you. Then prepare your answer for her for your next class.

MENSAJE TELEFÓNICO

¿Quién llama?
¿A quién llama?
Mensaje:

Nombre _____ Fecha _____

B. Para la próxima clase. For the next class, prepare to ask the telephone number and address of students in your class. Make sure that you can give yours.

Prepare a voice-mail that you want to leave for a pharmacy in Puerto Rico. Ask for their new address and zip code. Make sure to:

- identify yourself
- ask your two questions
- say where you are from
- leave your phone number

■ Mi agenda

A. A good way to learn vocabulary is to think of items in pairs or opposites such as *tall* and *short*, *good* and *bad*. Think of which qualities would describe the ideal doctor and do the same thing for the ideal nurse. Make one a female and one a male. Make sure that your adjectives agree!

B. Your personal information. Fill in the first lines of an insurance form with your own personal information. Practice saying the number.

PROMÉDICO
COMPAÑÍA DE SEGUROS MÉDICOS
CALLE LOS ROBLES, 345
MIAMI, FLORIDA 98984

Nombre y apellidos _____

Dirección _____
_____

Estado _____

Código postal _____

Teléfono _____

Número de seguro social _____

Estado civil _____

Nombre de su médico _____

■ Para discutir

Discuss in class the following problems that might occur when first learning Spanish. What solutions can you offer?

A. A Spanish-speaking patient reads an eye chart in your office. What do you need to keep in mind, especially in terms of the names of the vowels? Each student can make his or her own eye chart to practice with. Use a heavy marker pen so that you can see it clearly.

Nombre _____ Fecha _____

B. The vast majority of cognates in Spanish and English are extremely helpful in the medical world, but as you have seen, there are some that have unexpected meanings. Ask your instructor for more examples and also find out how to say the word that you really want. You can also use the glossary of your text or a bilingual dictionary to help you. Keep your lists for future reference. For example: If **embarazada** means *pregnant,* then how do you say *embarrassed*?

You can find information on the following web site: **http://spanishforlife.heinle.com**.

Nombre _____ Fecha _____

Cuba y los cubanos: En el consultorio y la farmacia

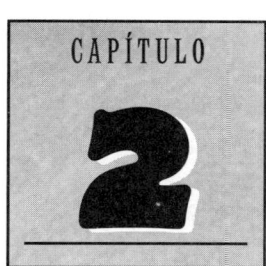
CAPÍTULO 2

In this chapter you will learn:

COMMUNICATIVE FUNCTIONS
- Tell and ask how patients are
- Describe location of medical buildings and areas of hospital
- Tell where you are going in the hospital and what you are going to do for the patient
- Tell a patient what he or she has to do
- State the number of pills, tablets, etc., a patient must take

VOCABULARY
- Adjectives of health and conditions
- Health conditions using the verb **tener**
- Recommendations from the doctor
- Objects and medicines in the pharmacy or drugstore
- List of common generic medications

Transparencies: A–2: **La América Central**; A–3: **El Caribe**; A–11: Country Profile, **Cuba**

A. En el consultorio: ¿Cómo está Ud.?

❖ Vocabulario

La salud con el verbo estar	**Health conditions with the verb estar**
agotado	exhausted
bien	well
caliente	hot (to the touch), feverish
cansado	tired
débil	weak
decaído	listless, without energy
deshidratado	dehydrated
dolorido	sore
encinta	pregnant
enfermo	sick
fatigado	fatigued (U.S.), short of breath
herido	wounded, hurt
incómodo	uncomfortable
mal	bad, not well
mareado	dizzy, nauseated, seasick
mejor	better
muerto	dead
nervioso	nervous
ocupado	busy
peor	worse
preocupado	worried
sudoso	sweaty
vivo	alive

CAPÍTULO 2   21

Otros adjetivos con *estar*	***Other adjectives with* estar**
a dieta	*on a diet*
alegre/contento	*happy*
avergonzado	*ashamed*
de vacaciones	*on vacation*
orgulloso	*proud*
triste	*sad*
Sustantivos: edificios médicos	***Nouns: medical buildings***
la clínica	*clinic*
la droguería *(U.S. colloquial)*	*drugstore*
la escuela (de medicina)	*school (of medicine)*
la farmacia	*pharmacy, drugstore*
El plano del hospital	***The hospital building map***
la cafetería	*cafeteria*
la capilla	*chapel*
la cirugía	*surgery*
el cuarto de hospital	*hospital room*
la sala de emergencia	*emergency room*
el ingreso/las admisiones *(U.S.)*	*admissions*
el/la operador(a)	*switchboard operator*
el laboratorio de radiología	*X-ray lab*
la radiografía	*radiography*
la sala de operaciones	*operating room*
la tienda de regalos	*gift shop*
Direcciones	***Directions***
a la derecha	*to the right*
a la izquierda	*to the left*
abajo	*below*
al lado de	*beside, next to*
arriba	*up, above*
debajo de	*under, underneath*
dentro de	*inside of*
derecho	*straight ahead*
en	*on, in*
encima de	*on top of*
frente a	*in front of*
Expresiones	***Expressions***
estar de acuerdo	*to agree*
estar de pie	*to be standing, to be on one's feet*
estar de guardia	*to be on call*

1. Dialogo A. En el consultorio: ¿Cómo está Ud.?

Mrs. Pineda has been feeling tired lately. Listen as she explains her symptoms to Dr. Morales. Dr. Morales makes a simple diagnosis and gives a course of remedy.

Dr. Morales: Buenas tardes, Sra. Pineda. ¿Cómo está Ud. hoy?
Sra. Pineda: Estoy mal, doctor. Estoy muy cansada y a veces *(sometimes)* nerviosa.
Dr. Morales: ¿Por qué está tan *(so)* cansada?
Sra. Pineda: Pues, primero *(first)* mi hijo *(son)* va a la escuela y yo voy con *(with)* él. Luego *(Then)*, voy a las tiendas para comprar la comida *(to buy food)*. Después, voy a la biblioteca.
Dr. Morales: ¿A la biblioteca?
Sra. Pineda: Sí, soy bibliotecaria *(librarian)*. Estoy de pie todo el día.
Dr. Morales: Claro. Ud. está muy ocupada todo el día *(all day)*. Le recomiendo *(I recommend)* unas vitaminas para aumentar *(to increase)* la energía. Son buenas para una mujer *(woman)* trabajadora como Ud.
Sra. Pineda: Gracias, doctor. ¿Cuántas tomo *(do I take)*?
Dr. Morales: Dos vitaminas B-6 y una vitamina C por día *(daily)*.
Sra. Pineda: De acuerdo, doctor. Por favor, ¿dónde está la farmacia más cercana *(closest, nearest)*?
Dr. Morales: La farmacia Zeta está derecho por la calle Park, al lado del hospital Santa Teresa. Está frente al parque *(of the park)*.
Sra. Pineda: Muy bien. Gracias, doctor. Hasta la vista.

Nombre _____ Fecha _____

■ **¿Comprende?**

1. How is Mrs. Pineda feeling this afternoon? _____
2. Why is she feeling this way? _____
3. What does Dr. Morales tell her to take? _____
4. Where is Mrs. Pineda going after her appointment? _____
5. Where is the drugstore? _____

2. ¡Practiquemos!

A. ¿Cómo están? Using the list of adjectives with **estar**, tell how each of these individuals is feeling. Remember to make the adjectives agree!

MODELO: Susana is feeling ill.
         Susana está enferma.

1. Antonio has no energy to do anything. _____

2. Juan feels apprehensive about talking to the doctor. _____

3. The baby (**El/La bebé**) ate something that didn't agree with her/his stomach. _____

4. Juana has been working three jobs every day. _____

5. Mr. Chan's wife gave birth to a healthy baby boy. _____

6. The doctor isn't in the office. She's on the beach in Santo Domingo. _____

7. Mr. Sanchez has been lifting heavy boxes for several hours. _____

8. Mrs. Renta is going to have a baby. _____

9. The radiologist is trying to lose weight. _____

10. Tomasito has a fever and his temperature is high. _____

CAPÍTULO 2

Nombre _____ Fecha _____

B. ¿Dónde está? You have been asked to sit at the information desk of the hospital. Help the Spanish-speaking visitors find the areas that they are seeking. Refer to the **plan del hospital** and remember that the visitors are facing you.

1 Information
2 X-ray
3 Emergency
4 Cafeteria
5 Gift Shop
6 Surgery
7 Chapel

Parte 1:

1. ¿Dónde está el laboratorio de radiología? _____
2. ¿Dónde está la sala de operaciones? _____
3. ¿Dónde está la capilla? _____
4. ¿Dónde está la tienda de regalos? _____
5. ¿Dónde está la cafetería? _____

Parte 2:

Using the same **plan**, work with another student. Take turns giving directions to various areas of the hospital without naming the area and guessing which area it is. Remember that the visitor is facing the information desk.

3. ¡Escuchemos!

Las instrucciones. Listen to the message that Dr. Herrera *(female)* left for the receptionist. She is going to tell her where she is and where she is going. She will also leave some instructions about where to find the telephone number of another doctor.

1. Where is Dr. Herrera while she is leaving her message? _____

2. Where is she going next? _____

3. Will she be in her office tomorrow? How can you tell? _____

4. Where is Dr. Marino's phone number? _____

Nombre _____ Fecha _____

4. ¡Hablemos!

¿Adónde va? Tell where these people are going, using the subject or subject pronoun and the area or building shown in the drawing. Review the conjugation of the verb **ir** in the coretext. Don't forget to use the preposition **a** *(to)* before the noun.

MODELO: Juan

Juan va a la farmacia.

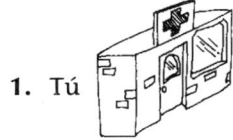

1. Tú

2. la médica

3. los pediatras

_____

4. yo

5. nosotros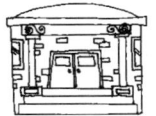

6. el enfermero

_____

7. ustedes

8. usted

_____

5. La situación

Una llamada. One of Dr. Herrera's patients calls your office and wants to speak with the doctor. Tell him/her that the doctor can be contacted at Dr. Barreda's office. Be sure to explain that Dr. Herrera will be off tomorrow and Dr. Marino will be on call.

¿Sabía Ud. que... ?

Most of the drugstores or pharmacies in the Hispanic world are unlike the large superstores that are common in the United States. Most Hispanic pharmacies (**la farmacia**) only sell medicines and medically related products. Very few sell cosmetics, toys, and magazines as they do in the U.S.

CAPÍTULO 2

> ### Nota cultural
> Some Cuban Americans may speak loudly and rapidly, which may be misinterpreted as anger or hysteria by those who cannot understand what is being said. Do not necessarily take this as hostility. The Cuban-American culture tends to minimize personal distance in relationships.

B. Por teléfono con la enfermera

❖ Vocabulario

Verbos en -ar	***-ar* verbs**
buscar	to look for, to seek
caminar	to walk
comprar	to buy
contar	to count
descansar	to rest
eructar	to burp
estornudar	to sneeze
examinar	to examine
firmar	to sign
hablar	to speak
llamar	to call
llegar	to arrive, to get somewhere
pasar (por)	to pass, to go by; to spend (time)
preguntar	to ask (a question), to inquire
presentar	to present, to introduce (make an introduction)
visitar	to visit
tomar	to take; to eat or drink
vomitar	to vomit, to throw up

Problemas médicos con *tener*	***Medical problems with the verb tener***
el asma	asthma
el cáncer	cancer
el catarro/el resfriado/ el resfrío/la gripa	common cold
la constipación	stuffiness (of the nose), (can mean "constipation")
la diabetes	diabetes
la diarrea	diarrea
los escalofríos	chills
el estreñimiento	constipation
la falta de aire	shortness of breath
la fiebre	fever
la gripe	flu
la hipertensión	hypertension
el malestar general	general malaise
el mareo	dizziness, upset stomach, seasickness
la nariz constipada/ la nariz tapada	stuffy nose
la presión (sanguínea) alta/baja	high/low blood pressure
los problemas cardíacos	heart problems
los problemas emocionales	emotional problems
la temperatura	temperature
la tos	cough

Tener dolor de...	***To have a . . . pain or ache***
el dolor de cabeza	headache
el dolor de espalda	backache
el dolor de estómago	stomachache
el dolor de garganta	sore throat

Otras expresiones con *tener*	***Other expressions with tener***
tener calor	to be (feel) hot
tener frío	to be (feel) cold
tener hambre	to be hungry
tener miedo (de)	to be afraid (of)
tener prisa	to be in a hurry
tener sed	to be thirsty
tener sueño	to be sleepy

Nombre _____ Fecha _____

Adjetivos	*Adjectives*	la comida	*meal, food*
constipado/tapado	*stuffed up, stuffy*	el/la esposo(a)	*husband, wife*
oral	*oral*	la infección	*infection*
profundo	*deep*	la inflamación	*inflamation*
seco	*dry*	el líquido	*liquid*
tópico	*topical*	la loción	*cream, lotion*
Sustantivos	*Nouns*	el proyecto	*project*
la cama	*bed*	la salud	*health*
el/la colega	*colleague, coworker*		

1. Diálogo B. Por teléfono con la enfermera

Mr. Montero has called the doctor's office with a medical problem but needs to describe his symptoms to the nurse first. Listen as he tells her how he is feeling.

ENFERMERA: Sr. Montero, ¿cómo está?
SR. MONTERO: ¡Fatal! Tengo catarro. Ah... Ah... Ah... Voy a estornudar. ...chu. ¡Ay! Perdón.
ENFERMERA: Salud. ¿Tiene Ud. dolor de cabeza o de garganta?
SR. MONTERO: Sí, y tengo mucha tos. Además *(In addition, Besides)*, tengo la nariz constipada.
ENFERMERA: ¿Tiene Ud. fiebre?
SR. MONTERO: Pues, no. Mi temperatura es 98.6°F.
ENFERMERA: Bien. ¿Tiene dolor de estómago o está mareado?
SR. MONTERO: No, pero tengo la boca muy seca y tengo dolor en el oído derecho.
ENFERMERA: Bueno, voy a hablar con la Dra. Martínez. Voy a preguntarle qué opina *(what she thinks)*. ¿Está bien? Ella va a llegar dentro de media hora *(in a half hour)*.
SR. MONTERO: ¡Cómo no! *(Of course!)* ¿Ud. va a llamar más tarde *(later)*?
ENFERMERA: Sí, Sr. Montero. Lo más pronto posible. *(As soon as possible.)*
SR. MONTERO: Gracias. ¡Ah... Ah... chu! Voy a tomar un té *(tea)* caliente.

■ ¿Comprende?

1. Why has Mr. Montero called the nurse? _____

2. What are four of Mr. Montero's symptoms? _____

3. What is the nurse going to do after listening to Mr. Montero? _____

4. How is the word **constipada** used in this dialogue? Could it present a problem to someone who doesn't know Spanish very well? _____

Nombre _____ Fecha _____

2. ¡Practiquemos!

A. ¡Ay, qué dolor! All of the following people have medical symptoms. For each person, describe what he/she is feeling according to the drawing. Check the chart on body parts in the appendix. Don't forget to use the verb **tener** from your coretext.

1. la ginecóloga  _____

2. Rosita  _____

3. nosotras  _____

4. el Sr. Sánchez  _____

5. tú  _____

6. la bebé  _____

7. mi abuelo  _____

8. la señora anciana _____

28   Spanish for Health Worktext

Nombre _____ Fecha _____

B. ¿Qué van a hacer? These people are not feeling very well. Choose an infinitive from the list below to describe logically what each person is going to do next. Use the construction **ir a** + *infinitive* in your answer.

MODELO: Carlos está mareado.
          Carlos va a vomitar.

descansar, estornudar, llamar al medico, tomar vitaminas, eructar, comprar aspirinas

1. Los pacientes tienen dolor de cabeza. _____
2. Tú tienes catarro. _____
3. La neuróloga está agotada. _____
4. El enfermero tiene ardor de estómago. _____
5. Yo estoy cansado. _____

3. ¡Escuchemos!

¿Qué tiene que hacer? Listen to the return phone call that Mr. Montero received from the doctor. What does Mr. Felipe Montero have to do? Assume the role of Mrs. Montero. She needs to tell her husband what he has to do, what the doctor has to do, etc.

1. Felipe, tienes que _____.
2. La doctora tiene que _____
3. Tú y yo vamos a _____.
4. La enfermera va a _____.
5. La doctora va a _____.

4. ¡Hablemos!

¡Tiene muchos pacientes! You are the head nurse at an emergency room. All the patients (your classmates) come to you and describe their symptoms so you can assess the urgency.

1. bebé / 104° de fiebre / dolor de oído _____
2. alérgico / dificultad para respirar _____
3. corte leve en un dedo / infección _____
4. accidente de automóvil / golpe en la cabeza _____
5. niña de cinco años / tragó una moneda _____
6. caída de una escalera / brazo hinchado _____

5. La situación

A poisoning. Your two-year-old child has swallowed a whole bottle of medicine. Call the emergency service and explain what happened. Describe what medicine he or she swallowed, how much, and the child's symtoms, if any.

Nombre _____ Fecha _____

¿Sabía Ud. que...?

In some Latin American countries, vaccines like flu shots are administered in the pharmacy, not in the doctor's office as is done in the U.S.

Nota cultural

During health teaching, the health care provider needs to encourage Cuban Americans to ask questions because they may believe that it is rude to disagree or question an authority figure. They may simply remain silent and leave without having understood, resulting in failure to comply with recommended treatment.

C. Las recomendaciones de la doctora y la farmacia

❖ Vocabulario

Verbos	**Verbs**
aumentar	to increase
ayudar	to help
bajar	to lower
descansar	to rest
eliminar	to eliminate
esperar	to wait
quitar	to take away

La farmacia	**Pharmacy**
la botella/el frasco	bottle
la cápsula	capsule
el/la farmacéutico(a)	pharmacist, druggist
el frasco/el pote	prescription bottle
la gota	drop
el jarabe	syrup
el medicamento	medication
la pastilla/la píldora	pill
la receta	prescription
la suspención	supension
la tableta	tablet

Medicamentos comunes	**Common medications**
el analgésico	analgesic
el antiácido	antacid
el antialérgico/el antihistamínico	antihistamine
el antibiótico	antibiotic
el antidepresivo	antidepressive
el antidiarreico	antidiarrheal
el antigripal	cold reliever
el antihipertensivo	antihypertensive
el antiinflamatorio	nonsteroidal anti-inflammatory
el barbitúrico	barbiturate
el broncodilator	bronchodilator
el descongestionante	decongestant
el diurético	diuretic
el esteroide	steroide
el expectorante	expectorant
el laxante	laxative
la pastilla para dormir	sleeping pill
el tranquilizante/el calmante	tranquilizer
la vitamina	vitamin

Los efectos secundarios	**Side effects**
el choque anafiláctico	anaphylactic shock
la falta de aire/la fatiga	shortness of breath
la hinchazón	swelling
la irritación/la irrupción	rash
la picazón/la comezón	itch, itching
las reacciones alérgicas	allergic reactions
el salpullido/las ronchas	hives
el silbido	wheezing
la urticaria	urticaria

Nombre _____ Fecha _____

Cantidades	*Quantities*	con leche, agua	*with milk, with water*
cuarto	*one-quarter*	cuando sea necesario	*as needed*
la cuchara/la cucharada	*tablespoon*	debajo de la lengua	*under the tongue*
la cucharita/la cucharilla/ la cucharadita	*teaspoon*	para dormir	*for sleep*
		para el dolor	*for pain*
medio	*half*	por la mañana	*in the morning*
miligramos	*milligrams*	por la noche	*at night*
La frecuencia	*Frequency*	sin falta	*without fail*
al día/por día/diario	*a day, per day, daily*	todos los días	*every day*
cada día	*each day*	una vez	*once*
cada _____ horas	*every _____ hours*	veces	*times*
con las comidas	*with meals*		

1. Diálogo C. Las recomendaciones de la doctora y la farmacia

Mr. Montero is sick with a bacterial infection. Listen and read how Dr. Martínez treats his symptoms and illness.

DRA. MARTÍNEZ: Voy a tomarle la temperatura y voy a escuchar el corazón. Mmmm... Está bien. Ahora voy a examinarle los oídos. Sr. Montero, Ud. tiene una temperatura alta y una infección en el oído derecho.

SR. MONTERO: Pues, tengo unos antibióticos en casa.

DRA. MARTÍNEZ: Es una mala idea, señor. Esos *(Those)* antibióticos están viejos. Voy a recetarle eritromicin y también una loción tópica para el oído.

SR. MONTERO: ¿Cuántas veces al día *(times a day)* tengo que tomar el antibiótico?

DRA. MARTÍNEZ: Tres veces, antes de las comidas. Tiene que terminar todas las cápsulas. Hay 60. Además, tiene que tomar muchos líquidos y descansar en la cama.

SR. MONTERO: ¡Imposible! Tengo que ir a la oficina esta tarde. Mis colegas *(colleagues)* y yo vamos a presentar un nuevo proyecto a nuestro jefe.

DRA. MARTÍNEZ: Lo siento. Sus colegas tienen que hablar por Ud. *(for you).* Es importante descansar.

SR. MONTERO: ¡Uf! Mi esposa va a estar muy ocupada entonces.

¿Comprende?

1. What are three things that Dr. Martínez is going to do to help diagnose Mr. Montero's health problem? _____

2. What oral medicine does Mr. Montero have to take? How many in all? _____

3. What is the dosage prescribed for the oral medication? _____

4. Why doesn't Mr. Montero want to rest in bed? _____

¡OJO! Note that when talking about body parts, the definite article (**el, la, los, las**) is used instead of the possessive adjective (**mi, mis, tu, tus,** etc.). EJEMPLO: Tengo un dolor profundo en el oído derecho. *I have a sharp pain in my right ear.*

Nombre _____ Fecha _____

2. ¡Practiquemos!

A. ¿Cuántos hay en la botella chica? Among these common medications, how many items are there in the container? Practice saying and writing the numbers by dictating them to another student. Use the expression **hay** *(there is/there are)* in your answers.

MODELO: 25 / cápsulas de vitamina E en el paquete
Hay 25 cápsulas de vitamina E en el paquete.

1. 100 / aspirinas / frasco _____
2. 5.5 / miligramos de codeína / la pastilla _____
3. 98 / tabletas de barbitúricos / el frasco _____

Nota

The metric system is used exclusively in Hispanic countries. Some may be familiar with U.S. measurements, but be careful not to scare a patient whose normal metric temperature is 37 degrees Celsius with 98.6°F ([celsius] [5/9] + 32 = temperature in Fahrenheit).

B. ¡Tiene que tomar su medicina! Tell the following individuals that they have to take their medicine. Review your coretext for possessive adjectives and keep in mind the various meanings of **su** and **sus** *(your* [**de Ud., de Uds.**], *his, her, their).*

MODELO: Sr. Gallego / antibiótico
Sr. Gallego, Ud. tiene que tomar su antibiótico.

1. Sra. Milano / cápsulas de vitamina E _____
2. Juanito / pastillas para el dolor de garganta _____
3. Srta. Lugo / suspención para el estómago _____
4. niños / jarabe para la tos _____
5. Rosita / medicina ahora _____
6. Sr. Ramos / calmante _____

3. ¡Escuchemos!

Una receta por teléfono. Listen to the doctor giving directions for a prescription over the telephone to a pharmacist. Then write the pertinent information on the prescription blank for his files.

FARMACIA ZETA
CALLE TUNEL, 234
LAS VEGAS, NV

RX _____
_____
_____
_____
_____

Nombre _____ Fecha _____

4. ¡Hablemos!

Las medicaciones. Tell your patient that he/she has to take the following medications and how often. Role-play with another student.

1. two tablets of diuretic twice a day
2. one capsule of antacid before meals three times a day
3. two tablespoons of antidiarrheal as needed
4. 100 miligrams of antiinflammatory in the morning

5. La situación

Home remedies. A new patient comes to your office. She has been using homemade remedies to treat a severe case of the flu for several days, but she is not getting better. However, she states that those remedies have cured her in the past. Very tactfully, explain to her that this time she may have to take antibiotics.

¿Sabía Ud. que... ?

Los curanderos are herbalist and spiritual leaders in various parts of the Hispanic world who offer herbal remedies and prayers for the people in their neighborhoods. They have been part of the Latin American culture since the time of the Mayas and the Incas, and the African slave trade also contributed to their role in society. Many of their remedies are based on roots of plants that we use in modern medicine today. However, it is very important to find out tactfully if a patient has seen a **curandero** to avoid any complications with medicines provided by a doctor.
  To learn more about the **curanderos** go to: www.hisp.com.

Nota cultural

Medicine is often shared with friends or relatives. If a prescription was helpful to a particular person, that person may share the medicine with others within the family or community who are experiencing similar symptoms. Although Cuban Americans consider this a sign of closeness within a family or within the community, it is dangerous. Check to see what medicines your patients are taking, both prescribed by physicians and by folk healers as well as those obtained from friends and family.

Nombre _____ Fecha _____

D. Síntesis: Por el mundo de la salud y la medicina

■ ¡A leer!

Antes de leer: What kind of medicine do you want when you have a cold? Read the following advertisement for an antihistamine.

> Para el catarro, tome[1] NUNCATOS, el jarabe antigripal. Es un descongestionante y expectorante seguro, efectivo para toda la familia. Con una cucharada por la noche, va a estar mucho mejor. Viene en tres sabores[2] deliciosos: limón, caramelo y también en su sabor original.

[1]**tome:** *take;* [2]**sabores:** *flavors*

¿Comprende?

1. What is the name of the medication? _____
2. What does it contain? _____
3. How much should you take? _____
4. What are the flavors? _____

■ Se necesita traductor(a).

La gripe. Find out if your patient has a cold or the flu. Because your patient has laryngitis, he/she can only answer **sí** or **no**. Translate the following questions into Spanish.

1. Do you have a fever? _____
2. Do you have an upset stomach? _____
3. Do you have a sore throat? _____
4. Do you have the chills? _____
5. Are you very tired? _____
6. Are you feeling nauseated? _____
7. Are you throwing up? (**tener vómitos**) _____

■ Correo electrónico

Está fuera del país. Answer the following e-mail from a patient who is out of the country. What does the patient have to do until you can see her?

> **De:** santos@hotelazul.com
> **Para:** malloy@medtech.org
> **Asunto:** mi esposo está enfermo
> **Mensaje:**
>
> Dra. Malloy: Mi esposo y yo estamos de vacaciones en Honduras. No hay médicos en nuestro hotel pero sí hay una farmacia pequeña. Mi esposo tiene dolor de garganta y la nariz tapada pero no tiene vómitos y no tiene fiebre. ¿Qué tenemos que comprar para aliviar los síntomas? ¿Tiene que estar en la cama? Si voy a la farmacia, ¿qué voy a pedir *(to ask for)*? Vamos a estar en Chicago, en casa, mañana. Gracias.

Nombre _____ Fecha _____

De: malloy@medtech.org
Para: santos@hotelazul.com
Asunto: mi esposo está enfermo
Mensaje:

_____
_____
_____
_____
_____
_____
_____
_____
_____
_____
_____
_____

■ Contestador automático

Su paciente anciana. You are the doctor who receives this voice-mail from the visiting nurse at the home of Mrs. Ramos, an elderly patient. Prepare your voice-mail answer for the next class in the space provided.

_____
_____
_____
_____
_____

■ Mi agenda

A. Make a list of all of the generic terms of medications listed in this chapter and then find the most popular brand names used for each one.

MODELO: antitusígeno — Nyquil™

Nombre _____ Fecha _____

B. Cognates are evident in medical vocabulary, but there are some words that are very different. Make a list of words that are false cognates used in medical contexts.

MODELO: constipación — *stuffiness*

■ Para discutir

How do you think the boom in alternative medicine and its products in the U.S. compare to the use of folk healers in some parts of Latin America? Do you think that alternative medicine and folk healers have any real power to heal or that this type of "medicine" is just a combination of luck and the placebo effect?

You can find information on the following web site: **http://spanishforlife.heinle.com**.

Nombre _____ Fecha _____

México y los mexicanos: Diagnósticos comunes

CAPÍTULO 3

In this chapter you will learn:

COMMUNICATIVE FUNCTIONS
- Describe patients' everyday activities and common illnesses
- Express dates for appointments and dates of birth
- Describe patients' preferred activities and how weather affects allergies

VOCABULARY
- Common illnesses and activities that help to make a diagnosis
- Words to make appointments at the doctor's or specialist's office
- Preferred activities of patients, names of allergies, weather conditions

---

Transparency: A–7: Country Profile, **México**

A. Un diagnóstico común: La acidez

❖ Vocabulario

Enfermedades comunes	Common illnesses
la acidez	acid stomach, heartburn
la amigdalitis	tonsillitis
la anemia	anemia
la angina	angina
la apendicitis	appendicitis
la apoplejía	apoplexy, stroke
el ardor	burning sensation
el ardor de estómago	heartburn
la artritis (reumatoide)	arthritis (reumatoid)
el asma	asthma
el ataque de corazón/ el infarto/el ataque al corazón	heart attack
el ataque epiléptico	epileptic seizure
la bronquitis	bronchitis
los calambres	cramps
el cálculo biliar/ la piedra biliar	gallstone
la cirrosis hepática	cirrhosis of the liver
el cólera	cholera
la culebrilla	shingles
la diabetes	diabetes
la diarrea	diarrhea
la difteria	diphtheria
la distrofia muscular	muscular distrophy
la endometriosis	endometriosis
el enfisema	emphysema
la epilepsia	epilepsy
la escarlatina	scarlet fever
la esclerosis múltiple	multiple sclerosis
el estreñimiento	constipation
la fiebre tifoidea	typhoid fever
el gas abdominal	abdominal gas

CAPÍTULO 3   37

Nombre _____   Fecha _____

Enfermedades comunes	*Common illnesses (cont.)*	durar	to last
la gota	*gout*	escapar	to escape
la hemofilia	*hemophilia*	evitar	to avoid
las hemorroides	*hemorrhoids*	fumar	to smoke
la hepatitis	*hepatitis*	indicar	to indicate
la hernia	*hernia*	mandar	to send, to order
el hiper(hipo)tiroidismo	*hyper(hypo)thyroidism*	pasar	to pass, to enter; to spend (time)
la ictericia	*jaundice, ictericia*		
la infección urinaria	*U.T.I., urinary tract infection*	provocar	to provoke, to cause
		quedar	to remain, to stay
la jaqueca/la migraña	*migraine*	tragar	to swallow
la leucemia	*leukemia*	usar	to use
el lupus	*lupus*	**Adjetivos**	***Adjectives***
la malaria	*malaria*	abierto	*open*
la meningitis	*meningitis*	aislado	*isolated*
las nauseas	*nausea*	ajustado	*tight*
las paperas	*mumps*	cierto	*certain, true*
la pérdida de peso	*weight loss*	frecuente	*frequent*
la pérdida (falta) de apetito	*loss of appetite*	intenso	*intense*
la pulmonía/la neumonía	*pneumonia*	grave	*major, serious*
la rubeola	*rubella, German measles*	otro	*other, another*
el sarampión	*rubeola, measles*	peligroso	*dangerous*
la sífilis	*syphilis*	simple/sencillo	*simple*
el soplo cardíaco	*heart murmur*	varios	*several, various*
el tétano	*tetanus*	**Sustantivos**	***Nouns***
la tos ferina/la tos convulsa	*whooping cough*	la actividad	*activity*
la tuberculosis	*TB*	el café	*coffee*
la úlcera	*ulcers*	la cena	*dinner, supper*
la varicela/las viruelas (locas)	*chicken pox*	la cerveza	*beer*
		el cinturón	*belt*
la viruela	*smallpox*	la comida	*meal; food*
los vómitos	*vomiting*	el daño	*harm*
Verbos	***Verbs***	el diagnóstico	*diagnosis*
apuntar	*to write down, to make a note*	la hora	*hour*
		la indicación	*indication*
causar	*to cause*	la ropa	*clothing*
continuar	*to continue*	el síntoma	*symptom*
controlar	*to control*		

1. Diálogo A. Un diagnóstico común: La acidez

Mr. Campos is in Dr. Aranda's office to discuss some stomach problems. Make sure to check the appendix for body parts and body systems.

Nombre _____ Fecha _____

DR. ARANDA: Bueno, Sr. Campos. Los síntomas no indican problemas cardíacos.
SR. CAMPOS: ¡Gracias a Dios! *(Thank God!)*
DR. ARANDA: Ud. tiene una simple acidez, un reflujo gastroesofágico.
SR. CAMPOS: ¿Qué es eso?
DR. ARANDA: Es el reflujo al esófago de los ácidos del estómago. Cuando tragamos, la comida pasa por *(through)* el esófago. La válvula, o esfínter, queda abierta. Entonces los ácidos escapan y provocan el ardor de estómago.
SR. CAMPOS: ¿Y los ácidos causan la náusea y los eructos, las indigestiones?
DR. ARANDA: Correcto, Sr. Campos. Ud tiene que evitar ciertas actividades.
SR. CAMPOS: ¿Cuáles, doctor?
DR. ARANDA: Bueno, ¿fuma Ud.?
SR. CAMPOS: No, no fumo cigarros ni puros *(cigarettes or cigars [Mexico])*.
DR. ARANDA: Muy bien. ¿Toma Ud. aspirinas, café o alcohol?
SR. CAMPOS: Tomo aspirinas de vez en cuando *(from time to time)*. Tomo café por la mañana. Tomo una o dos cervezas después de la cena.
DR. ARANDA: Lo siento, Sr. Campos, pero Ud. tiene que evitar esas *(those)* cosas. También, las personas que *(who)* usan cinturones o ropas ajustadas...
SR. CAMPOS: Doctor, no uso ropas ajustadas.
DR. ARANDA: Muy bien. Entonces, voy a recetarle un antiácido que controla la acidez. Pero si los dolores continúan, voy a mandarle unas radiografías. La enfermera tiene una lista de otras recomendaciones para Ud.

■ ¿Comprende?

1. How does the doctor explain Mr. Campos's problem to him? _____

2. What activities does Mr. Campos have to avoid? _____

3. What does the doctor recommend for Mr. Campos's condition? _____

4. If the pain continues, what will Dr. Aranda do? _____

2. ¡Practiquemos!

A. ¿Qué son las actividades? In this chapter of your coretext you learned how to conjugate verbs with -ar endings. Practice these endings by filling in the correct form of the verb from the list below that best completes the sentence. Make sure you have the correct ending!

operar, controlar, preparar, trabajar, ayudar, apuntar

1. El médico _____ a los pacientes.
2. El antiácido _____ el reflujo gastroesofágico.
3. Las enfermeras _____ a los médicos.
4. ¿Ud. es recepcionista? Entonces Ud. _____ las citas.
5. Nosotros somos farmacéuticos. _____ los medicamentos.
6. Yo soy cirujana. Yo _____ en la clínica.

CAPÍTULO 3

Nombre _____ Fecha _____

B. ¿Cómo pregunta Ud.? As a health professional, you will need to be able to ask a lot of questions of your patients. Practice asking whether or not these patients do the following activities. Remember to use **Ud(s).** unless you are speaking to a child.

MODELO: Sra. Ramos / caminar mucho
          Sra. Ramos, ¿camina Ud. mucho?

1. Sr. Borges / usar ropa ajustada _____
2. Juanito / practicar muchos deportes *(sports)* _____
3. Sra. Alarcón / fumar _____
4. Srta. Cueva / necesitar una receta _____
5. Sr. y Sra. López / preparar comida grasosa _____
6. Sra. Rodríguez / tomar mucha Coca-Cola _____
7. ¿ ? _____

C. ¿Cómo contesta Ud.? With a partner in class, practice answering the questions that you created in **B**. Remember that your answers will be in the first person singular or plural.

3. ¡Escuchemos!

La acidez. Listen to the doctor's explanation of an acid stomach. He will tell you how it starts, how long it lasts, and what the implications are. Then read the statements below. If they agree with what the doctor has said, write **cierto** *(true)*; if not, write **falso** *(false)*.

1. La acidez comienza *(begins)* antes de las comidas. _____
2. La acidez dura de una hora hasta varias horas. _____
3. El esfínter débil causa la acidez. _____
4. Si la acidez es intensa y frecuente, provoca daños en el esófago. _____
5. La acidez es una enfermedad peligrosa. _____

4. ¡Hablemos!

A. Las actividades del paciente. Look at **Diálogo A** again and assume that you have to consult with another doctor, your classmate, about Mr. Campos's symptoms. Tell him/her what Mr. Campos is experiencing and what activities he does or doesn't do. Then add two new activities from your vocabulary list of verbs to extend your conversation.

eructar, tomar, vomitar, fumar, usar, evitar, ¿ ?

B. La explicación. Mr. Campos wants you to explain to him again what gastroesophageal reflux is. Using the **-ar** verbs in the dialogue, tell him what the condition is.

tragar, quedar, escapar, provocar, causar

Nota

Many Hispanic patients are not accustomed to receiving detailed medical explanations of an illness from their doctors. Many doctors, especially in Latin America, postpone explaining the implications of symptoms until they have a definite diagnosis.

Nombre _____ Fecha _____

⇄ 5. La situación

Su nuevo paciente. You are a doctor and a new patient has come into your office. You would like to know a little more about him/her. Prepare some basic questions that will give you a better idea about this person's activities. Use the verbs in this list and add some from both Chapter 2 and the **Vocabulario** of this chapter.

practicar deportes, caminar, tomar, hablar inglés, ¿ ?

MODELO: trabajar:
¿Trabaja Ud.? o ¿Dónde trabaja Ud.?

¿Sabía Ud. que...?

In Mexico, beer and Coca-Cola are very popular beverages. In other countries such as Chile, Argentina, and Spain, people prefer wine. These facts will come in handy when you reach Chapter 5 on **La dieta**, because these beverages have very different effects on one's health.

Nota cultural

Mexican Americans have lived in Texas, California, and states of the Southwest as American citizens since 1848 when the Treaty of Guadalupe-Hidalgo ended the Mexican War; tens of thousands of Mexicans residing in those lands became Americans. In California, Mexican Americans are also called *Chicanos*. *Latino* is a term most often used in California. It stresses ancestry as Latin American rather than Spanish.

B. Apuntar citas, la fecha de nacimiento y otros datos

❖ Vocabulario

Verbos	Verbs
cancelar	to cancel
cerrar (e→ie)	to close, to shut
comenzar (e→ie)	to begin, to commence
desear	to want, to desire
empezar (e→ie)	to begin, to start
encontrar (o→ue)	to find
jugar (u→ue)	to play
llenar	to fill, to fill out
manejar	to drive (Latin America); to manage
marcar	to dial (the phone)
nevar (e→ie)	to snow
trabajar	to work

Sustantivos	Nouns
la cita	appointment, date
el codo de tenista	tennis elbow
la fecha	date (calendar)
el nacimiento	birth
los rayos X	X-rays
el resultado	result
la rutina	routine

Expresiones	Expressions
ándale/ándele	go on
¿Bueno?	Hello? (when answering the phone in Mexico,
imagínese	imagine that
¡No se preocupe!	Don't worry!

Adjetivo	Adjective
grave	serious, grave

Nombre _____ Fecha _____

1. Diálogo B. Apuntar citas, la fecha de nacimiento y otros datos

Mrs. Vega has just left the doctor's office and needs to make an appointment for an X-ray. Listen to her problem and the words used to make that appointment and another for the orthopedist. Review the vocabulary for days, months, and years in your coretext.

SRA. VEGA: Señorita, necesito una cita para una radiografía en el hospital Mercy, por favor. La doctora Fernández piensa que tengo codo de tenista. ¡Imagínese! ¡No juego al tenis! ¿Es algo *(something)* grave? ¿Qué pasa si encuentran algo en los rayos X?

RECEPCIONISTA: No se preocupe, señora. ¿Para cuándo desea la doctora los resultados?

SRA. VEGA: Para alrededor *(Around)* del 10 de enero.

RECEPCIONISTA: *[Comienza a marcar el número.]* ¿Bueno? Hablo del consultorio de la doctora Fernández. Necesito una cita para la señora Ramona de Vega para antes del 30 de diciembre... *[Espera un momento.]* Está bien. El viernes 27 de diciembre.

SRA. VEGA: Perdone, señorita. Trabajo los viernes y después juego a los naipes *(cards)* con mis amigas. ¿Hay una cita para un jueves o un martes?

RECEPCIONISTA: Un momento. *[Pausa.]* Sí, hay una para el jueves, 2 de enero.

SRA. VEGA: Bien, pero si nieva mucho, ¿es posible cancelar la cita? No manejo mucho en el invierno.

RECEPCIONISTA: Sí, pero Ud. tiene que llamar el martes, el 31, porque cierran la oficina para el Año Nuevo *(New Year's Day)*. Señora, necesito su fecha de nacimiento, por favor.

SRA. VEGA: Es el 15 de julio de 1972. También necesito una cita con el ortopedista, por favor.

■ ¿Comprende?

1. Why does Mrs. Vega have to make an appointment with the X-ray department? _____

2. When does the doctor want the results? _____

3. What is the closest date that the receptionist is able to make? _____

4. Why might Mrs. Vega want to cancel her appointment? _____

2. ¡Practiquemos!

A. Preguntas sobre el consultorio. Dr. Fernandez's office is a busy place. Sandra and Emilio are two talkative employees from another doctor's office. They want to ask you, the receptionist, some questions about yourself, the nurse, and so on. They also have a lot of questions for you regarding how the office does certain things. All of these verbs have stem changes as indicated in your coretext. All of your answers will show that change.

¡OJO! Remember that the stem change always occurs with the vowel that is closest to the **-ar** ending. So with the verb **empezar**, it is the second **e** (the one closest to the **-ar**) that will change to **ie**.

MODELO: Nosotros jugamos al tenis los domingos. ¿Y Ud.?
Sí, yo juego al tenis los domingos también.

1. Nosotros cerramos el consultorio los sábados y domingos. ¿Y la Dra. Fernández? _____

42 *Spanish for Health Worktext*

Nombre _____ Fecha _____

2. Pensamos que la Dra. Fernández es muy inteligente. ¿Y Ud.? _____

3. Siempre encontramos cosas que dejan los pacientes en la sala de espera. ¿Y Ud.? _____

4. Almorzamos temprano en nuestro despacho. ¿Y Ud.? _____

5. Empezamos las vacaciones el 18 de junio. ¿Y Ud.? _____

B. ¡Tantas fechas! Practice writing out the dates of birth that are in the patients' file folders. They are currently written in Spanish format.

1. 1/09/2002 _____
2. 21/11/1986 _____
3. 4/02/1958 _____
4. 14/03/1922 _____
5. 31/07/1979 _____

3. ¡Escuchemos!

¿Cuándo cierran el consultorio? Listen for the dates that the doctor's office is closed. Then write the dates in your memo book. Can you guess which holidays they are?

¡OJO! Be careful not to confuse **dos** and **doce** and **tres** and **trece**!

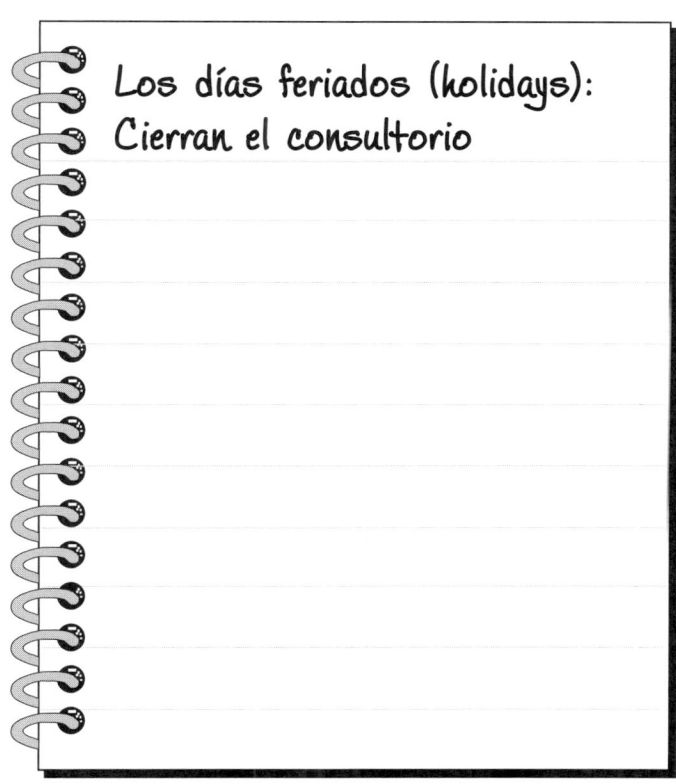

Los días feriados (holidays): Cierran el consultorio

CAPÍTULO 3   43

Nombre _____ Fecha _____

4. ¡Hablemos!

¿Qué fecha es correcta? Several patients have given you their birthdate written numerically. Ask them which date is correct by repeating them both ways: with the day first, then with the month first. Work with a partner and put an **X** next to the one he/she selects.

MODELO: 12/09/1949
  ¿Es el doce de septiembre de mil novecientos cuarenta y nueve o (or) *es el nueve de diciembre?*

____ 1. 11/03/1963 ____ 3. 12/11/1990 ____ 5. 07/02/1987
____ 2. 08/09/1919 ____ 4. 06/05/1938

5. La situación

El lunes. You didn't realize that the calendar-style appointment book that you are using for the new year is from Mexico. It has Monday as the first day of the week. Just to be sure, call the following patients you have scheduled and tell them their appointment date is correct but the day is not.

MODELO: *Sra. Vega, su cita es el martes, no el lunes, pero la fecha, el siete de enero, es correcta.*

ENERO						
LUNES	MARTES	MIÉRCOLES	JUEVES	VIERNES	SÁBADO	DOMINGO
	1	2	3	4	5	
6	7 Sra. Vega Sr. López	8 Srta. Ramón Tomás Robles	9 Sr. Colón Sr. Guzmán	10 Sra. Delugo Carlos Sega	11	12
13	14	15	16	17	18	19
20	21	22	23	24	25	26
27	28	29	30	31		

Nombre _____ Fecha _____

Nota

Your coretext tells you about the order of expressing the date numerically in Spanish-speaking countries: day/month/year. For example, Columbus Day (called **Día de la Raza** in Mexico) would be 12/10/1492. While many Hispanics will conform to the U.S. system, it is a good idea to verify numeric dates with patients, clients, and medical professionals just in case. Also, Hispanic calendars begin on Monday. So the orientation of seeing the first day of the week as a Sunday may also present some confusion for Hispanics.

¿Sabía Ud. que... ?

In Spanish, the names of days and months are not capitalized unless you are talking about a national holiday, such as the Mexican **Cinco de Mayo**. The adjectives of nationality and names of languages are also written in lowercase.

Nota cultural

For some Mexican Americans, health represents a state of equilibrium in the universe where the forces of "hot," "cold," "wet," and "dry" must be balanced. The most prevalent cause for illness is believed to be due to an imbalance between hot and cold. That is, they believe that certain illnesses are considered "hot" and must be treated with a "cold" remedy to restore balance. For example, tonsillitis is considered a "hot" illness and must be treated with cold tomatoes. Besides certain foods, the ingestion of particular spices or herbs is used to correct any imbalance between hot and cold. For example, cinnamon (a hot food) is used to treat a respiratory infection, which is considered a "cold" illness.

C. Las alergias y las estaciones

❖ Vocabulario

Verbos	Verbs
aguantar	to endure, to stand something, to put up with
aliviar	to relieve, to get rid of
arrancar	to pull up, to yank out (by the roots)
avisar	to warn, to caution
cultivar	to grow, to cultivate
estornudar	to sneeze
provocar	to cause, to provoke
recomendar (e→ie)	to recommend

Sustantivos	Nouns
algunas medicinas	any medicines
el árbol	tree
la alergia	allergy
el/la alumno(a)	pupil, student
el animal	animal
el bosque	woods, forest
el contacto	contact
el daño	harm, injury
la dermatitis (por contacto)	contact dermatitis
el diástole	dystol
la enfermedad	illness, disease
la erupción/el sarpullido	rash
la flor	flower
la hiedra	ivy
la hierba/el pasto	grass
la hierba mala	weed
el inhalador nasal	inhaler (for the nose)
el insecto	insect

CAPÍTULO 3 45

Nombre _____ Fecha _____

Sustantivos	**Nouns (cont.)**	la hormiga	ant
las inyecciones	shots	el gato	cat
la loción de calamina	calamine lotion	el lagarto	lizard
la mancha (rojiza)	(red) spot	el mosquito/el zancudo	mosquito
la pomada/el ungüento	ointment	el pájaro	bird
la penicilina	penicillin	la rata	rat
las picaduras de insectos	insect bites	el ratón	mouse
la picazón/las picazones	itching	la víbora/la serpiente	snake
la piel	skin	**Los síntomas de las alergias**	**Allergy symptoms**
la planta	plant		
la presión arterial sanguínea/de la sangre	blood pressure	la constipación nasal	stuffy nose
		el goteo nasal	runny nose
el polen	pollen	la irrupción/la erupción	rash
el polvo	dust	la picazón	itching
el sístole	systol	el salpullido/las ronchas	hives
la temporada de alergias	allergy season	la tos	cough
el zumaque	sumac	**Adjetivos**	**Adjectives**
de roble	poison oak	contagioso	contagious
Alergias a los animales	**Allergies to animals**	desconocido	unknown
la abeja	bee	primario	primary
la araña	spider	sencillo/simple	simple
la ardilla	squirrel	venenoso	poison
el escorpión/el alarcón	scorpion		

1. Diálogo C. Las alergias y las estaciones

Mr. Conseca has a terrible rash on his arms and hands and he can't wait to find out what's wrong so that the symptoms will stop bothering him.

SR. CONSECA: Doctor, tengo erupciones en ambos *(both)* brazos y manos. No aguanto las picazones. Pienso que es alguna *(some)* alergia.

DR. NELSON: ¡A ver! *(Let's see!)* [El médico examina al Sr. Conseca.] Mmm... es una dermatitis por contacto. ¿Dónde trabaja Ud.?

SR. CONSECA: Soy maestro de primaria.

DR. NELSON: ¿Hay alguna enfermedad contagiosa entre *(among)* los alumnos?

SR. CONSECA: Pienso que no. Algunos tienen alergias al polvo o a ciertos animales pero eso no es una enfermedad contagiosa.

DR. NELSON: ¿Juega Ud. afuera *(outside)* con los niños?

SR. CONSECA: Yo no, doctor. Pero ahora tengo un jardín detrás de mi casa. Me gusta trabajar con las plantas. Arranco las malas hierbas y me gusta cultivar flores. Pero no tengo alergias a las plantas.

DR. NELSON: Todos tenemos *(We all have)* alergias a ciertas plantas. ¿Queda el jardín cerca de un bosque o de plantas desconocidas?

SR. CONSECA: Sí, y hay muchas plantas extrañas allí.

DR. NELSON: Eso es. *(That's it.)* Ud. tiene síntomas de contacto con alguna hiedra venenosa. ¿Toca esas *(those)* plantas?

Nombre _____ Fecha _____

SR. CONSECA: Pues, sí. En la primavera y en el verano cuando llueve y después hace sol, esas plantas abundan *(are in abundance)*.
DR. NELSON: Bueno, le recomiendo un remedio sencillo: loción de calamina para aliviar las picazones y un antihistamínico también.
SR. CONSECA: Gracias, doctor. Voy a avisar a mi familia también.

¿Comprende?

1. What are Mr. Conseca's symptoms? _____

2. What does he think is the cause? _____

3. What does Dr. Nelson diagnose? _____

4. What does Mr. Conseca like to do? _____

5. What plants are causing the problem and when do they grow? _____

2. ¡Practiquemos!

A. ¡A las personas y mascotas! Your coretext explains the use of the personal **a** in Spanish. Since it has no counterpart in English, it is easy to forget. You may want to go back and look for instances of this grammar point in previous chapters. You will be dealing with patients most of the time so it is very important that you remember to include the **a** before any direct objects who are humans (or before pets). Write the personal **a** in the blank only if needed. Don't forget **a + el = al**!

1. El ortopedista examina _____ la señora Sanchez.
2. La paciente espera _____ su esposo.
3. La médica receta _____ la loción tópica para el Sr. Bustos.
4. La recepcionista apunta _____ la cita de la Sra. Gómez.
5. Los internistas no examinan _____ el perro.
6. La radióloga llama _____ el ortopedista.
7. Yo ayudo _____ los pacientes ancianos *(elderly)*.
8. La ginecóloga examina _____ los instrumentos.

B. ¿Qué estaciones y qué tiempo hace? Some illnesses and conditions are more prevalent in certain seasons and weather conditions or (although sometimes incorrectly) have been associated with them. You might need to describe these illnesses using the seasons as an adjective, or you may see them used this way in medical literature. First, study the descriptive options of using the noun or the adjective for the season. Then, decide whether the illness or condition that follows is more likely a winter, summer, spring, or fall occurrence. Use both types of descriptions. Only the second column will agree in number and gender.

CAPÍTULO 3

Nombre _____ Fecha _____

SEASONS	. . . AS ADJECTIVES
de verano	veraniego(a)
de invierno	invernal
de otoño	otoñal
de la primavera	primaveral

MODELO: la pulmonía
La pulmonía es una enfermedad invernal.
La pulmonía es una enfermedad de invierno.

1. las alergias al polen _____

2. las alergias al polvo _____

3. la bronquitis _____

4. la artritis _____

5. el asma _____

6. la diarrea del viajero *(traveler)* _____

C. Huele a primavera *(Spring is in the air)* y llueve mucho. What do you like to do in the different seasons? Ask your five-year-old patient these ridiculous questions and answer them with more sensible ones.

MODELO: te gusta / esperar afuera / hace frío / invierno
¿Te gusta esperar afuera cuando hace frío en el invierno?
¡No! Me gusta esperar afuera cuando hace fresco en el otoño.

1. te gusta / cultivar las plantas / llueve mucho / otoño _____

2. te gusta / estar en el consultorio / hace sol / verano _____

3. te gusta / practicar deportes / hace frío / invierno _____

4. te gusta / jugar al tenis / hace mucho viento / primavera _____

5. te gusta / tomar té caliente / hace calor / verano _____

3. ¡Escuchemos!

La presión de la sangre. Now that you know how to say numbers above 100, you will be able to understand blood pressure readings. They are stated as "# **sobre** *(over)* #." Listen as the doctor calls out the blood pressure readings of the following patients. Then write them down next to the patient's name. Blood pressure can be expressed as **la presión arterial, la presión sanguínea,** or **la presión de la sangre.** Then answer the questions that follow.

¡OJO! The top number is the **sístole** and the bottom number is the **diástole**.

Nombre _____ Fecha _____

NOMBRE	PRESIÓN ARTERIAL
1. el señor Ramírez	_____
2. la señora Galán	_____
3. la señorita Gil	_____
4. Roberto Santos	_____
5. Anita Hidalgo	_____

1. ¿Quién(es) tiene(n) la presión alta (la hipertensión)? _____
_____

2. ¿Quién(es) tiene(n) la presión baja (la hipotensión)? _____
_____

3. ¿Quién(es) tiene(n) la presión normal? _____
_____

4. ¡Hablemos!

¿Cuándo es su próxima cita? The doctor tells you, the nurse, that he/she wants to examine the patients listed below in a particular season. Tell the receptionist (your partner) when and who will be examined. Then wait for the receptionist to give you an appointment. Take turns playing each role. Be sure to verify that the receptionist has given an appropriate date for the season you mention.

MODELO: José: en el invierno
 UD.: *El doctor desea examinar a José en el invierno.*
 RECEPCIONISTA: *Tengo una cita para el 2 de diciembre. ¿Está bien?*

1. Rosita: en la primavera
2. la Sra. Feal: en el verano
3. el Sr. Barreda: en el otoño
4. los niños: en el otoño
5. las Srtas. Roldan: en el invierno
6. la doña María: en la primavera

> **Nota**
>
> In the Hispanic world, there is a great respect for older members of the household and for community or neighborhood leaders. When these individuals are acquaintances of you and your family, calling them **señor** or **señora** seems rather cold and distant. Therefore, the titles of **don** and **doña** are added to their first names, as in **don José** and **doña María**.

5. La situación

El peso. All of your patients have expressed their weight (**peso**) in kilos instead of pounds. Each kilo equals 2.2 pounds. Multiply their kilo weight by 2.2 and give their weight in pounds for your partner to record next to their names.

1. Teresa Anchoa — 85 kilos   _____
2. Ronaldo Morales y Pineda — 121 kilos   _____
3. Sara María Moreno y Carnelli — 22 kilos _____
4. José Márquez — 92 kilos   _____
5. Sanson Gil Barreda — 43 kilos   _____

¿Sabía Ud. que... ?

Smoking is not as undesirable in Hispanic countries as it is here in the United States. Education about the dangers of smoking is not as extensive, and even in areas where there are warnings, people tend to ignore them. It would be unusual to find a non-smoking area in a restaurant, and smoking is usually permitted in stores, theaters, and most public places. There is even an etiquette about smoking: If a person is going to smoke, he/she will most likely offer the pack of cigarettes to everyone around. *Hispanic Magazine* (issue 5, 1998) estimates that 51% of Hispanic Americans smoke!

Nota cultural

A patient may state that he/she is feeling **mal puesto(a)**. This refers to a traditional folk belief whereby an individual feels that he/she is under someone else's control. The behavior is expressed as inappropriate laughter, self-mutilation, facial contortion, insomnia, appetite disruptions, loss of weight, distended abdomen, and conversations with invisible people.

D. Síntesis: Por el mundo de la salud y la medicina

¡A leer!

Antes de leer: The use of herbal medicine is becoming more and more popular. Which is the most common use of herbs as medicine that you have come across or heard of? Herbal remedies are not just the property of **los curanderos**; they are becoming very popular in the United States as well. Read about them and then answer the questions.

Las hierbas medicinales utilizan plantas y hierbas en lugar de[1] medicamentos para curar síntomas de enfermedades. Se calcula[2] que en una de cada cuatro medicinas aprobadas[3] para su uso en EE.UU. encontramos ingredientes de plantas. Por ejemplo, la aspirina es producto de una planta. La quinina, que cura la malaria, proviene de[4] la corteza[5] de un árbol de la selva[6] que se llama la cinchona. La digitalina,[7] que ayuda a las personas con problemas cardíacos, es producto de una flor que se llama la dedalina.[8] Hoy en día muchas personas toman ciertas hierbas para la salud. Piensan que son sanas.[9] Pero, ¡cuidado![10] Las hierbas causan reacciones alérgicas en ciertas personas. La gránula de trigo, un suplemento nutritivo, provoca ataques de fiebre de heno.

[1]**en lugar de:** *instead of;* [2]**Se calcula:** *It is estimated;* [3]**aprobadas:** *approved;* [4]**proviene de:** *comes from;* [5]**corteza:** *bark;* [6]**selva:** *jungle;* [7]**digitalina:** *digitalis;* [8]**dedalina:** *foxglove;* [9]**sanas:** *safe, healthy;* [10]**cuidado:** *careful*

Nombre _____ Fecha _____

¿Comprende?

1. What are herbal remedies according to the article? _____

2. How many of the approved medicines in the U.S. contain plant ingredients? _____

3. Where do quinine and digitalis come from? _____

4. What is one reason that people should be careful of herbal remedies? _____

5. What can wheat germ cause? What does it help? _____

■ Se necesita traductor(a).

La pulmonía viral. Explain to your patient what viral pneumonia is and why he/she can't take antibiotics for it.

¡OJO! El virus means *the virus,* and **la bacteria** means *the bacteria.*

1. It is an infection of the lungs. _____

2. It causes swelling and congestion in the lungs. _____

3. Generally, it is a winter disease. _____

4. The infection begins when you inhale a virus. (**aspirar** = *to inhale*) _____

5. The virus remains in the lungs. _____

6. The symptoms are a headache, fever, chills, and a cough. _____

7. Antibiotics do not cure viral pneumonia. It is a virus, not a bacteria. _____

■ Correo electrónico

Los seguros médicos. One of your patients has a health insurance policy from Mexico City. The company needs some information from you, the physician's assistant, so that they can process her claim. What do they want to know? Write your answer back to them and use your imagination for the information.

Nombre _____ Fecha _____

De: vidasana@mexco
Para: usted@escríbanos
Asunto: datos sobre Silvia Duarte Espinoza
Mensaje:
Somos VIDA SANA, una compañía de seguros médicos en México, D. F. *(Federal District)*. Si fuera tan amable *(If you would be so kind)*, necesitamos algunos datos respecto a *(regarding)* la señora Silvia Duarte Espinoza para su ficha de seguro. ¿Cuánto cuesta la radiografía que le van a sacar? ¿Dónde y cuándo es la cita para la radiografía? Nuestra compañía paga la totalidad de la cuenta. Muchas gracias.

De: usted@escríbanos
Para: vidasana@mexco
Asunto: datos sobre Silvia Duarte Espinoza
Mensaje:

_____
_____
_____
_____
_____
_____
_____
_____

■ Contestador automático

¡Qué emocionante! A patient's father, Ulpiano Natarino, has left you, the receptionist, a voice-mail message requesting a change in an appointment for his daughter Marcelina with the pediatrician. He is very excited about something. Can you understand why? Write down some of this information so that you can tell the pediatrician, and then prepare a voice-mail answer to practice in class.

¡OJO! You will hear the word **llegada**, which means *arrival*.

LLAMADA TELEFÓNICA

Fecha de hoy:
De quién:
A quién:
Mensaje:

Nombre _____ Fecha _____

■ Mi agenda

A. Now that you can conjugate **-ar** verbs, you can begin to describe some of the more common diseases, illnesses, and conditions. Choose three diseases from the vocabulary lists and describe them and their symptoms using the following verbs:

causar, provocar, comenzar, ser, durar

(a) Tell what the disease is; (b) Tell how or when it starts; (c) Tell how long it lasts.

1. _____

2. _____

3. _____

B. One way to make your patients feel special would be to wish them a happy bithday if you note that their birthday is near a date when you will see them. Practice writing dates by recording the important birthdays in your family. Then wish them a **feliz cumpleaños** *(happy birthday)* on their birthday.

CAPÍTULO 3   53

Nombre _____ Fecha _____

C. As you know, numbers are very important in all areas of medicine. Another way to practice numbers is to note the number of milligrams of common medicines. This will give you an opportunity to think about the larger numbers in the hundreds and thousands. Check your medicine cabinet or medical textbook for the number of milligrams contained in common medicines and record their number in Spanish.

MODELO: aspirina (500): *quinientos miligramos*

■ Para discutir

¿Cuáles son las marcas más conocidas? Which brand names or registered names of the various drug categories are the most common in the U.S.? Since the same brands are not used in other countries, it is important to use the generic name with your Spanish-speaking patients and give them an example of the name of the U.S. brand. How many can you and the class think of?

MODELO: *La marca más conocida de tranquilizante es Valium*™.

You can find information on the following web site: **http://spanishforlife.heinle.com**.

Nombre _____ Fecha _____

La República Dominicana y los dominicanos: La salud y los problemas cardiovasculares

CAPÍTULO 4

In this chapter you will learn:

COMMUNICATIVE FUNCTIONS
- Express symptoms related to the heart
- Maintain good cardiovascular health
- Make and keep a schedule in the doctor's office

VOCABULARY
- Nouns, verbs, and adjectives related to the heart, its functions and problems
- Activities for maintaining good cardiovascular health
- Scheduling words and time references for making appointments, schedules, etc.

▪ Transparencies: A–3: **El Caribe**; A–11: Country Profile, **La República Dominicana**

A. La angina y otros problemas cardíacos

❖ Vocabulario

Sustantivos	Nouns
la angina	angina
la angiografía/ el angiograma	angiogram
la aneurisma	aneurism
la arteria obstruida	blocked artery
el ataque al corazón/ el ataque cardíaco/ el infarto/un ataque de corazón	heart attack
el calambre/la rampa (Spain)	cramp
la cardiología	cardiology
la comida	food, meal
el corazón	heart
la dieta	diet
la escalera	stair
la habichuela	bean
la liebre/el marcapasos	pacemaker
lo apretado	tightness
la nitroglicerina	nitroglycerin
el nivel de oxígeno	oxygen level
la obstrucción	blockage
el/la pariente cercano(a)	blood relative
el pollo (frito)	chicken (fried)
la precausión	precaution, warning
la presión de la sangre	blood pressure
el riesgo	risk
el ritmo cardíaco/ el latido (del corazón)	heartbeat, rhythm
la sangre	blood
el sudor	sweat
el tirón/el jalón	twitch, tremor

CAPÍTULO 4   55

Nombre _____ Fecha _____

Verbos	**Verbs**
beber	to drink
comer	to eat
correr	to run
escupir	to spit
hacer ejercicio	to exercise
hinchar	to swell
impulsar	to pump
latir	to beat
leer	to read
morir (o→ue)	to die
ocurrir	to occur, to happen
recibir	to receive
subir	to go up, to rise
sufrir (de)	to suffer (from)
sufrir del corazón	to have heart disease
vivir	to live

Adjetivos	**Adjectives**
agudo	sharp
constante	constant
despierto	awake
dormido	asleep
fuerte	strong, hard
grasoso	fatty, greasy
intermitente	intermitent
pesado	heavy
punzante	stabbing, knife-like
quemante	burning
severo	severe
soportable	bearable
sordo	dull
superior	top, upper, superior

Adverbios	**Adverbs**
antes (de)	before
con frecuencia	frequently
de repente	suddenly, all of a sudden
después (de)	after
más tarde	later

Las síntomas cardíacos	**Heart symptoms**
el desmayo	fainting
el dolor de pecho	chest pain
el dolor que corre por los brazos	pain that extends down the arms
la falta de aire/la fatiga	shortness of breath
las manos frías	cold hands
el mareo	dizziness
los pies fríos	cold feet
la taquicardia	tachycardia
los tobillos hinchados	swollen ankles

Expresiones para calmar a alguien	**Expressions to calm someone**
cálmese	calm down
no tenga miedo	don't be scared
no va a doler	it is not going to hurt
respire tranquilamente y despacio	breathe slowly and calmly
todo va a salir bien	everything is going to be OK

1. Diálogo A. La angina y otros problemas cardíacos

Mr. Bernal is talking to Dr. Sanz about his chest pains. He is naturally upset about these symptoms.

Sr. Bernal: Doctor, tengo dolor de pecho y tengo miedo de sufrir un ataque al corazón.
Dr. Sanz: Y el dolor... ¿Le corre hacia la parte superior del cuerpo o por los brazos?
Sr. Bernal: No, doctor. Pero comienza de repente y dura unos minutos.
Dr. Sanz: ¿Le viene con frecuencia?
Sr. Bernal: No. A veces cuando hago ejercicio o si hace mucho calor o como un plato grande de habichuelas y pollo frito, más tarde también me viene el dolor.
Dr. Sanz: ¿Es fuerte el dolor?
Sr. Bernal: Pues, soportable pero me da miedo *(it scares me)*.
Dr. Sanz: Claro, pero parece ser *(it seems to be)* una angina de pecho.
Sr. Bernal: ¡Ay Dios! ¿Voy a morirme *(to die)*? ¿Es un ataque al corazón?

Nombre _____ Fecha _____

DR. SANZ: No, no creo. Cálmese. Pero Ud. tiene que tomar precauciones. Por ahora, voy a mandar un análisis de estrés *(stress test)*.
SR. BERNAL: ¿Y qué hago yo?
DR. SANZ: Primero *(First)*, tiene que controlar la dieta, modificar los ejercicios y, si le viene el dolor de pecho, tomar la nitroglicerina.

■ ¿Comprende?

1. What is Mr. Bernal afraid of? _____

2. How do the pains start and how long do they last? _____

3. To further study Mr. Bernal's case, what is Dr. Sanz going to do? _____

4. What can Mr. Bernal do to reduce his stress? _____

2. ¡Practiquemos!

A. Más preguntas para los pacientes. Now that you have seen how to conjugate regular -er and -ir verbs in your coretext, you can extend the kinds of questions you may ask your patients. Fill in the blanks with the correct form of a verb from the list below.

escupir, comer, vivir, creer, sufrir

1. ¿_____ Ud. mucha comida pesada?
2. ¿_____ de algún dolor?
3. ¿_____ los médicos que es angina?
4. ¿Dónde _____ tú, Juanito?
5. ¿Uds. _____ sangre?

B. Aún más preguntas y recomendaciones para los pacientes. What would be the order of the questions and recommendations given below in order to form a logical dialogue? Use **Diálogo A** as a guide.

_____ 1. ¿Son severos?
_____ 2. Voy a recetarle nitroglicerina.
_____ 3. ¿Le falta el aire?
_____ 4. ¿Le corre el dolor por los brazos?
_____ 5. ¿Le viene con frecuencia?
_____ 6. Tiene que controlar la dieta.
_____ 7. ¿Come Ud. comida grasosa?
_____ 8. Voy a mandarle un análisis de estrés.

CAPÍTULO 4

Nombre _____ Fecha _____

3. ¡Escuchemos!

Insuficiencia cardíaca congestiva *(Congestive heart failure)*. What is congestive heart failure? Listen as the doctor explains what happens when the heart fails to pump blood *(impulsar sangre)*. Then fill in the verbs in the sentences below that will complete the summary of congestive heart failure.

1. La insuficiencia cardíaca congestiva _____ cuando el músculo cardíaco se debilita.

2. El corazón no _____ la sangre por todo el cuerpo.

3. La sangre _____ en los pulmones.

4. Si la presión arterial _____, o...

5. Si una persona _____ mucho estrés en la vida, es posible que sufra de desfallecimiento del corazón.

4. ¡Hablemos!

A. ¿Es angina o no? Select questions from both Part A and Part B to ask another student and role-play. Base your responses on the other student's reaction to your questions.

MODELO: STUDENT A: *¿Come Ud. comida grasosa?*
STUDENT B: *Sí, como pollo frito.*
STUDENT A: *Tiene que controlar la dieta.*
o
STUDENT B: *No, no como comida grasosa.*
STUDENT A: *Muy bien.*

B. Otras preguntas para los pacientes. Now that you know how to conjugate -ar, -er, and -ir verbs and special irregular verbs, you can ask many more general questions. Assuming the part of the cardiologist, you will want to find out more about your patient's background and lifestyle. Create questions using **Ud.** with the following verbs and phrases. Then practice them with another student.

MODELO: leer / ingles
¿Lee Ud. inglés?

fumar / cigarillos
tomar / alguna medicina
tener / alergias
beber / café o alcohol
hacer / ejercicio
dónde / trabajar
dónde / vivir
subir / muchas escaleras

5. La situación

La angina. Mrs. Ordóñez has been diagnosed with angina. Although she knows some English, she didn't understand some of the things that the doctor told her. Help her by explaining what angina is and what she has to do.

Nombre _____ Fecha _____

¿Sabía Ud. que... ?

Many Hispanics have a special way of giving thanks for being cured of a disease or surviving an accident. They will buy a small charm or **dije**, usually made of silver, that represents the body part that was affected. Then they will take the charm to their church and pin it on a special cloth located next to a statue of a saint or of Christ. Hearts, limbs, heads, and sometimes tiny crutches form a silver blanket of thanks.

Nota cultural

One of the basic beliefs among Hispanic groups is that good health is the result of a balance between the human and the environment. Sometimes one of the explanations given for an illness may be **mal aire** (bad air). When describing this condition the patient states that he or she was exposed to a current of air, wind, or breeze while having an overheated body such as from exercise or fever.

B. ¡Un ataque al corazón!

❖ Vocabulario

Verbos	**Verbs**
abrir	to open
amanecer	to awaken, to wake up, to dawn
aprender (a)	to learn (to do something)
conducir	to drive (Spain and several other Hispanic countries); to conduct
conocer	to know (someone, something), to be familiar with
dar	to give
fortalecer	to strengthen
introducir	to introduce (into)
oír (yo oigo)	to hear
padecer (de)	to suffer (from)
poner (yo pongo)	to put
respirar	to breathe
saber	to know (a fact)
venir (yo vengo)	to come

Sustantivos	**Nouns**
la ambulancia	ambulance
el chófer	driver
el daño	harm, injury
la dosis	dosage, dosis
el estetoscopio	stethoscope
el instrumento	instrument
el líquido	liquid
la onda	wave
la onda de sonido	soundwave
el oxígeno	oxygen
el procedimiento	procedure
la prueba	test
los rayos X	X-rays
el suero	IV drip, intravenous
el tratamiento	treatment

Adjetivos	**Adjectives**
algún	some
desconocido	unknown
difícil	difficult, hard
fácil	easy
punzante	sharp, stabbing

Nombre _____ Fecha _____

1. Diálogo B. ¡Un ataque al corazón!

Mrs. Flores is suffering a mild heart attack and she is very upset. Listen to how she expresses herself and also to the calming words that the doctor provides.

SRA. FLORES: Siento una puntada muy fuerte en el pecho. ¡No puedo respirar bien!
DR. BELÉN: Entiendo *(I understand)*, señora. Le doy *(I give to you)* oxígeno ahora.
SRA. FLORES: Voy a morirme... Sé que voy a morirme. El dolor es muy fuerte.
DR. BELÉN: Cálmese, señora. Todo va a salir bien. ¿Siente un peso constante en el pecho?
SRA. FLORES: No, doctor. Va y viene.
DR. BELÉN: Muy bien. Le pongo el suero ahora. No va a dolerle. *(It won't hurt.)*
SRA. FLORES: No, por favor. No me gusta. ¿Dónde está mi esposo? Jaime..., ¿dónde estás? Oigo su voz *(voice)*.
DR. BELÉN: Jaime está muy cerquita. No tenga miedo. ¿Toma Ud. algún medicamento? ¿Recibe Ud. algún tratamiento?
SRA. FLORES: Sí, tomo Procardia™ por la mañana. Si vivo, voy a darle las gracias a nuestra Señora de Guadalupe *(a patron saint of Hispanics)*.
DR. BELÉN: Señora, no se preocupe. ¿Sabe qué dosis de Procardia toma?
SRA. FLORES: No, no sé.
DR. BELÉN: Está bien, señora. Ahora vamos a darle *(to give to you)* algún medicamento. En un momento vamos a la sala de cuidado intensivo.

■ ¿Comprende?

1. What are the two medical procedures that Dr. Belén performs on Mrs. Flores? _____
_____

2. What are the words that Mrs. Flores uses to describe the pain? _____
_____

3. What are the four expressions of comfort that the doctor uses and why? _____
_____
_____
_____

2. ¡Practiquemos!

A. Nuevos verbos. The new verbs in your coretext show how the first-person singular can be irregular. For example, **conocer** becomes **conozco** and **padecer** becomes **padezco**. There are some additional verbs that you would be likely to use in the medical context that have the same changes. Practice these verbs in the sentences below by using them in the first-person singular. Then, translate the sentences.

1. Yo (padecer) _____ de angina de pecho.
_____

2. Yo (reducir) _____ el número de pastillas.
_____

3. Yo (amanecer) _____ con una migraña todos los días.
_____

Nombre _____ Fecha _____

4. Yo (conducir) _____ la ambulancia.

_____

5. Yo (introducir) _____ el suero en la mano izquierda.

_____

B. ¿Quién lo dice? Now decide who would say each of the above statements. Choose from the following people and assign them the sentence number. Then rewrite the sentences using the same verb in the third-person singular.

_____ el enfermero

_____ el/la paciente con problemas cardíacos

_____ el chófer

_____ el/la paciente con dolor de cabeza

_____ la cardióloga

3. ¡Escuchemos!

Las pruebas cardíacas. Listen to the doctor explain what some of the tests and procedures to detect heart problems are. Then decide which description best describes each procedure by matching the name of the test to its description.

_____ 1. el oxímetro
_____ 2. el suero
_____ 3. los rayos X
_____ 4. el electrocardiograma
_____ 5. el ecocardiograma
_____ 6. la prueba de estrés
_____ 7. la angioplastia
_____ 8. el estetoscopio

a. permite que el paciente reciba medicina y líquidos
b. una foto del corazón
c. la resistencia a los ejercicios
d. para abrir las arterias bloqueadas
e. para oír los latidos del corazón
f. las ondas de sonido para mirar el corazón
g. para aprender el nivel de oxígeno en la sangre
h. para mirar los daños al corazón

4. ¡Hablemos!

A. ¿Qué diría Ud.? *(What would you say?)* What would you say to let a patient with chest pains know what you are doing if you were the doctor? With a partner, practice the verbs that have irregular first-person forms.

MODELO: you don't know his wife
          Yo no conozco a su esposa.

1. you are putting the IV in _____
2. you are reducing the risk of a heart attack _____
3. you are giving oxygen _____
4. you are coming closer (**más cerca**) _____
5. you know where his wife is _____

Nombre _____ Fecha _____

B. ¡El señor Flores tiene miedo! Mr. Flores (your partner) is worried and frightened. As the nurse, tell him what is happening to his wife and what the doctor is doing for her. Use the dialogue to help you. You also should reassure Mr. Flores with some words of comfort. As Mr. Flores, your partner may ask you: **¿Y qué le hace el doctor ahora?** or **¿Qué le pregunta el doctor ahora?**

MODELO: STUDENT A: *¿Y qué le hace el doctor ahora?*
         STUDENT B: *El doctor le da oxígeno.*

⇄ 5. La situación

Una señora desconocida. A heart attack patient has just been stabilized, but no one knows who she is as she only speaks Spanish. Find out what her name is, where she is from, who to call, where she lives. Ask her if she has any more pains, if she knows what's happening, and tell her not to worry.

¿Sabía Ud. que...?

Although the vast majority of Hispanics are Roman Catholic (87% to 90%), there are also other religions that are practiced in many countries. There are many Pentecostals and Jehovah's Witnesses among Hispanics. Also, there are small communities of Jews who relocated from Spain in the sixteenth century to places such as Boston, and later on to Seattle. They are called **los sefarditas**, or Sephardic Jews, and they maintain their sixteenth-century Spanish dialect and customs even though they have been thoroughly assimilated into the country for many centuries.

Nota cultural

Among many Hispanic American groups that subscribe to traditional thinking, the concept of being healthy is associated with someone who is happy, has flesh on their bones (overweight), and is rosy cheeked. Being thin and underweight is seen as unhealthy and the result of being poor.

C. La salud cardíaca

❖ Vocabulario

Términos	**Terms**
la arteria obstruida/ la arteria bloqueada	blocked artery
el bypass	bypass
el cuidado intensivo	intensive care
el ecocardiograma	echocardiogram
el endurecimiento de las arterias	hardening of the arteries
el funcionamiento cardiovascular	cardiovascular function
las imágenes por resonancia magnética (IRM)	MRI
los latidos de corazón irregulares/las palpitaciones irregulares	irregular heartbeats
el monitor Holter/ la prueba de Holter	Holter monitor
el murmullo en el corazón/ el soplo del corazón	heart murmur
la placa	X-ray film
la prueba de estrés/ la resistencia al ejercicio	stress test

Nombre _____ Fecha _____

Adjetivos	*Adjectives*	**Sustantivos**	*Nouns*
aeróbico	aerobic	el almuerzo	lunch
cardíaco	heart, cardiac	la ansiedad	anxiety
común	common	el bloqueador	blocker
entero	whole, entire	el calcio	calcium
estimado	esteemed	la caloría	calorie
forzado	strained, forced	el canal	channel; canal
Verbos	*Verbs*	el colesterol	cholesterol
comunicar	to comunicate	la dieta	diet
controlar	to control	el ECG	EKG
curar	to heal	el ejercicio	exercise
deber	ought to, must, should	el folleto	pamphlet, brochure
desaparecer	to disappear	el veneno/el tóxico	poison, intoxicant
determinar	to determine	el método	method, way
diagnosticar	to diagnose	la salud	health
incluir	to include	la señal	sign, signal
instruir	to instruct	la sobredosis	overdose
mantener (*like* tener)	to maintain, to keep	el/la terapeuta	therapist
omitir	to omit	el uso	use
persistir	to persist		
prevenir (*like* venir)	to prevent		
recuperar	to recover		

1. Diálogo C. La salud cardíaca

The cardiologist, Marsha Goldman, is speaking with Mr. Rincón about maintaining good cardiovascular health. Mr. Rincón had a heart attack a year ago and he wants to make sure that he is maintaining a good life style.

DRA. GOLDMAN: Sr. Rincón, ¿cómo está Ud.?
SR. RINCÓN: Bastante bien, doctora. Me gustaría saber si mi corazón está en buen estado. Sé que no me gustaría padecer otro ataque al corazón.
DRA. GOLDMAN: Muy bien. Ud. conoce las señales de la angina, ¿verdad?
SR. RINCÓN: Si, conozco las señales y me gustaría evitar la angina.
DRA. GOLDMAN: Primero, me gustaría evaluar el estado actual *(present)* de su corazón. Voy a solicitar un electrocardiograma y una prueba de estrés.
SR. RINCÓN: ¿Y qué hago yo para fortalecer el corazón?
DRA. GOLDMAN: Ud. debe controlar su dieta, reducir las calorías, tomar la medicina que le doy *(I give to you)* y hacer un programa de ejercicios. La recepcionista le dará una cita. ¿Está bien?
SR. RINCÓN: Sí, gracias, doctora. [*El Sr. Rincón pasa al despacho de recepción.*]
RECEPCIONISTA: Sr. Rincón, Ud. necesita una cita para el ECG y para la prueba de estrés, ¿verdad? Bueno, hay una el 15 de mayo a las ocho y media de la mañana.
SR. RINCÓN: ¿Es posible hacer la prueba de estrés el mismo día *(the same day)*?
RECEPCIONISTA: Sí, al mediodía, a la una, o a las tres menos cuarto de la tarde.
SR. RINCÓN: Al mediodía, por favor.

Nombre _____ Fecha _____

■ ¿Comprende?

1. Why does Dr. Goldman want to evaluate Mr. Rincón's cardiac health? _____

2. What tests does she say that Mr. Rincón must take? _____

3. What precautions does Mr. Rincón need to take? _____

4. What are the two appointments Mr. Rincón makes and what are they for? _____

2. ¡Practiquemos!

A. *Conocer* y *saber*. As you learned in your coretext, the verbs **conocer** and **saber** both mean to know. **Saber** means *to know facts, information, or how to do something* and **conocer** means *to know a person or a place, or to be familiar with something*. Choose the verb that belongs in the following sentences, and don't forget to check its conjugation in your coretext.

1. El señor Rincón _____ a la Dra. Goldman.
2. Yo no _____ dónde está radiología porque yo no _____ el hospital muy bien.
3. ¿_____ Ud. hacer ejercicios aeróbicos?
4. Los médicos _____ los síntomas de un ataque al corazón.
5. Los enfermeros _____ que los pacientes tienen miedo.
6. La recepcionista _____ a los vendedores de fármacos.
7. La pediatra _____ curar las enfermedades de los niños.
8. Yo _____ las señales de la angina y yo _____ que tengo que tomar la nitroglicerina.

B. ¿Qué hora es y a qué hora es la cita? Look at the clocks on the next page and the appointment cards next to them. Tell what time it is and when the appointment is. Remember that to tell time you need to use either **son las ____** or **es ____** (**la una, mediodía, medianoche**) and **a la(s) ____** for a certain hour.

MODELO: *Son las seis y la cita es a las nueve.*

64   *Spanish for Health Worktext*

Nombre _____ Fecha _____

1.

Juan Martinez Lomos, cardiólogo
Avenida Independencia #45

Fecha: el 20 de mayo
Hora: 3:30

2.

Juan Martinez Lomos, cardiólogo
Avenida Independencia #45

Fecha: el 20 de mayo
Hora: 4:00

3.

Juan Martinez Lomos, cardiólogo
Avenida Independencia #45

Fecha: el 20 de mayo
Hora: 12:00

4.

Juan Martinez Lomos, cardiólogo
Avenida Independencia #45

Fecha: el 20 de mayo
Hora: 1:15

5.

Juan Martinez Lomos, cardiólogo
Avenida Independencia #45

Fecha: el 20 de mayo
Hora: 1:45

Nombre _____ Fecha _____

3. ¡Escuchemos!

¿Dónde estás? You have promised your friend Chola that you will go with her to the therapist, but you've been held up at the hospital where you work. Chola is a bit upset that you aren't home and leaves you a message from her car phone so that you will know where to find her. Listen to the times she gives and where she'll be so that you can catch up with her later. Then answer the questions that follow.

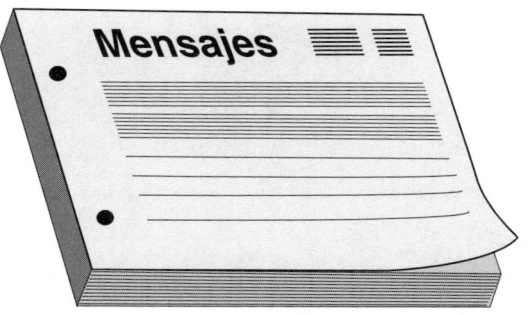

1. What time is it when Chola calls you? _____
2. When is her appointment with the therapist? _____
3. What time will Chola be in the cafeteria and until when? _____
   _____
4. What would Chola like to do afterward? _____
   _____

4. ¡Hablemos!

A. ¿Conoce? ¿Sabe? You are a nurse going on vacation and you need to make sure that your replacement (classmate) knows the following people, places, and information. Take turns answering the questions using **saber** and **conocer** where appropriate. Remember that the first-person singular is irregular.

MODELO: el señor Sánchez, el paciente con problemas cardíacos
          STUDENT A: *¿Conoce Ud. al señor Sánchez, el paciente con problemas cardíacos?*
          STUDENT B: *Sí, conozco al señor Sánchez.*

1. la clínica de la doctora Aboy
2. el terapeuta de la clínica Cruz Blanca
3. apuntar las citas para las radiografías
4. los síntomas de un ataque al corazón
5. el número de teléfono de la farmacia
6. hablar con el contestador automático del Dr. Gómez
7. la cardióloga del Hospital Santo Domingo
8. dónde está el libro de citas

B. Las citas para el 2 de enero. It's the new year and you want to transfer the appointments from the end of your old appointment book to the new one. Call out the people and the times of their appointments to your records assistant to write down. Practice with a classmate and then switch roles.

66   *Spanish for Health Worktext*

Nombre _____ Fecha _____

el dos de enero	
8:00	
8:15	Sra. Alma Balwin
8:30	
8:45	la vendedora de Farmedco
9:00	
9:15	Ronaldo Olmos
9:30	
9:45	
10:00	
10:15	
10:30	José y Gabriela Nelson
10:45	
11:00	Trini Carpintero
11:15	
11:30	
11:45	
12:00	Srta. Lupita Yánez
12:15	
12:30	
12:45	

el dos de enero	
1:00	almuerzo
1:15	
1:30	
1:45	
2:00	
2:15	
2:30	Sra. Concha Carrelli
2:45	
3:00	
3:15	Srta. Susana Martínez
3:30	
3:45	Esau Pineda
4:00	
4:15	
4:30	
4:45	
5:00	
5:15	
5:30	
5:45	

⇄ 5. La situación

¿A qué hora? Mrs. Berenguer would like an appointment for Wednesday, October 13, but can't decide at what time. Role-play the parts of the receptionist and Mrs. Berenguer and present several possible times in your appointment book. Mrs. Berenguer should say **no sé** *(I don't know)*, and after she has heard all the times, decide on one appointment time. Make up your own five appointment times and write her name on the one she finally chooses. Be sure to check your coretext for how to express A.M., P.M.

MODELO: RECEPCIONISTA: (8:00 A.M.) *Hay una cita a las ocho de la mañana.*
     SRA. BERENGUER: *No sé. ¿Hay otra?*

¿Sabía Ud. que...?

The perception and the treatment of time is different in Hispanic countries than in the United States. People are much more relaxed about punctuality especially if the occasion is less formal, such as a party. You may receive an invitation for a party at 9:00 P.M. but no one will show up until 10:30. In most cases patients will show up on time for a doctor's appointment, but more recent arrivals in the U.S. may be late.

Nombre _____ Fecha _____

Nota cultural

Many Dominican American mothers breast-feed their babies, but tend to do so for a short period of time—three to six months. They may have folk beliefs about avoiding certain foods such as fresh or dried fish, eggs, liver, and pork during lactation. Foods believed to increase a mother's milk supply include milk, orange juice, chocolate milk, black beer, and codfish.

D. Síntesis: Por el mundo de la salud y la medicina

■ ¡A leer!

Antes de leer: What are the main concerns to keep in mind whenever you are prescribed a new drug? Below is a portion of the pharmaceutical information about the heart medicine Nifedipine™, supplied by the computer at your pharmacy.

¿Qué es NIFEDIPINE™?

USOS COMUNES: Esta medicina es un bloqueador del canal de calcio. La medicina controla la angina.

CÓMO USAR ESTA MEDICINA: Debe tragar la cápsula entera. No debe partir *(separate)*, machacar *(crush)* o masticar *(chew)* la cápsula. No debe beber jugo de toronja *(grapefruit juice)* una hora antes o dos horas después de tomar la medicina. Si omite una dosis, no debe tomar dos dosis al mismo tiempo.

EFECTOS SECUNDARIOS: Esta medicina puede ocasionar mareos, dolor de cabeza, estreñimiento, náusea o acedia. Generalmente, los efectos desaparecen en poco tiempo. Pero si persisten, debe llamar al médico.

SOBREDOSIS: Si Ud., o alguien *(someone)* que Ud. conoce, usa más de la dosis recomendada, debe llamar al centro de control de intoxicaciones en su área.

¿Comprende?

1. How does Nifedipine control angina? _____
2. Explain how to use and take this medication. _____
3. List five side effects of Nifedipine. _____

■ Se necesita traductor(a).

Las instrucciones. Mr. Jiménez has just been examined by the cardiologist and leaves the consultation room with a number of instructions, but he doesn't completely understand everything. Translate into Spanish what is written on the piece of paper the doctor gave him. Use **deber** + *infinitive* to mean *should do something*.

Nombre _____ Fecha _____

DR. MILTON GRASSER, M.D.
CARDIOLOGY
345 16TH ST., NEW YORK, NY

Patient's name _____ Date of birth _____

St. Joseph's Hospital — EKG, MRI
Tuesday, January 24 at 9:45

_____

Instructions for patients with angina:
_____

1. If you have sudden chest pains, you should put one nitroglycerin tablet under your tongue.
   _____
   _____

2. If the pains last for more than a few minutes, you should put another nitroglycerine tablet under your tongue.
   _____
   _____

3. If the pains persist, you should call your doctor, or 911 if the pains are severe.
   _____
   _____

4. You should not eat heavy or greasy foods.
   _____
   _____

5. You should not work when it is very hot outside.
   _____
   _____

6. You should ask your doctor about the results of your EKG and MRI.
   _____
   _____

Nombre _____ Fecha _____

■ Correo electrónico

La conferencia de medicina. You are a cardiologist who has received an e-mail invitation to a medical conference. E-mail your answer and tell them that:

- you would like to attend the conference
- you would like to hear Dr. Boton's presentation, but you will arrive a little late
- you know that it is going to be a good conference
- you want to know who is giving the workshop (**el taller**) on calcium blockers
- you would like to know about the beautiful beaches of Santo Domingo

---

De: miguelramos@corazón
Para: usted@escríbanos
Asunto: La conferencia de cardiólogos en Santo Domingo
Mensaje:

¡Hola! Soy Miguel Ramos y Boltos, presidente actual *(present, current)* de la conferencia de cardiólogos. Este año *(This year)* dirijo las actividades de nuestra conferencia anual en Santo Domingo, Republica Dominicana, del viernes 8 de abril hasta el lunes 11 de abril en el Hotel Bellamar. Las presentaciones empiezan el viernes a las dos en punto con una discusión sobre la importancia de los bloqueadores de calcio a cargo de la estimada doctora Cristina Boton Davis. Después de la presentación los participantes van a conocer las bonitas playas de la capital. Necesitamos saber antes del 8 de febrero si le gustaría asistir. Gracias y espero ver a todos los cardiólogos en la hermosa isla de la República Dominicana.

De: usted@escríbanos
Para: miguelramos@corazón
Asunto: La conferencia de cardiólogos en Santo Domingo
Mensaje:

_____
_____
_____
_____
_____
_____
_____
_____
_____
_____

Nombre _____ Fecha _____

■ Contestador automático

Su vecino. You just received a message from your friend Jesús who has some information about Mrs. Sánchez, your neighbor, who is in the hospital. Call him back and let him know the following:

- if you know Mrs. Sánchez
- if you know about Mrs. Sánchez's condition
- if you agree to the times Jesús has proposed for the visit and where to meet
- if you should buy some flowers or a plant for Mrs. Sánchez

In class discuss different ways you could answer the phone call by changing the hour to meet and the place to meet and tell him that you are driving, not Jesús.

■ Mi agenda

A. Mi libro de citas. As you acquire more structures, you will find that you can begin to pull together certain themes that may have seemed incomplete before. One theme is making a complete appointment. You can now express the day, the date, and the time. Make up your own **libro de citas** on the blank pages below. Include today's date and then ask your classmates at what time they would like an appointment and mark it in your book.

fecha _____

Time		Time	
8:00		1:00	
8:15		1:15	
8:30		1:30	
8:45		1:45	
9:00		2:00	
9:15		2:15	
9:30		2:30	
9:45		2:45	
10:00		3:00	
10:15		3:15	
10:30		3:30	
10:45		3:45	
11:00		4:00	
11:15		4:15	
11:30		4:30	
11:45		4:45	
12:00		5:00	
12:15		5:15	
12:30		5:30	
12:45		5:45	

CAPÍTULO 4

Nombre _____ Fecha _____

B. Expresiones para calmar al paciente. Some of the most valuable expressions appear in this chapter. Throughout your career, you will want to offer words of comfort to your patients. Although they can be used generally, they work particularly well for specific situations. Make a list of those situations in Spanish where these words would be most useful; you might want to look in previous chapters for additional ideas.

Expresión	Situación
No se preocupe.	_____
Cálmese.	_____
No va a doler.	_____
Todo va a salir bien.	_____
No tenga miedo.	_____

■ Para discutir

Would you be able to help a heart attack victim who only speaks Spanish? Discuss the scenario in class. Then try to role-play the situation with one classmate as the victim and the other as the doctor. Decide if there are any additional words or phrases you might need that you could find in the glossary or in the coretext.

You can find information on the following web site: **http://spanishforlife.heinle.com**.

Nombre _____ Fecha _____

Puerto Rico y los puertorriqueños: La nutrición y la dieta

CAPÍTULO 5

In this chapter you will learn:

COMMUNICATIVE FUNCTIONS
- Request and plan a healthy diet
- Describe the problems of being diabetic and requesting a healthy diet
- Compare various foods and body types for optimum health

VOCABULARY
- Food groups and diets
- Diabetic diet
- Good health

Transparency: A–10: Country Profile, **Puerto Rico**

A. Los grupos de alimentos y una dieta

❖ Vocabulario

Verbos	**Verbs**		
cocer (o→ue)	to cook	saber a	to taste like
cocinar	to cook	soler (o→ue)	to be used to, to be accustomed to
comprender	to understand, to comprehend	sustituir	to substitute
contar (calorías)	to count (calories)	torcer (o→ue)	to twist
doler (o→ue)	to hurt	volver (o→ue)	to return
dormir (o→ue)	to sleep	**Sustantivos**	**Nouns**
engordar	to gain weight	el almuerzo	lunch
entender (e→ie)	to understand	el arroz	rice
hornear	to bake	la caloría	calorie
morder (o→ue)	to bite	la cantidad	quantity, amount
morir (o→ue)	to die	la cena	dinner, supper
oler (o→hue)	to smell	la clase/el tipo	type, kind
perder (e→ie) peso	to lose weight	la cocina	kitchen; cuisine; cooking
poder (o→ue)	can, to be able to	el desayuno	breakfast
preferir (e→ie)	to prefer	la dieta/el régimen	diet
preparar	to prepare	el/la dietista	dietician
querer	to want	la fécula	starch

CAPÍTULO 5   73

Sustantivos	Nouns (cont.)
el flan	custard
la grasa	grease, fat
el hambre *(fem.)*	hunger
la merienda	snack, light meal
el mes	month
la mitad	a half
el peso	weight
la semana	week
el sobrepeso	overweight
la sustitución	substitution

Las bebidas — *Beverages*
- el agua *(fem.)* — water
- el agua mineral — mineral water
- el café (descafeinado) — (decaffeinated) coffee
- la cerveza — beer
- el chocolate caliente — hot chocolate
- el jugo/el zumo *(Spain)* — juice
- la leche — milk
- la limonada — lemonade (also can mean a "soft drink")
- el té (de hierbes)/la infusión — (herbal) tea
- el vino (tinto, blanco, rosado) — (red, white, rosé) wine

Adjetivos — *Adjectives*
- alto — high, tall
- artificial — artificial
- asado — grilled
- bajo — low, short
- dietético — dietetic
- frito — fried
- grasoso — greasy, fatty
- hervido — boiled
- sabroso — tasty, delicious

Los seis grupos de alimentos — *The six food groups*

1. Los cereales y los granos — *1. Cereals and grains*
- el arroz — rice
- el bolillo *(Mex.)*/el panecito — roll
- el cereal — cereal
- los macarones — macaroni, pasta
- el pan — bread
- la pasta — pasta
- el tofu — tofu

2. Los vegetales — *2. Vegetables*
- la batata — sweet potato
- la calabaza — squash; pumpkin
- los guisantes — peas
- la lechuga — lettuce
- la papa *(Mex.)*/la patata — potato
- el pepino — cucumber
- el pimiento — pepper
- el tomate — tomato
- las verduras — greens
- la zanahoria — carrot

3. Las frutas — *3. Fruits*
- la cereza — cherry
- la ciruela — plum
- la manzana — apple
- el melocotón/el durazno *(Latin Am.)* — peach
- el melón — melon
- la naranja/la china *(Carib.)* — orange
- la pera — pear
- la sandía — watermelon
- la toronja *(Latin Am.)*/el pomelo — grapefruit

4. Las grasas — *4. Fats*
- el aceite — oil
  - el aceite de oliva — olive oil
  - el aceite de vegetal — vegetable oil
- la manteca — lard
  - la manteca de cerdo — animal fat
  - la manteca de vegetal — vegetable shortening
- la mantequilla — butter
- la margarina — margarine
- la mayonesa — mayonnaise

5. La lechería/las leches/los lácteos — *5. Dairy*
- la crema — cream
- el helado/la nieve — ice cream
- la leche (desnatada/entera) — (skim, whole) milk
- el queso — cheese
- el yogur — yogurt

6. Las carnes y proteínas	6. Meats and proteins	Expresiones	Expressions
la carne de res	beef	así	this way, thus
el cerdo/el puerco	pork	cada quien	each one
los frijoles *(Mex.)*/ los gandules *(P. R.)*/ las habichuelas	beans	con/sin sal	with/without salt
		en vez de	instead of
		estar en forma	to be in shape
el huevo	egg	no estar en forma	to be out of shape
la manteca de cacahuate	peanut butter	tener demasiado peso/ estar pasado de peso	to be overweight
el pescado	fish		
el pollo	chicken	una dieta balanceada	balanced diet

1. Diálogo A. Los grupos de alimentos y una dieta

La señora Castro habla con el dietista sobre un plan alimenticio para su familia.

Dietista: Buenas tardes, Sra. Castro. ¿Ud. quiere consejos sobre una dieta sana?

Sra. Castro: Sí, mi familia y yo no estamos en forma. Estamos pasados de peso. Soy puertorriqueña y mi marido es mexicano. Por eso, cocino los dos tipos de cocina.

Dietista: Entiendo, señora. Parece difícil pero Ud. puede preparar comida sabrosa que huele bien y sabe rica pero que es baja en calorías. ¿Qué suelen comer?

Sra. Castro: Bueno, mi marido quiere frijoles refritos y mis hijas prefieren arroz con gandules, empanadas y de postre, flan o dulce de leche. Y dos horas más tarde, ¡se mueren de hambre! ¿Qué hago?

Dietista: Es así con todas las familias, ¿verdad? Cada quien desea algo diferente. Pero hay varias cosas que Ud. puede hacer. Para reducir las calorías, debe hacer sustituciones.

Sra. Castro: ¿Como cuáles?

Dietista: Bueno, Ud. puede cocer con margarina en vez de manteca para preparar los frijoles y debe hornear el cerdo. También, en vez de comer postres con mucho azúcar, Uds. deben comer frutas frescas.

Sra. Castro: ¿Y qué preparo de sopa?

Dietista: Es buena idea probar otras comidas hispanas, ¿no? El gazpacho español es una sopa fría y muy deliciosa. Tiene un poco de aceite de oliva.

Sra. Castro: Pero el aceite es una grasa, ¿no?

Dietista: Sí, tiene razón. Pero tiene poco colesterol. No hace daño al corazón. Voy a escribirle un plan de comidas para Uds., para un mes. Después, Ud. puede volver y contarme cómo les fue. ¿Está bien?

Sra. Castro: Sí, y muchas gracias.

¿Comprende?

1. ¿De dónde son la Sra. Castro y su esposo? _____

2. ¿Qué tipo de comida cocina la Sra. Castro para su marido y para sus hijas? _____

3. ¿Cuáles son las sustituciones que ofrece el dietista para los frijoles refritos? _____

4. ¿Es bueno el aceite de oliva? ¿Por qué? _____

Nombre _____ Fecha _____

2. ¡Practiquemos!

¿Qué hace cuando come bien? Conjugue el verbo entre paréntesis para mostrar el cambio de raíz.

1. Yo (poder) _____ sustituir la manteca por la margarina.
2. ¿Tú (dormir) _____ bien después de comer una cena grande?
3. ¿(Cocer) _____ Uds. los puertorriqueños, con mucha grasa?
4. ¿Qué (preferir) _____ Uds., la fruta fresca o el flan?
5. ¿(Volver) _____ yo dentro de una semana al dietista?
6. ¿(Querer) _____ Ud. las sustituciones en el plan del dietista?

3. ¡Escuchemos!

El nivel de colesterol. Escuche el anuncio del National Heart, Lung, and Blood Institute sobre los niveles altos normales de colesterol y sobre qué alimentos comer y qué alimentos evitar. Luego, informe a la clase qué alimentos pueden aumentar el colesterol y explique cómo sustituirlos.

4. ¡Hablemos!

A. Cambio del raíz. Ahora explique a su compañero(a) otra vez qué alimentos debe comer y cuáles debe evitar para bajar el colesterol, usando los verbos que cambian de raíz.

B. Ud. es el/la dietista. Explíquele a su paciente lo que puede o no puede hacer según los dibujos.

1. comer _____
2. cocer _____
3. pedir _____
4. preparar _____
5. beber _____

Nombre _____ Fecha _____

⇄ 5. La situación

¿Qué suele Ud. comer? Como dietista, Ud. deberá indicar a sus pacientes lo que pueden o no pueden comer según el objetivo de la dieta. El Sr. Rico quiere adelgazar. Prepárele una dieta para un día que incluya desayuno, almuerzo y cena. Asegúrese de consultar el texto principal para vocabulario de alimentos y cómo cocinarlos.

¿Sabía Ud. que... ?

The names of many foods vary from one country to another. In Mexico, beans are called **frijoles**, whereas in Spain they are called **habichuelas**. In most countries, the banana is called **plátano**, but in the Caribbean they use the word **banana**. The peach is called **durazno** in Central America, but **melocotón** in other countries.

Nota cultural

Many people do not realize that Puerto Ricans enter the United States as citizens even though they are born in Puerto Rico. In 1898 the United States invaded Puerto Rico as part of its war with Spain and made Puerto Rico a territory of the United States.

B. La dieta diabética

❖ Vocabulario

Verbos	Verbs
corregir (e→i)	to correct
decir (e→i) (yo digo)	to say, to tell
elegir (e→i)	to select, to choose, to elect
explicar	to explain
impedir (e→i)	to impede
medir (e→i)	to measure
pedir (e→i)	to ask for, to request, to order (food)
seguir (e→i)	to follow, to go on

Sustantivos	Nouns
la absorción	absorption
el alimento	food
el azúcar/la azúcar	sugar*

*__Note:__ Sugar can be masculine or feminine, BUT when used in the plural it is always masculine—**los azúcares**—as in several (kinds of) sugars.

el colesterol	cholesterol
el coma	coma
la condición	condition
el dulce (*usually plural:* los dulces)	candy
la galleta	cookie; cracker
el grupo	group
la miel	honey
el pasado	past
el pastel	cake, pastry
el peligro	danger
la quetona	keton
el refresco	soft drink
la sacarina	saccharin
el sustituto de azúcar	sugar substitute
tejido de grasa	fatty tissue

Nombre _____ Fecha _____

Adjetivos	*Adjectives*	**Expresiones**	*Expressions*
adecuado	*adequate, appropriate*	a diario	*daily*
apropiado	*appropriate*	cantidades moderadas	*moderate quantities*
artificial	*artificial*	al menos/por lo menos	*at least*
concentrado	*concentrated*	perder el conocimiento	*to lose consciousness, to be unconscious*
dietético	*dietetic*		
dulce	*sweet*	sin embargo	*nevertheless*
feculento	*starchy*	**La diabetes**	*Diabetes*
fresco	*fresh*	la hipoglicemia	*hypoglycemia*
largo	*long*	la hiperglicemia	*hyperglycemia*
preparado	*prepared*	la inyección	*shot, injection*
saludable	*healthful, healthy*	la insulina	*insulin*
sano	*healthy*	el nivel de azúcar y de glucosa	*blood-glucose level*
verdadero	*true, real*		
		la orina	*urine*
Adverbios	*Adverbs*	la quetoacidosis	*ketoacidosis*
adecuadamente	*adequately, appropriately*	la tableta de glucosa	*glucose tablets*
regularmente	*regularly*		
verdaderamente	*truly, truthfully, really*		

1. Diálogo B. La dieta diabética

La señorita Ubrique consulta con la dietista para saber qué alimentos la pueden ayudar a mantener su diabetes bajo control.

Srta. Ubrique: Señora, padezco de diabetes. Mi médico dice que Ud. puede indicarme una dieta apropiada para mi condición.

Dietista: Cómo no, señorita. ¿Usa Ud. insulina?

Srta. Ubrique: Sí. Inyecciones. Tengo diabetes tipo 1.

Dietista: Pues, es muy importante comer tres comidas y al menos dos meriendas cada día. Si los diabéticos no comen adecuadamente pueden perder el conocimiento y hacer un coma diabético. Como Ud. sabe, es necesario medir su propio nivel de sangre y glucosa, ¿verdad?

Srta. Ubrique: Sí, mido los niveles todos los días.

Dietista: Bueno, la dieta. Primero *(First)* Ud. deber controlar los dulces en su dieta. Tiene que equilibrar los dulces que come con los carbohidratos. Come Ud. en moderación los dulces concentrados como el azúcar, la miel y los alimentos preparados con azúcar como los pasteles, las galletas dulces, los refrescos...

Srta. Ubrique: ¡No es justo! *(It's not fair!)* Sobre todo, ¡me encantan los dulces!

Dietista: A mí también, pero hay muchos productos dietéticos preparados con azúcar artificial.

Srta. Ubrique: Sí, pero no son como el azúcar verdadero.

Dietista: Mentiría si le dijera que sí. Sin embargo, esos productos son mejores ahora que en el pasado.

Srta. Ubrique: Pues, prefiero fruta. ¿Puedo comer frutas frescas?

Dietista: Sí, cómo no.

Srta. Ubrique: Si voy a un restaurante con mi novio, ¿qué elijo *(what do I choose)*? Quiero decir *(I mean)*, ¿qué clase de carne pido?

Nombre _____ Fecha _____

DIETISTA: ¿Prefiere la carne o el pescado?
SRTA. UBRIQUE: Siempre pido carne.
DIETISTA: Pues, no debe comer mucha grasa porque contribuye al riesgo de la enfermedad del corazón. Pero, puede pedir carne con poca grasa y horneada o hervida.
SRTA. UBRIQUE: Hay mucho que aprender, ¿verdad?
DIETISTA: Sí, pero si sigue la dieta y hace los ejercicios recetados, Ud. puede tener una vida larga y sana.

■ ¿Comprende?

1. ¿De qué padece la Srta. Ubrique? _____

2. ¿Cuántas comidas debe comer un diabético al día? _____

3. ¿Cuáles son los peligros si un diabético no come adecuadamente? _____

4. Si un diabético come mucha grasa, ¿qué ocurre? _____

5. ¿Qué debe hacer la Srta. Ubrique para vivir una vida sana y larga? _____

2. ¡Practiquemos!

Lo que hace un paciente diabético. Escriba la forma correcta del verbo en la primera persona singular y complete la frase con una selección de la segunda columna.

1. Si yo _____ (pedir) carne en el restaurante, _____.

2. Si yo _____ (seguir) una dieta sana, _____.

3. Si yo _____ (perder) el conocimiento, _____.

4. Si yo _____ (preferir) comer dulces en vez de fruta fresca, _____.

5. Si yo _____ (decir) que estoy mareado, _____.

a. voy a vivir una vida larga y sana
b. no debe tener mucha grasa
c. deben ser hechos con azúcar artificial
d. alguien debe llamar al médico
e. debo tomar un jugo de naranja

3. ¡Escuchemos!

La A.D.A. Escuche el mensaje de la American Diabetes Association sobre las precauciones para los pacientes con diabetes tipo 1, dependientes de la insulina. Después, en una hoja aparte, haga un resumen de lo que escuchaste.

Nombre _____ Fecha _____

4. ¡Hablemos!

Planear una dieta diabética. Ud. es dietista y tiene que corregir una dieta para un(a) paciente diabético(a). El/La paciente presenta este plan y Ud. tiene que decir qué alimento es bueno o malo para los diabéticos. Trabaje con un(a) compañero(a). Uno(a) debe corregir o aceptar los alimentos mientras *(while)* el/la otro(a) apunta el nuevo menú. *(Consult your coretext for more food items.)* Luego comparen *(compare)* los dos menús. ¿Quién tiene el menú más sano y más sabroso?

MODELO: STUDENT **A** (Dietista): *En vez de un pan dulce, Ud. debe comer cereal sin (without) azúcar.*
STUDENT **B** (Paciente): (Apunta: *cereal sin azúcar*)

Desayuno: un pan dulce con mantequilla, café con leche con dos cucharitas de azúcar, jugo de china

Almuerzo: una hamburguesa con cebollas y salsa de tomate, una Coca Cola Clásica, una manzana

Merienda: una pera, dos galletas dulces, un té de hierbas

Cena: pollo frito, papas fritas, guisantes y jugo de mango

5. La situación

La paella. Un paciente diabético de Valencia, España, quiere saber si puede comer **paella**, un plato regional que también es popular en muchos restaurantes hispanos de Estados Unidos. Averigüe cómo se prepara la paella y decida qué ingredientes puede comer un diabético y cuáles no.

¿Sabía Ud. que... ?

The Mexican tortilla and the Spanish tortilla are different foods completely and belong to different food groups. The Mexican tortilla is a flat, round bread made with corn or flour. The Spanish tortilla is a kind of omelette made with potatoes, eggs, onions, and garlic.

Nota cultural

Many Puerto Rican Americans also believe in the hot-cold theory of disease causation. That is, they believe that certain illnesses are considered "hot" and must be treated with a "cold" remedy to restore balance. For example, a Puerto Rican American woman who is pregnant and found to be anemic may hesitate to take iron pills since they are considered "hot" and could cause the baby to have a rash after it is born. In order to take the iron pills she would have to take it with "cold" food such as fruits or whole milk. Remember that the designation of whether something is "hot" or "cold" does not depend on the temperature of the food or medicine but on what it presumably does to the body.

Nombre _____ Fecha _____

C. Los buenos resultados de comer bien

❖ Vocabulario

Verbos	*Verbs*
estar con buena salud	*to be healthy*
medir (e→i)	*to measure*
pesar	*to weigh*
reír (e→i)	*to laugh*
sonreír (e→i)	*to smile*
tener más energía	*to have more energy*
tener un aspecto saludable	*to look healthy*

Adjetivos	*Adjectives*
delgado	*thin, slim*
dulce	*sweet*
esbelto	*slim, slender*
flaco	*skinny*
gordito	*chubby*
gordo	*fat, heavy*
grasoso	*fatty, greasy*
mayor	*older*
menor	*younger*

Medidas inglesas	*English measurements*
la libra	*pound*
la onza	*ounce*
el pie	*foot (measurement)*
la pulgada	*inch*

Expresiones	*Expressions*
Aquí tiene su...	*Here is your . . .*
El médico manda una dieta de líquidos claros.	*The doctor is ordering a clear liquid diet.*
en vez de/en lugar de	*instead of*
ir de compras	*to go shopping*
me duelen los pies	*my feet hurt*
medir ____ de altura, de alto	*to measure ____ in height*
¿Qué clase de jugo, de bebida... quiere?	*What kind of juice, beverage . . . do you want?*
qué suele comer	*what you are used to eating*
por supuesto	*of course*
Sirven las comidas tres veces al día.	*Meals are served three times a day.*
Ud. puede comer cualquier cosa del menú.	*You can eat anything on the menu.*

🎧 1. Diálogo C. Los buenos resultados de comer bien

El dietista se encuentra con el Sr. Bilbao en un corredor del hospital. El dietista se sorprende al ver que el Sr. Bilbao se ve muy bien por haber seguido el régimen de comidas que el dietista había indicado para el Sr. Bilbao y su esposa.

DIETISTA: ¡Hola, Sr. Bilbao! ¡Está muy esbelto!
SR. BILBAO: Sí, todavía estoy a dieta. Soy bajo y es mejor no pesar tanto, ¿verdad?
DIETISTA: Tiene razón. ¿Ha seguido el plan que yo le preparé *(that I prepared)*?
SR. BILBAO: Por supuesto. Mi esposa y yo elegimos la carne menos grasosa cuando vamos de compras. El pollo es menos grasoso que el cerdo. Nunca freímos nada. Hoy ella preparará una sopa de tomate que es riquísima.
DIETISTA: ¿Y sus hijos *(your sons)*? ¿Tampoco comen grasa? Ellos son delgados.
SR. BILBAO: Ah, bueno. Comen de todo pero siempre corren y juegan... son jóvenes. No siguen ninguna dieta... sino *(except for)* la dieta de refrescos, galletas y dulces...
[Ellos ríen.]
DIETISTA: ¿Quién es mayor, Jaime o Joaquín?
SR. BILBAO: Jaime es mayor que Joaquín pero imagínese... es más alto que su hermano. Mide casi un metro (39 pulgadas) y sólo pesa 19 kilos (40 libras).

CAPÍTULO 5

Nombre _____ Fecha _____

DIETISTA: Y los pies... ¿no le duelen?
SR. BILBAO: Ni un poquito. Con la dieta peso menos y los síntomas de la diabetes no me molestan tanto ahora. Estoy más sano que nunca. Gracias por su consejo, señora.
DIETISTA: Muy bien, Sr. Bilbao. Nos vemos, ¿eh?

■ ¿Comprende?

1. ¿Por qué dice la dietista «está esbelto» en vez de «es esbelto»? _____

2. ¿Qué carne eligen los señores Bilbao? _____

3. ¿Qué carne es más grasosa, el cerdo o el pollo? _____

4. ¿Siguen una dieta los hijos del Sr. Bilbao? ¿Por qué? _____

5. ¿Quién es mayor que Joaquín? _____

2. ¡Practiquemos!

A. Contradicciones. Cambie las frases a continuación al negativo. Fíjese *(Pay attention)* en las palabras subrayadas *(underlined)*. Consulte su *coretext* para ver las palabras negativas.

1. Alguien pide carne frita para el desayuno. _____

2. Siempre frío los frijoles en manteca. _____

3. Quiero algo de comer. _____

4. Algunos alimentos con azúcar concentrado son buenos para diabéticos. _____

5. Nosotros queremos tres comidas grandes también. _____

6. ¿Tienen el azúcar natural o el azúcar artificial? _____

B. Comparaciones. Describa las dos comidas usando el adjetivo dado y el opuesto de este adjetivo.

1. la naranja / la toronja — dulce _____

2. el azúcar / la fruta — sano _____

Nombre _____ Fecha _____

3. los frijoles en lata *(in a can)* / la lechuga — fresco _____
_____

4. la leche / la crema — grasoso _____
_____

3. ¡Escuchemos!

Un anuncio de la radio. ¿Cierto o falso? Escuche este anuncio de un remedio para adelgazar que promete ayudarle a bajar de peso sin sacrificar las comidas que le gustan. Fíjese en el uso de la palabra «régimen» en vez de «dieta» y en el uso de construcciones negativas. Después de escuchar las promesas de NutriTrim, decida si las afirmaciones siguientes son ciertas o falsas de acuerdo al anuncio. Vuelva a escribir las afirmaciones falsas para que concuerden con el anuncio.

_____ **1.** Con NutriTrim, no puedes comer nada grasoso. _____
_____

_____ **2.** No tienes que tomar ninguna medicina, pero tienes que hacer algunos ejercicios
sencillos. _____

_____ **3.** Este sistema tiene algo que ver con los regímenes que ves en el mercado *(market)*.
_____

_____ **4.** El NutriTrim actúa *(acts)* despacio. _____
_____

_____ **5.** Puedes bajar de 12 a 14 libras en 48 días. _____
_____

_____ **6.** Tu piel va a estar tan suave como siempre. _____
_____

4. ¡Hablemos!

¿Cuánto pesa Ud.? ¿Cuánto mide Ud.? Con un(a) compañero(a), practiquen cómo decir su peso y estatura (¡pueden mentir!). Después digan quién es más alto(a) y quién pesa más.

MODELO: STUDENT A: *¿Cuánto pesa Ud.?*
         STUDENT B: *Peso 132 libras. ¿Y Ud.? ¿Cuánto pesa?*
         STUDENT A: *Peso 157 libras.*
         STUDENT B: _____ *pesa más que* _____.

         STUDENT A: *¿Cuánto mide Ud.?*
         STUDENT B: *Yo mido cinco pies y cinco pulgadas. ¿Y Ud.?*
         STUDENT A: *Yo mido seis pies.*
         STUDENT B: _____ *es más alto(a) que* _____.

Nombre _____ Fecha _____

⇄ 5. La situación

Los hijos del Sr. Zapata. El Sr. Zapata tiene que dejar a sus hijos en la sala de espera mientras ve al médico. Miguelito tiene cinco años y Sarita y Anita son mellijas de tres años. Como encargada de la sala de espera, Ud. debe entretenerlos un rato. Los niños quieren pesarse y medirse. Haga una descripción de cada niño y dígales cuál es más alto y cuál pesa más. También diga que todos son igual de simpáticos. Después compare sus descripciones con las de otros estudiantes. El instructor puede asignar a Miguel a un estudiante y a las mellijas a otros para que las comparaciones sean más interesantes.

¿Sabía Ud. que...?

Calling someone **gordo, gordito, gordita** is generally a term of affection in Hispanic countries, whereas among the Anglo population it would be considered an insult. The idea that a person is well fed means that he/she is cared for by the family and even a sign that the family has the money to be able to buy the necessary food. Nicknames (**Apodos**) are also very popular and may call attention to a prominent feature of the person's personality or physical appearance. **La chata** or pug nosed, and **flaca calaca**, sort of the equivalent of bag of bones, are rarely taken as insults.

Nota cultural

Deeply religious, most Puerto Ricans belong to the Roman Catholic Church and believe that spiritual elements have a strong effect on their everyday lives. This may be exhibited by a strong sense of fatalism. Common expressions include **que sea lo que Dios quiera**, meaning *it is in God's hands*, or **esta enfermedad es una prueba de Dios** meaning *this illness is a test of God*. Remember that St. John the Baptist is the patron saint of Puerto Rico.

D. Síntesis: Por el mundo de la salud y la medicina

■ ¡A leer!

Antes de leer: Hay muchas creencias muy difundidas relacionadas con la dieta y la pérdida de peso. Algunas son ciertas, otras no. ¿Cuáles de estas creencias ha tenido que enfrentar en su práctica profesional?

La dieta ideal para no frustrarse *(The ideal diet for not getting frustrated)*, **de la revista MÁS**

Por desgracia,[1] estar a dieta o seguir una dieta balanceada no tiene muy buena reputación. Si Ud. es de los que creen que una dieta equivale a[2] hojas[3] de lechuga con papas hervidas y a decir adiós a todos los sabrosos platos que le gustan, puede consolarse sabiendo[4] que no es el único en pensar eso. Según[5] un estudio de la Asociación Dietética de Estados Unidos, dos de cada cinco personas en Estados Unidos creen que tener una dieta balanceada quiere decir que deben renunciar a[6] los alimentos que les gustan; y otro estudio indica que más de la tercera parte[7] se siente culpable[8] si come los alimentos que prefiere. Eso explica por qué la mayoría piensa que la dieta es un sacrificio[9]. Pero no debe ser así. La verdad es que debemos comer más alimentos que provienen de las plantas y menos de los animales. Cada día, debemos elegir las siguientes cantidades: 6 porciones de granos, 2 porciones de fruta, 3 porciones de verduras y 2 ó 3 productos lácteos.

---

[1]**Por desgracia:** *Unfortunately;* [2]**equivale a:** *equals;* [3]**hojas:** *leaves;* [4]**puede consolarse sabiendo:** *you can console yourself knowing;* [5]**Según:** *According to;* [6]**renunciar a:** *give up;* [7]**la tercera parte:** *one third;* [8]**culpable:** *guilty;* [9]**sacrificio:** *sacrifice*

Nombre _____ Fecha _____

¿Comprende?

1. ¿Por qué tiene mala fama estar a dieta? _____
_____

2. ¿Qué tipo de alimentos suelen asociarse con los regímenes para adelgazar? _____
_____

3. ¿Cuál es el secreto de una dieta sana? _____
_____

■ Se necesita traductor(a).

El menu del hospital. La Sra. Inaki está internada en el hospital porque se rompió una pierna. Ella no habla inglés y quiere pedir su almuerzo para el día siguiente. Traduzca el menú para que ella pueda escoger lo que desee. Use una página aparte.

SATURDAY LUNCH
Regular Diet

Patient's name _____ Room _____

The nurse will take your menu by 5:00 P.M. on Friday.
You should indicate one choice in each category.

SOUPS
chicken soup
tomato soup

BREADS
dinner roll
crackers
butter or margarine

ENTRÉES
hamburger with lettuce and tomato
ham sandwich with lettuce and mayonnaise
vegetable omelette

DESSERTS
custard
strawberries and cream

BEVERAGES
decaffeinated coffee
tea with lemon or milk
lowfat milk
whole milk
orange juice

Nombre _____ Fecha _____

■ Correo electrónico

La diabetes. Responda a este e-mail sobre los Recursos y Asistencia para la Diabetes. Dígales que Ud. va a ayudarlos y explique cómo lo hará *(explain how you will do it)*.

De: dar@medtec.org
Para: usted@escríbanos
Asunto: La diabetes
Mensaje:

¿Sabía Ud. que uno de cada diez hispanos padece de diabetes? Para corregir este problema de diabetes en la población *(population)* hispana, nuestra fundación pide su ayuda. El programa se llama RAD *(DAR)*, que significa **R**ecursos y **A**sistencia para la **D**iabetes. ¿Puede Ud. ayudar? No queremos perder ni siquiera a un miembro de nuestra comunidad. Repetimos, ¿puede Ud. ayudar? Hay varias formas de asistencia pero la forma más importante de todas es colaborar para que nuestra comunidad esté informada. ¿Puede Ud. poner nuestro número de teléfono en su despacho? Necesitamos voluntarios para distribuir nuestros folletos de informacion y para dar presentaciones en los centros comunitarios hispanos. El número es 1-888-232-3472, o si prefiere, puede llamar al número local que aparece en las páginas blancas de su guía telefónica. Ud. puede comunicarse con el RAD por medio del Internet: **dar@medtec.org**.

De: usted@escríbanos
Para: dar@medtec.org
Asunto: La diabetes
Mensaje:

_____
_____
_____
_____
_____
_____
_____
_____
_____
_____
_____
_____

Nombre _____ Fecha _____

■ Contestador automático

La comida. Ud. está a cargo de un piso en el hospital y debe asegurarse de que todos los desayunos para los pacientes sean adecuados. El director del servicio de comidas le ha dejado un mensaje telefónico que detalla algunos cambios en el menú. Tome nota de los cambios y luego llame al director para decirle lo que los pacientes han escogido. Pregúnteles a sus compañeros qué quieren comer como si fueran sus pacientes.

_____
_____
_____
_____
_____

■ Mi agenda

Las dietas recetadas por el médico. Doctors need to prescribe certain kinds of diets when their patients are in the hospital. Some typical examples appear below. Using the vocabulary lists from both the coretext and your worktext, write the kinds of foods that would appear on a menu for each kind of diet.

la dieta blanda: _____
_____

la dieta de líquidos: _____
_____

la dieta baja en sodio: _____
_____

la dieta baja en grasa: _____
_____

la dieta sin sal: _____
_____

la dieta sin grasa: _____
_____

■ Para discutir

A. There are as many different cuisines as there are Hispanic countries. Each region has its own specialties depending on its geographical area and its historical influences. While there are some foods that are enjoyed by all Hispanic countries, there are many more that are specific to each country. You can find out about this huge variety through your coretext and through the suggested web sites. However, as a health professional, it would be wise to find out what certain food equivalencies are. For example, **batata** *(sweet potato),* a sort of sweet potato popular in the Caribbean, would count as a starch and a vegetable in a person's diet. Find many examples of specific regional foods and bring a list to class to discuss with other students. Or the instructor can assign certain regions to individual students.

Nombre _____ Fecha _____

¡OJO! Be sure that you don't make stereotypical conclusions about a Spanish speaker's diet. Not all Mexicans like spicy hot food. Also, tortillas, tamales, fajitas, and so on, are not common outside of Central America. Be polite and ask: **¿Qué suele Ud. comer?**

B. ¿Qué son los «intercambios»? Some diabetic diets employ a system of food exchanges. Contact the American Dietetic Association for lists of **intercambios** from their series of pamphlets on **Hábitos alimenticios étnicos y regionales.** Call them at 1-888-366-1655. Keep them in your notebook for future reference or discuss them in class.

C. La dieta B.R.A.T. Find out what a BRAT diet is and how you could interpret it into Spanish.

Pueden buscar información en el sitio de la red: **http://spanishforlife.heinle.com.**

El Salvador y los salvadoreños: El cuarto del hospital y la sala de examen

CAPÍTULO 6

In this chapter you will learn:

COMMUNICATIVE FUNCTIONS
- Tell what is going on in the hospital room using the present progressive tense
- Explain what is happening to patients and family members using direct object pronouns
- Give commands to a child in an examination room and hospital room using the **tú** form

VOCABULARY
- Objects in the hospital room and typical activities
- Family members, visitors, rules, and activities in the hospital
- Instructions to children, the examination room, and general instruments

Transparencies: A–2: **La América Central**; A–16: Country Profile, **El Salvador**

A. En el cuarto del hospital

❖ Vocabulario

Sustantivos	**Nouns**
el aire acondicionado	air conditioning
la almohada	pillow
la apendectomía	appendectomy
la apendicitis	appendicitis
el/la ayudante de enfermera	nurse's aid, orderly
la bandeja	tray
la bañera/la tina (Mex.)	bathtub
el baño	bath(room)
la baranda de la cama	bedrail
la bata	robe
la cabecera	headboard
los cables	wires
el cajón	drawer
la calefacción	heating
la cama	bed
el camisón	nightgown
el cenicero	ashtray
la chata/la palangana (Spain)	pan, bedpan
la cobija/la frazada/la manta	blanket
el colchón	mattress
la cortina	curtain
el cuarto privado/la habitación privada	private room
la cuchara	spoon
el cuchillo	knife
la ducha	shower
los enchufes	outlets (electric)
la escoba	broom
el espejo	mirror
la enfermería	nurse's station
el excusado/el W.C.	toilet

CAPÍTULO 6   89

Nombre _____   Fecha _____

Sustantivos	Nouns (cont.)	Verbos	Verbs
el gabinete	cabinet	alimentar	to feed
el gráfico	medical chart	apagar	to turn off, to shut off, to turn out
la herida	wound, injury		
la hospitalización	hospitalization	aplicar	to apply
la incisión	incision	apretar (e→ie)	to squeeze, to push in, to apply pressure
el jabón	soap		
la jeringa	syringe	barrer	to sweep
la lámpara	lamp	cambiar	to change
el lavamanos/el lavabo	sink	defecar	to defecate
la mesa de noche	nightstand	doblar	to fold, to bend, to double
la muestra	specimen, sample	elevar	to elevate
de materia fecal	of stool	pasar una esponja	to sponge off
de sangre	of blood	explicar	to explain
la oscuridad	darkness, dark	hacer la cama	to make the bed
la pajilla/la pajita/ el popote (Lat. Am.)	(drinking) straw	inhalar	to inhale
		lavar	to wash
los pedacitos de hielo	ice chips	limpiar	to clean
la pijama	pajamas	llorar	to cry
el plato	dish	orinar	to urinate
el practicante (Spain)	orderly	prender	to turn on; to light
la regla	rule	recuperar	to recuperate
la sábana	sheet	servir (e→i)	to serve
la silla	chair	tapar	to cover (up)
la silla de ruedas	wheelchair	**Adjetivos**	**Adjectives**
el sillón	armchair	(in)cómodo	(un)comfortable
el suelo/el piso	floor	oscuro	dark
la tele	TV	trastornado	upset
la televisión	television	**Expresiones**	**Expressions**
el televisor	TV set	a la vez/al mismo tiempo	at a time
el tenedor	fork		
el termómetro	thermometer	ahora mismo/ahorita (Mex.)	right now
el termostato	thermostat		
el timbre/el botón	bell, call button (for the nurse)	en cuánto antes/lo más pronto posible	as soon as possilbe
el vaso	(drinking) glass		
el vendaje/la venda	bandage		
el ventilador	fan, ventilator		
las zapatillas/los pantuflas (Spain)	slippers		

Nombre _____ Fecha _____

1. Diálogo A. En el cuarto del hospital

El señor Moros está en el hospital con una apendicitis. La ayudante entra para arreglar el cuarto. Más tarde entra el enfermero para cambiar la venda.

SRA. YANEZ: Buenos días. Me llamo Isabel Yanez. Soy la ayudante del enfermero. ¿Cómo está Ud.?
SR. MOROS: Mejor, gracias. ¿Qué está haciendo, señora?
SRA. YANEZ: Estoy cambiando las sábanas de la cama de su compañero de cuarto.
SR. MOROS: ¿Dónde está mi compañero de cuarto?
SRA. YANEZ: Está recuperándose de su cirugía en el cuarto de recuperación, en el tercer *(third)* piso.
SR. MOROS: Estoy apretando el timbre pero el enfermero no viene. ¿Sabe Ud. dónde está?
SRA. YANEZ: Sí, está tomándole la temperatura a otro paciente. Bueno, Sr. Moros, estoy abriendo las cortinas ahora porque está muy oscuro, ¿no?
SR. MOROS: Sí, pero cuando duermo, prefiero la oscuridad.
SR. BAILEY: *[Entra el enfermero al cuarto del Sr. Moros.]* Buenos días, Sr. Moros. Voy a explicarle lo que estoy haciendo. Estoy limpiándole la incisión de la apendectomía. Estoy aplicándole un poco de crema antibiótica. Ahora, estoy poniéndole una venda nueva. ¿Está bien?
SR. MOROS: Sí, muy bien, gracias. ¿Está mi esposa?
SR. BAILEY: Sí, está esperando en la enfermería. Viene ahorita. Hasta luego.

¿Comprende?

1. ¿Qué dos cosas está haciendo la ayudante? _____

2. ¿Dónde está el compañero de cuarto del Sr. Moros? _____

3. ¿Qué prefiere el Sr. Moros cuando duerme? _____

4. ¿Qué tres cosas está haciendo el Sr. Bailey para su paciente? _____

5. ¿Qué está haciendo la esposa del Sr. Moro? _____

2. ¡Practiquemos!

¿Qué está haciendo... ? El Sr. Moros es su paciente y quiere saber qué está haciendo en su cuarto de hospital. Conteste utilizando el presente progresivo con un verbo adecuado.

MODELO: ...con la escoba?
Estoy barriendo el suelo.

arreglar, tapar al otro paciente, prender, cerrar, elevar, cambiar, poner, inyectar, aplicar, hacer la cama, abrir, apagar, limpiar, servir la cena, barrer el suelo

1. ...con la luz? _____
2. ...con la cabecera de la cama? _____
3. ...con mis cortinas? _____
4. ...con mis sábanas? _____

CAPÍTULO 6

Nombre _____ Fecha _____

5. ...con la frazada? _____
6. ...con el televisor? _____
7. ...con la aguja *(needle)*? _____
8. ...con el tubo de crema? _____
9. ...con mi bandeja? _____
10. ...con el vendaje? _____

3. ¡Escuchemos!

¿Cómo está mi esposa? El esposo de una de sus pacientes del hospital deja este mensaje en su contestador automático. Quiere saber si su esposa está cómoda y qué está haciendo. Escuche y prepare una respuesta y comparta *(share)* sus ideas con la clase.

_____
_____
_____
_____
_____

4. ¡Hablemos!

Un juego de *charades*: Uds. son los actores. ¿Qué están haciendo los pacientes? Cada estudiante debe seleccionar un verbo y debe actuar e imitar *(imitate)* el significado *(meaning)*. Los otros estudiantes tienen que adivinar *(guess)* lo que está haciendo.

dormir, lavar las manos, tomar el desayuno, morir, cerrar las cortinas, limpiar la bandeja,
llorar, tocar el timbre, apagar la lámpara, beber el agua con una pajilla,
bajar de la cama, tomar la medicina, llamar a la enfermera

5. La situación

El otro paciente. Su paciente está preocupado porque escucha a su compañero de cuarto quejarse y suspirar. Ud. le quiere explicar que los médicos y las enfermeras están realizando las actividades normales que se hacen con todos los pacientes. ¿Cómo le diría que las enfermeras están tomándole la temperatura al otro paciente y que el médico está controlando el latido de su corazón, etc.?

¿Sabía Ud. que... ?

In Hispanic countries, the **clínica** and the **hospital** are very different concepts from those of the Anglo world. The **clínica** is usually a private hospital with up-to-date facilities. Patients pay much more to be treated at the clinic. Many Spanish-speaking countries have a form of social medicine in place where patients don't have to pay for services. However, the system requires that treatment be sought at the hospital rather than the clinic. Sometimes the hospitals are not as well equipped as the clinics.

Nombre _____ Fecha _____

> **Nota cultural**
> El Salvador's civil war from 1979 to 1992 led many to flee their homeland and seek refuge in other countries. Consequently, in health care settings Salvadorean Americans may act afraid or suspicious or may hesitate to reveal personal information such as addresses and birthdates. They may even distrust other Hispanics, especially other Salvadoreans, because they are afraid they might be spies of the government who will then retaliate against their relatives in El Salvador.

B. La familia, las visitas y el paciente

❖ Vocabulario

Sustantivos	Nouns
el/la abuelo(a)	grandfather, grandmother
los abuelos	grandparents, grandfathers
el/la amigo(a)	friend
la comadre	very close female friend of the family, godmother
el compadre	very close male friend of the family, pal, godfather
el/la compañero(a)	friend, acquaintance
la compasión	sympathy, compassion
el/la prometido(a)	fiancé, fiancée
la confianza	trust, confidence
el/la cuñado(a)	brother-in-law, sister-in-law
el/la esposo(a)	husband, wife
los familiares	family members
el/la gemelo(a)	twin
el/la gobernante	housekeeper, public custodian
el/la hermanastro(a)	stepbrother, stepsister
el/la hermano(a)	brother, sister
los hermanos	siblings, brothers
el/la hijastro(a)	stepson, stepdaughter
el/la hijo(a)	son, daughter
el/la hijo(a) único(a)	only child
el/la hijito(a)	little son, daughter
los hijos	children, sons
la madrastra	stepmother
la madre/la mamá/ mami/mamacita	mother, mom, mommy, mama
la madrina	godmother
el marido	husband
el/la nieto(a)	grandson, granddaughter
el/la novio(a)	boyfriend, girlfriend, groom, bride
la nuera	daughter-in-law
el padrastro	stepfather
el padre/el papá/ el papacito/papito	father, dad, daddy
el padrino	godfather
los padres	parents, fathers
el pariente	relative (family)
el/la primo(a)	cousin
el/la suegro(a)	father-in-law, mother-in-law
el/la tío(a)	uncle, aunt
los tíos	aunt and uncle, uncles
el/la vecino(a)	neighbor
la visita	visitor
el yerno	son-in-law

Verbos	Verbs
bendecir (*like* decir)	to bless
charlar/platicar (Central Am.)	to chat
comunicar con	to comunicate with, to talk with, to contact
llevar	to take (from one place to another), to carry, to give a ride to
permitir	to permit, to allow

CAPÍTULO 6

Nombre _____ Fecha _____

Verbos	**Verbs (cont.)**	la promesa	*promise*
regalar	*to give (as a gift); to regale*	el/la rabino(a)	*rabbi*
rezar/orar por/rogar (o→ue)	*to pray (for)*	el rosario	*rosary*
traer	*to bring*	el sacerdote/el padre/ el pastor	*priest*
visitar	*to visit*	**Expresiones**	**Expressions**
Las necesidades	**Necessities**	las horas (el horario) de visita	*visiting hours*
la bendición	*blessing*	lo (te, la) oigo	*I hear you, I understand*
el/la católico(a) romano(a)	*Roman Catholic*	mi señora/mi mujer	*my wife*
el crucifijo/la cruz	*crucifix, cross*	Que Dios lo/la bendiga.	*(May) God bless you (him/her).*
las flores	*flowers*		
la monja/la hermana	*nun, sister (religious)*		
el periódico/el diario	*newspaper*		

1. Diálogo B. La familia, las visitas y el paciente

Muchos familares quieren visitar a la señora Amelia Santos, una paciente en la Clínica del Valle. Los enfermeros tienen que explicar las reglas *(rules)* y las horas de visita de la clínica.

Sr. Santos: Estamos aquí para ver a Amelia Santos, en el cuarto 35-B.
Enfermero: ¿Cuántos son? ¡Dios! Son diez visitas. Lo siento, Sr. Santos, pero no podemos permitirles que pasen todos al cuarto.
Sr. Santos: Somos todos familares y Amelia quiere vernos. Nos está esperando.
Enfermero: Las reglas de la clínica dicen que sólo dos visitas pueden estar en un cuarto a la vez. Y a los niños... no les está permitido entrar en los cuartos.
Sr. Santos: ¡Pero son mis sobrinos! Vienen de El Salvador con mi cuñado y necesitan ver a su tía. Si no la ven, van a estar muy trastornados. Vamos a verla por diez minutos... ni un minuto más. Llevamos flores para Amelia.
Enfermero: Entiendo, Sr. Santos. Las pongo en un vaso de agua y se las llevo a la Sra. Santos más tarde. Ud. y su cuñado pueden entrar en el cuarto.
Sr. Santos: Señor, mi hermana, mi padre y mi tío también quieren visitarla.
Enfermero: Sr. Santos, lo entiendo pero es imposible. Las horas de visita terminan en cinco minutos. La compañera de cuarto de su señora necesita dormir.
Sr. Santos: Muy bien. Entiendo. Pues los llevo mañana... solamente dos a la vez. Es una promesa.

■ ¿Comprende?

1. ¿Cuántas personas quieren visitar a la Sra. de Santos? _____

_____

2. El padre y la hermana del Sr. Santos quieren visitar a la Sra. de Santos. ¿Cuál es su relación *(relationship)* con la Sra. de Santos? _____

_____

3. ¿Qué está haciendo la compañera de cuarto de la Sra. de Santos? _____

_____

4. ¿Cuál es la promesa del Sr. Santos? _____

_____

Nombre _____ Fecha _____

2. ¡Practiquemos!

A. Los pronombres. Lea el diálogo entre el enfermero y el ayudante. Luego llene el espacio con el pronombre adecuado.

MODELO: ¿Qué vas a hacer con las flores de los pacientes?
Las pongo en un vaso de agua.

1. ¿A quién le da Ud. la medicina?
   _____ doy a la paciente en 24-A.

2. ¿El Dr. Cruz examina a todos los pacientes?
   Sí, _____ examina cada noche.

3. ¿Barren los ayudantes el suelo del corredor también?
   Sí, _____ barren.

4. ¿Permiten los televisores en los cuartos de cuidado intensivo?
   No, no _____ permiten.

5. ¿Traigo las bandejas de desayuno a los pacientes?
   Sí, _____ traes.

6. ¿Quién limpia los lavamanos del baño público?
   El gobernante _____ limpia.

7. ¿Ayudo a Ud. todas las tardes?
   Sí, _____ ayudas.

8. ¿Me ayuda Ud. con las nuevas reglas de la clínica?
   Sí, _____ ayudo a ti.

B. ¿Qué está haciendo? En algunos casos, la ubicación del objeto directo es optativa. Con el presente progresivo, se puede colocar el objeto directo delante de **estar** o después del gerundio: **Lo estoy barriendo** o **Estoy barriéndolo**. Lo mismo ocurre cuando la oración tiene un infinitivo. Consulte el *coretext* para ver más ejemplos. Después conteste estas preguntas de las dos formas.

MODELO: ¿Está Ud. escuchando el corazón?
Sí, lo estoy escuchando. o *Estoy escuchándolo.*

1. ¿Está el médico tomando la temperatura? _____
2. ¿Están los visitantes esperando a su abuelo? _____
3. ¿Estás comiendo los dulces del paciente? _____
4. ¿Están los pacientes leyendo el periódico? _____
5. ¿Está Ud. cambiando las sábanas? _____
6. ¿Debo abrir las cortinas? _____
7. ¿Debes comer los alimentos con sal? _____
8. ¿Deben los hijos de la paciente traer flores? _____
9. ¿Quiere Ud. beber el agua? _____
10. ¿Necesita Ud. usar el baño? _____

Nombre _____ Fecha _____

3. ¡Escuchemos!

¿Qué pide el paciente? Escuche todas las cosas que quiere este paciente. Responda con la construcción: **Aquí lo (la, los, las) tiene.** El pronombre de objeto directo debe concordar en género y número con la cosa que pide el paciente. Verifique sus respuestas en el apéndice.

_____
_____
_____
_____
_____
_____
_____
_____

4. ¡Hablemos!

El paciente conversador *(talkative)*. Algunas veces los pacientes están nerviosos o aburridos y hacen muchas preguntas. Como enfermero(a), conteste las preguntas del paciente usando un pronombre para referirse al objeto directo. Trabaje con un(a) compañero(a) e intercambien papeles. Después trate de ampliar sus respuestas negativas, dándole al paciente una respuesta correcta.

MODELO: ¿Barre Ud. el suelo todos los días?
         No, no lo barro. La ayudante lo barre.

1. ¿Toma Ud. la temperatura de todos los pacientes? _____
2. ¿Lava Ud. el baño? _____
3. ¿Mide Ud. la presión arterial cada dos horas? _____
4. ¿Come Ud. las comidas que preparan en la cafetería? _____
5. ¿Ve Ud. a mi médico por la mañana o por la tarde? _____
6. ¿Me baña Ud. por la mañana o por la noche? _____
7. ¿Hace Ud. las camas? _____
8. ¿Nos ayuda con los menús? _____
9. ¿Apaga la tele a las nueve? _____
10. ¿Llama Ud. a mis familiares todos los días? _____

5. La situación

La familia. En la cultura hispana no hay nada más importante que la familia, tanto la familia inmediata como la familia extendida. Por lo tanto, cuando alguien se enferma, todos los parientes se preocupan y se espera que todos los que puedan se ocupen del bienestar del paciente. La familia Ramiro ha venido a visitar al abuelo que tiene neumonía. Como enfermero(a) a cargo del paciente, Ud. debe decidir quién puede visitarlo y cuándo. ¿Cómo puede explicar con delicadeza las normas y regulaciones de la clínica u hospital con respecto a visitas y horarios de visita? Lea el diálogo para ver algunas ideas.

Nombre _____ Fecha _____

¿Sabía Ud. que... ?

In most of Central America, the marigold and the chrysanthemum, in particular yellow and orange ones, are considered flowers of the dead. In the ancient Aztec and Mayan civilizations, the yellow color represented the sun, which in turn was a symbol of the hereafter. Therefore, these flowers are used only for funerals and on special **Día de los muertos** celebrations. Go to www.yahoo.esp.com and type in **día de los muertos** to find out more about this fascinating holiday.

Nota cultural

The diet of Salvadorean Americans is similar to Mexican food but is sweeter and milder. Tortillas and beans constitute the core of their diet followed by soup, eggs, cheese, and coffee. Traditional foods in El Salvador are plantains (**chayote** [a squash with green pear-shaped fruit]), **pasteles** (maize dough stuffed with beef, pork, or just vegetables), and **atol** (gruel of immature fresh corn with added milk and cinnamon).

C. Examinando a los niños

❖ Vocabulario

Verbos	**Verbs**
abrazar	to hug
besar	to kiss
elevar	to elevate
escupir	to spit
examinar/reconocer	to examine
extender (e→ie)	to extend
fijar (en)	to focus on, to pay attention to
hospitalizar	to hospitalize
internar	to admit (to hospital)
levantar	to raise
masticar	to chew
mostrar (o→ue)	to show
quitar	to take off (something), to remove
respirar	to breathe
sacar	to take out, to put out, to remove
voltear	to turn (around)

Sustantivos	**Nouns**
la curita	Band-Aid®, bandage
el examen físico/el reconocimiento físico	physical exam
el golpe	bump, bruise
el osito	teddy bear
la palita	lollipop, sucker
la pisalenguas	tongue depressor
la sala de reconocimiento/ la sala de examen	examination room

Adjetivos	**Adjectives**
fracturado/quebrado	broken, fractured
trastornado	upset
valiente	brave

La tienda de regalos del hospital	**Hospital gift shop**
la aguja	needle
el alfiler	pin
el animal de peluche	toy (stuffed) animal
la cebra	zebra
el cepillo de dientes	toothbrush
el cepillo de pelo	hairbrush
la cinta	ribbon, tape
los crayones	crayons
el desodorante	deodorant
los dulces/los caramelos	candy, hard candy

Nombre _____ Fecha _____

La tienda de regalos del hospital	*Hospital gift shop (cont.)*	los sobres	*envelopes*
el elefante	*elephant*	la tarjeta de saludos	*greeting card*
el gato	*cat*	el tigre	*tiger*
la girafa	*giraffe*	el timbre *(Mex.)*/el sello *(Spain & other countries)*/la estampilla	*stamp*
el hilo	*thread*		
el libro a colorear	*coloring book*	**Expresiones**	**Expressions**
la muñeca	*doll, wrist*	boca abajo	*face down, on one's stomach*
la navaja para afeitar	*razor*		
el oso	*bear*	boca arriba	*face up, on one's back*
el papel de envolver	*wrapping paper*	duérmete	*go to sleep*
la pasta dentrífica/la pasta de dientes/la pasta para los dientes	*toothpaste*	hacia abajo	*down, toward the floor*
		hacia adelante	*forward*
		hacia arriba	*toward the ceiling, up*
el pato	*duck*	hacia atrás	*back, behind*
el peine	*comb*	hacia la derecha	*toward the right*
el periódico/el diario	*newspaper*	hacia la izquierda	*toward the left*
el perro	*dog*	no llores	*don't cry (fam.)*
las postales/las tarjetas postales	*postcards*	sacar la lengua	*to stick out the tongue*
el rollo de foto	*roll of film*		

1. Diálogo C. Examinando a los niños

Juanito Pérez tiene ocho años. Se cayó *(He fell)* de su bicicleta *(bicycle)*. Se golpeó *(He bumped, hit)* la cabeza en la acera *(sidewalk)*. Además, su mamá piensa que tiene la pierna fracturada. La doctora O'Higgins lo está examinando. Y va a internarlo en el hospital. Juanito está llorando.

DRA. O'HIGGINS: Juanito, ¿cómo estás? No llores. Sé un muchacho valiente, ¿eh?
JUANITO: Sí, doctora. Pero me duele.
DRA. O'HIGGINS: Tienes dolor en la pierna izquierda, ¿no? Si la aprieto, ¿te duele más?
JUANITO: ¡Ayyyyy! El pie también. No lo va a apretar, ¿verdad?
DRA. O'HIGGINS: No, no voy a tocarlo. ¡Y tu pobre cabeza! ¿No llevas tu casco?
JUANITO: No, no lo llevo porque no me queda cómodo.
DRA. O'HIGGINS: ¿Ves lo que puede ocurrir? Bueno, Juanito, ¡a ver la pierna! No la muevas.
JUANITO: No puedo moverla.
DRA. O'HIGGINS: No te preocupes. Voy a mandarte a radiología, Juanito. Van a sacar una foto de la pierna. Ahora, mírame. Mira mi dedo. Mira hacia arriba, hacia abajo, a la derecha, a la izquierda.
JUANITO: Estoy mareado, doctora. ¿Dónde está mi mamá? La quiero ahorita.
DRA. O'HIGGINS: Está llamando a tu papi. Cálmate. Saca la lengua y di «ahhh».
JUANITO: No quiero sacarla. ¡Wahhhh!
DRA. O'HIGGINS: Perfecto.

■ ¿Comprende?

1. ¿Por qué está llorando Juanito? _____
_____

Nombre _____ Fecha _____

2. ¿Cuáles son sus problemas médicos? _____
_____

3. ¿Cuáles son los mandatos *(commands)* que la doctora da a Juanito? (Hay ocho.) _____

4. ¿Qué está haciendo la madre de Juanito? _____
_____

5. ¿Por qué dice la doctora «perfecto»? _____
_____

2. ¡Practiquemos!

A. ¿Qué le dice el médico al niño o a la niña? Practique los mandatos informales singulares. El niño debe hacer ciertas cosas en la sala de examen. Escriba el mandato correcto utilizando los verbos que siguen.

1. sacar la lengua _____
2. escupir la sangre _____
3. masticar bien la carne _____
4. mostrar el pie a la doctora _____
5. tocar donde te duele _____
6. extender la mano _____
7. respirar profundo _____
8. pasar al cuarto _____

B. ¡No lo hagas! Escriba la forma negativa del mandato.

¡OJO! Don't forget to use the first-person singular for the negative commands.

1. no llorar _____
2. no mover la pierna _____
3. no comer todos los dulces _____
4. no masticar con la boca abierta _____
5. no morder la pisalengua _____
6. no chuparse el pulgar _____
7. no dormir en el suelo _____
8. no mirar hacia atrás _____

CAPÍTULO 6

Nombre _____ Fecha _____

3. ¡Escuchemos!

La apendicitis. El esposo de Leonor ha sido operado de apendicitis y ya está en casa. Leonor habla por teléfono con el médico, quien le explica lo que el paciente puede hacer o no. Escuche las órdenes del doctor usando **deber** y **tener que**. Luego escriba la lista de instrucciones de Leonor usando órdenes con **tú**.

Instrucciones postoperativas

_____
_____
_____
_____
_____
_____
_____
_____
_____

---

4. ¡Hablemos!

A. ¿Qué debe hacer el niño o la niña? Mire los dibujos y dígale al niño (a la niña) (un[a] compañero[a]) que haga lo que muestra el dibujo. Escoja un verbo y un objeto directo apropiados para formular su orden. Practique con un(a) compañero(a).

B. ¿Qué puede decirle al niño o a la niña? Mire los dibujos de niños que están haciendo cosas que no deben hacer. ¡Dígales que no lo hagan! Practique con un(a) compañero(a).

¡OJO! The command forms that you are learning in the coretext are for the second-person singular only. Be careful not to use them with anyone other than a child or a very close friend. It would be impolite to use these with a doctor, a patient, or a visitor.

100 *Spanish for Health Worktext*

Nombre _____ Fecha _____

⇄ 5. La situación

En la sala de examen físico. Tomacito no habla inglés. Tiene un moretón grande en la frente, como resultado de haberse caído del columpio *(which resulted when he fell from his swing)*. Explique los movimientos lógicos durante el examen físico que la médica pide.

¡Sabía Ud. que...?
Since many Latin American hospitals are understaffed, family members are expected to perform many tasks that nurses do here, such as helping the patient move around, bathing him/her, and changing sheets.

Nota cultural
A Spanish proverb says "He who understands his neighbors must put a head into their house." Take the time to visit the community in which your clients live. Visit important cultural sites, eat at local restaurants, and attend local events. Become familiar with a particular community's way of life.

D. Síntesis: Por el mundo de la salud y la medicina

■ ¡A leer!

Antes de leer: ¿Qué normas suelen imponer los hospitales para las visitas a pacientes internados? Lea el siguiente ejemplo de un reglamento para visitas y luego conteste las preguntas.

Instrucciones para visitas

- El horario de visitas es de 9:30 a 11:30 A.M. y de 4:00 a 6:00 P.M.
- No se admiten visitas fuera del horario permitido.
- El paciente no puede recibir más de dos visitas al mismo tiempo.
- Todas las visitas deben lavarse las manos antes de entrar a la habitación.
- Las visitas deben retirarse de la habitación si así lo solicita el personal del hospital.

¿Comprende?

1. ¿Qué pasa si llega una visita fuera de horario? _____

2. ¿Cuántas personas pueden visitar al paciente al mismo tiempo? _____

3. ¿Qué deben hacer las visitas antes de entrar al cuarto? _____

4. ¿Qué deben hacer las visitas si alguien que trabaja en el hospital les pide que se retiren? _____

Nombre _____ Fecha _____

■ Se necesita traductor(a).

Las medicinas. Ud. es enfermero(a). El médico acaba de dar al paciente unas instrucciones sobre cómo y cuándo tomar sus medicinas. Para asegurarse de que el paciente entienda, tradúzcale las instrucciones del médico.

- For pain, take up to four Tylenol Extra Strength per day. DO NOT take aspirin or any pain medication containing aspirin. _____

_____

_____

- Take one teaspoonful (5 ml) per day of the prescribed antibiotic, preferably with a meal. _____

_____

_____

- If constipation occurs, try to increase the amount of roughage in the diet. If that is not effective, call the office for the prescription of a stool softener. _____

_____

_____

_____

- Abstain completely from alcohol throughout the duration of the treatment. _____

_____

_____

■ Correo electrónico

La preocupación. La madre de Lupita, de seis años de edad, está preocupada por su hija. Tiene fiebre y otros síntomas de rubeola. Responda a su mensaje.

De: carreras@casa.com
Para: usted@escríbanos
Asunto: Lupita Carreras
Mensaje:

Doctora, Lupita tiene fiebre y tiene manchas rojas en todas partes del cuerpo. Se las rasca y llora. En este momento, está tomando una limonada pero no está comiendo nada de la sopa y galletas que preparé *(I prepared)*. ¿Qué debo hacer? Estoy cociendo un caldo de pollo porque no está comiendo la sopa de verduras. ¿Debo dárselo a Lupita?

---

102 *Spanish for Health Worktext*

Nombre _____ Fecha _____

De: usted@escríbanos
Para: carreras@casa.com
Asunto Lupita Carreras
Mensaje:

■ Contestador automático

La vacunación. La madre de una paciente de pediatría le ha dejado un mensaje telefónico preguntando cuál es el plan de vacunación para su hija recién nacida. Ud. es el/la enfermero(a) del consultorio y debe llamar a la madre (otro[a] estudiante) por teléfono para explicarle qué vacunas debe recibir la niña y cuándo. Escriba su respuesta en el espacio de abajo.

_____
_____
_____
_____

■ Mi agenda

You are a nurse at a hospital and part of your job is to make sure that all the patients in your charge are comfortable. Using the vocabulary that you learned in this chapter, make a list in your diary of everything you have to do for each of the patients.

MODELO: Sra. Barrancos
          Cambiar las sábanas. Apagar el ventilador y prender el aire acondicionado. Bajar la cama. Cerrar las cortinas.

1. Mariano (un niño de nueve años) _____

_____

CAPÍTULO 6   103

Nombre _____ Fecha _____

2. Sra. Navarro (83 años) _____

3. Srta. Jiménez _____

4. Sr. Conde _____

■ Para discutir

In many Hispanic countries there are public hospitals that offer medical care for free or at a low cost and private clinics with modern facilities and well-paid staff that are much more expensive. In groups, discuss the advantages and disadvantages of this hybrid system as opposed to that of countries where medicine is socialized, such as Canada, and those where most of the services are provided by private institutions, such as the United States.

Pueden buscar información en el sitio de la red: **http://spanishforlife.heinle.com**.

Colombia y los colombianos: Los accidentes y las heridas

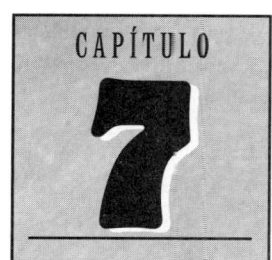

CAPÍTULO 7

In this chapter you will learn:

COMMUNICATIVE FUNCTIONS
- Narrate what occurred at an accident scene
- Relate injuries from the accident scene
- Tell how long ago aspects of the accident occurred

VOCABULARY
- Accidents
- Injuries
- Ambulance and rescue

Transparency: A–18: Country Profile, **Colombia**

A. El accidente

❖ Vocabulario

Verbos	**Verbs**	observar	to observe
administrar	to administer	pelear	to fight
ahogar	to drown	rascar	to scratch
aplastar (Mex.)/atropellar	to run over	rasguñar	to scrape
atender (e→ie)	to attend to, to take care of	resbalar	to slip
aterrizar	to land	rescatar	to rescue
atestiguar/presenciar	to testify, to attest	salir (de)	to leave (from), to exit
caer	to fall	sofocar	to suffocate
causar	to cause	tapar	to cover (over)
chocar	to crash (car, bus, etc.)	**Sustantivos**	**Nouns**
chocar (con)	to crash (into)	el accidente	accident
deslizar	to slide	el aterrizaje forzado	crash landing
estrellar	to crash (esp. airplane)	los bomberos	firefighters
explicar	to explain	la causa	cause
explotar/estrellar	to explode	el choque	crash, shock
golpear	to hit, to bump	la colisión	collision
herir (e→ie, i)	to injure	el/la espectadora	bystander, spectator
hundir	to sink	el fuego	fire (small)
matar	to kill	la gasolina/el petróleo	gasoline

CAPÍTULO 7   105

Sustantivos	Nouns (cont.)
el humo	smoke
el incendio	fire (large)
la inundación	sinking, flood
la llama	flame
el naufragio	shipwreck
el/la paramédico(a)	paramedic
el peligro	danger
el rescate	rescue
los restos/los escombros	wreckage
el/la salvavidas	lifeguard, rescuer
el/la socorrista	rescue team member, giver of first aid
el/la técnico(a)	technician
el/la testigo(a)	witness
la vía	track
la víctima	victim

Vehículos	Vehicles
la ambulancia	ambulance
el autobús/el ómnibus (Arg.)/el camión (Mex.)/la guagua (Carib.)	bus
el barco/la barca	ship, boat
la bicicleta	bicycle
el camión/la camioneta (Mex.)	truck
el carro/el coche/el auto/el automóvil	car
el ferrocarril	railroad
el helicóptero (de rescate)	(rescue) helicopter
el metro	subway
la motocicleta/la moto	motorcycle
el taxi	taxi
el todoterreno/el cuatro por cuatro	all-terrain vehicle, 4X4
el tractor	tractor
el transbordador (Spain)/el embarcadero (Lat. Am.)	ferry
el tranvía	tram, trolley
el tren	train
el vagón/el coche/el carro del metro	subway car
los vehículos de rescate	rescue vehicles

Expresiones	Expressions
¡apaga el fuego!	put out the fire!
¡ayúdame!	help me!
¡el extinguidor de fuegos!	fire extinguisher!
¡está en llamas/ardiendo!	she/he is on fire!
¡estoy atascado(a)/bloqueado(a)/agarrado(a)/atrapado(a)!	I'm trapped!
¡fuego!	fire!
¡peligro!	danger!
¡socorro!	help!

Adjetivos	Adjectives
ahogado	drowned
herido	injured
lastimado	hurt
muerto	dead
quemado	burned

Adverbios	Adverbs
a máxima velocidad	at high speed, top speed
(más) despacio	(more) slowly
pronto/inmediatamente	immediately, speedily
rápido/rápidamente/de prisa	fast, quickly, rapidly

1. Diálogo A. El accidente

Un carro chocó con un tren. Hay muchas víctimas. Los testigos observaron lo que pasó y hablan con uno de los socorristas que está ayudando a una víctima.

Socorrista: Señora, ¿puede decirnos qué pasó?

Señora: Pues, el carro azul no paró y chocó con el tren. Luego, el camión negro chocó con el coche azul y explotó. Los bomberos llegaron y sacaron a las víctimas del primer coche. La primera ambulancia las llevó al hospital.

Nombre _____ Fecha _____

SOCORRISTA: ¿Y este *(this)* hombre?
SEÑORA: Salió del camión negro en llamas. Lo tapé con mi abrigo *(coat)* y sofoqué el fuego. Le hablé a él y me habló.
SOCORRISTA: Muy bien. Ud. salvó la vida de este hombre. Solamente tiene (a la víctima) algunas quemaduras de segundo grado. Señor, ¿me oye Ud.?
VÍCTIMA: Sí, lo oigo. No quiero ir al hospital.
SOCORRISTA: Ud. tiene quemaduras en los brazos. Los médicos deben examinarlo. Le voy a dar oxígeno y...
VÍCTIMA: No. No es nada.

■ ¿Comprende?

1. ¿Cómo ocurrió el accidente? _____
   _____

2. ¿Qué hizo la espectadora? _____
   _____

3. ¿Qué le pasó al señor del camión? _____
   _____

4. ¿Qué le va a dar el socorrista? _____
   _____

2. ¡Practiquemos!

A. Ayer ocurrieron muchos accidentes. Escriba la forma correcta del pretérito. Escoja el verbo adecuado.

chocar, atender, tapar, preguntar, salir, llegar, hundir, gritar

1. El coche rojo _____ con el camión blanco.
2. La explosión _____ el barco.
3. Las socorristas _____ a las víctimas.
4. La ambulancia _____ en diez minutos.
5. Yo _____ a la víctima con una frazada.
6. ¿Ud. le _____ cómo se llama ella?
7. El chofer _____ del vehículo en llamas.
8. Nosotros _____ «¡socorro!»

B. ¿A quién? Añada el objeto indirecto correcto en cada frase.

1. _____ adminstré el oxígeno a ella.
2. La víctima no _____ habló a mí.
3. _____ preguntamos qué pasó a los espectadores.
4. Los técnicos _____ hablaron a nosotras sobre las heridas.
5. A Uds. _____ explicaron la causa del choque.

CAPÍTULO 7 107

Nombre _____ Fecha _____

3. ¡Escuchemos!

El testigo no habla inglés. Escuche lo que dice el testigo sobre el accidente y luego, traduzca su relato para los otros socorristas.

1. How did the accident happen? _____
   _____

2. Who hit whom? _____
   _____

3. Did he move the girl? _____

4. Was the victim conscious? _____

5. What is her name? _____

6. Who called the police? _____

4. ¡Hablemos!

¿Qué pasó? Mire los dibujos y describa en el pretérito lo que pasó. Trabajando con su companero(a) de clase, describa lo que pasó en los dibujos a continuación. Advine qué dibujo está describiendo.

1. _____

2. _____

3. _____

4. _____

5. _____

5. La situación

Un choque de coches. Ha habido un accidente en el que chocaron tres automóviles. La policía y los socorristas necesitan que Ud. los ayude a averiguar qué pasó porque los testigos sólo hablan español. ¿Qué les puede preguntar a los testigos?

Nombre _____ Fecha _____

¿Sabía Ud. que... ?
Some Hispanics may be very reluctant to provide details about an accident and may leave the scene even if they are among the injured. Usually this is due to experiences with red tape in their native country or to fear (if they are illegal aliens in the United States).

Nota cultural
Colombian Americans tend to use formal address more often than other Latin Americans and they call people by their title (**señor, señora, doctor, profesor**). First names are not used between strangers. Only well-known acquaintances are called by their first names. Try to honor and show respect for the client by using appropriate titles.

B. En la ambulancia

❖ Vocabulario

Verbos	**Verbs**
apuñalar	to stab
cortar	to cut
derribar	to shoot down
disparar/tirar	to shoot
fracturar	to fracture
lastimar/herir (e→ie)	to hurt (someone)
magullar	to bruise
pinchar	to puncture
quebrar (e→ie)/romper	to break
quemar	to burn

Las heridas	**Injuries**
la concusión	concussion
el congelamiento	frostbite
la contusión	contusion
el corte	cut
el derrame cerebral	stroke
la dislocación	dislocation
el espasmo	spasm
la fractura (complicada)	(compound) fracture
el golpe	bump
las heridas internas	internal injuries
la laceración	laceration
la mordedura (de perro, de insecto, de víbora)	(dog, insect, snake) bite
el moretón *(Lat. Am.)*/ la cardenal *(Spain)*	bruise
la perforación	puncture (wound)
la postración nerviosa/ el choque	shock
la quemadura	burn
el rasguño	scrape, abrasion
la sobredosis	overdose
la torcedura	sprain
el traumatismo/el trauma	trauma

Adjetivos	**Adjectives**
ahogado/asfixiado	drowned, choked
apuñalado	stabbed
borracho	drunk(en)
deshidratado	dehydrated
envenenado	poisoned
estrangulado	strangled
fracturado	fractured
herido/lastimado	hurt, injured
hinchado	swollen
insolado	sun stricken
intoxicado	poisoned
magullado	bruised
mordido	bitten
quebrado/roto	broken
quemado	burned
sofocado	suffocated
tirado	shot; thrown
torcido	sprained, twisted

CAPÍTULO 7

Nombre _____ Fecha _____

1. Diálogo B. En la ambulancia

Después de un accidente automovilístico, la técnica está hablando con una paciente en la ambulancia y luego por radio con el hospital. Necesita determinar las heridas y su condición general.

TÉCNICA: ¿Cómo recibió el golpe en la cabeza?
PACIENTE: ¡Fue horrible! Mi esposo fue a llamar a la policía después de la colisión. Traté de bajar del carro. Abrí la puerta y una porción del techo del carro me cayó en la cabeza.
TÉCNICA: ¿Perdió la consciencia?
PACIENTE: No recuerdo pero me dolió mucho.
TÉCNICA: [Por radio con el hospital] Le di oxígeno 100% a la víctima y un suero con Ringer de 200 cc.
PACIENTE: ¿Qué me dijo? No la oí.
TÉCNICA: Le dije al control médico que le di oxígeno. Ud. tiene una contusión y perdió mucha sangre.
PACIENTE: ¿Dónde está mi esposo? ¿Adónde vamos?
TÉCNICA: No se preocupe, señora. Él me dijo que va a esperarla en la sala de emergencia del hospital.
PACIENTE: ¡No puedo mover la cabeza! Tengo miedo *(I am afraid)*.
TÉCNICA: No debe moverla. Todavía no sabemos la amplitud de sus lesiones. Es una precaución.

¿Comprende?

1. ¿Recibió la señora el golpe durante o después del accidente? _____

2. ¿Qué hizo la técnica para estabilizar a la paciente? _____

3. ¿Por qué no debe mover la cabeza la paciente? _____

2. ¡Practiquemos!

El pretérito con verbos irregulares. Escoja el verbo adecuado para cada situación a continuación. Use la forma correcta del pretérito.

ir, dar, hacer, decir

1. La ambulancia _____ al Hospital San Remos.
2. Yo le _____ al paciente que la herida no es grave.
3. ¿Qué _____ Ud. para parar la sangre?
4. La señorita González le _____ a la víctima que habla inglés.
5. Nosotras les _____ la información médica al control médico.

3. ¡Escuchemos!

El accidente náutico. Un reportaje *(report)* salió en la revista *¡HOLA!* sobre un accidente náutico con la princesa Alexia de Grecia *(Princess Alexia of Greece)* y su novio Carlos Morales. Decida si esas *(these)* frases son **ciertas** (C) o **falsas** (F).

_____ 1. Fue un accidente de dos lanchas de rescate.

_____ 2. Carlos se cayó al agua y se ahogó.

Nombre _____ Fecha _____

_____ 3. La princesa Alexia se fracturó la clavícula izquierda.

_____ 4. En una lancha de rescate los llevó a la clínica.

_____ 5. Carlos recibió una herida en la oreja.

_____ 6. Le dieron a la princesa Alexia tres puntos *(stitches)*.

_____ 7. Nadie murió *(died)*.

_____ 8. La princesa va a estar en la clínica por 48 horas.

4. ¡Hablemos!

La socorrista. Ud. es socorrista de la ambulancia Cruz Blanca. Su paciente (su compañero[a] de clase), ahora en el hospital, quiere respuestas a las preguntas que le hizo antes en la ambulancia. Conteste sus preguntas utilizando el pretérito.

1. ¿Por qué tengo una venda en los ojos?
2. ¿Qué es la aguja que tengo en el brazo?
3. ¿Por qué tengo un cabestrillo en el brazo?
4. ¿Qué es el tubo en la nariz?
5. ¿Qué hizo Ud. con mi bolso *(handbag)*?
6. ¿Adónde fue mi hijo?
7. ¿Qué dijo Ud. por la radio?
8. ¿Me dio algo para el dolor?

5. La situación

El/La paramédico(a). Como técnico(a) o paramédico(a) de una ambulancia, le piden que le explique a un familiar lo que sucedió en la escena de un accidente. ¿Cómo explicaría que chocaron dos automóviles, que hubo tres heridos y que uno de los heridos es la madre de la persona con quien Ud. está hablando?

¿Sabía Ud. que... ?

The occurrence of vehicular accidents in most Hispanic countries is far greater than in the U.S., and they often involve many more victims. Public transportation is inexpensive and available to all, but maintenance is often a problem. Hence, accidents occur. Don't be surprised if, when taking a medical history, patients attribute past injuries to bus, ferryboat, or trolly accidents.

Nota cultural

It is important to remember that the family is the single most important source of emotional and physical support for any Hispanic American going through any type of trauma. In the emergency room, be prepared for numerous family members and friends to accompany the patient to the hospital. Determine who is the individual who will be making decisions on behalf of the patient. Respect the need for a family member to be at the bedside during treatment.

C. Un accidente con una pistola

❖ Vocabulario

Sustantivos	Nouns
el aparato de reanimación	resuscitacion equipment
el aparato de inhalación	oxygen equipment
la aspiradora	aspirator
el balazo/el escopetazo/ el tiro de fusil	gunshot
la camilla/las parihuelas (Spain)	stretcher
la cánula	cannula
el defribulador	defribillator
el fusilamiento	shooting
el fusil/el revolver	gun
la intubación endotraqueal	endotracheal intubation
la luz azul (Lat. Am.)	warning light (blue light)
la luz intermitente	flashing light
la luz roja (Spain)	warning light (red light)
la pulsera/la medalla medical	medical bracelet, medal
las mucosidades	mucus
la pistola	pistol
el rifle	rifle
el/la sanitario(a) (Spain)/ el/la técnico(a)	ambulance attendant
las secreciones	secretions
los signos vitales/ las constantes vitales	vital signs
la sirena/la alarma	siren, alarm
la solución Ringer	Ringer solution

Verbos	Verbs
estabilizar	to stabilize
resucitar	to resuscitate
disparar	to shoot
valorar	to evaluate

Adjetivo	Adjective
poco profundo/bajo	shallow

Expresiones	Expressions
dar lugar/dar espacio	to give room/space
el eje columnal (variation: el exe)	spinal axis
manténgase apartado/ manténgase a distancia	stand back

1. Diálogo C. Un accidente con una pistola

Un muchacho de 17 años recibió un balazo en el pecho cuando unos muchachos jugaban (were playing) con una pistola en la calle. La ambulancia llega para llevarlo al hospital. Hablan los socorristas (first-aid technicians) con los espectadores y con la víctima.

SOCORRISTA: ¿Cuánto tiempo hace que recibió el balazo?
AMIGO: Hace unos 15 minutos.
SOCORRISTA: ¿Cuánto tiempo hace que no está consciente?
AMIGO: No sé. No le hablé.
SOCORRISTA: Vamos a ponerlo en la camilla para trasladarlo al hospital. Revisé los signos vitales. La respiración es muy baja.
AMIGO: ¿Va a morirse?
SOCORRISTA: Mira, muchacho. Danos lugar (Give us some room). Espera allí. Está defribulando. El defribulador, ¡pronto! Manténgase apartados.
OTRO SOCORRISTA: Está perdiendo mucha sangre. Le pongo una venda de compresión.

■ ¿Comprende?

1. ¿Cuánto tiempo hace que alguien le tiró un tiro al muchacho? _____

Nombre _____ Fecha _____

2. ¿Qué aparato usó el socorrista? _____

3. ¿Qué hizo el otro socorrista? _____

2. ¡Practiquemos!

¿Cuánto tiempo hace... ? Son las ocho de la mañana. Hágale *(Make)* las siguientes preguntas usando el sujeto dado *(with the subject given)*.

MODELO: usar el defribulador / Ud.
 ¿Cuánto tiempo hace que usó Ud. el defribulador?

1. mandar la ambulancia / el hospital _____

2. darle oxígeno al paciente / los socorristas _____

3. revisar los signos vitales / la paramédica _____

4. establecer el eje columnal / Uds. _____

5. trasladar el paciente a la clínica / el helicóptero de rescate _____

3. ¡Escuchemos!

La preocupación. Conteste las preguntas de un padre que está muy preocupado por su hijo quien chocó en su bicicleta con un árbol. El hijo recibió un balazo en la pierna izquierda, está sangrando mucho, pero no está en peligro de perder la vida.

_____
_____
_____
_____
_____
_____

CAPÍTULO 7

Nombre _____ Fecha _____

4. ¡Hablemos!

Es la hora. Son las ocho de la mañana. Ahora túrnese con un(a) compañero(a) de clase para hacerse pregunats (¿A qué hora… ?), utilizando las horas a continuación.

MODELO: 7:30
   ESTUDIANTE 1: ¿A qué hora usó Ud. el defribulador?
   ESTUDIANTE 2: Lo usé a las 7:30.

1. 7:45
2. 6:30
3. 7:55
4. 6:15
5. 7:10

5. La situación

Hace + *presente*. Acaba Ud. de regresar de un choque de coches. Una mujer que tiene 36 años está herida. Como técnico(a) de ambulancia, informe a los médicos del hospital sobre el estado de su paciente: cuánto hace que está recibiendo oxígeno y suero intravenoso, cuánto hace que el paciente está inconciente y respira con dificultad. Use la construcción **hace** + *presente*.

¿Sabía Ud. que... ?

In some Hispanic countries, including Argentina and Colombia, **los socorristas**, are not considered professional personnel, and there are few places where they can receive advanced training. Similar to volunteer firefighters in the U.S., they must enlist public support and funding to equip their ambulances and rescue vehicles. A group called **socorro-med** are using the Internet to gain recognition. They have established chat rooms and are anxious to speak with any other rescue personnel in order to learn more about their occupation. See www.socorristas.arg/med.com.

Nota cultural

In the Hispanic culture, it is more appropriate and acceptable for women to be expressive regarding pain than men. The crying is often loud and accompanied by numerous verbal expressions of pain. Family members are often present to offer comfort and solace.

D. Síntesis: Por el mundo de la salud y la medicina

■ ¡A leer!

Antes de leer: ¿Qué se puede hacer para ayudar a una persona fracturada mientras espera ayuda? ¿Qué **no** se puede hacer?

Lea la información a continuación que explica lo que debe hacer si una persona tiene un hueso quebrado. Luego, practique con otro(a) estudiante sin mirar la información. ¿Puede explicárselo en un orden adecuado?

Huesos quebrados: No debe mover a la víctima si está en peligro. Si es necesario, debe levantar las partes heridas con las dos manos sobre un pedazo[1] de madera acolchonado[2], una tabla de cartón[3] o papeles enrollados. Puede poner vendas alrededor de[4] cada parte del hueso. Puede amarrar[5] las piernas juntas para apoyarlas[6]. Para una herida del brazo, debe ponerlo en un cabestrillo. Luego, debe llamar al médico o ir al hospital. Pueden sacar radiografías para determinar la extensión de la herida.

[1]**pedazo:** *piece;* [2]**acolchonado:** *padded;* [3]**cartón:** *cardboard;* [4]**alrededor de:** *around;* [5]**amarrar:** *tie;* [6]**apoyarlas:** *to support them*

Nombre _____ Fecha _____

¿Comprende?

1. ¿Debe uno mover a una persona fracturada? _____
_____

2. ¿Qué se puede hacer para ayudar a alguien que tiene una pierna fracturada mientras espera ayuda? _____

3. ¿Qué se puede hacer para ayudar a alguien que tiene un brazo fracturado? _____
_____

■ Se necesita traductor(a).

¿Qué hizo Ud. para el/la paciente? Traduzca la información a continuación para que la familia sepa qué hizo Ud. por la víctima.

1. I examined him/her and took his/her vital signs.
_____

2. I gave him/her 100% oxygen.
_____

3. She/He stopped breathing and I resuscitated him/her.
_____

4. The ambulance arrived immediately and they took him/her to the hospital.
_____

5. Fortunately, no one died in the accident.
_____

6. The bus hit the car and the bicycle.
_____

7. I spoke to the doctors on the radio in the ambulance.
_____

■ Correo electrónico

Nuevas ambulancias. Ud. es el/la jefe de una empresa de ambulancias y quiere equipar *(to equip)* sus nuevas ambulancias. Un vendedor de una empresa colombiana le escribió el mensaje a continuación. Conteste el correo y déle la información que pide.

De: equipomed@mixmail.com
Para: usted@escríbanos
Asunto: su pedido
Mensaje:

Nosotros visitamos su clínica hace una semana y le dimos nuestro catálogo de equipo médico portátil. Desgraciadamente *(Unfortunately)*, perdimos su pedido. Sabemos que quiere equipar sus nuevas ambulancias. Si fuera tan amable, ¿puede Ud. repetirnos el artículo *(item)* y la cantidad que Ud. necesita?

CAPÍTULO 7

Nombre _____ Fecha _____

```
De:       usted@escríbanos
Para:     equipomed@mixmail.com
Asunto:   mi pedido
Mensaje:
_____
_____
_____
_____
_____
```

■ Contestador automático

El/La espectador(a). Ud. fue un(a) espectador(a) de un accidente que ocurrió hace dos semanas. El padre de la víctima le dejó este mensaje. Invente unas respuestas adecuadas y escríbalas para no olvidarlas cuando llame al padre. Compare sus respuestas con las de sus compañeros de clase.

MENSAJES TELEFÓNICOS

A quién:

De quién:

■ Mi agenda

A. Words of caution are just as important as the words of comfort that you have been learning. Under what conditions would these caution words be appropriate?

¡PELIGRO!   ¡FUEGO!   ¡SOCORRO!   ¡CUIDADO!   ¡VÁYASE!

¡MANTÉNGASE APARTADO!   ¡MANTENGA DISTANCIA!
(Stay back!)   *(Stay away!, Keep back!)*

B. Check your local newspaper for a variety of accident reports. Try explaining the accident using the preterite tense to a classmate.

■ Para discutir

Accident victims are normally very frightened, and as a health professional, your words of comfort are very helpful. But if the victim doesn't speak English, he/she may be even more upset because he/she can't understand the emergency procedures you may be performing in order to help. Which general meaning verbs can help you to explain what you have done for a victim? For example, if you don't know how to say "I put in an IV," what other verbs could you use in its place? Discuss with your classmates the most common emergency procedures and pair them with verbs that you are confident in using. For example, you could say, "I gave you an IV," "I prepared an IV," and so on.

Pueden buscar información en el sitio de la red: **http://spanishforlife.heinle.com**.

Nombre _____ Fecha _____

Guatemala y los guatemaltecos: Primeros auxilios

CAPÍTULO 8

In this chapter you will learn:

COMMUNICATIVE FUNCTIONS
- Talk about accidents in the home
- Explain how to use first-aid techniques
- Relate first-aid measures at the scene of an injury or medical situation

VOCABULARY
- Objects used in first aid and related verbs
- First-aid maneuvers and activities including the Heimlich maneuver
- Common injuries, poisons, and natural disasters requiring on-the-scene first aid

---

Transparency: A–16: Country Profile, **Guatemala**

A. Los objetos de primeros auxilios

❖ Vocabulario

Primeros auxilios	*First aid*	la urgencia/la emergencia (U.S.)	*emergency*
el alcohol	*alcohol*	la venda de gasa	*gauze bandage*
el algodón	*cotton*	la venda elástica	*Ace bandage*
el antihistamínico	*antihistamine*	el vendaje adhesivo/ el esparadrapo	*adhesive tape*
la antipicadura	*anti-sting*		
el botiquín de primeros auxilios/el paquete de primeros auxilios	*first-aid kit*	el vendaje de presión	*pressure bandage*
		el yeso	*plaster cast*
el cabestrillo	*arm sling*	el yodo	*iodine*
la camilla	*stretcher*	**Verbos**	*Verbs*
la crema antibiótica	*antibiotic cream*	aspirar	*to aspirate*
la gasa esterilizada	*sterile gauze dressing*	calentar (e→ie)	*to heat, to warm*
el mercuriocromo	*Mercurochrome*	chequear *(coll.)*	*to check*
la tablilla/el entablillado (de urgencia)	*(emergency) splint*	colocar	*to place*
		comprimir	*to compress*
la tirita/el vendaje plástico	*plastic bandage*	cubrir	*to cover*
el torniquete	*tourniquet*	enfriar	*to chill, to make cold*

CAPÍTULO 8 117

Nombre _____ Fecha _____

Verbos	**Verbs (cont.)**	**Adjetivos**	**Adjectives**
evaluar/valorar	to evaluate	esterilizado	sterilized
evitar	to avoid, to prevent	limpio	clean
girar	to turn (around)	sangriento	bleeding
impedir (e→i)	to prevent, to impede	**Expresiones**	**Expressions**
inmovilizar	to immobilize	la evaluación socorrista A.V.D.N. (alerto, verbal, dolor, ninguno)	first-aid evaluation (alert, verbal, pain, none)
mantener (*like* tener)	to maintain (to keep)		
presionar	to press		
Sustantivos	**Nouns**	el grupo sanguíneo	blood type
la asfixia	asphyxia	perder la consciencia/ perder el conocimiento	to lose consciousness
la caída	fall		
el paño	cloth	la posición lateral de seguridad (PLS)	safe lateral position, coma position
el pulso	pulse		
la respiración	respiration, breathing	los signos vitales/ las constantes vitales	vital signs

1. Diálogo A. Los objetos de los primeros auxilios

Después de un accidente en casa, el Sr. Torres está hablando con el enfermero en el hospital. Su abuela tuvo un accidente en la cocina. Se cayó y se quemó. El Sr. Torres siguió un cursillo *(short course)* en primeros auxilios el año pasado. Así pudo ayudar a su abuela.

Enfermero: Su abuela está mejor ahora. La trajeron al hospital en la ambulancia hace una hora. ¿Qué le pasó?

Sr. Torres: Pues, ella estaba en la cocina *(kitchen)*. Había un poco de grasa en el suelo pero no la vio. Anduvo de la estufa *(stove)* hasta la mesa, se resbaló y se golpeó la cabeza.

Enfermero: ¿Dejó de respirar?

Sr. Torres: No, estuvo alerta y verbal pero le dolió la cabeza.

Enfermero: Entonces, no perdió el conocimiento.

Sr. Torres: Ni por un minuto. Revisé los signos vitales: la respiración y el pulso. La coloqué en posición lateral de seguridad para evitar la asfixia.

Enfermero: Entonces, Ud. recordó muy bien el cursillo de primeros auxilios.

Sr. Torres: Sí, pero no sabía *(I didn't know)* qué hacer primero. Había una olla *(cooking pot)* de agua hirviendo en la estufa que le cayó encima de ella.

Enfermero: Entiendo. Ella tiene una quemadura de segundo grado en el brazo. Pero Ud. respondió muy rápidamente.

Sr. Torres: Es cierto. Enfrié el brazo con mucha agua fría. Luego, lo cubrí con un paño limpio. Llamé al 911. Vinieron en cinco minutos.

Enfermero: Muy bien, Sr. Torres. ¡Felicitaciones! *(Congratulations!)* Ud. pudo ayudar a su abuela de una manera muy profesional.

■ ¿Comprende?

1. ¿Cómo se cayó la abuela del Sr. Torres? _____
_____

2. ¿Por qué puso el Sr. Torres a su abuela en la posición lateral de seguridad? _____
_____

Nombre _____ Fecha _____

3. ¿Qué hizo el Sr. Torres para la quemadura de su abuela? _____

_____

2. ¡Practiquemos!

A. El pretérito. Conteste las siguientes preguntas usando los verbos de la lista en el pretérito. Escoja la respuesta adecuada de las posibilidades abajo para cada pregunta. *(Choose the best answer from the possibilities below for each question.)* Conteste con una frase completa.

MODELO: ¿Qué puso Ud. en el brazo quebrado?
Puse un cabestrillo en el brazo.

repetir el procedimiento, comprimir la herida, poner un cabestrillo,
conseguir el consejo del médico por radio, poner una venda esterilizada,
poner a la víctima en la posición lateral, no poder caminar

1. ¿Qué puso Ud. en la quemadura de segundo grado? _____

_____

2. ¿Qué hizo Ud. para evitar la asfixia de la víctima? _____

_____

3. ¿Cómo paró Ud. el sangrado de la laceración? _____

_____

4. ¿Cuándo revisó Ud. los signos vitales? _____

_____

5. ¿Por qué colocó Ud. a la víctima en la camilla? _____

_____

¡OJO! Make sure to check your coretext for the irregular preterit verbs. They are very important and are used in all areas of the language.

B. ¿Qué pudo Ud. hacer? Lea *(Read)* la situación de las víctimas. Luego, en el pretérito, diga *(say)* lo que pudo hacer para ayudarlos.

1. La víctima no pudo andar. _____

_____

2. La víctima perdió el conocimiento. _____

_____

3. La víctima tuvo una contusión en la frente. _____

_____

4. La víctima no quiso ir al hospital después de una caída. _____

_____

Nombre _____ Fecha _____

3. ¡Escuchemos!

Los síntomas. ¿Cuáles son los síntomas del choque? Un socorrista describe lo que hicieron los paramédicos para ayudar a las víctimas de un accidente. Todas sufrieron del choque o *shock*. Provea *(Provide)* los verbos adecuados en los espacios en blancos.

Los síntomas _____: pulso débil; piel pálida y húmeda; respiración rápida y corta. _____ a las víctimas en posición lateral. _____ el pasaje de aire libre. Les _____ la cabeza y los hombros. _____ frazadas *(blankets)* sobre cada víctima. No les _____ líquidos por lo menos por una hora. Después de una hora de estabilización, ellos _____ tomar un té caliente.

4. ¡Hablemos!

Testigo de un accidente. Usted ha sido testigo de un accidente y tiene que describir la situación a un policía.

MODELO: Yo / ver / todo lo que / pasar / desde la ventana de mi oficina
          Yo vi todo lo que pasó desde la ventana de mi oficina.

1. El conductor del carro azul / pasar / un semáforo en rojo
2. El carro azul / embestir / a ese otro carro verde que venía cruzando la avenida
3. Por suerte / otros carros / poder esquivar / el choque
4. Yo / ayudar / a sacar a los heridos
5. Yo / poner / el brazo en un cabestrillo / a esta señora
6. Los paramédicos / llevarse / a dos víctimas en ambulancia

5. La situación

Una caída. Un niño pequeño se cayó por la escalera y se hizo un corte en la cabeza. Su madre llamó a los paramédicos. Cuando ellos llegaron, Ud. fue quien ayudó al niño. Después, Ud. quiso explicarle a la madre todos los procedimientos que Ud. le hizo al niño. Un(a) estudiante puede hacer el papel de la madre que hace preguntas y el/la otro(a) puede elaborar las respuestas.

¿Sabía Ud. que... ?

In Guatemala, there is another way to say "don't worry." The expression **no tenga pena** is much more common than **no se preocupe**.

Nota cultural

Within Guatemala there are about 23 distinct ethnic groups that speak different languages and maintain unique cultural traditions. The majority of these groups are Mayan. Then there are Hispanic Guatemalans, **mestizos** of mixed Spanish and indigenous race, and minorities of African, Chinese, and Arab descent. Subsequently, Guatemalan Americans comprise a culturally diverse group of people, and it is impossible to generalize about the group as a whole.

Nombre _____ Fecha _____

B. Los primeros auxilios en sitio

❖ Vocabulario

Verbos	**Verbs**
fragmentar	to cut up into pieces, to fragment
llorar	to cry
obstruir	to obstruct
sonreír (e→i)	to smile
toser	to cough
vendar	to bandage

Sustantivos	**Nouns**
la maniobra	maneuver
la obstrucción	obstruction
el trozo	piece, portion

Adjetivos	**Adjectives**
cortado	cut
(in)consciente	(un)conscious
lastimado/herido	hurt, injured
quemado	burned

Adverbios	**Adverbs**
fuertemente/con fuerza	hard, forcefully
ligeramente	lightly

Expresiones	**Expressions**
boca abajo	face down, on one's stomach
boca arriba	face up, on one's back
la maniobra de Heimlich	Heimlich maneuver
no tener razón	to be wrong
la reanimación cardio-pulmonar (RCP)	cardiopulmonary resuscitation (CPR)
sobre las rodillas	on one's knees
tener miedo	to be afraid
tener razón	to be right

1. Diálogo B. Los primeros auxilios en sitio

Un padre llama al 911 porque su hijita no está respirando bien. Comió algo que obstruyó las vías respiratorias. El padre está muy trastornado. La socorrista le da las instrucciones de la maniobra de Heimlich.

PADRE: ¡Dios mío! ¿Qué hago? Mi hijita no está respirando bien. Está atragantándose con algo.

SOCORRISTA: ¿Sabe hacer la maniobra de Heimlich?

PADRE: Pues, no sé. Mi hijita sólo tiene dos años.

SOCORRISTA: Cálmese y escuche. ¿Tosió o está tosiendo?

PADRE: No. Está respirando con mucha dificultad.

SOCORRISTA: Tiene que ponerla boca abajo sobre sus rodillas y golpearla entre los omóplatos con un poco de fuerza a ver si sale la obstrucción.
[Unos minutos más tarde...]

PADRE: Gracias, señorita. Está respirando bien ahora.

SOCORRISTA: ¿Salió algo por la boca *(Did anything come out of her mouth)* cuando le dio los golpes?

PADRE: Sí. Salió un trozo de carne. Cuando le di otro golpe, salió otro trocito *(little piece)*. Luego, empezó a respirar normalmente y empezó a llorar. Los trozos de carne eran demasiado grandes. No debí dárselos. *(I shouldn't have given them to her.)*

SOCORRISTA: Muy bien. Debe fragmentar la comida para los bebés.

PADRE: Ud. tiene razón. Tuve mucho miedo. Mi bebé casi murió, pero gracias a Ud., ella está bien.

Nombre _____ Fecha _____

■ ¿Comprende?

1. ¿Por qué pregunta la socorrista «tosió o está tosiendo»? _____
   _____

2. ¿Cuántos golpes le dio el padre a su hijita usando la maniobra de Heimlich? _____
   _____

3. ¿Qué significa «dárselos», cuando el padre dijo «no debí dárselos»? _____
   _____

¡OJO! Consult the charts for direct and indirect object pronouns in your coretext. Remember that **se** comes first and replaces **le** (*to* or *for him, her, it, you*) and **les** (*to* or *for them* and *you* plural). The indirect object pronoun always precedes the direct!

2. ¡Practiquemos!

A. ¿Sí o no? Conteste las preguntas con **sí** o **no**, usando dos pronombres: directo e indirecto.

MODELO: ¿Te di los signos vitales?
          Sí, me los diste.

1. ¿Puede escribirme las instrucciones? _____
   _____

2. ¿Le doy las aspirinas a una víctima de choque eléctrico? _____
   _____

3. ¿Nos traen el aparato de resucitación? _____
   _____

4. ¿Comunicaron los problemas al médico por radio? _____
   _____

5. ¿La técnica ya leyó el gráfico *(chart)* al paramédico? _____
   _____

6. ¿Le puso Ud. la venda a la víctima? _____

B. Más práctica: Los verbos que cambian la raíz en el pretérito. Las frases a continuación dicen lo que ocurre generalmente; luego dicen lo que ocurrió al contrario *(to the contrary)*. Use el verbo de la primera parte de la frase, cambiándolo al pretérito en la segunda parte.

MODELO: Normalmente sigo las instrucciones del enfermero, pero anoche no las *seguí*.

1. Normalmente los pacientes duermen bien, pero anoche no _____.

2. Normalmente la técnica y yo pedimos el consejo de los médicos, pero ayer _____ el consejo de los enfermeros.

3. Generalmente las ambulancias siguen al coche policíaco *(police car)*, pero anoche
   _____ al camión de los bomberos.

Spanish for Health Worktext

Nombre _____ Fecha _____

4. Por lo general las víctimas de ahogo piden ayuda con señales *(signals)*, pero anoche el hombre tosió y no _____ ayuda.

5. Generalmente la paramédica consigue el aparato de la ambulancia, pero hoy el técnico lo _____.

3. ¡Escuchemos!

La maniobra de Heimlich. La socorrista describe la maniobra de Heimlich para adultos. Escuche el procedimiento fijándose *(paying attention)* en los verbos. Luego, Ud. debe explicar cómo hizo Ud. la maniobra de Heimlich usando la información de la cinta *(from the tape)* en el pretérito. Éstos son algunos verbos y frases que va a oír:

> estar detrás de, poner las manos, empujar hacia arriba y hacia adentro,
> apretar y soltar, repetir, seguir con golpes agudos

_____
_____
_____
_____
_____
_____
_____
_____
_____
_____

4. ¡Hablemos!

Los pronombres. Practique con otro(a) estudiante usando dos pronombres en su respuesta.

MODELO: ¿Debo comunicarles los problemas a las técnicas?
          Sí, Ud. debe comunicárselos.

1. ¿Debo darle a la víctima dos golpes en los omóplatos?
2. ¿Debo decirles los resultados a los médicos?
3. ¿Debo explicarles los primeros auxilios a Uds.?
4. ¿Debo mostrarle *(show)* la RCP a Ud.?
5. ¿Debo escribirle las instrucciones a la paciente?

5. La situación

Cuida a los niños. La Srta. López cuida a los niños de su barrio. Quiere saber el tipo de paquete de primeros auxilios que debe comprar. Dígale los artículos que tiene que comprar para el paquete y cómo usarlos. Su compañero(a) debe escribir sus consejos.

Nombre _____ Fecha _____

¿Sabía Ud. que... ?
One accident that is less prevalent in the Hispanic world is fire in the home. Although the same potential is present, the building materials are usually cinder block, brick, stucco, and others that are much less flammable than wood. In addition, Hispanic countries located in warm or tropical areas usually use less carpeting and fewer heavy draperies, preferring cool tiled floors and light curtains or blinds, which in turn are less likely to catch fire.

Nota cultural
Guatemalan Americans buy herbs at **botánicas**, stores within their own communities that specialize in herbs and roots. Some of the herbs used are **manzanilla** (chamomile) and **hierba buena**, a mixture from Mexico, both of which are used for stomach disorders or headaches.

C. Los primeros auxilios en situaciones de desastres naturales, envenenamientos y otros desastres

❖ Vocabulario

Verbos	**Verbs**
acudir	to come to the rescue, to respond
criar	to raise, to bring up (a child)
espalar (la nieve)	to shovel (snow)
nadar	to swim
salvar (la vida)	to save one's life

Sustantivos	**Nouns**
el alcohol	alcohol
el clima	climate
el inhalante	inhalant
el laxativo	laxative
el/la mar	sea
la montaña	mountain
la ocurrencia/ el acontecimiento	occurrence, event

Desastres naturales	**Natural disasters**
el alud	avalanche (snow or mud)
la avalancha	snow avalanche
el huracán	hurricane
la inundación	flood
la tempestad/la tormenta	storm
el terremoto	earthquake
el tornado	tornado
la ventisca	blizzard

Desastres del hogar	**Disasters at home**
el ahogamiento	drowning
la caída	fall
el choque eléctrico	electric shock
el envenenamiento	poisoning
el fuego	fire
el incendio	fire, conflagration

Adjetivos	**Adjectives**
adecuado	appropriate, adequate
deshidratado	dehydrated
preparado	prepared

Expresiones	**Expressions**
a su alcance	within one's reach
el jarabe de Ipeca	Ipecac syrup
¡Qué susto!	How frightening!, What a scare!
tener calor	to be hot
tener frío	to be cold
tener miedo	to be afraid
tener prisa	to be in a hurry

Nombre _____ Fecha _____

1. Diálogo C. Los primeros auxilios en situaciones de desastres naturales, envenenamientos y otros desastres

La señora de Morán acaba de llegar *(just arrived)* de Guatemala a Chicago. No sabe mucho del clima, ni de la vida urbana. La enfermera Martin se los explica.

SRA. MORÁN: Bueno, no sabemos mucho sobre la vida en una ciudad grande norteña *(large northern city)*. Me dicen que hay ventiscas, tempestades e inundaciones. ¿Es cierto?

SRA. MARTIN: Es posible. Pero Ud. no debe tener miedo. Debe estar preparada. Su esposo y Ud. no deben salir durante una ventisca. Ni deben palear la nieve porque puede hacer daño al corazón. La pala con nieve es pesada.

SRA. MORÁN: Mis nietos viven con nosotros. Raúl tiene tres años y Pita tiene dos. Sus padres murieron en un alud después de un huracán en nuestro pueblo. Los niños son buenos pero a veces es difícil criarlos. El año pasado, Raúl tragó media botella de aspirinas para bebés. ¡Imagínese!

SRA. MARTIN: ¿Qué hizo Ud.?

SRA. MORÁN: Llamé al farmacéutico y me recetó una botella de jarabe de Ipeca. Todo salió bien pero yo tuve mucha vergüenza porque dejé la aspirina a su alcance.

SRA. MARTIN: ¡Qué susto! Pero ahora Ud. se da cuenta de *(realize)* los peligros. Debe tener un libro que explique los primeros auxilios. Por ejemplo, que le enseñe qué tiene que hacer en caso de fuego, choque eléctrico, envenenamientos y otras situaciones de urgencia.

SRA. MORÁN: Es buena idea. ¿Hay tal libro en español?

¿Comprende?

1. ¿De qué tiene miedo la Sra. Morán? *(What is Mrs. Moran afraid of?)* _____

2. ¿Cuántos años tienen Raúl y Pita? _____

3. ¿Por qué tuvo mucha vergüenza la Sra. Morán? _____

2. ¡Practiquemos!

¿Qué tiene el/la paciente? Escriba una frase con las expresiones a continuación. Escoja la expresión adecuada para formar oraciones completas.

¡OJO! The expressions with the verb **tener** are very useful and you must be careful not to substitute English structure to express them. For example, **el paciente está caliente** indicates that the patient is warm to the touch or has a fever. **El paciente tiene frío** means that the patient is feeling cold because of the ambient temperature. Make sure to check your coretext for other examples of these expressions.

MODELO: La víctima está en una casa sin calefacción *(without heat)*.
La víctima tiene frío.

tener frío, tener prisa, tener vergüenza, tener calor, tener sueño,
tener sed, tener miedo, tener hambre

1. El aire acondicionado no funciona en el hospital en julio. _____

Nombre _____ Fecha _____

2. Después de una operación, los pacientes duermen mucho. _____

3. En una emergencia, los médicos caminan muy rápido. _____

4. Tras *(After)* un accidente en una ventisca, los heridos tuvieron que esperar afuera. _____

5. Durante un terremoto, la gente está nerviosa. _____

6. Una persona perdida en el bosque no tiene nada de comer. _____

7. Frecuentemente, los diabéticos quieren beber mucha agua. _____

8. La niña dijo «lo siento» cuando hizo algo malo. _____

3. ¡Escuchemos!

Llamadas de emergencia. Escuche las urgencias de las personas en el teléfono y déles los consejos *(advice)* necesarios. Use las expresiones **debe** + *infinitive,* **tiene que** + *infinitive* y **necesita** + *infinitive* seguidas por *(followed by)* unas instrucciones.

evacuar la casa e ir a un puesto de socorro, dar la RCP, ver si está respirando, inducir vómitos, taparlo con una frazada

1. _____
2. _____
3. _____
4. _____
5. _____

4. ¡Hablemos!

¿Qué hizo Ud. para ayudar a la víctima? Entre los procedimientos de primeros auxilios, diga la **primera** cosa que Ud. hizo para la persona aflicionada *(in distress)*.

1. La víctima se cayó de una montaña y no pudo andar con la pierna derecha.
2. Encontraron a una persona desaparecida y estaba deshidrada.
3. La víctima recibió un choque eléctrico.
4. Los niños tragaron una barra de laxativos con el sabor de chocolate.
5. La señora se desmayó. No tenía pulso.

Nombre _____ Fecha _____

⇄ 5. La situación

Las emergencias. Como voluntario de primeros auxilios, su jefe le pidió que hable con un grupo de guatamaltecos que recién llegaron a los EE.UU. para conseguir apoyo médico. Explíqueles lo que necesitan hacer en caso de emergencias durante desastres naturales o emergencias en la casa.

¿Sabía Ud. que... ?

Alcohol, **el alcohol**, has a different connotation in Spanish. For many Hispanics, alcohol only refers to hard liquor, not wine or beer. So if you are trying to ascertain if someone has alcohol poisoning or a drinking problem, it is best to ask: **¿Bebió bebidas alcohólicas, cerveza o vino?**

Nota cultural

Like many other Hispanic American groups, some Guatemalan Americans seek the services of **curanderos** rather than relying on modern medicine to cure their health problems. **Curanderos** are folk healers or traditional curers who use teas, herbs, and other natural remedies to heal the sick. Be aware that traditional folk healers are often the first health practitioners consulted by many people from the Latin American countries. These healers are familiar to them, often living within the neighborhood and are much less expensive than the modern Western health care system. Be sure to ask your client what they have already tried to correct their problem.

D. Síntesis: Por el mundo de la salud y la medicina

■ ¡A leer!

Antes de leer. ¿Ha estado Ud. alguna vez involucrado en *(involved in)* un accidente de gravedad? ¿Cómo se sintió después del accidente?

Una historia[1] verdadera: Es la historia de una estudiante que estuvo en un accidente terrible. Lea la historia y conteste las preguntas a continuación.

Concepción Sabio, una estudiante de 17 años, sufrió un terrible accidente en un cuatro por cuatro todoterreno durante un viaje del fin del año escolar[2]. Concepción, cinco amigos y el chofer fueron a visitar los famosos oasis de Túniz[3] cuando se puso a[4] llover. Trataron de cruzar un río[5] de agua pero el agua inundó el carro. Concepción pudo escapar y nadar hasta la orilla[6]. La corriente[7] era fuerte y ella chocó con todo. Dice ella: —Conseguí llegar a la orilla. Tuve miedo y mucho frío. Me cayó sangre de la frente cuando choqué con las piedras[8]. Nadie vino a buscarme y no sabía dónde estaban[9] mis compañeros de viaje. Anduve un poco y encontré una cueva. Cuando amaneció, un hombre me encontró y me trasladó al hospital. Allí me dijeron que mis compañeros murieron en la inundación. Soy la única sobreviviente[10] de los siete que fuimos. Recibí tres puntos[11] en la frente «que sufrí del choque».

---

[1]**historia:** *story;* [2]**año escolar:** *school year;* [3]**oasis de Túniz:** *oasis of Tuniz;* [4]**se puso a:** *it began;* [5]**cruzar un río:** *to cross a river;* [6]**orilla:** *shore, bank;* [7]**corriente:** *current;* [8]**piedras:** *rocks, stones;* [9]**no sabía dónde estaban:** *I didn't know where (they) were;* [10]**sobreviviente:** *survivor;* [11]**puntos:** *stitches*

Nombre _____ Fecha _____

¿Comprende?

1. ¿Qué desastre natural causó el accidente? _____

2. ¿Qué pudo hacer Concepción inmediatamente después del accidente? _____

3. ¿Qué sintió Concepción cuando llegó a la orilla? _____

4. ¿Qué heridas sufrió Concepción? _____

5. Si Ud. fuera *(If you were)* la persona que la encontró, ¿qué primeros auxilios habría podido darle *(would you have been able to give her)*? _____

■ Se necesita traductor(a).

Un terremoto. Provea una versión en español de las siguientes recomendaciones sobre qué hacer durante un terremoto.

What to do during an earthquake if you are at home.

1. Do not try to exit the building during the earthquake.
2. Stay away from windows and furniture that might topple over.
3. Duck under a table or stand under a doorframe for the duration of the earthquake.
4. As soon as it is over, cut the gas and electricity in your home.
5. Then you may leave the building if you have reason to think it is unsafe. Do not use the elevator. Go down the stairs or the emergency exit.
6. You should always have enough food and water for a few days, a transistor radio, and a flashlight.

■ Correo electrónico

El/La socorrista. Ud. es el/la socorrista que les presentó información sobre algunos procedimientos de los primeros auxilios a un grupo de inmigrantes de Guatemala que trabajan en los campos. Conteste el correo electrónico de uno de estos inmigrantes.

De: agricentral@cormix.com
Para: usted@escríbanos
Asunto: instrucciones para R.C.P.
Mensaje:
Nosotros, miembros de la Comunidad Agrícola *(farming community)* de San Juan, le agradecemos mucho por la presentación sobre los primeros auxilios que nos dio la semana pasada. Pusimos las instrucciones en nuestra tablilla de boletines *(bulletin board)* pero perdimos las de la reanimación cardiopulmonar. ¿Es igual *(Is it the same)* para adultos y niños? Son muy importantes. ¿Puede Ud. mandárnoslas por correo electrónico? ¿Cuándo puede visitarnos de nuevo? ¿Qué tema puede presentar? Otra vez, muchas gracias por su ayuda.

Nombre _____ Fecha _____

De: usted@escríbanos
Para: agricentral@cormix.com
Asunto: instrucciones para R.C.P.
Mensaje:

_____
_____
_____
_____
_____
_____
_____
_____
_____
_____
_____
_____

■ Contestador automático

¿Cuál es el mejor remedio? Ud. es el/la doctor(a) que recibe este mensaje. La Sra. Dospasos quiere saber qué hacer para una picadura de insecto. Ud. puede comparar sus ideas sobre el mejor remedio para esta situación con las ideas de sus compañeros de clase. Luego, prepare la respuesta para la Sra. Dospasos.

■ Mi agenda

Most first-aid procedures and equipment are simply the most basic forms of more sophisticated items that you would find within the hospital or doctor's office. Make a list of first-aid items that you would find in common places.

CAPÍTULO 8 129

Nombre _____ Fecha _____

■ Para discutir

Since many Hispanics who emigrate or move to the mainland United States, are from tropical or warm climates, they may be unaware of the immense variety of climates here. What are some of the health hazards that may be cause for concern, and what advice would you give the recent arrivals? Don't forget that individuals from colder areas may not be accustomed to warm, humid climates either.

Pueden buscar información en el sitio de la red: **http://spanishforlife.heinle.com**.

Nombre _____ Fecha _____

El Perú y los peruanos: La sala de emergencia

CAPÍTULO 9

In this chapter you will learn:

COMMUNICATIVE FUNCTIONS
- Instruct patients to remove clothing and prepare for physcal examination
- Explain the physical exam to the patient
- Fill out forms for hospital records

VOCABULARY
- Articles of clothing and reflexive verbs
- Verbs for the physical exam
- Insurance and admissions forms

Transparency: A–12: Country Profile, **Perú**

A. En la sala de emergencia

❖ Vocabulario

Verbos	*Verbs*		
acercarse	*to approach, to get near*	lastimarse/hacerse daño	*to get hurt*
acostarse (o→ue)	*to go to bed, to lie down*	lavarse	*to wash oneself*
afeitarse	*to shave (oneself)*	levantarse	*to get up*
atropellarse	*to trip, to stumble*	llevar	*to wear (clothing), to carry*
bañarse	*to take a bath*	morirse (o→ue, u)	*to die, to pass away*
caerse	*to fall (down)*	peinarse	*to comb one's hair*
cepillarse	*to brush one's hair*	pincharse	*to get stabbed, pricked*
cojear	*to limp*	ponerse	*to put on (clothing)*
cortarse	*to get cut, to cut oneself*	quejarse	*to complain*
desmayarse	*to faint*	quemarse	*to get burned*
despertarse (e→ie)	*to wake up*	quitarse	*to take off (clothing)*
dormirse (o→ue, u)	*to fall asleep*	rasparse	*to get scraped, brush-burned, scratched*
ducharse	*to take a shower*	resbalarse	*to slip*
fregarse (e→ie)	*to scrub up*	sentarse (e→ie)	*to sit down*
golpearse	*to get bumped, hit*	sentirse (e→ie, i)	*to feel*
guardar	*to keep, to save*	vestirse (e→i)	*to get dressed*

CAPÍTULO 9   131

La ropa	**Clothing**	el suéter	sweater
el abrigo	overcoat	los tenis	sneakers, tennis shoes, running shoes
la bata	robe, hospital gown	el traje	suit
la blusa	blouse	el uniforme	uniform
las botas	boots	los vaqueros/los blue jeans	jeans
la bufanda	scarf	el vestido	dress
los calcetines	socks	**Accesorios**	**Accessories**
las calzas (Mex.)	underpants	el anillo	ring
los calzoncillos	boxer shorts, underpants	los anteojos/los lentes/las gafas	eyeglasses
la camisa	shirt	los aretes	earrings
la camiseta	undershirt, T-shirt	el audífono	hearing aid
la camiseta de dormir (de noche), el camisón	nightgown	la bolsa/el bolso	handbag, purse
la chaqueta	jacket	el brazalete/la pulsera	bracelet
el cinturón	belt	la cartera	wallet
la faja/el corsé	girdle, corset	el collar/la cadena	necklace
la falda	skirt	los dientes postizos	false teeth
el gorro	cap	los guantes	gloves
las medias	stockings, socks	los lentes de contacto	contact lenses
los pantalones	pants, slacks	el reloj	watch
las pantimedias	pantyhose	**Expresiones**	**Expressions**
las pantuflas (Spain)/las zapatillas	slippers	Le acompaño en el sentimiento.	Please accept my condolences.
el pijama/los pijamas	pajamas	lo siento	I'm sorry (least formal)
la ropa interior	underwear	mi más sentido pésame	my deepest sympathy
el sombrero	hat		
el sostén/el brassiere	bra		

1. Diálogo A. En la sala de emergencia

Carlito Espinoza, de 11 años de edad, llegó a la sala de emergencia hace unos minutos. Se quemó con unos fuegos artificiales (fireworks). El enfermero está hablando con él y con su padre.

ENFERMERO: ¿Cómo te quemaste, Carlitos?
CARLITOS: Un fuego artificial estalló muy cerca de mí (right near me). Me quemé el brazo y la pierna.
ENFERMERO: Quítate la camisa y los pantalones. Ponte la bata. ¿Está bien?
CARLITOS: No puedo. Me duele el brazo.
ENFERMERO: Claro. Te desvisto. Despacito (Nice and slow).
SR. ESPINOZA: Creo que se quemó el tobillo también —debajo de los calcetines. Está cojeando.
ENFERMERO: ¿Te lastimaste el tobillo, Carlitos?
CARLITOS: Sí, pero no es una quemadura. Me caí cuando corrí de la explosión y me torcí el tobillo.

Nombre _____ Fecha _____

ENFERMERO: Bueno, quítate los tenis y los calcetines. Acuéstate en la cama.
SR. ESPINOSA: Señor enfermero, ¿qué le va a hacer el médico?
ENFERMERO: No se preocupe, Sr. Espinoza. La doctora Méndez es muy buena. Ella le va a explicar todo.
SR. ESPINOZA: Muy bien. Gracias. Carlitos, quítate el reloj. Voy a guardártelo.
ENFERMERO: ¿Quiere Ud. llamar a alguien? ¿A la mamá de Carlitos?
SR. ESPINOSA: No, gracias. Mi esposa se murió hace tres años.
ENFERMERO: Lo siento, Sr. Espinoza. Carlitos va a sentirse mejor muy pronto.

■ ¿Comprende?

1. ¿Cómo se quemó Carlitos? _____

2. ¿Qué ropa tiene que quitarse Carlitos? _____

3. ¿Cómo se lastimó Carlitos el tobillo? _____

4. ¿Por qué no está la madre de Carlitos en la sala de emergencia? _____

¡OJO! Make sure to check your coretext for the reflexive pronoun chart. Remember to treat the verb as you would any verb without the reflexive pronoun. It is important to know that the reflexive nature of a verb cannot always be translated exactly and is sometimes used purely for emphasis or to add a special meaning to the verb. For example: **El muchacho comió las galletas.** *(The boy ate the cookies.)* versus **El muchacho se comió las galletas.** *(The boy ate up the cookies.)* Review the dialogue. Can you tell the difference between the verbs that are used reflexively and those that are used with a direct object pronoun?

2. ¡Practiquemos!

A. Los verbos reflexivos. Llene los espacios con la forma correcta del verbo reflexivo entre paréntesis. Use el pretérito del verbo.

MODELO: El niño *se quebró* (quebrarse) tres dedos.

1. Una mujer de 35 años _____ (desmayarse).
2. Un bebé de ocho meses _____ (pincharse) con un juguete puntiagudo *(sharp toy)*.
3. Yo _____ (levantarse) temprano hoy.
4. El paciente _____ (ducharse) solo.
5. ¿Tú _____ (fregarse) las manos?
6. Los enfermeros y yo _____ (quejarse) a la administración.

CAPÍTULO 9   133

Nombre _____ Fecha _____

B. ¿Reflexivo o no? Describa los dibujos a continuación usando el reflexivo o el verbo solo, en el presente.

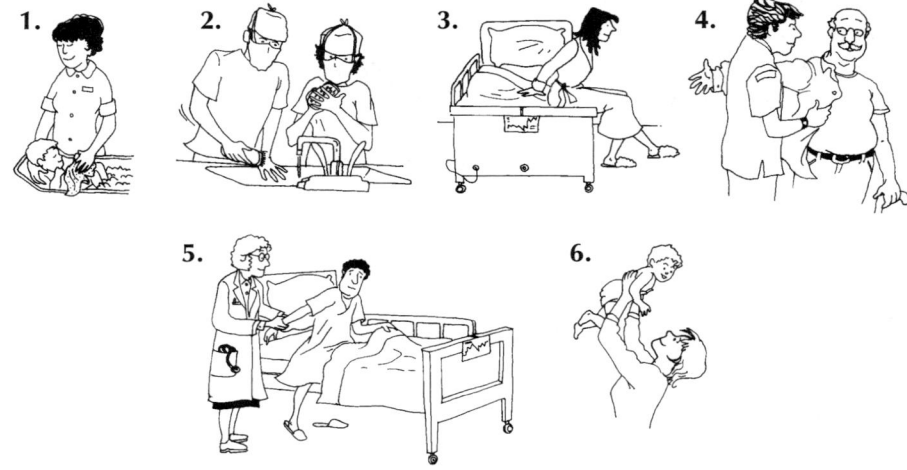

1. bañar o bañarse _____
2. fregar o fregarse _____
3. levantar o levantarse _____
4. quitar o quitarse _____
5. acostar o acostarse _____
6. levantar o levantarse _____

3. ¡Escuchemos!

¿Cómo ocurrió? Escuche a cada paciente cuando identifica su problema médico. Luego, pregúntele cómo se lastimó usando el verbo que oye. Si es posible, trabaje con otro(a) estudiante para decir cómo ocurrió.

¡OJO! If a child's voice tells you what happened, make sure you use **tú** in your question.

MODELO: *(you hear)* Me quemé la mano.
(you ask) ¿Cómo se quemó la mano?

4. ¡Hablemos!

¿Cómo se lastimó Ud.? Use los verbos reflexivos a continuación en el pretérito para explicar cómo se lastimó la persona indicada. Hágale preguntas adecuadas a su compañero(a) de clase usando los verbos indicados. El/La compañero(a) debe responder escogiendo un verb de la lista de abajo.

MODELO: golpearse la cabeza / la niña
caerse de la cama
ESTUDIANTE A: ¿Cómo se golpeó la cabeza la niña?
ESTUDIANTE B: Se cayó de la cama.

caerse del columpio *(swing)*, acercarse a la estufa, resbalarse en el hielo, atropellarse en la escalera, prepararse la carne con un cuchillo

Nombre _____ Fecha _____

1. cortarse la mano / Uds.
2. torcerse el toblillo / la Sra. Fernández
3. rasparse las rodillas / los niños
4. quebrarse la cadera / el Sr. Bautía
5. quemarse el brazo / tú

⇌ 5. La situación

La ayuda. Un señor mayor de origen peruano necesita ayuda para desvestirse y ponerse una bata de hospital para un examen físico. Como enfermero(a), ¿cómo le explicaría lo que debe sacarse y lo que debe ponerse?

¿Sabía Ud. que... ?

In many Hispanic countries, dressing up and looking one's best in public is very important and serves as a reflection of one's family and honor. Women will dress up and wear make-up simply to go to the store. This is especially true for people from large urban areas. Although certain fads such as torn jeans may be popular for a time, they will only be worn to certain venues such as a rock concert. You may be surprised to see people dress well just to come to the doctor's office.

Nota cultural

Some Hispanic Americans believe in the need to maintain a "clean" stomach through the periodic use of a strong purgative to clean out the intestinal tract. Peruvian Americans use **estomacales** (patent medicines sold in various drugstores in their communities) and various combinations of herbs to clean their stomachs. There is danger of dehydration in such activities and they may necessitate a trip to the emergency room.

B. En la sala de emergencia: Un examen físico

❖ Vocabulario

Verbos	Verbs
agacharse	to squat, to bend, to stoop down
coger/recoger	to pick, to pick up
descansarse	to rest, to take a rest
desmayarse	to faint
doblar	to bend, to fold, to double
mover(se) (o→ue)	to move (oneself)
pararse	to stop
regresar	to come back, to return
relajarse	to relax
sentarse (e→ie)	to sit down
separar	to separate
tocar	to touch; to play a musical instrument; to knock

Sustantivos	Nouns
el análisis	analysis, test
el examen físico/el reconocimiento físico	physical exam
el gráfico/la gráfica/la tabla	chart (all can be used in field of medicine)
la inyección	injection, shot
la jeringa	syringe
el punto	point
el puño	fist
el tétanos	tetanus

Nombre _____ Fecha _____

Adjetivos	*Adjectives*	debajo de	*below, underneath*
agudo	*sharp*	delante de	*in front of*
hondo/profundo	*deep*	dentro de	*inside of, within*
Expresiones	*Expressions*	después de	*after*
fijar la vista en	*to focus on, to fix the vision on*	enfrente de	*opposite (to)*
		hacia	*toward*
ponerse de pie	*to stand up*	hacia abajo	*downward*
retener la respiración (*like* tener)	*to hold one's breath*	hacia adelante	*forward*
		hacia arriba	*upward*
Preposiciones	*Prepositions*	hacia atrás	*backward*
al lado de	*next to, beside*	para	*for, in order to*
con	*with*	sin	*without*
contra	*against*	tras	*after*

1. Diálogo B. En la sala de emergencia: Un examen físico

El señor Marcos trabaja en las viñas *(vineyards)* cogiendo uvas *(grapes)*. Una culebra *(snake)* lo mordió *(bit him)* en el muslo. Su compañero de trabajo lo llevó a la sala de emergencia donde ve al Dr. Houser.

Dr. Houser: ¿Cuándo lo mordió la culebra *(snake)*?
Sr. Marcos: Hace una hora y media. Me agaché para coger unas uvas debajo de las viñas *(grapevines, vineyard)* y no vi la culebra. Me mordió en el muslo.
Dr. Houser: ¿De qué color era?
Sr. Marcos: Verde con rayas *(stripes)* pardas. ¿Es venenosa?
Dr. Houser: No, pero es importante consultar con un médico en tales casos *(in such cases)*. ¿Vino Ud. solo?
Sr. Marcos: No, mi compañero vino conmigo. Estaba al lado de mí cuando ocurrió.
Dr. Houser: ¿Se desmayó Ud.?
Sr. Marcos: No, pero me sentí un poco mareado después de la mordida.
Dr. Houser: Es normal. ¿Puede doblar las rodillas? ...¿y ahora separándolas? ¿Le duelen los huesos o los músculos?
Sr. Marcos: No, no me duelen. Sólo donde la culebra me mordió.
Dr. Houser: ¿Puede apretar el puño y luego relajarlo? Muy bien. Voy a continuar con el examen físico para ver si hay otros problemas...
Sr. Marcos: Cómo no, doctor.
Dr. Houser: ¿Puede doblar la cabeza para adelante ...ahora para atrás? ¿Puede fijar la vista en un punto entre mis ojos y seguir mi dedo sin mover *(moving)* la cabeza? Muy bien. Ahora, debe respirar lenta y profundamente por la boca, y retener la respiración. Muy bien.
Sr. Marcos: ¿Puedo regresar a mi trabajo ahora?
Dr. Houser: Debe descansar hoy sin hacer ningún trabajo. Voy a mandarle un análisis de sangre y orina. ¿Cuánto tiempo hace que recibió la vacuna contra el tétano?
Sr. Marcos: Bueno, fue antes de 1997.
Dr. Houser: Una inyección de tétano debe ser puesta cada diez años. Si Ud. está inseguro de su última inyección, es mejor coger otra. Entonces, la enfermera va a dársela. ¿Puede ponerse de pie sin dificultad?
Sr. Marcos: Este... Sí. Gracias, doctor.

Nombre _____ Fecha _____

■ ¿Comprende?

1. ¿Qué le pasó al Sr. Marcos? _____
   _____

2. ¿Quién vino con él al hospital? _____
   _____

3. ¿Cuáles son los procedimientos del examen físico? _____
   _____

4. ¿Qué le dan al Sr. Marcos al final *(finally)*? _____
   _____

2. ¡Practiquemos!

Las preposiciones. Llene el espacio con la preposición lógica y adecuada. Debe consultar la lista de preposiciones en el vocabulario.

1. La mamá se quedó toda la noche en el hospital _____ su hijo herido.
2. Yo no puedo ver muy bien _____ mis nuevas gafas de leer. Las necesito.
3. Sus zapatillas están _____ la cama.
4. Ud. no puede comprar el medicamento _____ una receta del médico.
5. ¿Puede Ud. mover la cabeza _____ y luego _____?
6. No te sentiste bien _____ la mordida, ¿verdad?

3. ¡Escuchemos!

«Simón dice...» ¿Puede Ud. hacer lo que le dice el médico? Escuche y haga las acciones indicadas.

4. ¡Hablemos!

¡Al contrario! Dígale al paciente que debe hacer el contrario *(Tell the patient that he/she should do the opposite)* usando las preposiciones del vocabulario en este texto y su *coretext*. Practique con un(a) compañero(a) de clase. Hay varias posibilidades.

MODELO: ¿Debo llamar a la médica antes de las dos de la tarde?
          No, Ud. debe llamarla después de las dos de la tarde.

1. ¿Debo leer el gráfico sin mis gafas?
2. ¿Está la clínica detrás del hospital?
3. ¿Debo mover la cabeza hacia atrás?
4. ¿Debe mi esposa ir a la clínica con mi hijo?
5. ¿Firmo el formulario debajo de la línea?

Nombre _____ Fecha _____

⇄ 5. La situación

De la cabeza a los pies. Como médico(a), déle instrucciones a un(a) paciente para que Ud. pueda realizar un examen físico.

> ### ¿Sabía Ud. que... ?
> Most Spanish speakers don't say "umm" as fillers or pauses when they are talking. Instead, they say "**este...**". You will also hear familiar fillers such as **sabe** (you know), **entiende**, and **oye**.

> ### Nota cultural
> **Susto** (Fright) is the name given by some Hispanic American groups to describe an illness caused by a frightening experience or event that is believed to dislodge the soul from the body. **Susto** may occur when an individual experiences some danger or terror, such as a mother who believes someone has cast the evil eye on her child. It can also be brought about by receiving bad news or a sudden surprise. Symptoms described by the client include tiredness, nervousness, weakness, insomnia, nightmares, stomachache, or withdrawal from normal activities. Usually, treatment is sought from a folk healer who will make the patient lie down on the floor with arms out so that the body makes a cross. Lit candles are moved over the body. The healer then sweeps the body of the client with a branch of herbs while praying the entire time to sweep out the **susto**. Sometimes herbs are also prescribed. Some believe that if you ignore **susto** you can get tuberculosis. Another name for this condition is **espanto**. Both words mean fright.

C. La hospitalización y el formulario médico

❖ Vocabulario

Verbos	**Verbs**
alcanzar	to reach
estirar	to pull out
extraer	to extract
firmar	to sign
hospitalizar/internar	to hospitalize, to admit to the hospital
nacer	to be born
proveer	to provide, to supply
quedarse	to stay, to remain

Sustantivos	**Nouns**
la ampolla	blister
la ficha médica/ el expediente médico	medical record
la firma	signature
el formulario médico	medical form
el grupo sanguíneo	blood type
la historia clínica	medical history
la línea	line
el medicaid/el medicare	medicaid, medicare
el médico cabecero/ el médico de cabecera/ el médico de familia	main doctor, family doctor
la silla de ruedas	wheelchair
la tarjeta de inmigración/ la tarjeta verde (coll.)	immigration card, green card

Adjetivos	**Adjectives**
ilegal	illegal
indocumentado	undocumented, illegal (without documents)
legal	legal

138 *Spanish for Health Worktext*

Nombre _____ Fecha _____

Expresiones	*Expressions*
¿Cuánto tiempo lleva Ud. aquí?	*How long have you been here?*
las enfermedades que vienen de familia	*diseases or illnesses that run in the family*
por casualidad	*by chance*

1. Diálogo C. La hospitalización y el formulario médico

La esposa del Sr. Rico llegó a la sala de emergencia con dolores de estómago. La médica decide hospitalizarla. El Sr. Rico tiene que llenar el formulario médico.

ENFERMERA: Vamos a hospitalizar a su esposa, Sr. Rico. ¿Puede llenar estos formularios?
SR. RICO: Lo siento. Vine de prisa sin mis gafas de leer. No puedo leer esto.
ENFERMERA: No se preocupe. Le leo las preguntas importantes.
SR. RICO: Muy amable.
ENFERMERA: ¿Dónde y cuándo nació la Sra. de Rico?
SR. RICO: Nació en Lima, Perú, en 1962.
ENFERMERA: ¿Cuánto tiempo lleva en este país?
SR. RICO: Llevamos cinco años aquí.
ENFERMERA: ¿Tienen tarjeta de inmigración, pasaporte, seguros médicos y número de seguridad social?
SR. RICO: Sí, tenemos todas esas cosas. Aquí están.
ENFERMERA: ¿En qué trabajan?
SR. RICO: Soy cocinero en el restaurante que está enfrente del hospital y mi esposa es maestra en una escuela bilingüe *(teacher in a bilingual school)*.
ENFERMERA: ¿Es ésta la primera vez *(first time)* que su esposa está en este hospital?
SR. RICO: Sí, pero nuestro médico de cabecera trabaja aquí.
ENFERMERA: ¿Tiene ella alergias? Toma medicamentos? Hay enfermedades que vienen de familia?
SR. RICO: No, ninguna.
ENFERMERA: Por casualidad, ¿sabe Ud. el grupo sanguíneo de su esposa?
SR. RICO: Sí, es el grupo B, RH positivo.
ENFERMERA: Ahora, ¿puede Ud. firmar en esta línea?
SR. RICO: Sí, cómo no. ¿Cuánto tiempo tiene que quedarse aquí? ¿Cuándo van a trasladarla a un cuarto?
ENFERMERA: No sé. Debe hablar con aquella doctora.

■ ¿Comprende?

1. ¿Por qué no puede leer el formulario el Sr. Rico? _____

2. ¿Son los señores Rico inmigrantes legales o indocumentados? _____

3. ¿Dónde trabajan los Rico? _____

4. ¿Qué otros grupos sanguíneos hay? _____

Nombre _____ Fecha _____

2. ¡Practiquemos!

Adjetivos demonstrativos. Llene los espacios con las formas correctas de los adjetivos demostrativos según la distancia del enfermero que le habla al paciente.

¿Puede Ud. firmar _____ formulario médico? Luego, debe ir a _____ ventanilla y dárselo a _____ secretario. _____ silla de ruedas es para su esposa cuando termine con el examen físico. _____ medicamentos de la farmacia son para ella. _____ ayudantes voluntarios van a ayudarlo con su esposa. Si hay problemas, debe llamar _____ número de teléfono y hablar con _____ enfermera.

3. ¡Escuchemos!

El formulario médico. Este paciente no sabe leer inglés. Está muy nervioso y le da toda la información a la vez *(at the same time)*. Ud. es el/la enfermero(a) que tiene que escribirla en el formulario médico que aparece abajo. ¿Qué preguntas adicionales tiene Ud. que hacerle al Sr. Calderón para completar el expediente médico?

EXPEDIENTE MÉDICO

Nombre y apellidos _____

Dirección _____

Teléfono _____

Fecha de nacimiento _____

Lugar de nacimiento _____

Ciudadano(a) de _____

Seguros médicos _____

    clase _____

    compañía _____

Alergias _____

Problema médico _____
_____

Nombre _____ Fecha _____

4. ¡Hablemos!

¿De quién son estas cosas? Pregúntele a su compañero(a) de clase: ¿de quién son estas cosas?, usando **este, esta, estos, estas**. El/La compañero(a) debe responder con **ése, ésa, ésos** o **ésas**.

MODELO: ficha médica / el Sr. Ramero
  ESTUDIANTE A: *¿De quién es esta ficha médica?*
  ESTUDIANTE B: *Ésa es del Sr. Ramero.*

1. _____ silla de ruedas / el nuevo paciente
2. _____ el formulario médico / el muchacho de la sala de emergencia
3. _____ gafas / la enfermera
4. _____ tarjeta de seguros médicos / el esposo
5. _____ medicamentos / la Sra. Delgado
6. _____ doctor / la Srta. Arnaz

5. La situación

¿Cuáles son las preguntas? La Srta. Bernal no habla inglés y debe llenar un formulario de admisión al hospital. Usando un formulario real o la información de este capítulo, hágale las preguntas necesarias para completar los datos del formulario.

¿Sabía Ud. que... ?

In Peru, there are many indigenous languages spoken by the descendents of the Incas. Two of the most important ones are Quechua and Aymará. Spanish may not be the immigrant's first language, although many speak both Spanish and their own language.

Nota cultural

It is important to remember the importance of the family in the Hispanic culture. This means being prepared to have several family members present in an examination room and to appreciate the patient's need to consult them frequently about any proposed treatments.

Nombre _____ Fecha _____

D. Síntesis: Por el mundo de la salud y la medicina

■ ¡A leer!

Antes de leer: ¿Alguna vez ha tenido que acompañar a un familiar grave a una sala de emergencia? ¿Cómo fue la experiencia? En la revista *People en Español* una madre nos cuenta los acontecimientos trágicos *(tragic events)* de la noche cuando su hijo, Edgar, se murió de un balazo en el pecho.

Una emergencia desde la perspectiva de la familia

Sonó la sirena de la ambulancia y le pregunté a mi cuñada, que estaba en el balcón: «Y mi hijo Edgar, ¿dónde está?» «Lo vi pasar en bicicleta», me contestó. Me quedé fría.

Bajé los tres pisos del apartamento. Me encontré a Paty, su novia. Con ojos llenos de lágrimas me gritó: «¡Mami, Edgar!»

Corrí, y corrí, y corrí. Pasé por el mero lugar donde, hace unos años, vi asesinar a un jovencito[1] en sangre fría. Cuando llegué a la esquina, vi a un amiguito de Edgar desangrándose en medio de la calle. Tirado[2] a su lado estaba Edgar, todavía consciente.

«Edgar, ¿qué pasó?»

«No sé, mamá, estoy bien», me aseguró.

En realidad, sus heridas eran[3] tan graves que ni me dejaron ir con él en la ambulancia. Mi marido y yo llegamos al hospital antes que los paramédicos y nos pusieron en una sala de espera, desde donde oía[4]:

«¡Mami, mami, me duele!»

El alma[5] se me salió del cuerpo. Era[6] Edgar que entró en una camilla. Corrí hacia él pero no pude llegar. Se lo llevaron y cerraron las puertas. Fue la última vez que lo vi vivo... Para mí, su muerte fue como una pesadilla de la cual no me pude despertar.

Source: *People en Español:* invierno 1997, pg. 91, "Dolor de Madre" by Marta Sosa, Time-Life Bldg., Rockefeller Ctr., Fl. 25, New York, NY 10020

---

[1]**asesinar...:** *a young boy murdered;* [2]**Tirado:** *Lying;* [3]**eran:** *were;* [4]**oía:** *I would hear;* [5]**alma:** *soul;* [6]**Era:** *It was*

¿Comprende?

1. Además de Edgar, ¿quién recibió un balazo? _____

2. ¿Permitieron a la madre ir en la ambulancia con su hijo? _____

3. ¿Cuál fue la última cosa que la madre le escuchó decir su hijo? _____

4. ¿Qué le podría decir *(What could you say)* a una madre en estas circunstancias? _____

■ Se necesita traductor(a).

Una entrevista. Ud. necesita traducir las siguientes preguntas y frases que va a preguntarle a un paciente hispanohablante.

1. How long have you been in this country? _____
2. Where were you born? _____
3. Is this the first time you have been (are) in this hospital? _____

Spanish for Health Worktext

Nombre _____ Fecha _____

4. How do you earn your living? _____
5. How did you get injured? _____
6. Where did you sprain your ankle? _____
7. Can you walk on that leg? _____
8. These are the medical forms. _____
9. We need to admit you to the hospital. _____
10. These nurses are going to help you. _____

■ Correo electrónico

El tratamiento. La Sra. de Sánchez tiene muchas preguntas sobre el tratamiento médico de su esposo. Conteste sus preguntas.

De: sanchez@mail.com
Para: usted@escríbanos
Asunto: las instrucciones médicas
Mensaje:
Soy la Sra. de Sánchez, la esposa de Jaime Luis Sánchez y Colmos. Él es el que se quemó los ojos en un accidente en su trabajo. Jaime me dice que cuando se levanta, después de acostarse por algunas horas, se siente mareado. El doctor le dio gotas para los ojos y también unos calmantes. ¿Pueden ser estos medicamentos los que le causan el mareo? Ahora, tiene ampollas en la piel al lado de los dos ojos. ¿Debo pincharlas o debo bañar los ojos con agua caliente? No sé qué hacer. ¿Debemos volver a la sala de emergencia?

De: usted@escríbanos
Para: sanchez@mail.com
Asunto: las instrucciones médicas
Mensaje:

_____
_____
_____
_____
_____
_____
_____
_____

CAPÍTULO 9

Nombre _____ Fecha _____

■ Contestador automático

La madre. Ud. es el/la enfermero(a) que recibe este mensaje de la hija de un paciente que estuvo en la sala de emergencia. Apunte la información para la médica. Luego, conteste sus preguntas. Practique con otro(a) estudiante si es posible.

■ Mi agenda

A. Essential questions. Most medical admissions forms request the same information regardless of the format. Which questions would be essential for you to ask a Spanish-speaking patient?

B. Which clothing for what purpose? To help you remember the clothing vocabulary, it should help to link verbs of activity with various items besides **quitarse** and **ponerse**. For example, you might want to try linking clothing with weather conditions: **En el verano, llevamos camisetas, sandalias, shorts**, and so on. What kind of list would be useful to you and to the region of the country where you live?

■ Para discutir

It is rather unsettling not to understand what the doctor, nurse, or other medical personnel are doing and saying about you if you don't speak or understand English very well. Discuss how you can help alleviate a patient's anxieties. Which phrases of comfort can you remember? How can you let the patient know that you can help or that someone can translate (**traducir**) for him/her? What other assurances can you think of?

Pueden buscar información en el sitio de la red: **http://spanishforlife.heinle.com**.

Nombre _____ Fecha _____

Argentina y los argentinos: La pediatría

CAPÍTULO 10

In this chapter you will learn:

COMMUNICATIVE FUNCTIONS
- Ask about the medical history of an adolescent
- Ask about children's health
- Talk about babies' health

VOCABULARY
- Medical problems and medical history of adolescents
- Diseases and medical problems of younger children
- Health terms and care for babies

Transparency: A–8: Country Profile, **Argentina**

A. Los problemas médicos y la historia médica de los adolescentes

❖ Vocabulario

Verbos	**Verbs**
abusar	to abuse
aparecer	to appear
fumar	to smoke
hacerse adicto a las drogas	to become addicted to drugs
llevarse bien (con alguien)	to get along (with someone)
molestar	to bother
pasar (tiempo)	to spend (time)
poner atención	to pay attention
probar (o→ue)	to try, to sample
suicidarse	to commit suicide
violar	to rape

Sustantivos	**Nouns**
el acné	acne
la anorexia nerviosa	anorexia nervosa
la apariencia	appearance
el asunto	subject matter
la bulimia	bulimia
la droga (ilegal)	(illegal) drug
el/la drogadicto(a)	drug addict
la espinilla	blackhead
el grano/el barro	pimple
el kilo	kilo (2.2 lbs.)
la libra	pound
el motivo	reason, motive
la obesidad	obesity
la pubertad	puberty
el pus	pus
el suicidio	suicide

Adjetivos	**Adjectives**
anoréxico	anorexic
desnutrido	undernourished
drogadicto	addicted to drugs

CAPÍTULO 10   145

Nombre _____ Fecha _____

Adjetivos	***Adjectives (cont.)***	cumplir __ años	*to become __ years old*
extrovertido	*outgoing*	hacerle caso a	*to pay attention to*
hostil	*hostile, unfriendly*	la quinceañera/fiesta	*fifteenth-birthday*
introvertido	*introverted, quiet*	de 15 años/la fiesta	*celebration*
		de los 15	
Expresiones	***Expressions***	llevar(se) bien/mal	*to get along well/not well*
bajar de peso	*to lose weight*	con alguien	*with someone*
burlarse de	*to make fun of, to mock*	subir de peso	*to gain weight*

1. Diálogo A. Los problemas médicos y la historia médica de los adolescentes

Ángela es una adolescente de 14 años de edad. Habla con la Dra. Halcón sobre el problema de su peso.

DRA. HALCÓN: Cuando estuviste aquí la última vez, me dijiste que no tenías problemas en la escuela, no fumabas y no tomabas drogas ni alcohol, pero que bajabas mucho de peso. Los resultados de tu examen físico eran normales. Pero, Ángela, bajaste 15 libras en un mes. Es demasiado.

ÁNGELA: Lo sé, doctora, pero voy a cumplir 15 años y no quiero estar gorda.

DRA. HALCÓN: ¿Y estás a dieta?

ÁNGELA: Sí y no. Como solamente lo que quiero... ensaladas y refrescos dietéticos.

DRA. HALCÓN: No es una dieta buena para una adolescente. ¿Qué te molesta *(What's bothering you)*, Ángela?

ÁNGELA: Cuando era niña, siempre comía demasiado y engordaba. Doctora, no quiero estar gorda, especialmente ahora que voy a cumplir los 15.

DRA. HALCÓN: Entiendo, pero bajar de peso de esta manera es peligroso. ¿Sabes lo que es la anorexia nervosa y la bulimia?

ÁNGELA: Sí, la enfermera de mi escuela siempre nos habla de esas cosas.

DRA. HALCÓN: Y tú, Ángela... ¿Te provocas el vómito?

ÁNGELA: Ayyy... no sé qué hacer.

DRA. HALCÓN: Hay muchas terapias para curarse de este síndrome. Voy a recomendarte que asistas a una clase de nutrición.

■ ¿Comprende?

1. ¿Qué le dijo Ángela a la médica en su última cita *(last appointment)*? _____

2. ¿Cómo se describe Ángela cuando era niña? _____

3. ¿Por qué quiere Ángela estar delgada? _____

4. ¿Qué daño puede hacer la dieta que sigue Ángela? _____

¡OJO! The imperfect tense is used to describe ongoing or habitual actions in the past. Sometimes it is difficult to know when to use it. In English, we use *was/were* + *-ing*, *used to* + *verb* or *would* + *verb* to express these ideas. However, sometimes the regular *-ed* form is used for the same purpose. There are a number of adverbs that will lead you to use the imperfect in Spanish: **siempre, a menudo, todo el tiempo, todos los (días, meses, años...), frecuentemente, con frecuencia, generalmente, por lo general, muy seguido** are some of them that will help you.

Nombre _____ Fecha _____

2. ¡Practiquemos!

El pretérito imperfecto. Cambie *(Change)* el verbo al pretérito imperfecto.

1. El muchacho pasa mucho tiempo solo. _____

2. La muchacha no pone mucha atención a su salud. _____

3. El paciente no se lleva bien con sus padres. _____

4. Carlos tiene un soplo cardíaco. _____

5. María es la menor de su familia. _____

6. Los hermanos van a la pediatra todas las semanas. _____

3. ¡Escuchemos!

Sus sugerencias. Escuche la historia de una adolescente argentina que llegó a los Estados Unidos el año pasado. Haga una lista de **tres** problemas que tiene. ¿Puede Ud. diagnosticarla o sugerir algunos remedios?

HISTORIA CLÍNICA DE ROCÍO ALTAMONTES

1. _____
2. _____
3. _____

4. ¡Hablemos!

Problemas de niñez. Ud. es un(a) adolescente de 16 años. Dígale al (a la) pediatra los problemas que Ud., el/la paciente, tenía cuando era más joven. El/La pediatra debe preguntar si tiene el mismo problema ahora.

MODELO: pasar mucho tiempo en mi cuarto
  PACIENTE: *Pasaba mucho tiempo en mi cuarto.*
  PEDIATRA: *Y ahora… ¿pasas mucho tiempo en tu cuarto?*

1. vomitar a menudo
2. tener relaciones sexuales frecuentemente
3. no poder hablar con mis padres sobre asuntos sexuales
4. tener mucho acné
5. no ir al pediatra nunca
6. ser el/la menor de la familia

Nombre _____ Fecha _____

⇄ **5. La situación**

La fiesta de los 15. Raquel Ricardi va a cumplir 15 años dentro de tres meses. Ella quiere adelgazar para su fiesta. Raquel mide 5'2" y pesa 135 libras. Si Ud. fuera su pediatra, ¿qué le aconsejaría?

¿Sabía Ud. que... ?

La fiesta de los 15 is a very important right of passage for teenage girls in most Hispanic countries. Originally, when a girl turned 15 she was considered old enough to be married. A "coming out" celebration was held in her honor so that she could be considered by the eligible men of her village. Now, the custom has evolved into an elaborate party where the 15-year-old, dressed in a long, frilly pastel gown, is accompanied by her female friends, who assume the role of attendants. Often a Mass is celebrated in church prior to the party. Young boys are invited to the formalities as are all of the girl's relatives. Even families of limited means will provide the best party that they can afford.

Nota cultural

About 90% of the Argentinian population consists of immigrants from Italy and Spain. In the late nineteenth and twentieth centuries many other ethnic groups, including Germans, Poles, Welsh, Irish, Lebanese, Hungarians, French, and Danish, also chose Argentina for settlement. Subsequently, the term "Hispanic" presents problems when used to define Argentinian Americans.

B. Las enfermedades de los niños

❖ Vocabulario

Verbos	**Verbs**
alcanzar	to reach
castigar	to punish
chuparse	to suck (on)
faltar	to miss, to lack
funcionar	to work, to run, to function
jalarse	to pull on
resfriarse	to get a cold

Sustantivos	**Nouns**
el asiento de seguridad	child's car seat
el castigo	punishment
la clase para padres	parenting class
el dedo gordo/el pulgar	thumb
el detector de humo	smoke detector
el diente de bebé	baby tooth
la disciplina	discipline (also: major in school)
el grifo/la llave	faucet, spigot
la juventud	youth
los mocos	mucus (in nose), snot
la niñez/la infancia	childhood
el retraso mental	mental retardation
el síndrome	syndrome
del niño hiperactivo	of attention deficit disorder
del niño maltratado	of battered, mistreated child
de Down	of Down's
de Reye	of Reye's
de la muerte súbita infantíl	of sudden infant death (SIDS)

Nombre _____ Fecha _____

Sustantivos	**Nouns (cont.)**
la vacuna	vaccine
contra las paperas	against mumps
contra la rabia	against rabies
Salk, contra la polio	against polio
contra el sarampión	against measles
la vacunación/la vacuna	vaccination

Adjetivos	**Adjectives**
bien criado/bien educado	well mannered, well behaved
mal criado/mal educado	bad mannered, poorly behaved
mimado	spoiled, pampered
mono	cute
precioso	adorable, precious

Expresiones	**Expressions**
a prueba de niños	childproof
chuparse el pulgar/chuparse el dedo gordo	to suck one's thumb
¡Compórtate bien!	Behave yourself!
limpiar la nariz con el dedo	to pick one's nose

1. Diálogo B. Las enfermedades de los niños

La Sra. David está en el consultorio de la Dra. Cadiz, la pediatra. Las hijas de la Sra. David —Evita, dos años, y Juanita, cuatro años— necesitan unas vacunas.

Dra. Cadiz: Buenas tardes, Sra. David. Hola, Juanita. Hola, Evita. ¿Cómo están?
Sra. David: Bien, doctora. Las dos necesitan la vacuna contra el polio.
Dra. Cadiz: ¿Trajo su tarjeta de vacunaciones?
Sra. David: Sí, doctora, pero Juanita tiene catarro. Antes se resfriaba muy seguido, pero este invierno pasado se resfrió solamente una vez... y ahora.
Dra. Cadiz: Es común en los niños de su edad. Y la nena... ¿cómo está?
Sra. David: Bien, pero se chupa el dedo gordo.
Dra. Cadiz: ¿Siempre se lo chupaba o es algo más reciente?
Sra. David: No, empezó a chupárselo hace un mes cuando cambiamos de casa *(we moved)*.
Dra. Cadiz: Puede ser una reacción al cambio del ambiente *(change of environment)*. Con el tiempo va a dejar de chuparse el pulgar. ¿Oye y habla bien?
Sra. David: Sí, habla mucho pero a veces se jala la oreja.
Dra. Cadiz: Voy a examinarle los oídos. Puede ser una infección. Y Juanita... ¿oye y habla bien? ¿Sabe la dirección de su casa?
Sra. David: Sí. La aprendió cuando tenía tres años. Caminaba a los nueve meses y no se chupaba el pulgar. Por eso me preocupaba por Evita.
Dra. Cadiz: ¿Le daba el chupete a Juanita cuando era beba?
Sra. David: Sí, pero Evita nunca lo quería.
Dra. Cadiz: Bueno, vamos a ver. Pero creo que todo está bien. Son preciosas y muy inteligentes las dos.
Sra. David: Gracias, doctora.

■ ¿Comprende?

1. ¿Qué problema médico tiene Juanita? _____
   _____

2. ¿Por qué se preocupa la Sra. David por Evita? _____
   _____

3. ¿Qué piensa la Dra. Cadiz sobre la salud de Evita y Juanita? _____
   _____

Nombre _____ Fecha _____

2. ¡Practiquemos!

¿El imperfecto o el pretérito? Lea las frases a continuación y cambie los verbos entre paréntesis al imperfecto o al pretérito.

1. Carlita siempre _____ (resfriarse) todos los inviernos.
2. Cuando tú _____ (tener) diez meses, ya _____ (caminar) bien.
3. Ayer le _____ (salir) un diente de leche.
4. Mientras _____ (jugar) la niña con la muñeca, la pediatra le _____ (dar) una inyección.
5. El bebé _____ (morirse) de la MSI.
6. _____ (Ser) las dos y media cuando el padre del niño enfermo _____ (llamar).

3. ¡Escuchemos!

Los niños. ¿Es el pretérito o el imperfecto? Escuche las frases y escriba **imperfecto** o **pretérito** según lo que dicen en la cinta (according to what they say on the tape).

1. _____   6. _____
2. _____   7. _____
3. _____   8. _____
4. _____   9. _____
5. _____   10. _____

4. ¡Hablemos!

La historia médica. ¿Puede Ud. hacer la historia médica de su paciente? Pregúntele a un(a) compañero(a) de clase sobre su historia médica cuando era niño(a). Use las clases de enfermedades infantiles que siguen.

MODELO: ESTUDIANTE A: *Cuando Ud. era niño(a), ¿tuvo el sarampión?*
          ESTUDIANTE B: *No, cuando yo era niño(a), no tuve el sarampión.*

1. tener las paperas
2. tener la tos ferina
3. resfriarse mucho
4. faltar a la escuela con frecuencia debido a (due to) las enfermedades infantiles
5. tener una infección de oído

5. La situación

El dolor de estómago. Tomasina Hidalgo, una niña de cuatro años de edad, tiene dolor de estómago. Pregúntele dónde le duele, hace cuánto tiempo y si se siente mejor al acostarse o al sentarse. Asegúrese de usar la forma **tú**. Después, pregúntele a la madre sobre los antecedentes médicos de la niña: ¿Tuvo este problema antes? ¿Tomó algún remedio? ¿Qué había comido y qué estaba haciendo cuando se empezó a sentir mal? Asegúrese de usar la forma **Ud**.

Nombre _____ Fecha _____

¿Sabía Ud. que... ?

Children are cherished in most of the Hispanic countries and may sometimes seem overindulged to the Anglo world. Because of the high rate of mortality, either currently or in the past, surviving children are often pampered, especially the boys who will carry on the family name and bring in more income. Nevertheless, both sexes are treasured as evidenced in elaborate clothing and the use of endearments such as **mi reina** and **mi rey** (my queen, my king). Children usually are included in all activities and they are afforded a great deal of attention.

Nota cultural

In Argentina a herpes zoster in any part of the torso is called **culebrilla**. Also, folk healers are sometimes called in to cure **empacho** or indigestion by pulling at the skin of the abdomen (**tirar el cuerito**).

C. La salud de los bebés

❖ Vocabulario

Verbos	Verbs
acostar (o→ue)	to put to bed
agregar	to add
amamantar/darle el pecho/darle el seno	to nurse
arrullar	to coo
asegurar	to assure, to make sure
asfixiar	to choke (on something)
balbucear	to babble
chillar	to squeal
crecer	to grow up
detestar	to wean
gatear	to crawl, to creep
hacer pipí (fam.)	to go pee pee
hacer pupú/popó/caca (Carib.)	to make poo poo
meterse en	to get into (something)
orinar	to urinate
reír (e→i)	to laugh

Sustantivos	Nouns
los berrinches	tantrum
el biberón/la mamadera	baby bottle
la cuna	crib, cradle
la fórmula	formula

Adjetivos	Adjectives
amarillento (fam.)	jaundiced
enfermizo	sickly

Expresiones	Expressions
Asegúrese de que no estén comiendo pedacitos de pintura de las paredes.	Make sure that they aren't eating paint chips from the walls.
dar biberón	to give a bottle
Ensució el pañal.	He/She dirtied the diaper.
hacerlo eructar después de cada alimento	to burp him after every feeding
No es bueno que acueste a su bebé con un biberón con leche.	It's not a good idea to put the baby to bed with a bottle of milk.
No le agregue más agua a la fórmula.	Don't dilute the formula anymore.
No le dé comida que pueda asfixiarlo(la) como cacahuetes o frijoles.	Don't give him/her food that can choke him/her like peanuts or beans.

CAPÍTULO 10 151

Nombre _____ Fecha _____

1. Diálogo C. La salud de los bebés

La Sra. Arcudi está hablando sobre su bebé, Roque, con el Dr. McAvoy, su nuevo pediatra.

Dr. McAvoy: ¿Cuántos meses tiene Roque?
Sra. Arcudi: Cinco meses. Es muy fuerte. Cuando nació, estaba amarillento pero le dieron algunos tratamientos y se mejoró pronto.
Dr. McAvoy: ¿Le da biberón o lo amamanta?
Sra. Arcudi: Bueno, le di el pecho por dos meses pero luego no lo quiso más. Siempre lo rechazaba. Entonces empezó con la mamadera.
Dr. McAvoy: Pero no acuesta a Roque con un biberón, ¿verdad?
Sra. Arcudi: No, me explicaron en el hospital que eso era malo para los dientes. Le salió uno ayer.
Dr. McAvoy: ¿Arrulla, chilla y balbucea?
Sra. Arcudi: Ah, sí. Le gusta hacer muchos ruidos. Le fascina cuando mi marido y yo le cantamos. Trata de cantar también. Nos encanta su vocecita *(little voice)*.
Dr. McAvoy: ¿Le da alimentos sólidos ya?
Sra. Arcudi: Le di cereal hace una semana pero lo arrojó.
Dr. McAvoy: Debe dárselo gradualmente. Poco a poco se acostumbrará.
Sra. Arcudi: Claro. Mientras lo bañaba, noté que tenía una irritación en las nalgas. ¿Está bien ponerle talco?
Dr. McAvoy: Es mejor usar un poco de vaselina. Bueno, Roque está creciendo muy bien.

¿Comprende?

1. ¿Por qué la madre de Roque le empezó a dar el biberón? _____
_____

2. ¿Qué debe hacer la madre de Roque para acostumbrarlo a los alimentos sólidos? _____
_____

3. ¿Qué debe usar para aliviar la irritación en las nalgas del bebé? _____
_____

2. ¡Practiquemos!

Los objetos indirectos. Forme frases completas usando el verbo en una forma correcta con el objeto indirecto apropiado.

1. los bebés / fascinar / objetos brillantes *(shiny)* _____
_____

2. el niño de siete meses / gustar / explorar la casa _____
_____

3. los nenes / encantar / gatear _____
_____

4. los médicos / importar / las vacunas _____
_____

5. nosotros / gustar / lucirnos con nuestros hijos _____
_____

Nombre _____ Fecha _____

3. ¡Escuchemos!

¿Qué le encanta... ? Escuche las preguntas con **gustar, encantar, molestar, importar** y **fascinar**. Luego conteste las preguntas usando el verbo en la pregunta. Debe escribir su respuesta al lado del dibujo *(next to the picture)* que le corresponde.

A LA NENA

A NOSOTROS

A MÍ

A LOS NIÑOS

A TI

CAPÍTULO 10 153

Nombre _____ Fecha _____

4. ¡Hablemos!

¿Qué le gusta? Hable con un(a) niño(a) para averiguar *(to find out)* qué le gusta. Practique con otro(a) estudiante. Use la forma de **tú**.

MODELO: dibujar con crayones *(to draw with crayons)*
   ESTUDIANTE A: *¿Te gusta dibujar con crayones?*
   ESTUDIANTE B: *Sí, me gusta dibujar con crayones.*

1. los dulces
2. jugar con los carritos
3. comer cereales
4. las inyecciones
5. los otros niños

Ahora, pregúnteles a los padres qué les gusta hacer a los niños.

1. probar nuevos alimentos
2. tomar el biberón
3. hacer las siestas a la misma hora
4. personas que no conocen

5. La situación

El padre soltero. El Sr. Aréchiga es un padre soltero de un niño de diez meses. El bebé necesita vacunas, un examen físico general y consultas médicas periódicas. Déle al padre información general sobre las actividades de los bebés de la edad de su hijo, averigüe quién cuida al niño, explique qué atención médica necesita y sugiérale que asista a clases para padres.

¿Sabía Ud. que... ?

The concept of babysitting is practically unknown in Hispanic cultures. The extended family structure, which include grandparents, aunts, uncles, and so on, almost invariably provides built-in sitters. The thought of leaving a child in the care of a teenager is viewed as strange and uncaring.

Nota cultural

Because of its strong Italian heritage, Italian pasta is often the main course on the Sunday table of Argentinian Americans. There is the belief that eating **ñoquis** *(Italian pasta)* on the 29th of each month brings money.

Nombre _____ Fecha _____

D. Síntesis: Por el mundo de la salud y la medicina

■ **¡A leer!**

Antes de leer: Como promedio *(On average)*, ¿cuántas horas de sueño necesitan los niños, los adolescentes y los adultos? ¿Cuáles son las consecuencias más comunes de la falta de sueño?

Lea este artículo sobre el sueño en la pubertad. Luego, conteste las preguntas a continuación.

EL SUEÑO EN CLASE

No era por aburrimiento[1], ni por desinterés por el álgebra o la historia, ni tampoco porque trasnochaba[2] con frecuencia que Luis Albergo no podía quedarse despierto[3] en las clases. Era porque la escuela empezaba a las siete y cuarto de la mañana. Luis se acostaba a las nueve pero no tenía suficientes horas de sueño.

William Dement de la Universidad de Stanford descubrió que en la pubertad, el sueño aparece más tarde por las noches. Si un adolescente no duerme nueve o diez horas, va a dormirse en clase. La causa es biológica. La melotonina, una hormona que produce el sueño naturalmente, no empieza a funcionar hasta las 10:30 de la noche. Así, si un adolescente se acuesta a las 9:30, no empieza a tener sueño hasta las 10:30. Luego a la mañana siguiente, al niño le hacen falta más horas de dormir.

---

[1]**aburrimiento:** *boredom;* [2]**trasnochaba:** *he stayed up late;* [3]**quedarse...:** *stay awake*

¿Comprende?

1. ¿Por qué no podía Luis quedarse despierto en sus clases? _____
   _____

2. ¿Aproximadamente cuántas horas dormía Luis la noche antes de la clase? _____
   _____

3. ¿Qué descubrió William Dement en cuanto a *(regarding)* la causa de tener sueño en clase? _____
   _____

4. ¿Cuántas horas adicionales *(additional)* de sueño necesita Luis? _____
   _____

5. ¿Qué es la melatonina? _____
   _____

■ **Se necesita traductor(a).**

Guía para el/la pediatra. Se necesita traducir para los médicos algunas preguntas y frases claves que aparecen en el libro de guía sobre el cuidado de los niños y sus enfermedades.

1. Did you used to make yourself throw up? _____
   _____

CAPÍTULO 10   155

Nombre _____ Fecha _____

2. Did you gain a lot of weight when you were a teenager? _____
_____

3. The doctor treated her acne and pimples last year. _____
_____

4. When did she begin to pull on her ear? _____
_____

5. How often did they have a cold? _____
_____

6. Did they used to suffer from ear infections? _____
_____

7. Your children are very cute. _____
_____

8. The baby loves to babble and squeal. _____
_____

9. Does he like cereals? _____
_____

10. The baby was jaundiced (yellow) when he was born. _____
_____

■ Correo electrónico

La intervención. Ud. es director(a) de un programa de intervención temprana para niños con atrasos en el desarrollo. Conteste las preguntas del Sr. y la Sra. Castiglione sobre su hijo.

De: rcastiglione@arg.com
Para: usted@escríbanos
Asunto: Raúl Castiglione, el desarrollo lento
Mensaje:

Nos llamamos Ana María y Sergio Castiglione. Somos de la Argentina y tenemos un hijo Raúl que nació allí hace dos años. En la Argentina, Raúl recibía los servicios de un programa de intervención en la temprana infancia. Mi hijo tiene algunos atrasos en su desarrollo. Mientras caminaban los otros bebés, mi hijo todavía gateaba. Mientras hablaban, Raúl balbuceaba. Entonces lo evaluaron en la clínica y le dieron terapia física y del habla. ¿Puede nuestro hijo ser aceptado su programa? ¿Necesita otra evaluación? ¿A quién llamo o qué hago para anotar a mi hijo?

Nombre _____ Fecha _____

De:	usted@escríbanos
Para:	rcastiglione@arg.com
Asunto:	Raúl Castiglione
Mensaje:	

_____
_____
_____
_____
_____
_____
_____
_____
_____
_____
_____
_____

■ Contestador automático

La pasta. Ud. es el/la médico(a) que recibe el siguiente mensaje telefónico de la madre de uno de sus pacientes. Prepare una respuesta para la Sra. Firenze para que su enfermera pueda llamarla y darle la información apropiada.

SU RESPUESTA

_____
_____
_____
_____
_____

■ Mi agenda

Hispanic parents rejoice in their children and expect everyone else to enjoy them as well. In order to establish a good rapport with your patients, you should be prepared with compliments and appreciation for children of all ages. Prepare a list of appropriate expressions that you can use.

MODELO: (para los bebés) ¡Qué precioso(a)!
         (para los niños) ¡Qué inteligente!

Nombre _____ Fecha _____

■ Para discutir

Hispanics sometimes stereotype American parents as distant and uncaring about their children. What do you suppose the origin of this stereotype is? Can you try to explain the difference in values to a Hispanic patient who may feel uncomfortable with an American pediatrician? Discuss this in class and come up with some phrases in Spanish to assure him/her that children are indeed loved in the United States.

Argentina is unusual among the Hispanic countries because its population is composed primarily of Europeans, including Spanish, German, and Italian immigrants. Therefore, the first names and surnames of Argentinians may not be of Spanish origin. Try the Internet at **www.argentina.gov** to see what the last names of government officials are. Can you guess their origin? Discuss them with other students.

Pueden buscar información en el sitio de la red: **http://spanishforlife.heinle.com**.

Nombre _____ Fecha _____

Costa Rica y los costarricenses, Honduras y los hondureños: La salud mental, el trabajo social, el alcoholismo y la drogadicción

CAPÍTULO 11

In this chapter you will learn:

COMMUNICATIVE FUNCTIONS
- Narrate social and mental health problems
- Speak about alcoholism
- Ask for help for drug addiction

VOCABULARY
- Basic psychiatric terms and social work: Emotions
- Verbs and nouns related to symptoms and consequences of alcoholism
- Drug addiction therapy, clinics, and self-help

Transparencies: A–2: Country Profile, **La América Central**; A–15: Country Profile, **Costa Rica**; A–17: Country Profile, **Honduras**

A. En el consultorio de la trabajadora social

❖ Vocabulario

Verbos	*Verbs*	**Sustantivos**	*Nouns*
abandonar	*to abandon, to leave*	la agencia	*agency*
asustarse	*to become frightened*	la ansiedad	*anxiety*
culpar	*to blame*	el ataque	*seizure*
desanimar	*to discourage*	la casa de amparo para mujeres	*women's shelter*
divorciarse	*to get divorced*		
enfadarse	*to become annoyed*	el comité	*committee*
enfuriarse/enfurecerse/ enfogonarse *(slang)*	*to become furious*	la confusión	*confusion*
		el/la consejero(a)	*counselor*
engañar	*to trick, to cheat, to deceive*	el consejo	*advice*
		el departamento	*department*
enojarse	*to become angry*	la depresión	*depression*
mortificar	*to torment*	la esquizofrenia	*schizophrenia*
ofender	*to offend*	el gobierno (estatal/ federal/del condado)	*(state, federal, county) government*
preocuparse	*to be worried*		

CAPÍTULO 11   159

Sustantivos	Nouns (cont.)	confundido	confused
las histerias	histeria	culpable	guilty
el/la ministro(a)	minister	curioso/extraño	curious, strange
la organización	organization	deprimido/desanimado	depressed
el pastor	pastor	descorazonado	disheartened
la personalidad bi-polar	bipolar personality	dichoso	lucky
la pesadilla	nightmare	disgustado	disgusted
el/la psicólogo(a)	psychologist	enfadado	annoyed
el/la psiquiatra	psychiatrist	enojado	angry
el/la rabí	rabbi	frustrado	frustrated
el/la religioso(a)	clergyperson	furioso/enfogonado (slang)	furious, enraged
la responsabilidad	responsibility	mortificado	tormented
el sacerdote	priest	ofendido	offended
el servicio	service	orgulloso	proud
el sueño (malo)	(bad) dream	preocupado	worried
el/la terapeuta	therapist	rechazado	rejected
el/la trabajador(a) social	social worker	satisfecho	satisfied
Adjetivos de emoción	**Adjectives of emotion**	solitario	lonely
agitado	agitated	tímido	shy
agobiado	overwhelmed	traicionado	betrayed, cheated
agotado	exhausted	**Expresiones**	**Expressions**
agradecido	thankful	el abuso de los niños	child abuse
aliviado	relieved	la ayuda del bienestar social	welfare
angustiado/afligido	distressed		
ansioso	anxious	las condiciones sanitarias	sanitary conditions
avergonzado	ashamed	los cupones de alimentos	food stamps
celoso	jealous	hablar con total confianza	to speak in total confidence

1. Diálogo A. En el consultorio de la trabajadora social

La Sra. Portal tiene problemas económicos y personales. Le pide ayuda a la Sra. Chi que es la trabajadora social para el Hospital General.

SRA. PORTAL: Tengo muchos problemas y me siento agobiada.
SRA. CHI: ¿Quiere decirme lo que le molesta?
SRA. PORTAL: Son los nervios. Mi esposo nos abandonó. Me traicionó. Ahora, no tengo suficiente dinero para mis hijos. No puedo trabajar porque estoy siempre deprimida.
SRA. CHI: Primero, hay muchos remedios para sus problemas económicos. ¿Sabe solicitar *(to apply for)* los cupones de alimentos y la ayuda del bienestar social?
SRA. PORTAL: Sí, pero el año pasado me rechazaron porque sólo hacía cinco meses que estaba aquí.
SRA. CHI: Bueno. Puede solicitarlos otra vez. Ahora, ¿dice Ud. que se siente deprimida? ¿Son los problemas económicos los que provocan la depresión?

Nombre _____ Fecha _____

SRA. PORTAL: En parte *(In part)*. No sé. Estoy descorazonada, enojada, me siento culpable de todo al mismo tiempo *(at the same time)*. No tengo ganas de hacer nada.
SRA. CHI: ¿Toma Ud. algún medicamento?
SRA. PORTAL: Tomé unos tranquilizantes hace unos meses pero ahora no tengo dinero para volver a comprarlos.
SRA. CHI: ¿Los recetó un psiquiatra u otro médico?
SRA. PORTAL: Fue nuestro médico de familia.
SRA. CHI: ¿Le gustaría hablar con un psiquiatra?
SRA. PORTAL: ¡Dios mío! ¡No estoy loca! *(I'm not crazy/a crazy person!)*
SRA. CHI: Claro que no. Pero los psiquiatras pueden entender los problemas emocionales de una manera muy profesional. Puede hablar con total confianza.

■ ¿Comprende?

1. ¿Por qué no tiene dinero la Sra. Portal? _____
_____

2. ¿Cómo puede la Sra. Chi ayudar a la Sra. Portal? _____
_____

3. ¿Por qué no quiere ver la Sra. Portal a un psiquiatra? _____
_____

¡OJO! Be sure to review the uses of the preterit tense in your coretext. Remember that it is used to relate events that are completed or that have a specific limit in the past.

2. ¡Practiquemos!

Las raíces de algunos problemas sociales. Un(a) paciente puede pensar que algunos acontecimientos significativos de su vida han sido la raíz *(root)* de sus problemas. Puede referirse a esos eventos en el pretérito porque ya terminaron. Escriba el verbo en paréntesis en el pretérito.

1. Mi esposo nos _____ (abandonar) en 1994. Ahora, no tenemos dinero.

2. Nosotros _____ (salir) de Honduras hace cuatro años y _____ (dejar) a mis padres y amigos. No tengo nadie aquí.

3. Mi hijo mayor _____ (morir) de tuberculosis. Ahora, me siento triste todo el tiempo.

4. Mi familia y yo _____ (perder) nuestras inversiones *(investments, stocks)* en Costa Rica. Ahora estamos en bancarrota *(bankrupt)*.

5. Mis padres me _____ (rechazar) cuando yo _____ (venir) a su casa con mi hija ilegítima *(illegitimate)*. Ahora no tengo ninguna ayuda económica.

6. Un día, mi novio _____ (enfogonarse) y _____ (matar) a su amigo. Ahora, está encarcelado *(in jail)* y yo no tengo nada.

7. Yo _____ (poner) al bebé en su cama y _____ (caerse). Ahora me siento culpable e inútil *(inadequate)*.

Nombre _____ Fecha _____

3. ¡Escuchemos!

Sufro de los nervios. Escuche la explicación sobre la actitud *(explanation of the attitude)* hacia la psiquiatría y el trabajo social que tienen algunos hispanos rurales. Luego decida si las frases a continuación son **ciertas** (C) o **falsas** (F).

_____ 1. Les duelen a los hispanos consultar con psiquiatras ni con trabajadores sociales.

_____ 2. **Sufro de los nervios** significa que la persona está loca.

_____ 3. Todos los hispanos toman hierbas para curar los problemas emocionales.

_____ 4. Nunca debe preguntarle a su paciente hispano si toma hierbas.

4. ¡Hablemos!

¿Cuándo ocurrió y cómo se siente ahora? Ud. es el/la trabajador(a) social y su compañero(a) de clase es el/la paciente. Hablen sobre algunos acontecimientos y sobre cómo se sintieron después. Pregúntele cuándo ocurrió y cómo se siente ahora. Luego, cambie los papeles *(change roles)*. Consulte la lista de vocabulario de emociones en este capítulo para completar sus respuestas.

MODELO: perder el dinero / Ud.

   ESTUDIANTE A: *¿Cuándo perdió Ud. el dinero?*
   ESTUDIANTE B: *Perdí el dinero en mayo.*
   ESTUDIANTE A: *¿Cómo se siente ahora?*
   ESTUDIANTE B: *Estoy muy ansioso(a).*

1. morir / sus padres
2. salir / su hija
3. robar el dinero / su novio(a)
4. lastimarse en el huracán / Ud.
5. chocar su coche / su hermano
6. traicionarle / su esposo(a)
7. no aprobar *(to fail)* tus exámenes universitarios / tú
8. divorciarse / tus padres

5. La situación

El cáncer. La esposa del Sr. Feliciano acaba de morirse de cáncer. Él tiene 73 años y está bien físicamente, pero nunca ha tenido que ocuparse de su casa solo. No está acostumbrado a hablar con personas que no saben lo que él siente, ni cuál es su situación. Como trabajador social del hospital, ¿qué preguntas (además de **¿Cómo se siente?**) podría hacerle para determinar cómo ayudarlo? Use Ud. vocabulario de este capítulo y también de los capítulos previos.

¿Sabía Ud. que... ?

Costa Rica has no established military and uses the budget to support education and social welfare for its population. This situation has attracted many illegal immigrants and refugees, which has taxed the government resources in recent years.

Nombre _____ Fecha _____

Nota cultural

There is a genuine reluctance for Hispanic Americans to go outside the family to doctors, social workers, and health agencies to broach a sensitive topic openly, such as drug or alcohol addiction. Problems are generally kept within the family, which is often the first source of advice and support. When a family member wishes to consult outside help, the decision is made by the family rather than by the individual. Appointments with doctors or social workers will often be attended by several family members.

B. El alcoholismo y sus consecuencias

❖ Vocabulario

Verbos	**Verbs**
intoxicarse	*to become intoxicated*
emborracharse/embriagarse	*to get drunk*
ingerir (e→ie, i)	*to ingest*
proporcionar	*to provide*
actuar	*to act*
tratar	*to treat*
abusar	*to abuse*
violar	*to rape*
suicidarse	*to commit suicide*

Sustantivos	**Nouns**
la bebida	*beverage, drink*
el alcohol	*alcohol (usually refers to hard liquor)*
la cerveza	*beer*
el vino	*wine*
la resaca/la cruda *(Mex.)*/ la goma *(U.S.)*	*hangover*
el suicidio	*suicide*
la prevención	*prevention*
la incoherencia	*incoherence*

Adjetivos	**Adjectives**
incoherente	*incoherent*
crudo	*hungover*
inconsciente	*unconscious*
borracho	*drunk*
intoxicado	*intoxicated*
sobrio	*sober*

Expresiones	***Expressions***
estar crudo/tener una cruda/tener una resaca/ estar de goma	*to be hungover*
tener una laguna mental	*to black out (have memory loss)*
el abuso de alcohol	*alcohol abuse*
el/la patrón (patrona), el/la abogado(a)	*sponsor (in Alcoholics Anonymous program)*
perder el conocimiento	*to be unconscious*
perder las inhibiciones	*to lose one's inhibitions*

Consecuencias	***Consequences***
la cirrosis de hígado	*cirrhosis of the liver*
la úlcera duodenal y estomacal	*duodenal and stomach ulcers*
las lesiones al cerebro, pancreas y riñones	*brain, pancreas, and kidney lesions*
las embolias	*embolisms*
la vejez prematura	*premature aging*
la impotencia e infertilidad	*impotence and infertility*
los defectos natales	*birth defects*

Nombre _____ Fecha _____

1. Diálogo B. El alcoholismo y sus consecuencias

El Sr. Quintal tenía problemas con el alcohol en su país natal *(country of birth)*, Honduras. Habla con el médico y con el consejero regularmente.

CONSEJERO: A Ud. le fue muy bien con los Alcohólicos Anónimos en las Honduras, ¿verdad?
SR. QUINTAL: Sí. Me salvaron la vida y la de mi familia. Yo tomaba todas las noches. Perdía el conocimiento regularmente. Era horrible para mi familia. Me enfermaba y cuando estaba en el hospital, tenía mucho tiempo para contemplar las consecuencias de mi adicción.
CONSEJERO: ¿Sabe si el alcoholismo viene de familia?
SR. QUINTAL: Sí, creo. Porque mi madre se emborrachaba pero lo escondía *(used to hide it)*. Casi nadie lo sabía. En mi país no hablamos del emborrachamiento de la mujer. Nos avergonzábamos. Ahora, lo entiendo mejor.
CONSEJERO: Sigue viendo al médico, ¿no?
SR. QUINTAL: Claro. Hace tres años que no tomo.
CONSEJERO: ¿Siente la tentación de beber?
SR. QUINTAL: Siempre hubo y siempre va a haber *(there will be)* tentaciones. Pero con la ayuda de la terapia y el A.A. voy a seguir sobrio.
CONSEJERO: Muy bien, Sr. Quintal. Debe estar orgulloso de su triunfo.
SR. QUINTAL: Sí, pero por ahora tomo las cosas día a día *(one day at a time)*.

¿Comprende?

1. ¿Qué hacía el Sr. Quintal en su país? _____

2. ¿Cómo se sentían el Sr. Quintal y su familia con respecto al problema alcohólico de su madre?

3. ¿Qué le explica el Sr. Quintal al consejero sobre su triunfo contra su alcoholismo? _____

2. ¡Practiquemos!

El imperfecto. Hay muchas teorías *(theories)* sobre el tratamiento del alcoholismo. Unos consejeros recomiendan aceptar el presente y arrepentirse del pasado *(accepting the present and regretting the past)*. ¿Qué dicen estos pacientes sobre su pasado? Use el imperfecto.

1. Mis amigos y yo _____ (emborracharse) todos los fines de semana.
2. Yo _____ (ingerir) al menos cinco bebidas alcohólicas cada noche.
3. Todos los alcohólicos _____ (estar) crudos.
4. Yo _____ (perder) el conocimiento.
5. Nosotros nunca _____ (recordar) la noche anterior.
6. Cuando yo _____ (tomar), _____ (no tener) inhibiciones.

Nombre _____ Fecha _____

3. ¡Escuchemos!

Un anuncio al público. Escuche la información que la organización National Clearinghouse for Alcohol and Drug Information proporciona al público. ¿Puede hacer una lista de los problemas que Ud. oye que resultan del abuso del alcohol?

LAS ENFERMEDADES MÁS SERIAS

_____

_____

LAS ENFERMEDADES DE TIPO ORGÁNICO

_____

_____

LOS PROBLEMAS DE LOS JÓVENES QUE TOMAN ALCOHOL

_____

_____

4. ¡Hablemos!

Los hábitos anteriores. Ud. es el/la consejero(a). Haga preguntas para establecer los problemas y los hábitos anteriores *(previous habits)* de sus pacientes en cuanto al alcohol. Practique usando el imperfecto con otro(a) estudiante.

MODELO: tomar / solo o con otros / Ud.

　　　　　ESTUDIANTE A: *¿Tomaba solo(a) o con otros?*
　　　　　ESTUDIANTE B: *Tomaba solo(a).*

1. ir al hospital / cuando enfermarse / Ud.
2. tener / problemas familiares o no / Uds.
3. rechazarlo(la) / sus padres
4. controlar el consumo de alcohol / en casa o en el trabajo / Uds.
5. pelearse con otros / o dormirse / Ud.

5. La situación

Quiere la ayuda. A new arrival from Costa Rica to the U.S. wants help for his drinking problem. As a social worker, explain to him what kinds of organizations (A.A., clinics, therapy, etc.) are available in this country. Find out what point the patient is at regarding his drinking. How long has it been since his last drink? Is he still drinking? Are there any medical problems? Did he already have help in Costa Rica? Then you can make a better decision where to send him.

¡Sabía Ud. que...?

In many Hispanic countries, wine is consumed at mealtime and children often are offered watered-down versions of the drink. The concept of rushing toward the legal drinking age to consume alcohol legally, as is the case in the U.S., is not a goal of most young Hispanics. Nevertheless, alcoholism can and does appear in nearly the same percentage throughout the world.

Nombre _____ Fecha _____

> **Nota cultural**
> An important concept to consider in establishing and maintaining effective communication with Hispanic Americans is the concept of **personalismo**. This refers to the preference of personal contacts over institutional contacts. The concept is demonstrated in the provider-client relationship when providers appear to be unhurried, take time to ask about some aspect of their patient's personal life, such as the health of a family member, share small aspects of their personal life with the client, or acknowledge a skill or particular strength of the client.

C. El abuso de las drogas y las drogas ilegales

❖ Vocabulario

Verbos	**Verbs**
blanquear	to bleach
compartir	to share
comportarse	to behave
comprar	to buy
depender de	to depend on
fabricar	to manufacture
incluirse	to include
matar	to kill
ocasionar	to cause, to make happen
patear	to kick
pelear	to fight
poseer	to possess
prohibirse	to prohibit
recaer (*like* caer)	to relapse
temblar (e→ie)	to shake, to tremble
traficar	to traffic
vender	to sell

Sustantivos	**Nouns**
la aguja	needle
la alucinación	hallucination
la droga	drug
el/la drogadicto(a)	drug addict
la jeringa	syringe
la metadona	methadone
el narcótico	narcotic, dope
la prostituta/la puta (*slang*)	prostitute
la recaída	relapse
el SIDA	AIDS
la sobredosis/la dosis excesiva	overdose
el/la traficante de drogas	drug trafficker, dealer

Las drogas ilegales (ilícitas)	**Illegal (Illicit) drugs**
la anfetamina	speed, amphetamine
los barbitúricos	barbiturates
la cocaína/la coca	cocaine, coke
las drogas inyectadas	injected drugs, IV drugs
la goma/la cola	glue
el hachís	hashish
la heroína	heroin
la marijuana/la marihuana/ (la hierba/la yerba/ la mota [*slang*])	marijuana
la metadrina	speed
la morfina	morphine
el PCP	PCP
la pipa	pipe
el polvo de ángel	angel dust
la roca	crack cocaine

¡OJO! There are many street names for illegal drugs and activities. Just as in English, the Spanish words change regularly. It is best to use the common name of the drug whenever possible.

Los síntomas del abuso de las drogas	**Symptoms of drug abuse**
la agresividad	agressiveness
el calambre	cramp
las convulsiones	convulsions
la depresión	depression
la dificultad respiratoria	respiratory problem
la dilatación de las pupilas	dilation of the pupils
los espasmos	spasms
los delirios paranoicos	paranoid delusions
el insomnio	insomnia
la irritabilidad	irritabilility
la náusea	nausea
la nerviosidad	nervousness
las púpilas reducidas	contracted pupils
la temperatura	temperature
la tensión	tension
los vómitos	vomiting
Adjetivos	**Adjectives**
adicto a las drogas	addicted to drugs
alto/intoxicado por drogas	high (on drugs)
dependiente de las drogas	dependent on drugs
histérico	hysterical
Expresiones	**Expressions**
Di no a las drogas.	Say no to drugs
oler la cocaína *(slang)*	to snort coke

DI NO A LAS DROGAS

1. Diálogo C. El abuso de las drogas y las drogas ilegales

Omar es un joven de 16 años. Hace tres años que toma drogas ilegales. Acaba de salir del hospital y ahora está en una clínica para drogadictos.

DRA. RAMOS: Omar, fue la segunda vez que sufriste una sobredosis accidental. Ahora, estás mejor y limpio. ¿Estás listo para dejar de tomar las drogas?

OMAR: Sí, pero no quiero quedarme en la clínica. Mientras estaba en el hospital quería ver a mis amigos pero no les permitieron visitarme. Cuando supe esto, me enojé.

DRA. RAMOS: Por supuesto, pero sabías por qué no podían visitarte, ¿verdad?

OMAR: Sí, pero no son malos. Me dijeron que eran una mala influencia. Pues, no conocen a mis amigos. Ellos no fuman marijuana, ni se inyectan drogas, ni huelen cocaína.

DRA. RAMOS: No, Omar, ésa no es la razón por la que no permitimos las visitas. Es porque estabas en peligro de perder la vida. La mezcla de los barbitúricos y las anfetaminas te causaron dificultades respiratorias, convulsiones, daños al corazón y a los riñones. ¿Entiendes?

OMAR: Entiendo. No quiero sufrir de estas cosas otra vez.

DRA. RAMOS: Bueno. Vas a tener que asistir a la terapia y, más tarde, a los Adictas de Narcótico Anónimos. Tienes que querer hacerlo.

OMAR: Sí. De veras, quiero acabar con las drogas.

DRA. RAMOS: Muy bien. Tu vida depende de eso.

Nombre _____ Fecha _____

■ ¿Comprende?

1. ¿Qué quería Omar mientras estaba en el hospital? _____
   _____

2. ¿Qué consecuencias médicas sufrió Omar debido a *(due to)* su drogadicción? _____
   _____

3. Para acabar con las drogas, ¿qué tiene que hacer Omar según *(according to)* la Dra. Ramos? ____
   _____
   _____

4. La Dra. Ramos usa la forma de **tú** con Omar. ¿Cómo lo sabe Ud.? ¿Por qué lo usa la doctora?____
   _____
   _____

✎ 2. ¡Practiquemos!

A. Acabar. Uno puede expresar varios tiempos del verbo *(verb tenses)* e ideas usando el verbo **acabar**. Consulte su *coretext* para ver los ejemplos. Luego, escriba la forma adecuada de **acabar de** o **acabar con** según el contexto de las frases.

1. José _____ las drogas ilegales.
   (is finished with, is rid of)

2. La médica _____ resucitar al paciente que tomó una sobredosis.
   (has just)

3. Los pacientes _____ dormirse cuando la enfermera vino para darles la metadona.   *(had just)*

4. Los enfermeros _____ calmar al drogadicto.
   (have just)

5. Las drogas _____.
   (were finished)

B. La historia de Omar. ¿Puede Ud. reconstruir la historia de Omar? Use los verbos y frases a continuación para describir lo que le pasó a Omar antes de su ingreso a la clínica para drogadictos. Ud. debe decidir el orden de los eventos y el tiempo del verbo (pretérito o imperfecto).

1. tomar drogas / tres años _____

2. ingresar al hospital / sobredosis / segunda vez _____

3. ingresar al hospital / primera vez _____

4. no gustarle el hospital / porque _____

5. pelear con sus compañeros / enojado _____

6. comprar drogas / traficantes _____

7. asistir / un programa de metadona _____

8. casi / morir / porque _____

Nombre _____ Fecha _____

3. ¡Escuchemos!

La pandilla. Escuche la historia de una mujer que dejó la vida en una pandilla *(gang)*. Después, conteste las preguntas.

1. ¿Por qué se unió Laura con una pandilla? _____
   _____

2. ¿Cuándo acabó Laura con la escuela secundaria? _____
   _____

3. ¿Quién ayudó a Laura? _____
   _____

4. ¿Por qué dice Laura que quiere agradecer a la consejera? _____
   _____

4. ¡Hablemos!

¿Cuál es la condición? Mire los síntomas de la drogadicción en el vocabulario. Diga qué síntoma explica mejor las acciones o la condición de los pacientes drogadictos a continuación. Discuta las respuestas con sus compañeros de clase. Puede haber *(There can be)* varias posibilidades.

MODELO: El paciente está temblando.
         Está sufriendo de convulsiones.

1. La paciente está mareada.
2. El paciente no sabe su propio *(own)* nombre.
3. La paciente piensa que alguien la está siguiendo.
4. Los pacientes están peleando con los enfermeros.
5. Las pacientes no pueden dormir.
6. El paciente no puede ver bien con las luces prendidas *(with the lights on)*.
7. La paciente no respira bien.
8. El paciente no quiere hablar con nadie y quiere estar solo.

5. La situación

Los problemas con el alcohol. Una muchacha acaba de llegar a la clínica donde Ud. es consejero(a) para alcohólicos. Ella sólo habla español y Ud. necesita información sobre los antecedentes de la joven para el expediente. Pregúntele de dónde es, si es la primera vez que ha tenido problemas con el alcohol o las drogas, su edad, dónde están sus padres o tutores *(guardians)* y cualquier otra información que necesite para su tratamiento.

¿Sabía Ud. que... ?

Honduran American women often wear the color red during pregnancy to deflect the possibility of any hostile forces such as the evil eye that could be cast on them to hurt or damage the baby. New mothers become frightened if they hear an owl hooting in the night. It is believed that an owl can take away a baby's breath.

Nombre _____ Fecha _____

Nota cultural

In Honduras, the yellow flower of the herb rue (*ruta graveolens*) is crushed until it releases its oil. The oil is placed in the ear to treat earaches.

Costa Rican Americans come from a country where the use of herbal medicine is widespread. For instance, some believe that gargling with a solution of rue leaves will cure a sore throat. Raw eggplant, liquified and strained, is thought to lower cholesterol. A popular cure for stomach discomfort is to drink liquid in which rhubarb or chamomile has been boiled. Linden tea is believed to be helpful in relaxing a person and helping him/her fall asleep.

D. Síntesis: Por el mundo de la salud y la medicina

■ ¡A leer!

Antes de leer: ¿Qué es una droga legal? ¿Cuáles son las drogas ilegales más comunes?

La organización National Clearinghouse for Alcohol and Drug Information proporciona estos avisos: Existen muchas drogas que afectan la mente o el comportamiento, y pueden ser legales o ilegales. Las drogas legales son aquéllas que se venden por receta o directamente en el mostrador[1]. El alcohol, que uno puede consumir legalmente en las bebidas excepto por los menores de cierta edad, es una droga. Las drogas ilegales son aquéllas que se fabrican, venden o compran con fines de venta[2] o cuya posesión está prohibida por las leyes. Se incluyen en esta categoría drogas como la marihuana, la cocaína, el PCP y la heroína o aquéllas aprobadas[3] pero que se obtienen por medios ilícitos[4].

---

[1]**directamente en el mostrador:** *over the counter;* [2]**con fines de venta:** *with the objective of selling;* [3]**aprobadas:** *approved;* [4]**medios ilícitos:** *illicit means*

¿Comprende?

Como consejero(a) de drogas o alcohol, necesita explicarle a un paciente cómo se clasifican las drogas. Explíquele, después de leer este artículo, las categorías a su paciente, dándole ejemplos específicos para cada categoría.

LAS DROGAS LEGALES

1. _____
2. _____
3. _____

LAS DROGAS ILEGALES

1. _____
2. _____

■ Se necesita traductor(a).

Las preguntas. Es importante hacerles preguntas apropiadas a sus pacientes en un tono apropiado. Éstas son algunas preguntas importantísimas. Traduzca las siguientes preguntas sobre el alcoholismo y la drogadicción.

Nombre _____ Fecha _____

1. How long have you been using drugs? _____

2. What (illegal) drugs did you take? _____

3. How often would you relapse? _____

4. Does alcoholism run in the family? _____

5. Did you apply for welfare or food stamps? _____

6. How did you feel when she/he abandoned you? _____

7. How much did you use to drink? _____

8. What do you do if you feel the temptation to drink (or take drugs)? _____

9. You shouldn't feel afraid (ashamed, nervous). _____

10. Do you also see the **curandero**? _____

11. You can speak in confidence. _____

■ Correo electrónico

Sus consejos. Ud. es el/la consejero(a) *online* que contesta las preguntas de los hijos de alcohólicos. ¿Qué consejos puede ofrecerle a esta joven?

De: gloria@cormix.com
Para: usted@escríbanos.com
Asunto: el alcohol y mi padre
Mensaje:

Hola. Soy una joven de 15 años de edad que vive sola con su padre. Poco a poco me di cuenta de que mi padre aumentaba su consumo de alcohol. No puede funcionar bien cuando toma. ¿Qué puedo hacer para ayudarlo? ¿Debo enfrentarlo? No sé dónde hay programas de tratamiento en mi ciudad. Amo mucho a mi papi y él me ama a mí. Pero tiene que acabar con este vicio.

Nombre _____ Fecha _____

De: usted@escríbanos.com
Para: gloria@cormix.com
Asunto: el alcohol y tu padre
Mensaje:

_____
_____
_____
_____
_____

■ Contestador automático

Problemas económicos. Ud. es el/la consejero(a) de la Sra. Santander. Escuche su problema y llámela con la información que pide. Comparta las ideas con sus compañeros de clase.

_____
_____
_____
_____
_____
_____
_____
_____

■ Mi agenda

There is a great deal of vocabulary in this chapter that deals with emotions. Put these words into categories that will make them easier to remember. Also try to put the most encompassing word first. That way you will have at least one word that will come to mind quickly if you need it.

| ALEGRÍA | TRISTEZA | ENOJO |
| MIEDO | VERGÜENZA | CANSANCIO *(fatigue)* |

■ Para discutir

What other areas of social work, psychiatry, or substance abuse pertain to the themes of the chapters that you have already covered? For example, good nutrition is important for recovering addicts. Being able to take care of one's everyday functions is important for a depressed person. Discuss these possibilities in class. Create new questions that you may want to add to this chapter.

Pueden buscar información en el sitio de la red: **http://spanishforlife.heinle.com**.

Nombre _____ Fecha _____

Nicaragua y los nicaragüenses, Panamá y los panameños: La radiografía y las otras pruebas médicas

CAPÍTULO 12

In this chapter you will learn:

COMMUNICATIVE FUNCTIONS
- Use **Ud.** commands to instruct patients for medical tests
- Give instructions for patients to prepare for medical tests
- Report opinions and diagnosis on the results of medical tests

VOCABULARY
- Instructive verbs for patients undergoing medical tests and medical test vocabulary
- Nouns and verbs relating to preparing for a medical test
- Vocabulary for reporting test results

Transparencies: A–2: **La América Central**; A–15: Country Profile, **Panamá**; A–17: Country Profile, **Nicaragua**

A. Las instrucciones para los pacientes: La radiografía y otras pruebas médicas

❖ Vocabulario

Verbos	**Verbs**		
abrir	to open; to separate	relajarse	to relax
apoyar	to lean, to support	sacar	to take out, to put out; to take (a photo)
ayunar	to fast, to abstain from	subirse	to put up; to roll up; to get up onto
cruzar	to cross		
defecar/mover (o→ue) el vientre	to defecate, to have a bowel movement	voltearse	to turn over
echarse/acostarse (o→ue)	to lie down	volver (o→ue)/girar	to turn (around)
elevar/levantar	to raise (up)	**Sustantivos**	**Nouns**
empujar	to push	la mesa	table
extender (e→ie)	to extend, to stretch	la placa	X-ray plate
jalar/tirar (de)	to pull	el/la radiólogo(a)	radiologist
mostrar (o→ue)	to show	el registro	sign-in sheet, registry
moverse (o→ue)	to move (oneself)	la unidad radiográfica/ la unidad de radiografía	X-ray unit
orinar	to urinate		

CAPÍTULO 12   173

Las pruebas	**Tests**	la prueba de la tuberculina	*tuberculine test*
la biopsia	*biopsy*	la prueba para el virus SIDA	*AIDS test*
el electrocardiograma/ el ECC/El EKG *(U.S.)*	*electrocardiogram, EKG*	la radiografía	*radiography*
		los rayos X	*X-rays*
el examen del factor Rhesus (RH)	*RH factor test*	la tomografía computarizada/ la TC/la CT *(U.S.)*	*computerized tomography, CT scan*
el examen gastrointestinal (superior, inferior)/el GI	*(upper, lower) G.I.*	**Adjetivo**	**Adjective**
		radiográfico	*radiographic*
la imagen por resonancia magnética/la IRM/la RMI *(U.S.)*	*MRI*	**Expresión**	**Expression**
la prueba de embarazo	*pregnancy test*	No se mueva./Mantenga esa posición.	*Hold still.*
la prueba de hepatitis	*hepatitis test*		

1. Diálogo A. Las instrucciones para los pacientes: La radiografía y otras pruebas médicas

El radiólogo le está dando las instrucciones al paciente que tiene problemas respiratorios.

¡OJO! Remember that **Ud.** commands look different because they always have the opposite vowel (-**e** for -**ar** verbs; -**a** for -**ir** and -**er** verbs) of the one that is in the infinitive. Don't forget to use the **yo** form as the stem. Review Chapter 3 on the irregular first persons to help you with the formation of the subjunctive. Be sure to check the verb to see if it requires the reflexive pronoun **se**.

PACIENTE: Vengo para los rayos X, señor. ¿Qué debo hacer?
RADIÓGRAFO: Muy bien, señor. Escriba su nombre en el registro y pase al cuarto a la derecha. Desvístase y póngase esta bata, por favor.
PACIENTE: Estoy listo.
RADIÓGRAFO: Muy bien. Párese aquí. Apoye el pecho contra esta placa.
PACIENTE: Lo siento, señor. No puedo pararme por mucho tiempo. Tengo problemas de espalda.
RADIÓGRAFO: Está bien. Súbase a la mesa y échese allí.
PACIENTE: Muy bien.
RADIÓGRAFO: Ahora, respire hondo y retenga la respiración. Voy a sacar la radiografía. No se mueva.
PACIENTE: ¿Queda alguna otra?
RADIÓGRAFO: Sí. Ahora voltéese sobre el lado derecho. Voy a sacar otra radiografía.
PACIENTE: ¿Puedo vestirme ahora?
RADIÓGRAFO: No se vista todavía. Quiero estar seguro de que las fotos salgan bien. Un momento, por favor.
PACIENTE: ¿Es todo?
RADIÓGRAFO: Sí. Ya puede vestirse. El doctor le dirá *(will tell)* los resultados.

¿Comprende?

1. ¿Cuál es el primer mandato que el radiólogo le da al paciente? ¿Es el mandato negativo o afirmativo? _____

2. ¿Por qué no puede el paciente apoyar el pecho contra la placa? _____

Nombre _____ Fecha _____

3. ¿Qué mandatos son reflexivos y cuáles no son reflexivos? _____

_____

4. ¿Dónde se desviste el paciente? _____

_____

2. ¡Practiquemos!

Los mandatos. Los mandatos a los pacientes son muy importantes. Siempre debe usar la forma **Ud.** con un(a) paciente adulto(a).

1. _____ (Hablar) con el radiólogo.
2. _____ (Comer) un poquito más.
3. _____ (Discutir) los resultados con la médica.
4. _____ (Respirar) hondo.
5. _____ (Venir) temprano para hacer los rayos X.
6. _____ (Poner) la ropa en ese cuarto.
7. _____ (Voltearse) al lado izquierdo.
8. _____ (Quitarse) la ropa interior también.
9. _____ (Hacer) un puño con la mano derecha.
10. _____ (Acostarse) en esa cama, por favor.

3. ¡Escuchemos!

No puede. Los pacientes y el personal médico pueden ambos *(both)* formular mandatos. Escuche cada mandato y conteste que Ud. no puede hacerlo ahora.

MODELO: (Ud. oye): Lleve la placa al técnico.
(Ud. dice o escribe): *No puedo llevar la placa ahora.*

_____   _____

_____   _____

_____   _____

_____   _____

4. ¡Hablemos!

A. La radiografía. Dé instrucciones a un(a) paciente antes de sacar una radiografía. Ponga los mandatos en un orden lógico. Practique con un(a) compañero(a) de clase. Para ver si él/ella entiende los mandatos, puede imitar *(imitate)* las acciones. Luego, cambie los papeles.

vestirse, sentarse en la sala de espera, ir a la unidad de radiografía, apoyar el pecho en la placa, retener la respiración, subirse a la mesa, acostarse, voltearse al lado derecho, desvestirse, bajarse de la mesa, ponerse la bata

1. _____
2. _____

CAPÍTULO 12

Nombre _____   Fecha _____

3. _____
4. _____
5. _____
6. _____
7. _____
8. _____
9. _____
10. _____

B. Al contrario. Ahora haga los mismos mandatos de arriba usando la forma negativa.

¡OJO! Remember to put the reflexive pronoun *before* the verb in the negative: **No se quite la ropa.**

⇄ 5. La situación

El electrocardiograma. Ud. es el/la técnico(a) que tiene que hacerle un electrocardiograma a una hispanohablante. ¿Qué mandatos necesita Ud. darle para completar la prueba? Use el vocabulario de los capítulos anteriores también.

¿Sabía Ud. que... ?

In Hispanic cultures, if a male doctor, technician, or nurse is assigned to a female patient, it would not be unusual for a husband to request a female, or at least to ask to be present during his wife's examination or test. These are cultural values that insist on the modesty and protection of females and that originated during the times of the Moorish occupation of Spain in the eighth century A.D.

Nota cultural

While most Hispanic American women can legally sign consent forms for such things as routine spinal taps or minor surgeries, culturally they often lack the authority to do so. In traditional Hispanic households, the man makes all major decisions and must be consulted.

B. Las preparaciones antes de una prueba médica

❖ Vocabulario

Verbos	***Verbs***
conseguir (e→i)	*to get, to obtain*
convenir (*like* veni-)	*to suit*
defecar	*to defecate*
escupir	*to spit*
experimentar	*to experience*
orinar	*to urinate*
quejarse (de)	*to complain (about)*
relajar(se)	*to relax*

Sustantivos	***Nouns***
el bario	*barium*
la materia fecal/ el excremento	*stool*
el/la enema/la lavativa	*enema*

Sustantivos	**Nouns (cont.)**
el enema de bario	barium enema
el esputo/la saliva	sputum, saliva
la experiencia	experience
la manga	sleeve
la muestra	sample
la orina	urine
el procedimiento	procedure

Adjetivos	**Adjectives**
agradable	pleasant, nice
apretado	tight
conveniente	suitable, convenient
dudoso	doubtful
en ayunas	fasting
(im)posible	(im)possible
mejor	better
necesario	necessary
negativo	negative
peor	worse
positivo	positive
preferible	preferable
terrible	terrible

Expresiones	**Expressions**
con respecto a	with respect to
la falta de respeto	lack of respect
le conviene	it suits you, it's suitable, it's appropriate
¡Ojalá (que)... !	It is hoped . . . , Hopefully . . . !
ponerse un enema	to give oneself an enema
por sí mismo	by oneself, alone
¡Qué cosa!	What a thing!, What kind of thing is this!
Que se mejore pronto.	Get well soon.
si Dios quiere/ que Dios quiera	God willing
¡Ya está!	That's it!

1. Diálogo B. Las preparaciones antes de una prueba médica

La Sra. Vega tiene que prepararse para varias pruebas médicas. El enfermero le da muchas instrucciones. Le habla con mucho respeto porque la Sra. Vega es una mujer de 85 años.

¡OJO! By using the impersonal expressions, the nurse is able to be more respectful to Mrs. Vega. The direct **Ud.** command is also polite, but the impersonal expression softens the language.

ENFERMERO: Sra. Vega, es necesario que nos dé una muestra de su orina y de su materia fecal.
SRA. VEGA: ¿Es importante hacerlo ahora?
ENFERMERO: No. Puede traerlas mañana antes de su cita. Pero ahora podemos hacer otras pruebas. ¿Puede escupir en este vaso? Tosa fuerte para conseguir una muestra.
SRA. VEGA: ¿Podría esperar un momento? Estoy un poco nerviosa.
ENFERMERO: Cómo no. ¿Prefiere ir a otro cuarto para hacerlo?
SRA. VEGA: Pues, sí, lo prefiero. Gracias.
[Más tarde...]
ENFERMERO: Ahora, es buena idea que le tomemos una prueba de sangre. ¿Está bien? Súbase la manga y apoye el brazo en la mesa. ¿Puede cerrar el puño, por favor? Bien. ¡Ya está! Ahora, mantenga este algodón apretado contra el brazo por cinco minutos.
SRA. VEGA: ¿Algo más?
ENFERMERO: Sí. Es necesario que no coma mucho esta noche. Luego no coma nada a partir de la medianoche *(from midnight on)*. Por la mañana, póngase un enema.
SRA. VEGA: Señor enfermero, hacer eso es muy difícil para una persona de mi edad.
ENFERMERO: ¿Puede su hija ayudarle a Ud.?
SRA. VEGA: Sí, creo. Pero, ¡qué cosa!
ENFERMERO: Entiendo, Sra. Vega. Es verdad que no es una experiencia agradable pero es necesaria. No se olvide, venga en ayunas mañana.

Nombre _____ Fecha _____

■ ¿Comprende?

1. Haga una lista de todas las pruebas que le pide el enfermero a la Sra. Vega. _____
   _____

2. ¿Qué tiene que hacer la Sra. Vega antes y después de la prueba de sangre? _____
   _____

3. ¿De qué procedimiento se queja la Sra. Vega? _____
   _____

4. En la opinión de Ud., ¿para qué prueba se prepara la Sra. Vega mañana? _____
   _____

2. ¡Practiquemos!

¡OJO! Carefully read the examples and grammar about the formation and use of the subjunctive in your coretext. Most of the impersonal expressions are formed with **es** + *subjective adjective* (an adjective of opinion or point of view of the speaker) + **que** + *new subject* and then the subjunctive. When the adjective after **es** is objective (an adjective that relates to the truth not based on the interpretation of the speaker), you will use the present tense. If no new subject is mentioned, you will use the infinitive. As you read more about the subjunctive, you will see additional hints in the ¡OJO! section.

MODELOS: Es importante que ellos *vengan* (venir) hoy.
           Es verdad que ellos *vienen* (venir) hoy.
           Es importante *venir* (venir) hoy.

El subjuntivo. Complete las siguientes frases con la forma apropiada del verbo en el subjuntivo o el presente.

1. Es necesario que Ud. _____ (comer) bien después de donar *(donating)* sangre.
2. Es mejor que Uds. _____ (regresar) pronto.
3. ¿Es posible que la paciente nos _____ (escribir) su nombre?
4. Es obvio que yo no _____ (deber) fumar.
5. Es triste que los niños _____ (morir) de hambre en ese país.
6. Es importante que Ud. _____ (ponerse) el enema.
7. Es verdad que la radióloga _____ (necesitar) la cooperación de los pacientes.

3. ¡Escuchemos!

Pruebas médicas. Una paciente de 80 años necesita varias pruebas médicas. Haga una lista de las pruebas que Ud. oye. Hay tres.

LAS PRUEBAS MÉDICAS DE MARÍA DE CÓRDOVA

1. _____
2. _____
3. _____

Nombre _____ Fecha _____

4. ¡Hablemos!

«Es... » Explique a su paciente la importancia, la necesidad, la verdad de estas situaciones. Escoja un adjetivo adecuado para hacer la expresión impersonal. Use la lista de adjetivos del vocabulario en este capítulo para hacer sus frases. Luego, puede comparar las respuestas con las de sus compañeros de clase.

MODELO: la radióloga / sacar otra placa
Es importante que la radióloga saque otra placa.

1. venir al laboratorio temprano / su esposa _____

2. sentirse incómodo(a) durante una mamografía / las mujeres _____

3. dar una muestra de su orina ahora / Ud. _____

4. resultar positiva / la prueba _____

5. vivir cerca de la clínica / el médico _____

6. aprender a ponerse la insulina por sí mismo(a) / su madre _____

7. mejorarse pronto / tú (un[a] niño[a]) _____

8. moverse durante la TC / Ud. _____

9. usar la lavativa / su abuelo _____

10. tomar el bario antes de la prueba gastrointestinal inferior / Ud. _____

5. Situación

El parto con cesárea. Ud. es el/la médico(a) de una mujer que acaba de tener un parto con cesárea. Antes de darle el alta *(discharging her)*, Ud. debe explicarle lo que puede y lo que no puede hacer hasta que esté totalmente repuesta de la operación. Explíquele que es importante mantener la herida limpia, y ponga énfasis en que no puede hacer movimientos bruscos. También aclárele que ella sí puede amamantar a su hijo y que no necesita hacer reposo absoluto. Recuérdele que debe llamarlo(la) a Ud. si tiene algún síntoma de infección.

Nombre _____ Fecha _____

¿Sabía Ud. que... ?

When there has been a death in the family, the older generation of Hispanics wears black clothing for various lengths of time depending on the relationship of the deceased to the living. It would not be unusual to see a widow dressed completely in black with long sleeves even in warm weather. Widowers often only wear a black armband. The old honorifics or titles of **Viuda (Vda.)** and **Viudo (Vdo.)** replacing **señor** and **señora** are rarely used nowadays, but you may still hear them in rural areas or among the elderly. If so, use them to show respect.

Nota cultural

In Panama, it is said that one hasn't eaten if one hasn't had rice. Rice is served with nearly every meal along with some source of protein such as eggs, chicken, sardines, fish, meat, or beans.

C. Los resultados y la discusión de las pruebas médicas

❖ Vocabulario

Verbos	**Verbs**
coger/pegarle (a uno)/ darle (a uno)	to catch (a disease)
contraer(se)	to contract (a disease)
resultar/salir	to result, to come out, to turn out
tratar	to treat (a disease, condition)

Sustantivos	**Nouns**
el asilo de ancianos	nursing home
el resultado	result, outcome
el sanatorio	sanitarium, health center
el tratamiento	treatment

Adjetivos	**Adjectives**
anticuado	old-fashioned, out-of-date
cierto	certain, true, sure
contagioso	contagious, catching
imperativo	imperative
incierto	doubtful
inmediato	immediate
moderno	modern
negativo	negative
positivo	positive
respetable	respectful, respectable
sanitario	sanitary

Expresiones	**Expressions**
hoy en día	nowadays
me dio (me vino) un resfriado/resfrío	I caught a cold
¡Qué barbaridad!	How awful!, What nonsense!
el transcurso de la enfermedad	course of the disease

1. Diálogo C. Los resultados y la discusión de las pruebas médicas

El Sr. Leones está discutiendo los resultados de su prueba de tuberculina con la Dra. Milton.

DRA. MILTON: Sr. Leones, es importante que sepa los resultados inmediatos de su prueba de tuberculina. Resultó positiva.

SR. LEONES: Es imposible que sea positiva. Soy una persona muy limpia y vivo en una vecindad muy respetable. No, no puede ser.

DRA. MILTON: Sr. Leones, ésas son ideas anticuadas sobre la tuberculosis. Es verdad que hay personas que todavía piensan así pero eso no es cierto. Una persona puede contraer la tuberculosis en cualquier lugar, en cualquier momento *(anytime, anyplace)*, pero es

Nombre _____ Fecha _____

	más común en ciertos lugares como los asilos de ancianos o las prisiones. Ud. trabajaba en uno de ésos, ¿no?
SR. LEONES:	Sí, hace un año. ¿Es necesario que yo vaya a un sanatorio lejos de mi familia?
DRA. MILTON:	No, tratamos la tuberculosis con medicamentos modernos hoy en día. Sin embargo, es imperativo que Ud. siga el plan de tratamiento.
SR. LEONES:	¿Y mi familia? ¿Puede contagiarse?
DRA. MILTON:	Bueno, es necesario que también sigan un plan de tratamiento y que Ud. no se les acerque durante los primeros días del transcurso de la enfermedad.
SR. LEONES:	¡Qué barbaridad! ¿Cuánto tiempo dura?
DRA. MILTON:	Entre seis y nueve meses.

■ ¿Comprende?

1. ¿Por qué no puede creer el Sr. Leones los resultados de su prueba de la tuberculina? _____
_____

2. Además de la prueba de tuberculina, ¿qué otras pruebas son necesarias para confirmar el diagnóstico? _____

3. ¿Por qué no es necesario que el Sr. Leones vaya a un sanatorio? _____

4. ¿Cómo tratan la tuberculosis hoy en día? _____
_____

✏ 2. ¡Practiquemos!

Resultados positivos. No es una tarea agradable darle a un(a) paciente los resultados positivos de una prueba. Complete las siguientes frases con la forma correcta del verbo entre paréntesis y una cláusula que tenga sentido en este contexto.

¡OJO! It is tempting to translate the impersonal expressions directly into English. Be careful! These expressions don't always work that way. For example, the English sentence *It's important for you to come early* must be expressed in the subjunctive in Spanish: **Es importante que Ud. venga temprano.**

MODELO: Es común que *haya* (haber) *personas que crean eso.*

1. Es preferible que _____ (ser) _____.
2. Es verdad que _____ (haber) _____.
3. Es importante que _____ (saber) _____.
4. Es mejor que _____ (ir) _____.

📼 3. ¡Escuchemos!

La tuberculosis. El Sr. Leones quiere saber más sobre la tuberculosis. Escuche una cinta de la biblioteca que le explica algo sobre la enfermedad. Mire las preguntas que hace el Sr. Leones. ¿Las ha contestado la médica? *(Has the doctor answered them?)* Si no, ponga una X antes de la pregunta y, si es posible, déle Ud. la respuesta al Sr. Leones.

1. _____ ¿Cuál es la causa de la tuberculosis?
2. _____ ¿Cómo sabe el médico que uno tiene tuberculosis?
3. _____ ¿Es posible contraer tuberculosis al darle la mano a alguien *(by shaking hands)*?
4. _____ ¿Qué medicamentos se usan para el tratamiento de la tuberculosis?

Nombre _____   Fecha _____

5. _____ ¿Cuáles son los síntomas de la enfermedad?

6. _____ ¿Es posible que el médico haga otras pruebas médicas?

4. ¡Hablemos!

¿Es posible... ? Pregúntele a su compañero(a) si lo siguiente es posible o no.

1. tener el virus del SIDA sin saberlo
2. no tener síntomas
3. ser un error
4. ¿ ?

5. Situación

Las pruebas de tuberculosis. Ud. es médico(a) y debe informar a varios individuos sobre los resultados positivos o negativos de sus pruebas de tuberculosis. ¿Qué debe decirles? ¿Cómo puede ayudarlos para que no se sientan abrumados? Por ejemplo: Su análisis dio positivo, pero tenemos que hacer otras pruebas para confirmar el resultado. Es posible que este resultado esté mal. El tratamiento para esto es... etcétera.

¿Sabía Ud. que... ?

In some Hispanic countries, tuberculosis is considered a disease of poverty and crowded conditions as well as unsanitary living quarters. Tuberculosis can be transmitted under other circumstances, but the implications are often still offensive to the Hispanic population.

Nota cultural

Sopas *(Soups)* made from fish, chicken, or beans also play a very important role in the Panamanian American diet. Starchy roots such as **yuca**, **ñame**, and **otoe** or potatoes and **chayote** *(squash)* are often added. Green plantain (**Plátano verde**) is another typical ingredient in soup. The spices used most often in soup are garlic, onion, sweet pepper, and cilantro.

D. Síntesis: Por el mundo de la salud y la medicina

¡A leer!

Antes de leer: ¿Sabe lo que es una enfermedad endémica? ¿Puede mencionar alguna?

Lea el siguiente párrafo sobre la diferencia entre una endemia y una epidemia.

> Una enfermedad endémica es aquélla que aparece habitualmente en una región. Por el contrario, una epidemia es una enfermedad que aparece en una región en un momento determinado y afecta a un gran número de personas. Por ejemplo, la malaria y la fiebre amarilla son endémicas en muchos países africanos, pero si hoy aparecieran muchos casos de malaria en Estados Unidos al mismo tiempo, diríamos que estamos ante una epidemia de malaria, porque esas enfermedades no ocurren aquí todo el tiempo. En muchos países de Latinoamérica, la tuberculosis es una enfermedad endémica. Eso significa que mucha gente padece de tuberculosis. Es por eso que los planes de vacunación de estos países incluyen la vacuna contra la tuberculosis para los recién nacidos. Sin embargo, en Estados Unidos no se vacuna a los recién nacidos contra la tuberculosis porque esta enfermedad ha sido erradicada y se considera que la vacuna no es necesaria.

Nombre _____ Fecha _____

¿Comprende?

1. ¿Cuál es la diferencia entre una endemia y una epidemia? _____
   _____

2. Si hubiera un caso aislado de malaria en Estados Unidos, ¿diríamos que es una epidemia? _____
   _____

3. ¿Por qué decimos que la tuberculosis es endémica en muchos países de Latinoamérica? _____
   _____

4. ¿Por qué se vacuna a los niños contra la tuberculosis en Latinoamérica? _____
   _____

■ Se necesita traductor(a).

Las pruebas. Dé el equivalente de las siguientes frases en español.

1. Your tests came out negative. _____

2. The doctor is going to discuss the results with you. _____
   _____

3. It is necessary that you rest and finish all the medicine in the bottle. _____
   _____

4. Hope you feel better. _____

5. Please relax and lie down on the table. _____
   _____

6. Don't move. _____

7. Move toward me. _____

8. Is it possible for you to give us a urine sample? _____
   _____

9. It is important that you come back in two weeks. _____
   _____

■ Correo electrónico

La duda. Ud. es el/la enfermero(a) del Sr. Leones, el enfermo de tuberculosis. La Sra. de Leones tiene dudas y le escribe un mensaje al que necesita responder.

De: aliana.leones@cormix.com
Para: usted@escríbanos.com
Asunto: el tratamiento de Arturo Leones
Mensaje: Soy la esposa de Arturo Leones. No entendemos cómo es posible que él tenga tuberculosis. ¿Es seguro que la tiene? No tiene ningún síntoma excepto que tose fuerte de vez en cuando. ¿Es posible que haya un error en los resultados de la prueba? ¿Es necesario que no esté en contacto con nosotros? ¿Cómo puede hacer eso? ¿Adónde puede ir durante este tiempo? ¿Es posible que vuelva a tener esta enfermedad? Por favor, llámeme o escríbame para explicarme lo que debemos hacer. Estamos muy preocupados.

CAPÍTULO 12

Nombre _____ Fecha _____

De:	usted@escríbanos.com
Para:	aliana.leones@cormix.com
Asunto:	el tratamiento de Arturo Leones
Mensaje:	

_____
_____
_____
_____
_____
_____
_____

■ Contestador automático

La preocupación. Conteste las preguntas de la Srta. Almovar sobre el cultivo de la garganta. ¿Qué le dice si es positivo? ¿Qué le dice si es negativo?

_____
_____
_____

■ Mi agenda

Make a list of those medical tests that produce results that can be reported as positive or negative. Then create appropriate phrases for reporting those results to a patient. Which tests or diagnostic procedures require more explanation? Create phrases to explain what the results of those tests indicate.

■ Para discutir

Now you can see that there is a structural connection between using the subjunctive in impersonal expressions and the **Ud.** command forms. They both use the opposite endings and the first-person singular as the stem. Both the command form and some impersonal expressions can be used to tell someone to do something:

> **Tome la medicina.**
> **Es importante que Ud. tome la medicina.**

You can also use **tiene que** + *infinitive*, **debe** + *infinitive*, or **necesita** + *infinitive* to express what you want to tell someone to do.

> **Tiene que tomar la medicina.**

Discuss with your classmates which structures appear to be more polite, more gentle, more forceful, and so on. Under what circumstances would you want to use each of these types of commands?

Pueden buscar información en el sitio de la red: **http://spanishforlife.heinle.com**.

Venezuela y los venezolanos: La salud de la mujer: La ginecología y la planificación familiar

CAPÍTULO 13

In this chapter you will learn:

COMMUNICATIVE FUNCTIONS
- Express recommendations for female reproductive health, pelvic exams
- Discuss stages of a woman's life: Puberty through post menopause
- Talk about family planning and sexually transmitted diseases

VOCABULARY
- Verbs of volition, will; pelvic exam
- Nouns for medical tests and verbs to talk about results, stages of life
- Family planning and related emotions, sexually transmitted diseases

Transparencies: A–4: **La América del Sur**; A–3: **El Caribe**; A–14: Country Profile, **Venezuela**

A. La salud de la mujer y la examinación ginecológica

❖ Vocabulario

Verbos	*Verbs*	**Sustantivos**	*Nouns*
aconsejar	to advise	el aborto natural/ espontáneo	miscarriage
aguantar/soportar	to stand, to put up with	el aborto provocado	abortion
aumentar/crecer	to increase	el acto sexual	sexual act
concebir (e→i)	to conceive	la bola	lump
crecer	to grow	el calambre	cramp
derramar	to discharge	la coagulación	coagulation
descubrir	to discover, to find	el coágulo	clot
disminuir	to decrease	el desconcierto/ la vergüenza	embarrassment
fluir	to flow		
impedir (e→i)	to impede, to prevent	el embarazo	pregnancy
introducirle (a uno)/ meterle (a uno)	to insert, to put in, to stick in	la endometriosis	endometriosis
		el espéculo	speculum
parar	to stop	los estribos	stirrups
recomendar (e→ie)	to recommend	el folleto	brochure, pamphlet
sugerir (e→ie, i)	to suggest		

CAPÍTULO 13   185

Sustantivos	Nouns (cont.)
la gravedad	seriousness
la hemorragia	hemorrhaging
la infección de hongo	yeast infection
la magnitud	magnitude, large size
la menstruación	menstruation
la modestia	modesty
la ovulación	ovulation
el período/la regla	(menstrual) period
la prueba de Papanicolau	PAP test, smear
el tejido	tissue
el tejido cicatrizal	scar tissue
la trompa de Falopio	fallopian tube
el tumor endometrial	endometrial tumor

Adjetivos	Adjectives
avergonzado/desconcertado	embarrassed
cicatrizado	scarred, scarring
los colores de la sangre: rosa/rojo (claro, oscuro)	colors of blood: (light, dark) pink, red
contraceptivo	contraceptive
embarazada	pregnant
irregular	irregular
previo	previous, before
regular	regular
último	last

Expresiones	Expressions
examinarse los pechos/los senos	to examine one's breasts
falta poco tiempo para terminar el examen	to be almost done with the exam
¿Le viene el período con regularidad?	Do you get your period regularly?
su última regla y la previa	your last period and the one before that

1. Diálogo A. La salud de la mujer y la examinación ginecológica

¡OJO! Be sure to review the verbs of will and volition. Remember that as soon as you have the following basic structure, you will need the subjunctive in the second part:

_____ + _____ que _____ + _____
subject # 1   verb of will, volition   subject #2   subjunctive mood of verb

This formula will help you with all of the subjunctive situations. Keep it in mind!

Es la primera vez que la Sra. López tiene una revisación ginecológica. Se siente desconcertada. La Dra. Simón entiende por qué ella se siente incómoda.

SRA. LÓPEZ: Doctora, no me gusta estar aquí.
DRA. SIMON: Mire, Sra. López, no debe sentir ninguna vergüenza. Quiero que se relaje. Voy a explicarle todo.
SRA. LÓPEZ: Bueno. Pero si no lo aguanto, quiero que Ud. pare, por favor.
DRA. SIMON: ¡Cómo no! Ahora, ponga los pies en los estribos. Muévase hacia mí. Bien. Separe las piernas. Voy a introducirle el espéculo. ¿Está Ud. bien?
SRA. LÓPEZ: Pues, no me gusta. ¿Falta mucho tiempo para terminar el examen?
DRA. SIMON: Muy poco. Voy a examinarle con mis dedos usando un guante... entre el recto y la vagina y el tejido entre ellos. Es todo.
SRA. LÓPEZ: Bien, no quiero que Ud. me haga nada más.
DRA. SIMON: No, ya terminé. Pero ahora Ud. sabe que esto es muy importante, ¿verdad? ¿Sabe examinarse los pechos?
SRA. LÓPEZ: No, no sé.
DRA. SIMON: Bueno, le recomiendo que lea este folleto y la enfermera le puede contestar sus preguntas. A ver su historia clínica... Ud. tiene los períodos regulares, ningún calambre muy doloroso, ni abortos, ni coágulos... Muy bien, señora, Ud. es muy sana.
SRA. LÓPEZ: Gracias, Dra. Simon.

Nombre _____ Fecha _____

■ ¿Comprende?

1. ¿Por qué piensa Ud. que la Sra. López tiene vergüenza? _____

2. ¿Qué mandatos que le da la Dra. Simon a la Sra. López están relacionados a la examinación ginecológica? _____

3. ¿Qué le recomienda la Dra. Simon que haga a la Sra. López? _____

2. ¡Practiquemos!

El subjuntivo. ¿Qué desea la médica que haga la paciente? Usando el subjuntivo de los verbos entre parentesis, escriba los mandatos de la ginecóloga.

1. Quiero que Ud. _____ (moverse) hacia adelante.
2. Deseo que Ud. _____ (leer) esta información sobre la endometriosis.
3. Recomiendo que Ud. _____ (ir) a ver al Dr. Gómez.
4. Sugiero que Ud. _____ (examinarse) los senos una vez al mes.
5. Quiero que Ud. me _____ (decir) si le duele el espéculo.

3. ¡Escuchemos!

La endometriosis. ¿Cuáles son los síntomas de la endometriosis? Escuche la descripción de la endometriosis y sus síntomas. Luego, haga un resumen *(summary)* en palabras más sencillas *(simple)* para explicárselos a su paciente. Use el vocabulario de esta sección.

¡OJO! Review the charts on the female reproductive system in the appendix and listen for them in this description. Also, note the use of **impedir** as a verb of volition.

_____
_____
_____
_____
_____

4. ¡Hablemos!

Para clarificar. ¿Puede Ud. clarificar *(clarify)* sus instrucciones a la paciente en este diálogo? Contéstele a su compañero(a), el/la paciente, usando **quiero que**, **recomiendo que** o **sugiero que**.

PACIENTE: ¿Pongo los pies a la orilla *(edge)* de la mesa o en los estribos?

UD.: _____

PACIENTE: ¿Debo leer el folleto sobre la examinación de los senos o de las infecciones de hongo?

UD.: _____

Nombre _____ Fecha _____

PACIENTE: ¿Escribo el número de abortos naturales y también los abortos provocados?
UD.: _____

PACIENTE: ¿Tengo que relajar o apretar los músculos?
UD.: _____

PACIENTE: ¿Hago un examen de los pechos cada día, cada semana o cada mes?
UD.: _____

⇄ **5. La situación**

Cálmese. La Srta. Corona ha estado teniendo calambres menstruales muy fuertes y necesita un examen pélvico. Ella se siente muy aprensiva por lo que Ud. va a hacer porque le parece que eso va a afectar su pudor. ¿Qué puede decirle para tranquilizarla y para animarla a seguir sus instrucciones?

¿Sabía Ud. que... ?
Many Hispanic women who arrive as economically oppressed immigrants have never had anything even close to a routine gynecological examination. Sometimes it is because they are from rural areas where there are no gynecological services. The lack of education also plays a part. However, cultural values probably have the most influence. These kinds of exams might be considered immodest. In some situations, the men in the family would not be happy with the idea of their wives, daughters, or sisters undergoing such procedures. Even when the services are available, the gynecologist would have to be a female.

Nota cultural
Family planning is a very sensitive issue among the numerous Hispanic American groups in the United States. The majority are Roman Catholic and the faith dictates that any form of contraception is a sin. Large families are considered a gift from God. Any recommendations regarding family planning must conform to the doctrines of the Catholic Church, such as the use of the rhythm method.

B. Las etapas de la vida de la mujer: La pubertad hasta la posmenopausia

❖ Vocabulario

Verbos	*Verbs*	fluir	*to flow*
aparecer	*to appear*	madurar	*to mature*
cesar	*to cease*	sangrar	*to bleed*
desangrar	*to bleed a lot*	someterse	*to submit*
desarrollar	*to develop*	tender (e→ie)	*to tend*
envejecer	*to age*		

Nombre _____ Fecha _____

Sustantivos	**Nouns**
el autoexamen del seno	breast self-exam
el beneficio	benefit
el calcio	calcium
el cambio (de vida)	change (of life)
el cáncer	cancer
el ciclo (menstrual)	(menstrual) cycle
la concepción	conception, conceiving
el estrógeno	estrogen
la etapa	stage
la fertilidad	fertility
la histerectomía/la extirpación del útero	hysterectomy
la hormona	hormone
el insomnio	insomnia
la juventud	youth
la mamografía	mammogram
la menopausia	menopause
la menopausia prematura	premature menopause
el nivel	level
la osteoporosis	osteoporosis
la premenopausia	premenopause
la posmenopausia	postmenopause
la progesterona	progesterone
la progestina (artificial)	progestin
la pubertad	puberty
el reemplazo hormonal	hormone replacement
el riesgo	risk
la sensación de calor	hot flash
la sigmoidoscopía	sigmoidoscope
los suplementos del estrógeno	estrogen supplements
la terapia hormonal	hormonal therapy
el tumor	tumor

Adjetivos	**Adjectives**
de mediana edad	middle-aged
(pre)pubescente	(pre)pubescent
disponible	available
hormonal	hormonal
menopáusico	menopausal
menstrual	menstrual
rutinario	routine

Expresión	**Expression**
la terapia de reemplazo hormonal	hormone replacement therapy

1. Diálogo B. Las etapas de la vida de la mujer: La pubertad hasta la posmenopausia

La Sra. del Río habla con la Dra. Zarza sobre lo que debe esperar durante la menopausia y durante la pubertad de su hija.

Dra. Zarza: Sra. del Río, ¿cuántos años tiene Ud.?

Sra. del Río: Cumplo 53 en un mes. Todavía tengo mi ciclo menstrual pero ahora me vienen calores de vez en cuando. ¿Empiezo la menopausia?

Dra. Zarza: Pues, sí. La menopausia puede empezar a distintas edades pero generalmente desde los 40 y tantos *(late forties)* hasta los 50 y pico *(50-some)*.

Sra. del Río: Otra cosa, doctora. Tengo una hija que tiene solamente nueve años. Ella nos llegó de sorpresa cuando tenía yo 44 años.

Dra. Zarza: ¿Fue su primer embarazo?

Sra. del Río: No, tenemos dos hijos de 20 y 25 años. En realidad, no sé mucho sobre la pubertad de una niña. Es un poco inmadura para su edad. ¿Cuándo debo esperar que empiece su ciclo menstrual? Estoy buscando un libro que explique estas cosas de una forma más moderna *(in a more modern way)*.

Dra. Zarza: Es todavía joven pero como la menopausia, la pubertad puede ocurrir a cualquier edad, normalmente entre los nueve hasta los 16 años. El pelo púbico y los senos empiezan a aparecer. Le voy a recomendar unos libros.

Sra. del Río: Y yo, ¿qué hago? Debo continuar tomando la píldora? ¿Hay mujeres que conciben durante la menopausia? ¿Necesito tomar hormonas? Mi vecina las toma y sólo tiene 42 años. Estoy confundida.

Nombre _____ Fecha _____

DRA. ZARZA: Todas las mujeres son diferentes. Primero, sí, tiene que continuar con las píldoras porque todavía tiene su período. En cuanto a *(Regarding)* la terapia de reemplazo hormonal, pues, depende de la mujer. Este folleto explica los beneficios y los riesgos. Si le molestan mucho los síntomas menopáusicos, podemos considerar varias opciones.
SRA. DEL RÍO: Muchas gracias, doctora. Voy a leer toda la información disponible.

■ ¿Comprende?

1. La Sra. del Río quiere aprender algo sobre dos etapas de la vida de la mujer. ¿Cuales son? _____
   _____

2. ¿Está la Sra. del Río en la menopausia o en la premenopausia? ¿Cómo lo sabe? _____
   _____

3. Y la hija de la Sra. del Río, ¿es prepubescente o pubescente? _____
   _____

4. ¿Necesita terapia hormonal la Sra. del Río? _____
   _____

2. ¡Practiquemos!

¿Son concretas? ¿Son concretas estas cosas o no? Decida si necesita el subjuntivo o el indicativo del verbo.

¡OJO! The subjunctive, remember, occurs after specific "**que** clauses" discussed in this chapter in your coretext. The subjunctive is also used when the clause describes something or someone that isn't definite yet.

1. Quiero un folleto que _____ (describir) el ciclo menstrual.
2. Tenemos un libro que _____ (explicar) la osteoporosis.
3. La paciente busca a una médica que _____ (ser) comprensiva.
4. ¿Hay ejercicios que _____ (retardar) la pérdida de hueso?
5. Es una dieta que _____ (ayudar) a fortalecer los hueso.

3. ¡Escuchemos!

Los exámenes. Escuche la descripción de la evaluación médica periódica para mujeres que tengan entre 40 y 65 años de edad. Luego, escriba los exámenes rutinarios (columna A) que oye y después, escriba cuándo debe someterse a los procedimientos a continuación (columna B).

Evaluación médica periódica (entre las edades de 40 y 65)

A: exámenes rutinarios   B: cada cuánto

1. _____   1. _____
2. _____   2. _____
3. _____   3. _____

Nombre _____ Fecha _____

4. _____   4. _____
5. _____   5. _____

4. ¡Hablemos!

Las tres etapas. Hay mucha información sobre la salud de la mujer en varias etapas de su vida. Trabaje con un(a) compañero(a) de clase para clasificar el vocabulario y las frases que quepan *(might fit)* bajo los títulos que aparecen abajo.

MODELO: **Estudiante A dice:** *Cesan los períodos.*
          Estudiante B escribe: *Cesan los períodos.* (bajo «La menopausia»)

LA PUBERTAD	LA PREMENOPAUSIA	LA MENOPAUSIA

5. La situación

Menopausia precoz. Una paciente sana de 35 años está muy preocupada porque sus períodos se han vuelto irregulares. Ella piensa que está teniendo una menopausia precoz, aunque no tiene ningún otro síntoma que indique menopausia. Tranquilícela y explíquele que tiene que hacerse estudios, pero que lo más probable es que sea un trastorno hormonal temporario.

¿Sabía Ud. que... ?

Hispanic women who are dealing with menopausal symptoms do not seek medical help as often as U.S. women do. Many times, they need an extra dose of help and reassurance to make sure that they will follow through with the exams and preventive measures that accompany this stage in life.

Nota cultural

Some Latin American gender-role behavior is based on the idea of **machismo**, which emphasizes masculinity. Traditionally, the term **machismo** has ascribed authority and dominance to the male and subservience to the female. This philosophy reaches out to all aspects of family life. For some Latin males, children are proof of virility. The capacity to father children is highly esteemed and gives a man status within his community.

Nombre _____ Fecha _____

C. La planificación familiar y las enfermedades de transmisión sexual

❖ Vocabulario

Verbos	**Verbs**
concebir (e→i)	to conceive
confiar en	to confide in
controlar	to control
entristecerse	to become sad, to be saddened
prevenir (*like* venir)	to prevent
proteger(se)	to protect
sorprenderse	to be surprised
temer	to fear, to be afraid
trastornarse	to be upset

Sustantivos	**Nouns**
el/la bebé/la beba	baby
la concepción	conception
el condón	condom
el embarazo	pregnancy
la hembra/la mujer	female
el/la nene(a) (*fam.*)	baby
el paño sanitario	sanitary napkin
la pastilla anticoncepetiva/ el control de la natalidad/la píldora	birth control pill, birth control, the pill
el tampón	tampon
el varón	male

Las enfermedades de transmisión sexual	***Sexually transmitted diseases***
la clamidia	chlamydia
la enfermedad venérea	venereal disease
la gonorrea	gonorrhea
la hepatitis	hepatitis
el herpes	herpes
el SIDA	AIDS
la sífilis	syphilis
la verruga/el tumor genital	genital wart

Síntomas de las enfermedades sexuales	***Symptoms of sexual diseases***
las ampollas	blisters
el ardor	burning
el dolor al orinar	pain when urinating
el goteo	dripping
las lesiones	lesions

Métodos para el control de la natalidad	***Birth control methods***
la abstinencia	abstinence
el aparato intrauterino/ el IUD (*English initials*)	IUD (intrauterine device)
el condón (de latex)	(rubber) condom
la crema	cream
el diafragma	diaphragm
el espermicida	spermicide
la esponja	sponge
la espuma	foam
la esterilización	sterilization
el implante hormonal	hormonal implant
la interrupción del coito	coitus interruptus
la ligadura de trompas	tubal ligation (tubes tied)
el método del ritmo/ el método natural	rhythm method
la píldora (anticonceptiva)	(birth control) pill
la vasectomía	vasectomy

Adjetivos	***Adjectives***
fértil	fertile
fiable	trustworthy, reliable
impotente	impotent
seguro	safe, sure

Expresiones	***Expressions***
¿Qué opina?	What do you think?, What is your opinion?
tomar una decisión	to make a decision

1. Diálogo C. La planificación familiar y las enfermedades de transmisión sexual

La Dra. Beltrán habla con la Sra. Durán sobre la planificación familiar. Es un tema muy importante para ella.

Sra. Durán: José y yo tenemos tres hijos: dos varones y una mujer.
Dra. Beltrán: ¡Una hermosa familia!

Nombre _____ Fecha _____

SRA. DURÁN: Sí, doctora, es perfecta. Pero me sorpende que José quiera otros dos.
DRA. BELTRÁN: Y Ud., ¿qué opina?
SRA. DURÁN: Me encantan los niños pero no quiero más hijos. Temo que no tengamos suficientes recursos para criarlos.
DRA. BELTRÁN: ¿Usan Uds. protección?
SRA. DURÁN: A veces. Me pongo un diafragma. Pero José... nunca. Me enoja que no use un condón. Tal vez deberíamos usar el método del ritmo o la abstinencia. ¿Qué hago?
DRA. BELTRÁN: Sra. Durán, siento no poder tomar la decisión por Uds. *(to make the decision for you).* Es su cuerpo pero también es su familia y su matrimonio. Debe discutirlo con su esposo. Si quiere, podemos discutirlo los tres durante su próxima cita.
SRA. DURÁN: Sí, me parece una buena idea.

■ ¿Comprende?

1. ¿Cuántos hijos y cuántas hijas tiene la Sra. Durán? _____

2. ¿Qué opina la Sra. Durán de las ideas de su esposo? _____

3. ¿Qué sugiere la Dra. Beltrán que hagan los Durán? En su opinión, ¿es una buena idea? _____

✎ 2. ¡Practiquemos!

Un tema delicado. El control de natalidad y las enfermedades de transmisión sexual son temas muy delicados *(delicate)*. Las emociones casi siempre juegan un papel al discutirlos *(play a part when discussing them)*. Complete las siguientes frases con la forma apropiada del verbo en el subjuntivo.

1. Doctora, tengo miedo que mi hija _____ (estar) embarazada.
2. Me enoja que mi novio no _____ (usar) un condón.
3. Mi esposa se alegra que nosotros _____ (ir) a tener otro nene.
4. Nos trastorna que nuestra hija _____ (tener) la clamidia.
5. Me alegra que los antibióticos _____ (curar) la sífilis.

📼 3. ¡Escuchemos!

Las emociones. Vuelva a formular las oraciones que oyes usando las siguientes expresiones.

MODELO: (UD. ESCUCHA): ¡Estoy asustadísima! El resultado de mi prueba para la tuberculosis es positivo.
(UD. DICE O ESCRIBE): *Me asusta que el resultado de mi prueba para la tuberculosis sea positivo.*

me preocupa, me entristece, me sorprende, me avergüenza

1. _____
2. _____
3. _____
4. _____

Nombre _____ Fecha _____

4. ¡Hablemos!

La confianza. ¿Qué le puede decir a una paciente que le confía lo que siente? Actúe con su compañero(a) de clase los papeles de paciente/doctor usando las frases siguientes.

1. Temo que mis padres averigüen *(might find out)* que estoy embarazada. No estoy casada.
2. Me avergüenza que mi hija tenga el herpes.
3. No me gusta que mi novio insista en tener relaciones sexuales.
4. Lo siento mucho que nosotros no tengamos hijos.
5. Me enoja que mi esposo no quiera usar condones.

5. Situación

Necesita clarificar. La Sra. Álvarez está muy confundida con respecto al uso de anticonceptivos. Explíquele los beneficios de usar anticonceptivos y los riesgos de no cuidarse. Cuídese de no ofenderla y trate de respetar lo que ella piensa.

¿Sabía Ud. que...?

Sexual topics are not often discussed in first generation Hispanic families. Second and third generations may be torn between family values, those of the church, the double standard, which is strong in these cultures, and their awareness of prevailing openness about sexual matters in the United States. Anyone in the health professions will have to demonstrate care when discussing these health issues with Hispanic women and men. This, however, does not generally apply to Spain (except in rural areas), where attitudes are catching up with the rest of Europe.

Nota cultural

Venezuelan Americans, like numerous other Hispanic American groups, believe in **mal de ojo** *(evil eye)*. In **mal de ojo** it is believed that a sudden change in the physical or emotional health of an infant or child is caused by the strong or penetrating glance of an adult. The glance can be either intentional or nonintentional. Admiring a child is particularly apt to subject him or her to the evil eye. The mother may feel that the child has become fretful, developed rashes, sleeps poorly, or cries more than usual. When admiring or complimenting an infant or child, be sure to touch the child or to say "God bless you" or some other such phrase that lets the mother know you mean no harm.

D. Síntesis: Por el mundo de la salud y la medicina

■ ¡A leer!

Antes de leer: ¿Por qué las mujeres deben hacerse un autoexamen mensual de los senos?

Lea las instrucciones para revisar *(to check, to review)* los senos. Luego, subraye *(underline)* todos los verbos en la forma del subjuntivo, inclusive *(including)* los mandatos. Debajo de cada verbo subrayado, escriba la forma del infinitivo de donde vino.

> Todos los meses, hágase el autoexamen de los senos. Fíjese si encuentra un nódulo[1] o una bola dura, o si su piel se endurece o aparecen hoyuelos[2]. Comunique cualquier cambio a su médico(a). Vea a su doctor(a) regularmente para hacerse exámenes de los senos y la prueba de Papanicolau. Pregunte sobre la mamografía.

[1] **nódulo:** *nodule;* [2] **se endurece o aparecen hoyuelos:** *hardens or dimples*

Nombre _____ Fecha _____

¿Comprende?

1. ¿Con qué frecuencia debe una mujer hacerse el autoexamen de los senos? _____

2. ¿En qué debe fijarse la mujer al hacerse el autoexamen? _____

3. ¿Qué debe hacer si encuentra un nódulo o un endurecimiento? _____

4. ¿Qué otra prueba debe hacerse con regularidad? _____

■ Se necesita traductor(a).

La menopausia. Dé las traducciones para las siguientes frases y preguntas claves.

1. Are you upset that your husband wants more children? _____

2. When did you begin menstruating? _____

3. How long does your period last? _____

4. Do you have regular periods? _____

5. I want you to give us a urine sample. _____

6. Do you experience hot flashes? _____

7. Do you have any information that explains menopausal symptoms? _____

8. I suggest that you use birth control pills. _____

■ Correo electrónico

La presentación. La directora del Centro de Salud del Monte, lo (la) llama a Ud. porque quiere que Ud. dé una presentación en el Centro. Prepare la respuesta para la Srta. Bailey. Dé algunas fechas y varios temas que ella escoja.

Nombre _____ Fecha _____

De: carol.bailey@correo.net
Para: usted@escríbanos
Asunto: una presentación en español
Mendaje:

Me llamo Carol Bailey y soy la directora del Centro de Salud del Monte, aquí en Arizona. Busco una enfermera que hable español y que pueda dar una presentación sobre la salud de la mujer. Mi colega, Diana Roth, la recomendó a Ud. ¿Puede decirme los temas que Ud. presenta? ¿Tiene folletos que describan los temas? Si es así, ¿puedo distribuirlos antes de la presentación? También, ¿puede informarme las fechas que Ud. tiene disponibles? Muchas gracias.

De: usted@escríbanos
Para: carol.bailey@correo.net
Asunto: una presentación en español
Mensaje:

_____
_____
_____
_____
_____
_____

■ Contestador automático

Está confundida. La Srta. Esteban necesita una explicación más detallada *(detailed)* de las instrucciones para dar una muestra de materia fecal *(fecal material)*. En su respuesta, use la expresión **Quiero que Ud...** para darle las instrucciones.

_____
_____
_____
_____

■ Mi agenda

Create a simplified breast self-examination instruction sheet for your Hispanic patients. Use the reading and your vocabulary lists to help you.

■ Para discutir

Discuss in class the various ways that you can be sensitive to the cultural values regarding sex when speaking to a Hispanic woman. How can you find out in a discrete way whether the woman has adopted a more liberal attitude toward sexual health?

Pueden buscar información en el sitio de la red: **http://spanishforlife.heinle.com**.

Nombre _____ Fecha _____

España y los españoles: La sala de operaciones

CAPÍTULO 14

In this chapter you will learn:

COMMUNICATIVE FUNCTIONS
- Express opinions on surgical outcomes
- Express directions and activities of the surgical team
- Express the purpose of surgical instruments and procedures

VOCABULARY
- Types of surgeries
- Surgical team, verbs
- Surgical instruments and post-operation

Transparency: A–1: Country Profile, **Spain**

A. La cirugía

❖ Vocabulario

Verbos	**Verbs**
amputar(le)	to amputate
cicatrizar/dejar una cicatriz	to scar
cortar	to cut
coser(le)	to sew, to suture (someone up)
dudar	to doubt
operar(le)	to operate (on someone)
sacar(le)	to take out, to remove (from someone)

Sustantivos	**Nouns**
la amigdalectomía/la tonsilectomía	tonsillectomy
la apendectomía	appendectomy
el apéndice	appendix
el arco	arch
el aumento de los senos	breast enlargement
la autopsia	autopsy
la biopsia	biopsy

el bypass (U.S.)/el puente coronario/la derivación coronaria	bypass
los cálculos (del riñon/de la vesícula biliar)	stones (kidney stones, gallstones)
el callo	callus, corn
las cataratas	cataracts
la cirugía electiva	elective surgery
la cirugía exploratoria	exploratory surgery
la cirugía para eliminar las arrugas	face-lift
la cirugía plástica/estética	plastic surgery
el/la cirujano(a)	surgeon
el empeine	instep
la histerectomía	hysterectomy
el juanete	bunion
la mastectomía	mastectomy
el mezquino (Mex.)	corn (on the foot)
las ondas de choque	shock waves

Nombre _____ Fecha _____

Sustantivos	Nouns (cont.)		
el/la patólogo(a)	pathologist	complicada	complicated
el/la podiatra	podiatrist	cosmética	cosmetic
el procedimiento	procedure	de corazón abierto	open heart
el quiste	cyst	de rayos láser	laser (beam)
la reducción de los senos	breast reduction	delicada	delicate
la rinoplastia	rhinoplasty	mayor	major
la sala de operaciones/ el quirófano	operating room	menor	minor
la sala de recuperación	recovery room	microscópica	microscopic
la tiroidectomía	thyroidectomy	oral	oral
la verruga	wart	ortopédica	orthopedic
la vesícula biliar	gall bladder	radical	radical
		reconstructiva	reconstructive

Adjetivos — **Adjectives**

común	common
dudoso	doubtful
grave/serio	serious
necesario	necessary
peligroso	dangerous
quirúrgico	surgical
sencillo	simple

Expresiones — **Expressions**

Amenaza la vida.	It's life-threatening.
Es dudoso que sobreviva.	It's doubtful that she/he will survive.
¿Quiere otra (una segunda) opinión?	Do you want another (a second) opinion?
Vamos a reparar el daño.	We're going to repair the damage.
Vamos a sacarle...	We're going to take out (his/her/your)...

Clases de cirugía — **Types of surgeries**

artroscópica	arthroscopic

1. Diálogo A. La cirugía

La Srta. Benítez sufre de problemas con la vesícula biliar y los médicos le recomiendan una operación. La cirujana, la Dra. Lima, le explica a la Srta. Benítez la cirugía que quieren hacerle.

DRA. LIMA: Como sabe, Srta. Benítez, su vesícula biliar no funciona normalmente. La recomendación de los médicos es que se la saquemos.

SRTA. BENÍTEZ: Pero me siento mejor ahora y no me gusta la idea de operarme. Me quedará una cicatriz larga y fea. Lo peor *(The worst)* es que, es posible que me muera, ¿verdad?

DRA. LIMA: Entiendo que tenga un poco de miedo, pero es muy poco probable que se muera. Y no es verdad que le quedará una cicatriz muy grande. Además va a sentirse mucho mejor, y no va a tener dolores de estómago como tiene ahora.

SRTA. BENÍTEZ: No sé. No creo que sea una buena idea. ¿No hay otra manera de curarme?

DRA. LIMA: Bueno, hay un procedimiento que se llama litotripsia. Por lo general, usamos las ondas de shock para quebrar los cálculos que le causan los dolores.

SRTA. BENÍTEZ: ¿Y si no hago nada?

DRA. LIMA: Es probable que los cálculos se formen de nuevo y Ud. tenga otra infección dolorosa. Si le operamos,...

SRTA. BENÍTEZ: Bueno, quiero discutirlo con mi familia.

DRA. LIMA: Si Ud. desea otra opinión, puede consultar con otro cirujano.

SRTA. BENÍTEZ: Gracias, doctora, pero no creo que el diagnóstico vaya a ser diferente.

Nombre _____ Fecha _____

■ ¿Comprende?

1. ¿Qué clase de operación le recomienda la cirujana? _____

2. ¿Por qué no quiere operarse la Srta. Benítez? _____

3. Haga una lista de todas las instancias del uso del subjuntivo en el diálogo. Ponga una **X** al lado de las que muestran *(show)* duda. _____

¡OJO! The use of the subjunctive with **no creer que**, **no es cierto (verdad) que** often is a matter of personal preference or emphasis. When the belief is strongly negative, you may hear the indicative instead of the subjunctive in the dependent clause.

✏ 2. ¡Practiquemos!

El subjuntivo. Complete las oraciones a continuación con la forma del subjuntivo adecuada.

1. No creo que _____ (ir) a morir.
2. Los médicos dudan que _____ (sobrevivir) la operación.
3. No es cierto que la tiroidectomía le _____ (dejar) una cicatriz larga.
4. Es dudoso que nosotros _____ (poder) curarle sin la operación.

📼 3. ¡Escuchemos!

¿Es necesario la cirugía? Escuche las cinco descripciones de síntomas. Suponga que Ud. ha discutido con el/la paciente/los pacientes la posibilidad o la necesidad de la cirugía. ¿Qué tipo de cirugía es necesario para cada síntoma? Es posible que más de una respuesta sea correcta.

SÍNTOMAS	CIRUGÍA
1. _____	_____
2. _____	_____
3. _____	_____
4. _____	_____
5. _____	_____

Nombre _____ Fecha _____

4. ¡Hablemos!

Lo contrario. Use las frases a continuación para decirle al paciente que Ud. no está de acuerdo con lo que él/ella piensa. Practique con otro(a) estudiante.

MODELO: PACIENTE: Tengo la gripe, nada más. (dudar)
         DOCTOR(A): *Dudo que (Ud.) tenga la gripe.*

es dudoso, dudar, no es cierto, no es verdad, no creer

1. Voy a sentirme peor después de la cirugía.
2. Voy a morir en el quirófano.
3. Necesito otras opiniones.
4. Es indigestión, nada más.
5. Las hierbas *(herbs)* curan los problemas cardíacos.
6. Mi madre siempre se recobra sin la cirugía.

5. La situación

¿Cuál sea mejor? La hija de 17 años de la Sra. Salazar tiene hipertiroidismo. A su edad, lo más recomendable es sacarle quirúrgicamente una porción de la tiroides, dejando un diez por ciento para que funcione normalmente. Dígale que Ud. no cree que otros procedimientos (por ejemplo, la radioterapia) sean una buena idea. Explíquele el procedimiento a la Sra. Salazar y aclárele que ella puede pedir una segunda opinión.

¿Sabía Ud. que... ?

In Spain, as well as in many other Hispanic countries, patients can elect to have their surgeries in a private clinic or hospital. These facilities are often very luxurious and the rooms resemble top-notch hotel rooms. Nevertheless, these arrangements are very expensive so most people opt for the public hospitals.

Nota cultural

There are numerous dialects used by Hispanic Americans depending on country of origin. Certain words may have different/alternative meanings within a dialect. This becomes an important issue when preparing a patient for surgery. All patients should have full, informed consent and knowledge of what is going to happen to them as a result of the surgery. When speaking with a patient who is not in total command of English, check within your agency for a Spanish translator with knowledge of health care terms and procedures who can explain the procedure and outcomes to the patient in words that are familiar and understandable. If a Spanish-speaking staff member is not available, a family member may be engaged to serve as translator. If at all possible, it's also important to have the same gender interpreter when the surgery is of a very personal and sensitive nature such as a hysterectomy, prostatectomy, and so on. To facilitate informed consent, hospitals who treat large Hispanic American populations should have consents written in Spanish.

Nombre _____ Fecha _____

B. Lo que pasa en la sala de operaciones

❖ Vocabulario

Verbos	**Verbs**
absorber	to absorb, to blot
administrar(le)	to administer (to someone)
afeitar	to shave
anestesiar	to anesthesize
fregarse (e→ie)	to scrub up
prepararle	to prepare someone
taparle	to cover someone up
untar	to daub

Sustantivos	**Nouns**
la anestesia (general/local/regional/espinal/epidural)	(local, general, regional, spinal, epidural) anesthesia
la anestesiología	anesthesiology
el/la anestesista	anesthetist
el/la enfermero(a)/quirúrgico(a)	surgical nurse, scrub nurse
el formulario de permiso	permission form
la grapa	staple
los guantes de látex	rubber gloves
el recuento de glóbulos	cell count
el/la técnico(a) quirúrgico(a)	surgical technician

Adjetivos	**Adjectives**
desechable	disposable
entrenado	trained, educated
estéril	sterile
imperativo	imperative
ingresado	admitted
rutinario	routine
urgente	urgent

Expresiones	**Expressions**
Necesita una transfusión de sangre.	He/She needs a blood transfusion.
Su familia está afuera.	Your family is outside.

1. Diálogo B. Lo que pasa en la sala de operaciones

El Sr. Campo, un turista de España, está muy preocupado porque su esposa necesita una apendectomía urgente. Quiere saber exactamente lo que van a hacer el cirujano y el equipo quirúrgico. El Dr. Robles le explica cómo es la operación.

SR. CAMPO: Doctor, me siento muy nervioso. No hablo inglés y quiero saber cómo es esa operación.

DR. ROBLES: Claro. Bueno, la apendectomía es una operación no muy complicada pero es necesaria porque la situación es urgente.

SR. CAMPO: Sí, pero, ¿cómo se sabe que es absolutamente necesaria?

DR. ROBLES: Primero, se hace un examen de sangre y si el recuento de glóbulos blancos es muy alto, eso indica que hay una infección. Luego se toma un ultrasonido donde se puede ver si el apéndice está inflamado.

SR. CAMPO: ¿Y la operación misma *(operation itself)*? ¿Cómo es?

DR. ROBLES: Primero, se administra anestesia. Luego, se hace una incisión en el abdomen. Se saca el apéndice. Se cierra la herida con suturas o con adhesivo quirúrgico.

SR. CAMPO: ¿Y el equipo quirúrgico?

DR. ROBLES: Le aseguro que el anestesiólogo y los técnicos quirúrgicos, todos están muy bien entrenados.

SR. CAMPO: Vale. Voy a firmar el formulario de permiso.

Nombre _____ Fecha _____

■ ¿Comprende?

1. ¿Cuáles son las indicaciones patológicas de la apendicitis? _____
_____

2. ¿Por qué quiere saber el Sr. Campo cómo es la operación? _____
_____

3. Nombre tres etapas *(steps)* en una apendectomía que se apliquen a la mayoría de las cirugías.
_____
_____

2. ¡Practiquemos!

Se cambian. En vez de usar la forma plural (**ellos**), cambie las oraciones a continuación a la forma impersonal (**se**).

MODELO: Deciden si el paciente necesita una operación.
         Se decide si el paciente necesita una operación.

1. Sacan una porción de la tiroides. _____
_____

2. Hacen un corte en el seno para la biopsia. _____
_____

3. Administran la anestesia una media hora antes de la cirugía. _____
_____

4. Llaman a la familia si hay problemas. _____
_____

5. Recomiendan la cirugía para los pacientes con problemas de vesícula biliar. _____
_____

6. Cuentan los glóbulos blancos. _____
_____

7. Preparan a los pacientes. _____
_____

8. Untan la herida. _____
_____

3. ¡Escuchemos!

La cirugía estética. Escuche esta información sobre la cirugía estética. Luego, cambie los verbos con el **se impersonal** de cada frase a la forma singular (**Ud.**) para explicar cada etapa a un(a) paciente.

202 *Spanish for Health Worktext*

Nombre _____ Fecha _____

1. _____
   _____
2. _____
   _____
3. _____
   _____
4. _____
   _____
5. _____
   _____

4. ¡Hablemos!

Las etapas necesarias. Escoja una operación que Ud. conoce bien. Luego, use el vocabulario para explicar sus etapas *(stages)* importantes. Haga por lo menos cinco frases utilizando la forma del **se impersonal** para explicar esta operación. Tal vez quiera Ud. usar algunas de las siguientes palabras: **administrar, dar, hacer una incisión, introducir el suero,** etcétera.

MODELO: *Para la tiroidectomía, se hace una incisión en la garganta.*

1. _____
   _____
2. _____
   _____
3. _____
   _____
4. _____
   _____
5. _____
   _____

5. La situación

Tranquilícese. Casi siempre, los pacientes y sus familias se ponen muy nerviosos con una operación. La Sra. Aguaís está muy preocupada porque tiene que hacerse una histerectomía. Ud. es el/la enfermero(a) quirúrgico(a) y trata de explicarle cómo es la operación, para tranquilizarla.

Nombre _____ Fecha _____

> ### ¿Sabía Ud. que... ?
> Bullfighting is a popular spectacle in Spain, Mexico, and a very few other Hispanic countries. The custom, which is of Roman origin, requires a great deal of training and dexterity on the part of the bullfighters who are the most esteemed celebrities in their respective countries. Although Americans may find the practice of fighting and killing the bull to be objectionable, the Spanish feel that American football is far more violent. Nevertheless, if a bullfighter is gored by the horns of a bull, he or she is likely to require surgery for this injury.

> ### Nota cultural
> Ninety-nine percent of people who are born in Spain are raised in the Roman Catholic faith. The patient preparing for surgery may wish to take a religious symbol such as a medal or rosary into surgery. Help the patients meet their spiritual needs by finding out what is allowed into the surgical suite. Make arrangements for the patient to receive Holy Communion or to be seen by their parish priest or hospital chaplain prior to surgery.

C. Los instrumentos y la postoperación

❖ Vocabulario

Verbos	**Verbs**	**Los instrumentos quirúrgicos**	**Surgical instruments**
bloquear/obstruir	to block, to obstruct	la bata quirúrgica	surgical gown
empeorarse	to get worse	el catéter	catheter
implantar	to implant	el cuchillo	knife
mejorarse	to get better	el escalpelo/el bisturí	scalpel
monitar (U.S.)/controlar	to monitor	la esponja	sponge
mudar	to move (from one place to another)	la máscara	mask
		la mesa de operaciones	operating table
recuperarse/recobrarse	to recover	el microscopio	microscope
trasladar	to transfer	las pinzas	tweezers
utilizarse	to utilize, to use, to put to use	el retractor	retractor
		la sierra	saw
Sustantivos	**Nouns**	la sonda	probe
el depósito de cadáveres/ la morgue	morgue	la sonografía	sonograph
		la sutura/los puntos	sutures, stitches
el drenaje	drainage	las tenazas	forceps
el implante	implant	las tijeras	scissors
la incisión	incision	el tubo	tube
el marcapasos	pacemaker		
el pus	pus		
el tubo	tube		

204 *Spanish for Health Worktext*

Nombre _____ Fecha _____

Adjetivos	*Adjectives*	**Expresiones**	*Expressions*
metálico/de metal	*metal*	el dedo de martillo	*hammer toe*
plástico/de plástico	*plastic*	los dedos para afuera (para adentro)	*toes turned out, duck-footed (toes turned in, pigeon-toed)*
postoperatorio	*postoperative*		
Adverbio	*Adverb*	las lesiones relacionadas con los deportes	*sports injuries*
completamente	*completely*	ponerle un drenaje	*to put in a drain*
		curar el juanete	*to treat, to remove the bunion*

1. Diálogo C. Los instrumentos y la postoperación

El Sr. Aguilar es un paciente en el hospital San Marcos. Tiene un quiste infectado en la espalda y el médico va a sacárselo y ponerle un drenaje.

Dr. Thomas: Hola, ¿llegó Ud. solo a la sala de emergencia?
Sr. Aguilar: No, vine con mi esposa. Está preocupada por mí porque se me hinchó el quiste y no pude caminar por el dolor que tenía.
Dr. Thomas: Bien, voy a darle un tranquilizante para calmarlo. Luego voy a ponerle una inyección de anestesia local.
Sr. Aguilar: ¿Voy a estar completamente consciente por toda la operación?
Dr. Thomas: Sí, pero no va a sentir nada y voy a explicarle todo lo que le haga.
Sr. Aguilar: ¿Va a darme algo para el dolor después, doctor?
Dr. Thomas: Sí, cómo no. Y debe quedarse unos dos días en casa, para recobrarse.
Sr. Aguilar: Vale.
Dr. Thomas: Bueno, primero voy a afeitarle toda la espalda. Luego le voy a poner alcohol para esterilizarla. Ahora voy a inyectarle una aguja.
Sr. Aguilar: ¡Por Dios! Eso me duele. Por si acaso me muero...
Dr. Thomas: Le aseguro que no se morirá.

¿Comprende?

1. ¿Cómo llegó el Sr. Aguilar al hospital? _____

2. ¿Por qué va a estar consciente el Sr. Aguilar por toda la operación? _____

3. ¿Cuánto tiempo necesita el Sr. Aguilar para recobrarse? _____

2. ¡Practiquemos!

¿Por o para? Llene el espacio en blanco con **por** o **para** según el mejor sentido de la frase.

1. Necesita hacer una cita _____ sacarse una radiografía.
2. Se administra la anestesia _____ unos tubos en la nariz.

CAPÍTULO 14   205

Nombre _____ Fecha _____

3. Estos exámenes sirven _____ diagnosticar la enfermedad.

4. Las pinzas son _____ sacar algo pequeño.

5. La solución es 70 _____ ciento alcohol.

3. ¡Escuchemos!

Los instrumentos quirúrgicos. Ud. es el/la enfermero(a) encargado de recoger *(picking up)* los instrumentos quirúrgicos *(supplies)*. La Dra. Saltamontes deja en el contestador automático una lista de los instrumentos nuevos que necesita en el quirófano. Apunte las cosas que ella quiere.

LA LISTA DE INSTRUMENTOS QUIRÚRGICOS

1. _____
2. _____
3. _____
4. _____
5. _____
6. _____
7. _____
8. _____
9. _____

4. ¡Hablemos!

Por lo visto... Escoja una frase de la lista siguiente y haga una oración completa con los verbos y palabras a continuación. Practique con otro(a) estudiante haciendo una pregunta adecuada para cada frase. Sea creativo(a) con su diálogo.

MODELO: poder fijar la hora de la operación para las diez

ESTUDIANTE A: *Por casualidad, ¿puede fijar la hora de la operación para las diez?*
ESTUDIANTE B: *No, pero puedo fijarla para las once.*

por lo menos, por lo general, por ahora, por eso, por fin, por lo visto, por otra parte

1. no tener dolor después de la operación
2. tener cálculos en la vesícula biliar
3. descansar por dos días
4. poder pedir otra opinión
5. usar el escalpelo para hacer la incisión

5. La situación

La operación. Su paciente necesita saber algunas cosas antes de la operación. Como cirujano(a), recuérdele que ayune *(to fast)* 24 horas antes de la operación. También dígale que venga al hospital solo(a), si es posible. Por último, dígale cuánto tiempo va a estar en el hospital y cuánto tiempo deberá hacer reposo en su casa.

¿Sabía Ud. que... ?
There are many ways to express OK in Spanish. Each country or region has its preference. **Está bien** is universal, but in Spain you are more likely to hear **vale**, which comes from the verb **valer** meaning *to be worthy or valid.*

Nombre _____ Fecha _____

Nota cultural

For some Hispanic American men, the verbal expression of any pain or discomfort postoperatively may be denied. It could be considered a sign of weakness and perhaps cause them to lose self-esteem and the respect of others. The health care provider must, however, never stereotype this response as there are differences within any cultural group and a wide variety of expressions of pain within each culture. The health care provider must assess and base decisions about pain management utilizing verbal and nonverbal clues through body language or facial expressions.

D. Síntesis: Por el mundo de la salud y la medicina

■ ¡A leer!

Antes de leer: ¿Cuáles son los problemas más comunes en los pies? ¿Quién se ocupa de curarlos?

Lea este anuncio para el cuidado quirúrgico de los pies y tobillos.

¡DESCALZO Y SIN VERGÜENZA!

Cuidado quirúrgico para toda la familia

- Cuidado de pies y tobillos: juanetes, callos, deformación de los huesos
- Molestias relacionadas con los deportes
- Cirugía avanzada: cirugía laser, en consultorio o en hospital
- Atención de adultos y niños

Tenemos dos quirófanos modernos para operar a los pacientes. Se puede volver a casa después de la operación. Las cirugías complicadas se realizan en el quirófano del hospital.

¿Comprende?

1. Según el anuncio, ¿dónde se puede hacerse la cirugía? _____

2. ¿Cómo se llama la especialización médica y el tipo de médico que se ocupa de los problemas mencionados en el anuncio? _____

3. Nombre tres clases de molestias relacionadas con los pies y los tobillos para las que se ofrece tratamiento en la clínica del anuncio. _____

■ Se necesita traductor(a).

La cirugía. Escriba Ud. la traducción de las siguientes frases claves sobre la cirugía.

1. The doctor is in surgery for the next two hours. _____

Nombre _____ Fecha _____

2. First, the anesthesia is given. _____

3. Then, the incision is made. _____

4. I doubt that she will survive the operation. _____

5. I doubt that the nurse can work for you today (instead of you). _____

6. The scalpel is used to make the incision. _____

7. She came by ambulance last night. _____

8. Ninety-five percent of the patients survive bypass surgery. _____

9. You need to go through the door that says "surgery." _____

10. Can you work for Dr. Sachs tonight (as his assistant)? _____

■ Correo electrónico

Su colega. Ud. recibe este mensaje de un colega español a quien Ud. conoció durante una conferencia de cirujanos el año pasado en Nueva York. Escríbale las respuestas a sus preguntas.

De: rbarranquín@postal.com
Para: usted@escríbanos
Asunto: una visita a Nueva York
Mensaje:

Le escribo para saber si es posible visitar su hospital en noviembre. Voy a estar en Nueva York por un mes y me gustaría ver su quirófano. Ud. me dijo que el bypass coronario es algo rutinario allí —unos dos o tres por semana, ¿verdad? ¿Es posible observar la cirugía? ¿Cuánto tiempo dura la operación por lo general? ¿Qué porcentaje *(percentage)* de los pacientes sobreviven? Muchísimas gracias por su ayuda.

Su colega,
Rafael Barranquín

Nombre _____ Fecha _____

De: usted@escríbanos
Para: rbarranquín@postal.com
Asunto: una visita a Nueva York
Mensaje:

_____
_____
_____
_____
_____
_____
_____
_____
_____
_____

■ Contestador automático

La enfermera nocturna. Ud. es el/la enfermero(a) en el consultorio del Dr. Ramírez. La enfermera nocturna del hospital le deja este mensaje. Apunte la información para el doctor.

MENSAJE

Para:
De:
Sobre:

Nombre _____ Fecha _____

■ Mi agenda

It is always unpleasant to have to deliver bad news to the family of a patient who has died on the operating table or who is unlikely to survive despite the surgery. Be prepared with phrases that are sensitive for each situation.

There are various ways to express "to die" in Spanish. Using the reflexive form of the verbs tends to soften the impact. Some examples of the verbs are:

fallecer(se), morir(se), agonizar *(to be dying),* no sobrevivir

■ Para discutir

In the first two chapters of your medical text, several different kinds of surgeries are given. Compile a master list and discuss the basic procedures for at least five that were not mentioned in this chapter. Share your examples with the class.

Are there any new kinds of surgeries that have become prominent recently and are not mentioned in this text? How do you think the Spanish word for them will sound? To check your answers, go to **www.healthfinder.gov** and click on **español**. Share anything new with your classmates.

Pueden buscar información en el sitio de la red: **http://spanishforlife.heinle.com**.

Chile y los chilenos: El cuidado en casa, el SIDA y el cáncer

CAPÍTULO 15

In this chapter you will learn:

COMMUNICATIVE FUNCTIONS
- Discuss health care set-ups and getting home care
- Discuss cancer and its treatments and progression
- Discuss AIDS and its treatments and progression

VOCABULARY
- Home-care equipment, home-care workers
- Types of cancer, treatments, tests
- AIDS symptoms, HIV

Transparencies: A–4: **La América del Sur**; A–12: Country Profile, **Chile**

A. El cuidado en casa

❖ Vocabulario

Verbs	Verbs
acomodar	to accommodate
alquilar	to rent
cuidar	to take care; to care for
emplear	to hire, to employ
entrevistar	to interview
equipar	to equip
exigir	to require, to demand
renunciar	to resign, to renounce, to quit
solicitar	to apply for

Sustantivos	Nouns
la cama de hospital	hospital bed
el contrato	contract
la entrevista	interview
el equipo	equipment; team
la exigencia	demand
la referencia	reference
el servicio médico en casa	home health care
el tanque de oxígeno	oxygen tank

El personal	Personnel
el/la enfermero(a) domiciliario(a)/privado(a)	home nurse, private nurse
el/la terapeuta de la respiración(a)/fisioterapeuta/ocupacional	respiratory therapist, physical therapist, occupational therapist
el asilo/el hospicio	hospice

Adjetivos	Adjectives
cualificado/calificado	qualified
portátil	portable

Expresión	Expression
de antemano	beforehand

CAPÍTULO 15   211

Nombre _____ Fecha _____

1. Diálogo A. El cuidado en casa

La familia Ruíz necesita equipar su casa para acomodar a la madre de la Sra. Ruíz, que es inválida. Es de Chile y no habla inglés. Necesita una enfermera domiciliaria que hable español. La Sra. Ruíz y su esposo están hablando con una agencia de cuidado domiciliario, un servicio médico que provee esta clase de ayuda.

Sra. Ruíz: Primero, buscamos una enfermera que hable español porque mi madre no habla mucho inglés.
Gerente: Claro. Tenemos varios enfermeros que hablan español.
Sra. Ruíz: Tiene que ser enfermera porque mi madre nunca aceptaría *(would not accept)* un enfermero. ¿Entiende?
Gerente: ¡Cómo no! ¿Busca una enfermera que pueda trabajar todos los días de la semana?
Sra. Ruíz: No, solamente los lunes, miércoles y viernes.
Sr. Ruíz: ¿Podemos entrevistar a la enfermera que Ud. mande?
Gerente: Por supuesto. Es importante que su suegra se sienta cómoda con la persona que Uds. escojan.
Sr. Ruíz: Mi suegra necesita ayuda con casi todo. Van a darle de alta del hospital la semana que viene y queremos tener todo arreglado de antemano.
Gerente: ¿Necesitan equipo médico para la casa?
Sra. Ruíz: Sí, su médico va a decirnos lo que tenemos que alquilar.
Gerente: Muy bien. Tenemos camas de hospital, oxígeno portátil, sillas de ruedas. El médico tiene que mandarnos una receta para que el seguro médico lo pague *(so that her medical insurance will pay for it)*.
Sra. Ruíz: No sé si hay una cama de hospital que quepa en nuestra casa.
Gerente: No se preocupe, Sra. Ruíz. Estamos acostumbrados a estos problemas. No hay problema que no podamos resolver.
Sra. Ruíz: Muy amable.

¿Comprende?

1. ¿Cuáles son las cualificaciones que necesita tener la enfermera para la madre de la Sra. Ruíz?
   _____

2. Antes de pedir el equipo médico para la casa, ¿qué necesitan conseguir los Ruíz? _____
   _____

3. ¿Qué le dice el gerente a la Sra. Ruíz para asegurarle *(assure her)* que todo vaya a salir bien *(everything will work out OK)*?_____
   _____

2. ¡Practiquemos!

El subjuntivo. Llene el espacio en blanco con la forma correcta del verbo entre paréntesis.

1. Necesitamos equipo médico que _____ (ser) portátil.
2. Buscamos unos enfermeros que _____ (saber) hablar español e inglés.
3. No hay ningún médico que _____ (venir) a la casa.
4. No conozco a nadie que _____ (querer) trabajar de enfermero domiciliario.
5. ¿Hay contratos que _____ (incluir) el seguro médico para los empleados?

Nombre _____ Fecha _____

3. ¡Escuchemos!

¿Se usa el subjuntivo o no? Escuche las frases y escriba el verbo que se usa en la frase. Decida si se usa el subjuntivo o el indicativo en la cláusula dependiente y ponga una **X** al lado de los que usan el subjuntivo.

	X	VERBO
1.		
2.		
3.		
4.		
5.		
6.		

4. ¡Hablemos!

¿Hay tal cosa? *(Is there such a thing?)* Ud. es un(a) cliente que necesita alquilar y arreglar muchas cosas para un(a) pariente enfermo(a) que va a vivir en su casa. Su compañero(a) de clase es el/la gerente de una agencia del cuidado domiciliario. Pregúntele si existen estas personas o estas cosas.

MODELO: una enfermera / bañar a los pacientes todos los días
        ESTUDIANTE A: *¿Hay una enfermera que bañe a los pacientes todos los días?*
        ESTUDIANTE B: *Sí, hay enfermeras que bañan a los pacientes todos los días.*
                   o
                No, no hay enfermeras que bañen a los pacientes todos los días.

1. un enfermero / saber adminstrar la terapia respiratoria
2. tanques de oxígeno / ser portátiles
3. un(a) médico(a) / visitar a los pacientes en casa
4. algún fisioterapeuta / trabajar cinco días por la semana
5. empleados / tener las cualificaciones de ser enfermeros y terapeutas de la respiración
6. ayudantes de enfermera / darle inyecciones al paciente

5. La situación

Se busca... Como supervisor médico de una empresa de atención médica a domicilio, Ud. debe colocar anuncios de vacantes de empleo en los medios de comunicación de su zona. Esta vez necesita encontrar a un(a) enfermero(a) que hable español, que maneje su propio auto y que pueda dar terapia respiratoria a pacientes en sus domicilios. Escriba un anuncio para ese puesto en el periódico hispano local.

¡Sabia Ud. que...?
Chileans, Argentinians, and Uruguayans usually refer to the Spanish language as **castellano** rather than **español**. All of the Spanish-speaking countries would find **castellano** to be a synonym for the language.

Nombre _____ Fecha _____

Nota cultural

In the Hispanic culture, sensitive topics such as sex are often not dealt with between parents and children and sometimes even between men and women. Because cultural norms prevent effective communication about sex in general, it may impede any discussion about safe sex and the need for an individual engaging in risk behaviors to be tested for HIV. Central and South Americans tend to be even more uncomfortable and conservative when talking about sex and sexuality than their counterparts from Puerto Rico, Cuba, or the Dominican Republic.

B. El cáncer: El tratamiento y el progreso

❖ Vocabulario

Verbos	*Verbs*
erradicar	*to eradicate*
matar	*to kill*
pinchar	*to puncture*
propagar	*to propagate*
transmitir	*to transmit, to pass on, to give (a disease to someone else)*

Sustantivos	*Nouns*
el lunar	*mole*
la quimioterapia	*chemotherapy*

La oncología y las clases de cáncer	*Oncology and types of cancer*
el cáncer	*cancer*
de hueso	*bone*
de seno	*breast*
de colon	*colon*
de pulmón	*lung*
de estómago	*stomach*
de próstata	*prostate*
de piel	*skin*
de útero	*uterine*
de pancreas	*pancreatic*
la leucemia	*leukemia*

La biopsia	*Biopsy*
la célula	*cell*
el líquido cefalorraquídeo	*cephalorhachidian fluid*
la médula	*marrow*
el recuento de los glóbulos sanguíneos	*blood cell count*
el tejido	*tissue*

Adjetivos	*Adjectives*
anormal	*abnormal*
benigno	*benign*
maligno	*malignant*
normal	*normal*

Expresiones	*Expressions*
la dificultad al tragar/ al orinar/al comer	*difficulty swallowing, urinating, eating*
el sangrado rectal	*rectal bleeding*

1. Diálogo B. El cáncer: El tratamiento y el progreso

La Srta. Cardo le pregunta a su médico sobre el cáncer porque viene de familia y está preocupada.

SRTA. CARDO: Doctor, el cáncer es una enfermedad que viene de familia. Quiero casarme y tengo miedo de transmitir estos genes a mis hijos.

DR. KENT: Primero, es importante saber de qué clase de cáncer se trata. Después, quiénes son los parientes afectados. No todos los cánceres se transmiten por los genes.

SRTA. CARDO: Bueno. Mi bisabuela tuvo cáncer de seno. Fue detectado demasiado tarde. Se murió cuando tenía 42 años. Luego, mi padre tuvo cáncer de pulmón. Los oncólogos recomendaron quimioterapia y, gracias a Dios, está bien ahora. Y mi hermano tuvo cáncer de piel. Lo curaron con rayos láser.

Nombre _____ Fecha _____

DR. KENT: El cáncer de seno puede ser transmitido por los genes. Pero, hay mucho que se puede hacer para evitarlo. En cuanto a su padre, ¿fumaba o trabajaba en un lugar con mucha contaminación?
SRTA. CARDO: Sí, fumaba y trabajaba en las minas de carbón en Chile.
DR. KENT: Entonces, probablemente no es hereditario. Es el resultado de la contaminación y el cigarrillo. ¿Y su hermano? ¿Trabaja al aire libre o se bronceaba en la playa? ¿Tiene el cutis muy pálido como el suyo?
SRTA. CARDO: Sí, trabaja en las viñas de nuestra familia, en Chile. Siempre está afuera. Ahora, lleva sombrero y se aplica lociones con protector solar.
DR. KENT: Ese cáncer fue causado por el ambiente. La mejor prevención es la rápida detección y no exponerse al sol.

¿Comprende?

1. La Srta. Cardo menciona varios tipos de cáncer. ¿Cuáles son transmitidos por los genes? _____

2. Algunos parientes de la Srta. Cardo fueron curados del cáncer. ¿Cuáles fueron los métodos usados?

3. ¿Cómo se protege el hermano de la Srta. Cardo y por qué? _____

¡OJO! The passive voice with **ser** + *past participle* is used much less frequently in spoken Spanish than in English and there is a tendency for English speakers to overuse it in Spanish conversation. However, it is used in writing and may be used in conversation when a serious subject is discussed.

2. ¡Practiquemos!

La voz pasiva. Cambie las frases a continuación a la voz pasiva.

MODELO: El cirujano hace la biopsia.
La biopsia es hecha por el cirujano.

1. El radiólogo da el tratamiento de rádium. _____

2. Los oncólogos cuidan de los pacientes con cáncer. _____

3. El análisis de sangre detecta el cáncer de próstata. _____

4. La quimioterapia curó el cáncer de seno de la Sra. Marcos. _____

5. A veces los genes transmiten el cáncer. _____

Nombre _____ Fecha _____

3. ¡Escuchemos!

Las primeras señales. Escuche la lista de las primeras señales del cáncer y conteste las preguntas a continuación.

1. ¿Cuáles de las señales pueden ser detectadas por el/la paciente en casa? _____

   _____

2. ¿Qué señales pueden ser detectadas por una prueba médica? _____

   _____

4. ¡Hablemos!

Preguntas sobre el cáncer. Conteste las preguntas a continuación usando la voz pasiva en su respuesta.

MODELO: ¿Detectaron el cáncer en la sangre?
         Sí, el cáncer fue detectado en la sangre.

1. ¿Ya hicieron la biopsia de la Srta. Rociano?
2. ¿Encontraron el cáncer del hueso en la cadera?
3. ¿Llaman los médicos a los pacientes con los resultados del análisis?
4. ¿Administran la anestesia a los pacientes cuando toman una biopsia de la piel?
5. ¿Sacan la tiroides entera si detectan el cáncer?

5. La situación

¿Es cáncer? La Sra. Zamora tiene un lunar en el brazo que a Ud. le parece un poco grande e irregular. ¿Qué preguntas le haría para establecer si es posible que tenga cáncer?

¿Sabía Ud. que... ?

In the Andes Mountains, indigenous people chew coca leaves for various reasons. First, they are used to relieve the altitude sickness caused by a decrease in oxygen. The leaves also play a part in social situations where they are automatically shared with fellow citizens and in special celebrations such as baptisms and weddings. Their use dates back to before the Incas. It is important to know that chewing the leaves has a very different effect from that of cocaine and does not pose the dangers of the processed form.

Nota cultural

The role of **machismo** in the Hispanic male culture is a major barrier to safe sexual practices, especially condom use, which is sometimes perceived by many as being "unmanly" and an obstacle to intimacy and control in sexual relations. In addition, condoms are often thought to reduce sexual and emotional feelings, therefore running counter to the idea of being macho.

Nombre _____ Fecha _____

C. El SIDA: El tratamiento y el progreso

❖ Vocabulario

Verbos	**Verbs**
abrazarse	to embrace, to hug
abstenerse (*like* tener)	to abstain
adquirir (i→ie)	to acquire
besar	to kiss
combatir	to combat, to fight
compartir	to share
defender (e→ie)	to defend
sudar	to sweat
transmitirse	to transmit

Sustantivos	**Nouns**
la defensa	defense
la pareja	partner (marital, sexual); couple
la pérdida	loss
el SIDA (el síndrome de inmunodeficiencia adquirida)	AIDS (Acquired Immunodeficiency Syndrome)
el/la socio(a)	business associate
el sudor	sweat
el VIH (el virus de inmunodeficiencia humana)	HIV (Human Immunodeficiency Virus)

Adjetivos	**Adjectives**
bacterial	bacterial
bisexual	bisexual
causado	caused
constante	constant
heterosexual	heterosexual
homosexual	homosexual
persistente	persistent
viral	viral

Adverbios	**Adverbs**
completamente	completely
confidencialmente	confidentially
desafortunadamente/ desgraciadamente	unfortunately
francamente	frankly, honestly
necesariamente	necessarily
probablemente	probably

📼 1. Diálogo C. El SIDA: El tratamiento y el progreso

Roberto Tamil cree que posiblemente tenga el VIH. Quiere saber más sobre la posibilidad de contraer el SIDA. Habla con el Dr. Montes, un especialista en ese campo de la medicina.

SR. TAMIL: Doctor, quiero saber la posibilidad de contraer el virus VIH. ¿Corro algún riesgo? Usaba drogas y vivía un estilo de vida no muy sano.

DR. MONTES: Bueno, tendré que hacerle algunas preguntas, y debe contestarlas francamente. Primero, ¿tuvo relaciones sexuales con un hombre o mujer que tenga otras parejas sexuales? Segundo, ¿compartía jeringas o agujas para inyectarse con otras personas? Tercero, ¿le han hecho alguna transfusión de sangre antes de 1985, cuando comenzó a hacerse el análisis del VIH en la sangre?

SR. TAMIL: Pues, compartía las jeringas cuando usaba la heroína, pero ahora ya no me drogo. Hace dos años que no uso drogas. ¿Qué hago ahora?

DR. MONTES: Bueno, la única manera de saber con seguridad si el virus está en su cuerpo es haciéndole el análisis del VIH.

SR. TAMIL: Si me lo hago, quiero que sea el tipo de análisis anónimo.

DR. MONTES: Cómo no. Normalmente los resultados son completamente confidenciales.

SR. TAMIL: Si son absolutamente anónimos, pues, voy a pedir el análisis.

DR. MONTES: Bueno. Quiero verle después de recibir el resultado.

Nombre _____ Fecha _____

¿Comprende?

1. ¿Qué hizo el Sr. Tamil que puede indicar la contracción del VIH? _____

2. ¿Bajo qué circunstancias quiere el Sr. Tamil la prueba del VIH? _____

3. ¿Cuáles son las otras maneras de contraer el virus del VIH? _____

2. ¡Practiquemos!

Los adverbios. Forme el adverbio de los adjetivos siguientes. Luego, complete las frases a continuación con un adverbio adecuado.

simple, obvio, temporal, constante, actual, franco

1. No debe dejar de tomar la medicina _____ porque no le gusta tomar la medicina.

2. No deje de tomar la medicina para aliviar _____ los efectos secundarios.

3. _____ sabemos que el VIH se reproduce _____.

4. _____, es conveniente tratar de mantener baja la cantidad de virus VIH.

5. Debe hablar _____ con el médico sobre los síntomas.

3. ¡Escuchemos!

Sra. López con el SIDA. Escuche la historia de Martina López, natural de Trinidad y Tobago. Es lesbiana, latina, madre e inmigrante y sufre del SIDA. Ella dice que es símbolo del rostro cambiante del SIDA *(changing face of AIDS)*. Luego conteste las siguientes preguntas.

1. Según Martina López, ¿quiénes son los activistas frecuentemente asociados con la causa contra el SIDA? _____

2. ¿Qué nos dice Martina sobre su vida pasada? _____

3. ¿A qué se dedican las mujeres latinas infectadas con el SIDA? _____

4. ¡Hablemos!

El VIH y el SIDA. Déle a otro(a) estudiante esta información sobre el VIH y el SIDA. Empiece cada frase con un número ordinal, es decir, **primero**, **segundo**, etcétera. Use el orden que Ud. prefiera o el que tenga más sentido *(makes sense)*. El/La otro(a) estudiante debe ordenar las frases según sus instrucciones. Cambie los papeles *(Switch roles)*.

NÚMERO ORDINAL

_____ No hay cura para el VIH o el SIDA.

_____ La prueba es confidencial.

Nombre _____ Fecha _____

_____ El VIH es el virus que causa el SIDA.
_____ Hay pocas maneras en que se puede infectar con el VIH.
_____ Ud. se puede proteger para no infectarse con el VIH.
_____ Una prueba de sangre puede indicar si Ud. ha sido infectado.
_____ La gente se infecta con el VIH por lo que hace no por lo que es.
_____ Si Ud. está infectado con el VIH, hay cosas que puede hacer.

⇄ 5. La situación

¿Qué es el SIDA? Joaquín Pedraza es un inmigrante recién llegado de la zona montañosa de Bolivia. Él sabe muy poco del SIDA, pero está preocupado porque cree que ha contraído una enfermedad de transmisión sexual. Explíquele lo que es el SIDA y cómo puede cuidarse para el futuro.

¿Sabía Ud. que... ?

As in many cultures, homosexuality can be subject to ridicule. You may hear some slang expressions that refer to people who are gay. The most common ones are **maricón, marica, mariposón,** and **joto,** although each Hispanic culture has its own slang. Naturally, as a health professional you will not be using these words but you should be aware of them.

Nota cultural

Because of their deeply held religious beliefs, some Hispanics view AIDS as "God's punishment" or the result of "sinful" behavior. This barrier increases the resistance to being tested for fear of having to admit that they had done something "bad" and will soon pay the price. The belief in HIV/AIDS as punishment may inhibit the HIV positive individual from changing behavior since he/she has "sinned" and it is now too late for redemption.

D. Síntesis: Por el mundo de la salud y la medicina

■ ¡A leer!

Antes de leer: ¿Cómo se transmite el SIDA? ¿Cómo se previene el contagio?

Lea la información de *SOBRE EL SIDA,* una publicación para los niños, explicando el SIDA. Después, decida qué foto se relaciona con qué párrafo de la información.

a.  b.  c.  d. 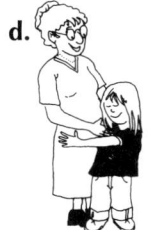 e.

CAPÍTULO 15   219

Nombre _____ Fecha _____

> ### SOBRE EL SIDA
>
> _____ El SIDA es una enfermedad grave. El virus te puede enfermar si entra en tu cuerpo, pero no por tomar de la mano a otro.
> _____ Es difícil que los niños se contagien con SIDA. No hay riesgo de contagio por estar cerca de una persona con SIDA o por compartir algo con ella, por ejemplo, el bebedero de agua o la piscina.
> _____ Los científicos trabajan arduamente para saber más sobre el SIDA.
> _____ Sé amable con las personas con SIDA. Puedes darles un abrazo, ayudarlos con sus tareas o simplemente hablar con ellos.
> _____ El SIDA no se contagia fácilmente.

■ Se necesita traductor(a).

Instrucciones. Escriba la traducción de las siguientes frases y preguntas.

1. The biopsy is done at the hospital. _____

2. The results are recorded on a graph. _____

3. You should speak honestly with your doctor. _____

4. The cancer was detected too late. _____

5. Do you need a nurse who speaks Spanish and English? _____

6. This is the sixth and final treatment of chemotherapy. _____

7. Do you have difficulty swallowing? _____

8. A good diet is especially important for AIDS patients. _____

9. She was sexually abused and infected with HIV. _____

10. Normally, there is no blood in the urine. _____

■ Correo electrónico

El cuidado. Ud. tiene que explicarle a la hermana de un paciente con SIDA lo que debe hacer para cuidar a su hermano en casa. Dígale lo que necesita hacer.

Nombre _____ Fecha _____

De: renatamosquera@mixmail.com
Para: usted@escríbanos
Asunto: arreglar cuidado en casa para Óscar Mosquera
Mensaje:
Soy Renata Mosquera Ramos, hermana de Óscar Mosquera Ramos que fue ingresado en su hóspice en julio. Entendemos que Óscar está en las últimas etapas de su enfermedad, el SIDA. Sabemos que no hay nada que puedan hacer por él desde el punto de vista médico. Preferimos que Óscar sea trasladado a casa. Aquí puede morir tranquilamente entre sus familiares. ¿Podemos hacerlo? ¿Qué arreglos tenemos que hacer?

De: usted@escríbanos
Para: renatamosquera@mixmail.com
Asunto: arreglar cuidado en casa para Óscar Mosquera
Mensaje:

_____
_____
_____
_____
_____
_____
_____

■ Contestador automático

¿Es benigna? Ud. es médico y ha recibido este mensaje electrónico de su paciente Eliana Payán, que quiere saber cuál es su diagnóstico. Prepare dos respuestas posibles, una para un resultado positivo y otra para un resultado negativo.

RESPUESTA 1: LA BIOPSIA ES NEGATIVA

_____
_____

RESPUESTA 2: LA BIOPSIA ES POSITIVA

_____
_____

CAPÍTULO 15 221

Nombre _____ Fecha _____

■ Mi agenda

Of all the instructions you want to provide for a patient, the early warning signs of cancer and how to protect yourself against AIDS rank high on the list. Make a list of each of these so that you can say them readily to your patients.

Research and treatments for AIDS change rapidly. What are some of the current and new approaches to the disease? Remember that most generic drug names will be cognates in Spanish, especially for newer remedies. Based on your previous knowledge of medical terminology in Spanish, how will new drugs likely be translated into Spanish?

■ Para discutir

Of the many topics in this text, the subjects of AIDS and cancer are possibly the most delicate and require the most sensitivity. Discuss the various ways you have learned to present bad news to a patient or a family. If there is any hope, how can you express it to the patient? If not, how can you explain that the patient will be made as comfortable as possible?

Pueden buscar información en el sitio de la red: **http://spanishforlife.heinle.com**.

Nombre _____ Fecha _____

Bolivia y los bolivianos: El cuidado de los ancianos y la salud del hombre

CAPÍTULO 16

In this chapter you will learn:

COMMUNICATIVE FUNCTIONS
- Use gentle commands to speak to the elderly and family about housing
- Ask about recent health problems mostly associated with the elderly
- Talk about men's health problems

VOCABULARY
- Housing and care units for the elderly
- Health problems and diseases of the elderly
- Urology and other men's health issues

Transparencies: A–4: **La América del Sur**; A–13: Country Profile, **Bolivia**

A. El asilo y el hogar para los ancianos

❖ Vocabulario

Verbos	Verbs	Sustantivos	Nouns
alojar/hospedar	to house	la articulación/la coyuntura	joint (of body)
arreglar	to arrange; to fix	la bolsa de agua caliente	hot water bottle
atender (e→ie)	to care for, to tend to	el cojín eléctrico	heating pad
caminar/andar	to walk	el cubrecama/el edredón/la colcha	bedspread, bedcover
dificultar	to make difficult, to consider difficult	el cuidado	care
encamarse	to take to one's bed	la eneuresis/el orinar en la cama	bedwetting
facilitar	to make easy, to facilitate	la geriatría	geriatrics
incorporarse	to sit up (upright)	el habla (fem.)	speech (function of speaking)
instalar	to install	la incapacidad/la inhabilidad	handicap
jubilarse/retirarse (U.S.)	to retire (from a job)		
mojar la cama	to wet the bed	el oído	hearing, ability to hear
practicar	to practice	la ropa de cama	bedding
vigilar	to monitor, to watch over, to keep a vigil	la tracción	traction
		el trapecio	trapeze
		la úlcera de decúbito/la llaga de presión	bedsore, pressure sore
		el ultrasonido	ultrasound

CAPÍTULO 16   223

El equipo, la prótesis	***Equipment, prosthesis***	incontinente	*incontinent*
el andador (con ruedas)	*walker (with wheels)*	inválido	*invalid, disabled*
el aparato ortopédico	*brace*	lento	*slow*
el audífono	*hearing aid*	postizo	*prosthetic*
la barandilla/el pasamano	*handrail*	postrado en cama	*bedridden*
el bastón	*cane*	quebradizo/frágil	*brittle, fragile*
el carrito/el cochecito/ el carretillo eléctrico	*electric scooter, cart*	sordo	*deaf*
		tieso	*stiff, rigid*
la correa/el cinturón de seguridad	*safety strap, safety belt*	zurdo	*left-handed*
los dientes postizos/ las dentaduras	*false teeth, dentures*	**Expresiones**	***Expressions***
		el asilo de ancianos/el hogar de ancianos/el domicilio de ancianos	*nursing home*
la guía	*handbar*		
la muleta	*crutch*	¿Cómo escucha (oye), ve... ?	*How well do you hear, see . . . ?*
el ojo de vidrio/ el ojo postizo	*glass eye, prosthetic eye*		
		¿Con qué mano escribe Ud.?	*Which hand do you write with?*
la pierna postiza	*false leg*		
la piscina de hidromasaje	*whirlpool bath*	el cuidado ambulatorio	*ambulatory care*
la reja	*bar*	el cuidado con enfermera	*nursing care*
la silla de ruedas	*wheelchair*	el cuidado intermedio	*intermediate care*
Adjetivos	***Adjectives***	el cuidado total	*total care*
ambulatorio	*ambulatory*	el domicilio de jubilados	*retirement home*
ausente	*missing, absent*	¿Le es difícil subir las escaleras?	*Is it hard for you to climb stairs?*
ciego	*blind*		
deprimido	*depressed*	Le falta un dedo./Tiene un dedo de menos.	*He/She is missing a finger.*
desaparecido	*missing (a missing person)*		
incapacitado/inhabilitado	*handicapped*	¿Se le hinchan los tobillos, las muñecas, los dedos... ?	*Do your ankles, wrists, fingers . . . swell (up)?*

1. Diálogo A. El asilo y el hogar para los ancianos

La tía de la Sra. Miranda, doña Berta, sufrió un derrame cerebral hace unas semanas. Doña Berta puede salir del hospital pero necesita más terapia. Su lado izquierdo está débil y aún no ha recuperado totalmente el habla. La Sra. Miranda habla con la enfermera sobre el futuro cuidado de su tía.

ENFERMERA: Sra. Miranda, recomendamos que su tía tenga el cuidado intermedio. Necesita fisioterapia adicional.
SRA. MIRANDA: ¡Ay, no! No quiero que mi tía viva en un asilo de ancianos. Puede vivir con nosotros.
ENFERMERA: Entiendo, pero pueden atenderla mejor allí y va a recobrarse más rápidamente. Tenemos todo el equipo necesario como andadores, piscinas de hidromasaje, aparatos para ejercicios...
SRA. MIRANDA: Pues, no sé. Hablemos con ella.
[Las dos van al cuarto de doña Berta.]
ENFERMERA: Buenas tardes, doña Berta. Discutamos su tratamiento médico con su sobrina. ¿Está bien?
SRA. MIRANDA: Tía, volvamos a casa. Miguel y yo podemos cuidarla, ¿eh?
DOÑA BERTA: No sé, mi corazón. Va a ser muy difícil para tí y para Miguel. Vamos a ver qué dice la enfermera.

Nombre _____ Fecha _____

> ENFERMERA: Bueno, consideremos el consejo de su médico. Él prefiere que Ud. vaya a un asilo de cuidado intermedio. Allí, puede continuar la terapia. Los huesos de las mujeres de su edad pueden ser quebradizos. Allí, pueden vigilar sus ejercicios y darle los medicamentos regularmente.
> SRA. MIRANDA: Tía, sabes que puedes volver a casa...
> DOÑA BERTA: Lo sé, pero es mejor que primero recobre mi salud.

■ ¿Comprende?

1. ¿Por qué no quiere la Sra. Miranda que su tía vaya a un asilo de cuidado intermedio?_____

2. ¿Cuáles son las razones que da la enfermera en favor del cuidado intermedio?_____

3. En su opinión, ¿qué decide hacer doña Berta? _____

¡OJO! Check your coretext to see how to form the **nosotros** command form. Make sure that you include the reflexive pronoun if necessary: **sentarse = sentémonos** or **vamos a sentarnos**.

2. ¡Practiquemos!

¡**Escribamos!** Los mandatos con **nosotros**, a veces, son menos fuertes que los con **Ud.** o **tú**. Use el mandato con **nosotros** para sugerir las acciones siguientes.

MODELO: discutir los mejores remedios
Discutamos los mejores remedios.

1. hablar del cuidado ambulatorio_____

2. levantarse de la cama _____

3. caminar con la andadora_____

4. practicar la pronunciación_____

5. hacer los ejercicios para la pierna derecha _____

6. sentarse en el sofá_____

7. comer toda la gelatina _____

8. ponerse de pie _____

CAPÍTULO 16 225

Nombre _____ Fecha _____

3. ¡Escuchemos!

¿Qué actividades hacen? La enfermera, la Srta. Betancourt, está ayudando a la Sra. de Longo, una paciente en un asilo para los ancianos. La enfermera usa la forma del mandato con ella para sugerir las actividades que tiene que hacer la Sra. de Longo. Lea las preguntas, escuche la cinta y después, conteste las preguntas.

1. ¿Cuáles son las actividades que sugiere la enfermera? Use los verbos en infinitivo para hacer una lista de ellas.

   _____

   _____

2. Si la Sra. de Longo no quiere hacer las actividades, ¿qué puede decir? Trabaje con otro(a) estudiante. ¡Sean creativos!

   _____

   _____

3. Use el mandato con **nosotros** para sugerir otras actividades que quiera hacer la Sra. de Longo con la enfermera Betancourt. Consulte la lista de vocabulario para seleccionar algunas actividades adecuadas para los ancianos.

   _____

   _____

4. ¡Hablemos!

Los ancianos. Ud. es enfermero(a) de un asilo de ancianos. Los pacientes ancianos quieren varias cosas. Contésteles usando el mandato con **nosotros**. Primero conteste en el negativo, y luego en el afirmativo. Practique con otro(a) estudiante.

MODELO: Quiero llamar a mi hijo.
          No llamemos a su hijo ahora. Llamémoslo un poco más tarde.

1. Quiero usar el baño.
2. Necesito discutir mi cuidado con Uds.
3. Quiero subir las escaleras.
4. Necesito caminar con mi andador.
5. Quiero beber un vaso de agua.
6. Necesito cepillarme los dientes postizos.
7. Quiero tomar mi medicina para las coyunturas hinchadas.
8. Necesito arreglar mi cuarto.

5. La situación

Es mejor. Una familia hispana se resiste a poner a su madre en un hogar de ancianos. La señora tiene Alzheimer y ya no puede cuidarse sola. Como enfermero(a), explíquele a la familia que ella va a estar mejor en un hogar de ancianos. Trate de ser comprensivo(a) de las actitudes de los hispanos con respecto a poner a un paciente en un asilo.

¿Sabía Ud. que... ?

A great deal of respect is afforded to the elderly in the Hispanic society. It would be unusual to commit an elderly relative to a nursing home and would only be done as a last resort. Listen for the honorifics (the titles) used for your elderly patients. Make sure to find out which they prefer (**Don, Doña, Sr., Sra.,** etc.) and treat them with respect.

Nota cultural

"Courteous speech is worth much and costs little," say Spanish-speaking people frequently. They live up to the proverb by being very courteous to others and should be treated the same in return. Besides using the title **señor** and **señora**, the terms **don** and **doña** are used for respected elderly men and women. This is an important part of establishing rapport.

B. La historia y los problemas médicos de los ancianos

❖ Vocabulario

Verbos	**Verbs**
abandonar	to leave, to abandon
abusar	to abuse
echar de menos	to miss (someone, a thing, a place)
emigrar	to emigrate
entristecerse	to become sad
fallecer	to die, to pass away
fracasar	to fail
inmigrar	to immigrate
recordar (o→ue)/ acordarse de (o→ue)	to remember
trasladarse/mudarse	to move (from one location to another)
violar	to rape, to violate

Sustantivos	**Nouns**
el abandono	abandonment
el acoso sexual	sexual crime
los beneficios	benefits
el combate	combat
la destitución	destitution
el divorcio	divorce
el fracaso	failure
la guerra	war
la inanición/el hambre	starvation
el marinero	sailor (navy)
la muerte	death
el/la paciente externo(a)	outpatient
el/la pastor(a)	pastor
el rabí	rabbi
el/la religioso(a)	cleric
el/la sacerdote	priest
el soldado	soldier
el/la veterano(a)	veteran
la violación	rape

Las enfermedades y problemas de los ancianos	**Diseases and problems of the elderly**
la anormalidad física	physical abnormality
la artritis	arthritis
la burcitis	bursitis
las cataratas	cataracts
la demencia senil	senile dementia

CAPÍTULO 16

Las enfermedades y problemas de los ancianos	Diseases and problems of the elderly (cont.)
el derrame cerebral/la embolia/el ataque	stroke, cerebral hemorrhage, embolism
el desorden mental	mental disorder
el endurecimiento de las arterias	hardening of the arteries
la enfermemdad de Alzheimer	Alzheimer's disease
el glaucoma	glaucoma
la nostalgia	nostalgia
la paranoia	paranoia
el problema hereditario	hereditary problem
la senilidad	senility
la soledad	loneliness
la uña enterrada (encarnada)/el uñero	ingrown nail

Adjetivos	Adjectives
cojo	lame
destituido	destitute
legal	legal
pobre	poor
solitario	lonely

Expresiones	Expressions
el abuso de los ancianos	elderly abuse
dar de alta	to discharge (from the hospital), to release
¿Quién le prepara las comidas?	Who prepares your meals?

1. Diálogo B. La historia y los problemas médicos de los ancianos

Una entrevista para tomar la historia clínica de una persona anciana puede incluir muchas preguntas sobre su pasado. La Dra. Thayer habla con la Sra. Saldana, quien nació en España, emigró a Bolivia y finalmente se trasladó a Nueva York.

Dra. Thayer: Sra. Saldana, ¿cuántas veces se ha quedado embarazada?
Sra. Saldana: Cinco veces, pero el primer embarazo fue un aborto natural.
Dra. Thayer: ¿Ha tenido una histerectomía?
Sra. Saldana: No, doctora, no he tenido una histerectomía. Pues, nunca me han operado.
Dra. Thayer: ¿Ha usado métodos anticonceptivos en el pasado?
Sra. Saldana: Tampoco.
Dra. Thayer: ¿Ha tenido algún problema médico?
Sra. Saldana: Pues, los dedos se me hinchan y los siento tiesos especialmente en la mañana. Y el año pasado, cuando había nevado mucho, me resbalé y me quebré la cadera. Estoy bien ahora.
Dra. Thayer: Muy bien. ¿Ha tenido una falta de memoria alguna vez?
Sra. Saldana: Pocas veces. Recuerdo todo muy bien... demasiado bien.
Dra. Thayer: ¿Le ha pasado algo malo?
Sra. Saldana: Bueno, antes de mudarnos a Bolivia, mi marido luchó en el lado republicano en la Guerra Civil. Fue una época terrible, hermano contra hermano.
Dra. Thayer: ¿Quiere hablar de lo que ocurrió?
Sra. Saldana: No, ahora no.
Dra. Thayer: Bueno. ¿Con quién vive Ud.?
Sra. Saldana: Vivo sola. Mi marido ya había fallecido cuando me mudé a Nueva York con mi hija. Ella vive muy cerquita.
Dra. Thayer: ¿Quién le prepara las comidas?
Sra. Saldana: Si no me duelen los dedos, yo las preparo. Otras veces, mi hija las hace.

¿Comprende?

1. ¿Cuántas operaciones ha tenido la Sra. Saldana? _____

Nombre _____ Fecha _____

2. ¿Cómo se quebró la cadera? _____

3. ¿Qué le había pasado al marido de la Sra. Saldana? _____

4. En su opinión y basado en la limitada información, ¿debe la Sra. Saldana vivir sola? ¿Por qué?

2. ¡Practiquemos!

El tiempo perfecto. Forme el tiempo perfecto de los verbos entre paréntesis.

1. Yo nunca _____ (hablar) sobre mis experiencias en la guerra.
2. Nosotros ya _____ (hacer) los ejercicios terapéuticos.
3. Los enfermeros no _____ (discutir) las anormalidades físicas.
4. Mi madre ya _____ (ver) un cuarto modelo en el asilo.
5. ¿_____ (Escribir) su historia médica?

3. ¡Escuchemos!

Los lazos familiares. Escuche un artículo de una revista latina que discute la juventud y la vejez. Luego conteste las preguntas a continuación.

1. ¿Qué porcentaje de hispanos mayores de 65 años viven en la pobreza? _____

2. ¿Cuáles son los problemas que pueden sufrir? _____

3. ¿Qué se puede hacer para mejorar la situación? _____

4. ¡Hablemos!

Antes del asilo. Pregúntele a un(a) paciente qué había hecho antes de vivir en el asilo de ancianos.

¡OJO! You may use the imperfect to express habitual past actions!

MODELO: comer
Antes de vivir aquí, ¿qué había comido?

1. vivir
2. prepararle las comidas
3. hacer para pasar el tiempo
4. trabajar
5. tener hijos

Nombre _____ Fecha _____

⇄ 5. La situación

Necesita su ayuda. El Sr. Zavala, de 87 años de edad, tiene pesadillas *(nightmares)* y recuerdos súbitos *(flashbacks)* de la Segunda Guerra Mundial en la que fue soldado en la guerra del Océano Pacífico. Esto lo inquieta mucho porque no sabe por qué le está pasando esto después de tantos años. Como muchos ancianos, usa su lengua materna para hablar del pasado. ¿Cómo puede averiguar cuál es el problema? Pregúntele si quiere conversar con Ud., o si prefiere hablar con alguien que pueda compartir esos recuerdos. Averigüe si está solo o si tiene familiares que lo puedan ayudar. (Sugerencia: Infórmese sobre lo que pasó en el teatro de operaciones del Pacífico durante la guerra o sobre cualquier otro acontecimiento del pasado que pueda hacer participar a su paciente en una conversación.)

¿Sabía Ud. que...?

Depending on the country of origin, the elderly may have very different memories or fears than those you are used to hearing. For example, if an elderly man is from Spain, he may vividly remember the civil war (**la Guerra Civil**) from 1936 to 1940 and may still suffer from nightmares or terrible memories of that time. A Puerto Rican may have served in the Second World War (**la Segunda Guerra Mundial**). Others may recall the horrors of natural disasters and their consequences. Be sensitive. Check your coretext for cultural information so that you can be prepared to listen to someone's problems or fears.

Nota cultural

Many elderly Bolivian Americans may still believe in traditional folk illnesses that they knew back home such as **empacho**. **Empacho** is a stomach disorder that occurs when someone has eaten too much of a certain food such as bananas, rice, potatoes, or hot bread or has had an unpleasant emotional experience such as eating against one's will or disliking what was eaten. According to this belief, a hard "ball" develops inside the stomach leading to symptoms such as stomachache, diarrhea, and vomiting or listlessness. This condition is treated by the folk healer, who initiates body massages around the back and waist, which are supposed to help the hard "ball" pass through the intestinal track.

C. La urología y la salud de los hombres

❖ Vocabulario

¡OJO! While there are several terms that relate only to men's health, there are others that are more common in men but can also be a female problem. Make sure that you make any necessary changes to adjectives that require this reference.

Verbos	**Verbs**
defecar/hacer de vientre/ mover (o→ue) el vientre	to defecate
infectar	to infect
orinar	to urinate
pasar (tirar) gases	to pass gas
roncar	to snore
tener relaciones sexuales	to have sexual relations
tirar vientos/pedar *(fam.)*	to fart

Nombre _____ Fecha _____

Sustantivos	Nouns		
el adormecimiento	numbness	los malos sueños	bad dreams
la ansiedad	anxiety	la neurosis de guerra	shell shock
el apnea del sueño	sleep apnea	el pelo púbico/el pendejo (fam.)	pubic hair
la calvicie	baldness	el pene/el miembro/ el pájaro (fam.)	penis
el derrame	leakage, leaking		
el desecho	discharge	el prepucio	foreskin
la disfunción erectil	erectile dysfunction	la prostatitis	prostatitis
la enfermedad venérea	venereal disease	la pus	pus
la esperma	sperm	el ronquido	snoring
la esterilidad	sterility	la secreción	secretion
el examen proctológico	proctologic exam	el semen	semen
la fertilidad	fertility	la sensibilidad	sensitivity
la hemorroide	hemorrhoid	los sudores nocturnos	night sweats
el hormigueo	tingling, pins and needles	los testículos/los huevos (fam.)/los cojones (fam.)	testicles
la impotencia	impotence	**Adjetivos**	**Adjectives**
la infección urinaria	urinary infection	calvo	bald
la inflamación	inflammation	desvelado	sleepless
el insomnio	insomnia	longevo	long-lived
la llaga	sore		

1. Diálogo C. La urología y la salud de los hombres

El Dr. Burns le explica al Sr. Llanos la importancia de los exámenes urológicos.

Dr. Burns: Lo importante es que tenga un examen urológico cada año.
Sr. Llanos: Sí, pero es incómodo.
Dr. Burns: Unos minutos de incomodidad pueden salvarle la vida.
Sr. Llanos: Bueno, ojalá que no encuentre nada.
Dr. Burns: Claro, tengo para Ud. algunas preguntas: ¿Ha tenido algún problema al orinar... sangrado sensación de ardor?
Sr. Llanos: No, nunca.
Dr. Burns: ¿Ha tenido operaciones en el pene, dolor en el escroto o picazones?
Sr. Llanos: Tampoco.
Dr. Burns: En cuanto a las relaciones sexuales, ¿ha experimentado dolores, secreciones fuera de lo normal *(out of the ordinary)*?
Sr. Llanos: No, doctor. Para mí, lo primero es ser fiel *(faithful)* a mi esposa, por eso nunca he tenido enfermedades venéreas.
Dr. Burns: Muy bien. Ahora, voy a examinarle la próstata. Voy a poner mi dedo dentro de su recto para sentir si está hinchada la próstata. ¿Me entiende Ud.? ¿Está Ud. cómodo?
Sr. Llanos: Bueno, sí. Estoy listo. Gracias por explicarme lo que está haciendo.

■ ¿Comprende?

1. ¿Qué es lo más importante en cuanto al examen urológico? _____
_____

Nombre _____ Fecha _____

2. ¿Qué dice el Sr. Llanos sobre las relaciones sexuales? _____

3. ¿Cómo va a examinar la próstata el Dr. Burns? _____

2. ¡Practiquemos!

La nominalización. Use la nominalización del adjetivo (**lo** + adjetivo) para mejor completar las oraciones a continuación. Es posible tener más de una respuesta correcta.

difícil, importante, dudoso, bueno, triste, necesario, incómodo

1. _____ es tener un examen cada año.
2. _____ es que el paciente haya muerto.
3. _____ es que podamos operarle para sacar la próstata.
4. _____ es el examen rectal.
5. _____ es esperar los resultados de la biopsia.
6. _____ informarle al paciente acera de la importancia del examen urológico.

3. ¡Escuchemos!

Hablando con el doctor. El Sr. Encinas le explica al urólogo algunos problemas que tiene. Escuche y después conteste las preguntas.

1. ¿Cuándo había tenido un examen médico el Sr. Encinas? _____

2. ¿Cuáles son los tres síntomas o problemas que tiene el Sr. Encinas?
   a. _____
   b. _____
   c. _____
3. ¿Entiende el Sr. Encinas por qué necesita un examen urológico? ¿Cómo lo sabe Ud.? _____

4. ¡Hablemos!

Hace mucho tiempo. Complete las frases a continuación con su propio consejo a su paciente (hombre) quien no ha tenido una cita con el doctor desde hace cinco años.

1. Lo que quiero saber...
2. Lo que me importa...
3. Lo que me molesta...
4. Lo que busco...
5. Lo que considero necesario...

Nombre _____ Fecha _____

⇄ 5. La situación

Sobre el examen. Como médico(a), explíquele a un paciente cómo se hace el examen de próstata. Dígale qué tipo de incomodidad o molestia sentirá y cuánto tiempo durará el examen.

¿Sabía Ud. que...?

There are many familiar, slang, and euphemistic expressions for parts of the body and their functions. It is best not to use these expressions under most circumstances. Those that are suitable for children, such as **hacer pipí** o **pupú** (given in Chapter 10), should not be used with your patients. Use **orinar** and **defecar**. Or you can use some of the familiar forms such as **hacer vientre** instead of **defecar**. Sometimes it is difficult to know because the Latin rooted word sounds too formal in English but is fine in Spanish. You can always ask which words are preferred, but never insult a patient, especially an elderly one who is trying to maintain his or her dignity.

Nota cultural

Bolivian Americans may view time differently than their American neighbors. In Bolivia, it is understood that scheduled events will begin late and that arriving on time is not expected. This comes from a cultural belief in getting as much pleasure out of a particular experience as possible, be it a chance encounter or an unannounced visit from a friend or family member, rather than focusing on watching the clock.

D. Síntesis: Por el mundo de la salud y la medicina

■ ¡A leer!

Antes de leer: ¿Qué sentimientos suelen experimentar las familias que se ven en la situación de poner a un familiar en un asilo?

Lea las recomendaciones de la generación hispana más joven sobre cómo deben cuidar de los ancianos.

> No nos sintamos culpables si por razones de salud no podemos cuidar a un pariente que necesita atención médica constante. Pero asegurémonos de que esto no signifique «ojos que no ven, corazón que no siente»[1]. Cerca del 25 por ciento de los ancianos hispanos necesitan ayuda con sus actividades diarias. Hay dos millones de ancianos hispanos en los Estados Unidos y para el año 2050, vamos a tener un aumento significativo. Hagamos todo lo posible para retenerlos en el seno familiar[2] y no en los asilos para ancianos.

[1] **ojos que no ven, corazón que no siente:** *out of sight; out of mind;* [2] **en el seno familiar:** *in the family home*

¿Comprende?

1. ¿Cuándo no se debe sentir culpable? _____
_____

Nombre _____ Fecha _____

2. ¿Qué significa «ojos que no ven, corazón que no siente» literalmente *(literally)* en inglés? _____

3. ¿Cuántos ancianos hispanos hay en los Estados Unidos? _____

4. En última instancia, ¿qué es lo más importante que podemos hacer para los ancianos? _____

■ Se necesita traductor(a).

Los ancianos y los hombres. Escriba la traducción de las siguientes frases y preguntas.

1. Your great aunt needs ambulatory care. _____

2. Is it hard to climb the stairs? _____

3. We can take good care of him in the nursing home. _____

4. Her grandson doesn't want her to live alone. _____

5. The worst part are the brittle bones. _____

6. Let's discuss her care. _____

7. Let's practice with the walker. _____

8. Have you spoken with anyone about the war? _____

9. Had you seen the doctor about this before? _____

10. The important part is that you have a urological exam every year. _____

■ Correo eléctronico

¿Hay espacio? Ud. es el gerente de un asilo de ancianos que ofrece todos los niveles de cuidado. Conteste las preguntas de un pariente de un posible paciente.

Nombre _____ Fecha _____

De: torremolinos@mixcor.com
Para: usted@escríbanos
Asunto: su asilo
Mensaje:
Me llamo Jaime Torremolinos. Mi padre, Antonio, de 85 años, busca un asilo que pueda ofrecerle un cuarto por cuatro meses, mientras mi familia y yo estamos fuera del país. ¿Es posible reservarle un cuarto bajo estas circunstancias? Por favor, dígame los tipos de cuartos privados que tienen. También, explíqueme el tipo de cuidado para los ancianos en este hospital. Mi padre es diabético.

De: usted@escríbanos
Para: torremolinos@mixcor.com
Asunto: su asilo
Mensaje:

_____
_____
_____
_____
_____
_____
_____

■ Contestador automático

A caso. Ud. es el/la enfermero(a) que recibe este recado para uno de sus pacientes en el asilo de ancianos. Apunte la información importante para doña Fatima.

MENSAJES

Para:
De
Sobre:

CAPÍTULO 16

Nombre _____ Fecha _____

■ Mi agenda

As with the entire elderly population, it is important that you show considered respect toward your older Hispanic patients. Honorifics, instead of first names, **Ud.** or **nosotros** commands, showing interest in the extended family, and providing memories of country of origin and specific events will help you establish good rapport with your patients. Check the glossary in the appendix of your text for more vocabulary that describes family members such as great grandchildren, great aunts, and so on. Do a Web search or consult an encyclopedia for a summary of important events. Make a list of the items that will help you with a future or current patient.

Los títulos honoríficos:

Toda la familia (bisnietos, tíos abuelos, etc.):

El país natal:

Los eventos importantes (una guerra, un desastre natural):

■ Para discutir

In class, make a list of medical problems that are more common to the elderly population. Review previous chapters for vocabulary. Also check Chapter 18 for diseases of the eye or dental problems that would be useful to know even if optometry or dentistry are not your fields. Compare your list with those of other students and compile a master list to share.

How would you handle a situation in which your patient is convinced that his/her ailments are due to the food served in the hospital or nursing home resulting in **empacho**? Discuss with the class how you can help and assure the patient about his/her diet.

Pueden buscar información en el sitio de la red: **http://spanishforlife.heinle.com**.

Nombre _____ Fecha _____

Ecuador y los ecuatorianos, Guinea Equitorial y los guineanos: El embarazo y la planificación familiar

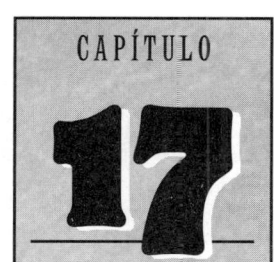

CAPÍTULO 17

In this chapter you will learn:

COMMUNICATIVE FUNCTIONS
- Talk about having a baby, prenatal care
- Instruct a pregnant woman in labor
- Talk about family planning and postnatal care

VOCABULARY
- Nouns and verbs dealing with pregnancy and prenatal care
- Verbs for giving commands to a woman in labor and the delivery
- Family planning and postnatal care

Transparency: A–12: Country Profile, **Ecuador**

A. El embarazo y el cuidado prenatal

❖ Vocabulario

Verbos	**Verbs**
abortar	to abort
concebir (e→i)	to conceive
fertilizar	to fertilize
malparir *(form.)*/tener un aborto natural/ perder (e→ie) el bebé	to miscarry
nacer	to be born
parir/dar a luz	to give birth
vigilar	to watch, to monitor

Sustantivos	**Nouns**
el aborto (voluntario)	abortion
el aborto involuntario/ el aborto natural	miscarriage
la anormalidad	abnormality
el antojo	craving
la atención prenatal/ el cuidado prenatal	prenatal care
el embarazo (ectópico/ tubular)	(ectopic, tubal) pregnancy
el embrión	embryo
el/la esperma	sperm
las estrías	stretch marks
el factor Rhesus	RH factor
el feto	fetus
el flujo vaginal	vaginal discharge
los genes	genes
las hormonas	hormones
la madre soltera	single mother
la maternidad	maternity
la matriz	womb
los nacimientos múltiples	multiple births
el ovario	ovary
el óvulo	ovum
el padre soltero	single father
la primeriza	first-time mother

CAPÍTULO 17   237

Sustantivos	Nouns (cont.)	Adjetivo	Adjective
el sonograma	sonogram	embarazada/encinta	pregnant
el trillizo	triplet	**Expresiones**	**Expressions**
el trimestre	trimester	¿Cuánto aumentó (bajó) de peso?	How much weight did you gain (lose)?
la sonografía	sonograph		
el útero	uterus	¿Perdió un bebé alguna vez?	Have you ever lost a baby?
las várices	varicose veins		
Las pruebas	**Tests**	Tiene tres meses de embarazo./Está encinta hace tres meses.	You are three months pregnant.
el examen/la prueba de	test, exam for		
SIDA	AIDS		
sangre	blood	los vómitos del embarazo	morning sickness
Papanicolau	PAP		
embarazo	pregnancy		
el factor Rhesus	RH factor		
orina	urine		

1. Diálogo A. El embarazo y el cuidado prenatal

La Sra. Rinaldo y la Dra. Costa hablan del primer embarazo de la paciente.

SRA. RINALDO: Doctora, éste es mi primer embarazo. No sé qué hacer antes de que nazca mi bebé.
DRA. COSTA: Bueno, la salud de su bebé depende del cuidado prenatal. ¿Ha tenido diarrea, mareos, nausea, flujo vaginal, várices... ?
SRA. RINALDO: Pues, he tenido vómitos por la mañana y a veces unos antojos extraordinarios... ¡barbacoa con mermelada!
DRA. COSTA: Es normal que se sienta así durante el primer trimestre. Debe seguir una dieta adecuada, no tomar alcohol de ninguna clase... ni cerveza, ni vino.
SRA. RINALDO: Confieso que fumo de vez en cuando.
DRA. COSTA: Es sumamente importante *(extremely important)* que deje de fumar en cuanto antes *(as soon as possible)*. Si una mujer fuma durante el embarazo, es posible que el bebé nazca temprano o que tenga un peso bajo.
SRA. RINALDO: Entiendo, doctora. Y las estrías... ¿hay algo que pueda hacer?
DRA. COSTA: Puede usar unas lociones que contienen vitamina E.
SRA. RINALDO: Me gustaría ver una imagen *(image, picture)* del bebé pero no quiero saber el sexo.
DRA. COSTA: No podemos hacer el sonograma hasta que entre en la quinta *(fifth)* semana.
SRA. RINALDO: ¿Debo venir a verle solamente cuando tenga problemas?
DRA. COSTA: No, es importante que vigilemos su embarazo. La enfermera puede ayudarla con las citas y algunas pruebas necesarias. También tenemos clases para las primerizas y clases para los padres y las madres. ¿Les interesan las clases de Lamaze para su esposo y Ud.?
SRA. RINALDO: No sé. No creo que a mi esposo le guste participar en tales cosas.

■ ¿Comprende?

1. Haga una lista de al menos cuatro consejos que la Dra. Costa le da a la Sra. Rinaldo. _____

2. ¿Cómo se llama la imagen del bebé que quiere ver la Sra. Rinaldo? _____

Nombre _____ Fecha _____

3. ¿Cree Ud. que el esposo de la Sra. Rinaldo vaya a participar en las clases de Lamaze? ¿Cómo lo sabe? _____

_____

2. ¡Practiquemos!

El subjuntivo. Use el subjuntivo para completar las siguientes frases sobre el embarazo.

1. Antes de que _____ (nacer) el bebé, Ud. debe comprar una cuna segura.
2. Después de que _____ (llegar) los gemelos, Ud. debe ver a la pediatra.
3. Cuando _____ (sentirse) Ud. cansada, debe descansar.
4. Antes de que _____ (concebir) Uds., deben dejar de fumar.
5. Cuando _____ (decidir) Ud. si va a amamantar al bebé o no, debe hablar con el médico.

3. ¡Escuchemos!

El consejo. Hay muchas pruebas y muchos consejos para la mujer encinta. Escuche el consejo que le da una médica durante la primera clase para mujeres embarazadas. Luego, conteste las preguntas a continuación. Lea las preguntas antes de escuchar la cinta.

1. Además de la dieta sana, ¿qué otras cosas puede tomar la mujer encinta? _____

_____

2. ¿Qué puede aprender la madre del sonograma? _____

_____

3. ¿Qué mujeres deben hacerse la prueba de amniosentesis? _____

_____

4. ¡Hablemos!

El nacimiento. Aconseje a su paciente: ¿Qué cosas debe hacer antes y cuáles después del nacimiento? Practique con otro(a) estudiante.

MODELO: decirle a mi familia en Paraguay que estoy embarazada

    ESTUDIANTE A: ¿Cuándo debo decirle a mi familia en Paraguay que estoy embarazada?
    ESTUDIANTE B: Ud. debe decirle antes de que nazca el bebé.

1. aprender a amamantar al bebé
2. comprar la comida sólida para los bebés
3. poder tomar alcohol
4. saber el sexo del bebé
5. hacerse un sonograma
6. escoger a un pediatra
7. tomar ácido fólico
8. comprar un asiento de seguridad para el coche *(carseat)*
9. fumar cigarrillos

CAPÍTULO 17

Nombre _____ Fecha _____

⇄ **5. La situación**

Un embarazo sin complicaciones. La Sra. Rojo nunca ha ido al médico y tuvo a todos sus otros hijos en casa con una partera. ¿Qué beneficio puede obtener ella de las consultas médicas periódicas durante su embarazo? Explíquele cómo los exámenes pueden ayudarla a tener un embarazo sin complicaciones.

> **¿Sabía Ud. que... ?**
> Many Hispanic women have standards of modesty that differ markedly from those in the United States. Many women have not, even in childhood, seen others undressed and are extremely reluctant to talk about genital or excretory functions. Therefore, the initial visit to an obstetrician may be an emotional one. In addition, many fathers are unlikely to want to participate in the pregnancy due to the prevalence of **machismo** in the Hispanic culture.

> **Nota cultural**
> In many Hispanic cultures, women have been taught not to touch their genitalia or to expose their breasts such as for a mammography. This modesty may cause them to feel threatened during physical examinations or they may feel overexposed or embarrassed when a gynecologic examination is conducted, especially by a male nurse or physician. Try to match the gender of the patient with that of the caregiver.

B. El parto *(Birth)*

❖ Vocabulario

Verbos	**Verbs**
agarrar	to grasp, to hold on to, to grip
contraerse	to contract
doblar	to bend
empujar	to push
incubar	to incubate
jadear	to pant
jalar	to pull
mover (o→ue)	to move
parir/dar a luz	to give birth

Sustantivos	**Nouns**
la anestesia	anesthesia
la bolsa de líquido amniótico/la bolsa de aguas	amniotic sack
el calambre	cramp
el canal cervical	cervical canal
la contracción	contraction
el cordón umbilical	umbilical cord
el cuello uterino/el cuello de la matriz	cervix
los dolores del parto/el trabajo de parto	labor pains
la epidural/peridural	epidural
la episiotomía	episiotomy
la incubadora	incubator
el monitoreo fetal	fetal monitor
el ombligo	navel, belly button
la operación cesárea	Cesarean section
la partera/la comadrona	midwife
el parto natural	birthing, natural childbirth
el pezón/la teta	nipple
la placenta	placenta
la sala de recién nacidos	newborn nursery
la sala de maternidad/la unidad de maternidad	maternity ward

240 *Spanish for Health Worktext*

Sustantivos	Nouns (cont.)	el síndrome de alcohol en el feto	fetal alcohol syndrome
el trabajo de parto	labor	la sordera	deafness
la trompa de Falopio	Fallopian tube	**Expresiones**	**Expressions**
la vulva	vulva	al principio	at the beginning
Los defectos y problemas de nacimiento	**Birth defects and birth problems**	¿Cada cuánto tiempo vienen las contracciones?	How far apart are the contractions coming?
el aborto natural/la pérdida del bebé (fam.)	miscarriage, loss of the baby	Descanse un poco.	Rest a little bit.
el/la bebé prematuro(a)	premature baby	¡Empuje fuerte!	Push hard!
la ceguera	blindness	estar en trabajo de parto	to be in labor
la espina bífida	spina bifida	Esto es para el dolor.	This is for the pain.
los gemelos siameses	conjoined (Siamese) twins	Jadee rápidamente.	Pant quickly.
la ictericia	jaundice	¡No empuje todavía!	Don't push yet.
la marca de nacimiento	birthmark	Se parece a su padre/madre.	He/She looks like his/her father/mother.
el/la nacido(a) muerto(a)	stillborn	Ud. está dilatada a dos centímetros.	You are two centimeters dilated.
el poco peso al nacer	low birth weight		

1. Diálogo B. El parto

Susana Irrutia va a dar a luz a su bebé. La enfermera partera *(nurse midwife)* y el médico están con ella.

PARTERA: ¿Cada cuánto tiempo tiene las contracciones, Sra. Irrutia?
SRA. IRRUTIA: Cada diez minutos. Los dolores son fuertes. ¿Puede darme algo para el dolor mientras esperamos? ¡¡¡Ayyyy, viene otra!!!
PARTERA: Lo siento, no podemos darle nada ahora. ¿Recuerda Ud. cómo le enseñaron a jadear? Jadee así... ja, ja, ja.
SRA. IRRUTIA: Sí, pero, mi esposo... ¿ha llegado? No quiero dar a luz hasta que llegue.
PARTERA: Lo hemos llamado. Si no hay mucho tráfico, estará *(he will be)* aquí dentro de unos minutos.
[Más tarde... el Sr. Irrutia ha llegado y el médico está con la Sra. Irrutia.]
DOCTOR: El bebé ha entrado en el canal uterino. Por favor, abra las piernas un poco más para que salga bien el bebé.
SR. IRRUTIA: ¡Agarra mi mano, mi amor! ¡Apriétala!
DOCTOR: ¡Empuje!
SRA. IRRUTIA: ¡Ayyy... no puedo más!
DOCTOR: Sé que está cansada. A menos que empuje, no va a nacer el bebé.
PARTERA: ¡Muy bien! Uds. son padres de una hija preciosa. Voy a ponerla sobre su estómago y luego voy a cortarle el cordón umbilical para que puedan verla mejor.

¿Comprende?

1. ¿Por qué no le pueden dar a la Sra. Irrutia algo para el dolor del parto? _____

2. ¿Está el Sr. Irrutia con su esposa al principio? ¿Cuándo llega? _____

Nombre _____ Fecha _____

3. Haga una lista de los mandatos que le dan a la Sra. Irrutia para que nazca el bebé. (Hay cinco en total.) ¿Cuáles son los mandatos con **Ud.** y cuáles con **tú**? _____
_____
_____

2. ¡Practiquemos!

La frase adverbial. Escoja la frase de la columna B que va mejor con la frase adverbial de la columna A. Luego, cambie el verbo al subjuntivo.

A	B
1. a menos que	_____ empezar las contracciones pronto, vamos a inducir el parto
2. con tal que	_____ descansar Ud., tiene que empujar
3. para que	_____ salir el bebé de nalgas, tenemos que estar preparados
4. sin que	_____ no tener Ud. dos centímetros de dilación, podemos darle anestesia
5. en caso de que	_____ ver Uds. al bebé mejor, vamos a cortarle el cordon umbilical.

3. ¡Escuchemos!

La joven. Marlena Carvajal es muy joven para tener un bebé. Tiene 14 años y tuvo muchos problemas al parir. Es siempre muy difícil dar malas noticias. La doctora le explica a la mamá de Marlena lo que pasó. Escuche la cinta y conteste las preguntas.

1. ¿Cuáles son las malas noticias que tiene la doctora para la familia de Marlena? _____
_____

2. ¿Por qué tuvo problemas Marlena al parir? _____
_____

3. ¿Qué le pasó al bebé de Marlena y por qué ocurrió? _____
_____

4. En su opinión, ¿es buena la manera en que la doctora le da las noticias a la familia de Marlena? ¿Por qué? ¿Hay algo más que puede decirle la doctora a la familia? _____
_____
_____

4. ¡Hablemos!

La claridad. Lo más importante para la mujer que está pariendo, es darle las instrucciones sencillas y claras. Dé los mandatos necesarios en un orden lógico. Trabaje con otro(a) estudiante para practicarlos.

empujar, parar, jadear, abrir las piernas, descansar, apretar la mano, respirar normalmente, subir a la cama, agarrar las barandas de la cama, abrazar al bebé

Nombre _____ Fecha _____

⇄ 5. La situación

El parto. La Sra. Rodríguez lleva varias horas en trabajo de parto. Ella quiere beber un poco de agua y también quiere algo para calmar el dolor. Dígale lo que puede darle y lo que no, y explíquele por qué. Asegúrele que lo que le está pasando es normal y que va a estar todo bien.

¿Sabía Ud. que... ?

In Latin America, desires for particular foods or foods prepared in a certain way are called **antojos**. There is a widespread belief that unfulfilled desires of pregnant women may result in birthmarks on the infant. Therefore, few food restrictions are placed on pregnant women. You may need to stress healthful eating to your patient if this belief prevails in her culture.

Nota cultural

Abortion is still illegal in many Spanish-speaking countries, and the use of various methods of birth control is not as widespread as it is in the U.S. However, the need to curb overpopulation and the spread of AIDS is quickly changing attitudes toward birth control.

C. El cuidado postnatal y la planificación familiar

❖ Vocabulario

Verbos	Verbs	Sustantivos	Nouns
abrazar	to hug	el abrazo	hug
adoptar	to adopt	la adopción	adoption
amamantar/dar el pecho/ dar el seno	to nurse (a baby)	el anticonceptivo	contraception
		el bebé/el/la nene(a)	baby
arrojar/escupir	to spit up	el beso	kiss
besar	to kiss	el biberón/la mamadera (Arg.)/la pacha (Carib.)	baby bottle
chupar	to suck		
criar	to raise, to bring up (a child)	el chupete	nipple (of bottle), pacifier
		el coito	coitus
defecar/hacer pupú (fam.)	to defecate	el cólico	colic
hacer eructar	to burp (a baby)	el condón	condom
llorar	to cry	la crianza	upbringing, care of a child
orinar/hacer pipí (fam.)	to urinate, to pee		
planear	to plan	la criatura (fam.)	baby, child
tragar	to swallow	la familia de acogida	foster family

CAPÍTULO 17

Sustantivos	Nouns (cont.)
la fertilización in vitro	in vitro fertilization
la fórmula	formula
el/la gemelo(a) (fraterno[a], idéntico[a])	(fraternal, identical) twin
la incubadora	incubator
la inseminación artificial	artificial insemination
la leche	milk
la nodriza	wet nurse
el/la padrino(a)	sponsor (of a foster child), godparent
el pañal	diaper
el/la recién nacido(a)	newborn
las relaciones sexuales	sexual relations
el talco	talcum powder

Adjetivos	Adjectives
güero	blonde, fair-skinned
mono	cute
moreno	dark, brunette, dark-haired, dark-skinned
normal	normal
peladito/calvito	baldy
pelirrojo	redhead
precioso	precious, beautiful
prieto (Méx.)	dark-skinned
rubio	blond, light-haired
seguro	safe

Adverbio	Adverb
prematuramente/antes de tiempo	prematurely

Expresiones	Expressions
en cuanto a	regarding
francamente	honestly, frankly
la madre que amamanta	nursing mother
las clases para padres y madres	parenting classes
Los bebés comen cada tres o cuatro horas.	Babies eat every three or four hours.
volver a tener relaciones sexuales	to resume sexual relations
Tiene que preparar la fórmula.	You have to prepare the formula.
Va a alimentar al bebé.	You are going to feed the baby.

1. Diálogo C. El cuidado postnatal y la planificación familiar

La doctora habla con la Sra. Delgado antes de que salga del hospital. La Sra. Delgado es una madre primeriza y no quiere tener otros hijos muy pronto.

DRA. JAMES: Sra. Delgado, ¿cómo está Ud.?

SRA. DELGADO: Muy bien, doctora. Estoy tan feliz con mi hijito *(little son)*. Le daremos mucho cariño y amor. Lo cuidaremos muy bien.

DRA. JAMES: Ud. sabe que tiene que amamantarlo cada tres o cuatro horas, ¿verdad?

SRA. DELGADO: Sí, doctora, recuerdo todo de las clases para las madres.

DRA. JAMES: La atención postnatal será importante para su hijo y para Ud. misma también. ¿Tiene Ud. algunas preguntas para mí?

SRA. DELGADO: Bueno, sí, pero son muy personales. Son cuestiones *(issues)* sobre el postparto y sobre las relaciones sexuales.

DRA. JAMES: No tenga miedo.

SRA. DELGADO: ¿Sufriré la depresión del postparto?

DRA. JAMES: No todas las mujeres la tienen. Es importante que Ud. se cuide, coma bien y descanse cuando pueda.

SRA. DELGADO: Mi esposo y yo decidimos no tener otro bebé muy pronto.

DRA. JAMES: Pues, Uds. podrán volver a tener relaciones sexuales tan pronto como se sienta cómoda. En cuanto a la posibilidad de tener otros hijos, debe usar anticonceptivos. Algunos son más seguros que otros. Los discutiremos la semana que viene en mi consultorio. ¿Vale?

SRA. DELGADO: Gracias, doctora.

Nombre _____ Fecha _____

■ ¿Comprende?

1. ¿Cómo se siente la Sra. Delgado en cuanto a su bebé? _____

2. ¿Qué pregunta sobre el futuro hace la Sra. Delgado? _____

3. ¿Qué discutirán la doctora y la Sra. Delgado en su próxima cita? _____

2. ¡Practiquemos!

El futuro. Después del nacimiento de un bebé, los padres y otros familiares estarán muy ocupados. ¿Qué tendrán que hacer? Use el futuro en las frases a continuación.

1. los padres / cambiar los pañales sucios _____

2. la madre / dar el pecho varias veces al día _____

3. el padre / acostar al bebé _____

4. yo / poner la fórmula en la nevera *(fridge)* _____

5. la nena / hacer pipí en los pañales _____

6. la pediatra y yo / hablar del bebé _____

7. Ud. / no poder descansar mucho _____

8. los abuelos / poder cuidar a la bebé de vez en cuando _____

3. ¡Escuchemos!

Una clínica. Escuche este anuncio público de servicios *(public service announcement)* sobre una clínica en Texas. Clasifique los servicios mencionados bajo los títulos a continuación.

SERVICIOS PARA MUJERES EMBARAZADAS

_____

SERVICIOS PARA LAS PAREJAS

_____

SERVICIOS PARA MADRES DESPUÉS DEL PARTO

4. ¡Hablemos!

El embarazo. Conteste las preguntas siguientes usando el futuro del verbo que se usa en la pregunta. Practique con otro(a) estudiante.

MODELO: ¿Van a ser mellizos o trillizos?
         Serán mellizos.

1. ¿Vamos a tener una nena o un nene?
2. ¿Va Ud. a escoger a un pediatra ahora o después del nacimiento del bebé?
3. ¿Van Uds. a tener otros hijos o va a ser éste el último?
4. ¿Qué clase de anticonceptivos van a usar Uds.?
5. ¿Dónde va a nacer el bebé, en EE.UU. o en Ecuador?
6. ¿Va a amamantar Ud. al nene o va a darle el biberón?
7. ¿Van a poner Uds. la fórmula en la nevera o en el microondas?

5. La situación

Las opciones. El Sr. y la Sra. Carvajal han estado tratando de concebir otro niño. Explíqueles las opciones: la fertilización in vitro, ser una familia de acogida, la adopción, etcétera.

¿Sabía Ud. que... ?
Most Hispanic mothers expect admirers to touch their infants, whereas in the United States mothers are protective of their babies. To not touch the infant indicates something rather suspicious as well as being cold and uncaring. While lightly caressing the cheek or hand of the newborn, be sure to add compliments about the baby such as **¡Qué precioso(a)!** or **¡Qué lindo(a)!**

Nota cultural
The role of the father during labor and delivery is very much dependent on the level of acculturation of the father to mainstream American trends. If the father is traditional, his role may be a more passive, supportive one, and he will not be present at the delivery. It is more acceptable for the pregnant woman's mother to be present during the entire labor and delivery.

Nombre _____ Fecha _____

D. Síntesis: Por el mundo de la salud y la medicina

■ **¡A leer!**

Antes de leer: ¿Qué pruebas se les hace a los recién nacidos? ¿Por qué se las hacen?

❤ **LOS EXÁMENES DE DETECCIÓN PARA LOS RECIÉN NACIDOS** ❤

Nuestro programa para el «screening» de recién nacidos identificará a esos pocos bebés que tienen defectos de nacimiento graves. Les daremos tratamiento inmediato para evitar las complicaciones graves, como el retardo mental, la hiperplasia, el hipotiroidismo y la anemia. ¡Y Ud. podrá ayudar!

- Asegúrese de que su bebé haya sido evaluado antes de que salgan del hospital.
- Llévelo a su médico o a una clínica para que lo vuelvan a revisar a los 7–14 días de edad.

¿Comprende?

1. ¿Por qué es necesario hacerles a los bebés un examen para recién nacidos? _____

2. ¿Cuáles son tres de los defectos de nacimiento que se mencionan en el anuncio? _____

3. ¿Es posible que la madre pueda ayudar? ¿Qué puede hacer? _____

■ **Se necesita traductor(a).**

El parto. Escriba las traducción de las siguientes frases, exclamaciones y preguntas sobre el parto.

1. When I tell you, push hard. _____

2. Wait! Don't push! _____

3. The doctor will be here soon. _____

4. You will have to make plans before the baby is born. _____

5. Will you use a condom or will your wife use a diaphragm? _____

6. In case you cannot get to the hospital on time, call 911. _____

Nombre _____ Fecha _____

7. How long has she been in labor? _____

8. How many children do you plan to have? _____

9. Will you breast-feed the baby or give her a bottle? _____

10. After the baby arrives, you will need to select a pediatrician. _____

■ Correo electrónico

El nacimiento prematuro. Después de diez horas de parto, la Sra. Guitalis ha dado a luz a dos gemelos prematuros a las 6:30 y a las 6:35 P.M. Los dos están bien, pero estarán en una incubadora por unos días. Lea este correo electrónico del Dr. Guitalis y asegúrele que sus hijos están bien cuidados. Felicítelo y responda a sus preguntas.

De: guitalis@mixto.com
Para: usted@escríbanos.com
Asunto: Isabel de Guitalis
Mensaje:
Soy el esposo de Isabel de Guitalis y le escribo desde el aeropuerto en Ecuador. Recibí una comunicación que dice que mi esposa acaba de dar a luz. No podré salir del país hasta que haya otro vuelo *(flight)*. No sé nada sobre la situación. ¿Están bien Isabel y el bebé? ¿Es varón o nena? ¿Le fue difícil el trabajo de parto? ¿A qué hora nació? Si es varón, le pondremos el nombre Adán; si es nena, le pondremos Juana. En caso de que sean gemelos… pues no sé… ja, ja. Estaré aquí toda la noche esperando su respuesta. Muchísimas gracias. Ricardo Guitalis.

Nombre _____ Fecha _____

De: usted@escríbanos.com
Para: guitalis@mixto.com
Asunto: Isabel de Guitalis
Mensaje:

_____
_____
_____
_____
_____
_____
_____
_____
_____
_____
_____
_____

■ Contestador automático

Su consejo. La Sra. Almeda ha dejado un mensaje hace cinco minutos. ¿Qué consejos tiene Ud. para ella? Prepare tres de sus preocupaciones y déle instrucciones apropiadas. Asegúrela que todo irá bien y trabaje con un(a) compañero(a).

_____
_____
_____
_____
_____

CAPÍTULO 17

Nombre _____ Fecha _____

■ Mi agenda

A. Make a list of important questions that need to be asked before a baby is born and after a baby is born.

B. In your opinion, what are the most common questions that a new mother might ask? How would you expect them to sound in Spanish? What answers would you give?

C. Make sure you know the command forms for the delivery process. Write them down and check your command forms. If you know the patient very well or the mother is extremely young, how would you change these commands to the **tú** form?

■ Para discutir

Although this chapter is about pregnancy, there are other topics that can be classified under this heading. With your classmates and instructor, make a list of questions that deal with:

- la infertilidad: la fertilización in vitro, la madre subrogada *(surrogate mother)*, la adopción
- la familia de acogida (de recién nacidos) *(foster parents [for newborns])*

Pueden buscar información en el sitio de la red: **http://spanishforlife.heinle.com**.

Paraguay y los paraguayos, Uruguay y los uruguayos: La clínica del dentista y la óptica

CAPÍTULO 18

In this chapter you will learn:

COMMUNICATIVE FUNCTIONS
- Discuss dental problems
- Discuss hypothetical situations and dental problems
- Discuss optometry

VOCABULARY
- Dental equipment and prostheses
- General care of the teeth and dental diseases
- Optical vocabulary and diseases of the eye

Transparency: A–9: Country Profiles, **Paraguay**, **Uruguay**

A. Una visita al dentista

❖ Vocabulario

Verbos	*Verbs*
enderezar	*to straighten*
enjuagarse	*to rinse (out)*
hacer gárgaras	*to gargle*
sacar/extraer	*to pull out, to extract*

Sustantivos	*Nouns*
la anestesia	*anesthesia*
el arco de Hawley/ el retenedor *(fam.)*	*retainer*
el blanqueador dental	*dental whitening*
la corona	*crown, cap*
la dentadura postiza/ los dientes postizos	*false teeth, denture*
la encía	*gum*
el enlace dental	*dental bonding, bond*
los frenillos/los frenos	*braces*
el implante dental	*dental implant*
la incrustación	*inlay*
el paladar	*palate*
la plancha	*plate*
el puente	*bridge*
la quijada *(fam.)*/ la mandíbula	*jaw*

Los instrumentos	*Instruments*
la aspiradora	*suction*
la escupidera	*cuspidor, bowl for saliva*
el gancho	*clasp*
el espejo	*mirror*
el hilo dental	*dental floss*
el láser	*laser*
la lima	*file*
el limpiador	*water pick, pick*
la máscara de goma/ de latex	*rubber mask, dam*
el molde	*mold*
las pinzas	*tweezers*
el taladro	*drill*
las tenazas	*forceps*

Nombre _____ Fecha _____

Adjetivos	*Adjectives*	Expresiones	*Expressions*
artificial	*artificial*	la corona de oro	*gold crown*
completo	*complete*	la corona de porcelana	*porcelain crown*
fijo	*fixed, immovable*	la corona de plata	*silver crown*
parcial	*partial*	hacer una impresión	*to make an impression, to take an impression*
postizo	*false, prosthetic*		
sacable	*removable*	la plancha parcial	*partial plate*
		Voy a hacerle la dentadura superior (inferior).	*I'm going to make you an upper (lower) denture.*

1. Diálogo A. Una visita al dentista

El Dr. Stricker le explica al Sr. Martillo lo que va a hacer para resolverle los problemas dentales que tiene.

Dr. Stricker: Sr. Martillo, como Ud. sabe, tengo que hacer mucho trabajo en sus dientes, ¿verdad?

Sr. Martillo: Sí, doctor. Me doy cuenta de que tengo los dientes en malas condiciones. Quería que el dentista en Paraguay me sacara todos los dientes. Pero, me dijo que esperara porque no tenía suficiente dinero para la dentadura.

Dr. Stricker: *[Examinando los dientes]* Fue una buena idea que no lo hiciera porque no va a ser necesario sacarle todos los dientes. Enjuáguese la boca y escupa, por favor.

Sr. Martillo: ¿Qué me recomienda, doctor?

Dr. Stricker: Sería mejor que le sacara estos dos dientes superiores y que le hiciéramos un puente sacable. Fue bueno que el dentista en Paraguay le pusiera las dos coronas en las muelas. ¡Qué lástima que no pudiera ponerle otras!

Sr. Martillo: Sí.

Dr. Stricker: No se preocupe. Podemos hacerle un puente para que tenga una linda sonrisa.

Sr. Martillo: Gracias. Bueno, otra cosa... mi hija necesita frenillos.

Dr. Stricker: Para ese tipo de trabajo, le recomiendo un ortodontista.

■ ¿Comprende?

1. ¿Por qué no fue posible que el Sr. Martillo recibiera la atención dental en Paraguay? _____
   _____

2. ¿Qué le recomendó el Dr. Stricker al Sr. Martillo? _____
   _____

3. Nombre tres problemas dentales que tiene el Sr. Martillo. _____
   _____

2. ¡Practiquemos!

El subjuntivo imperfecto. Escriba la forma correcta del subjuntivo imperfecto del verbo entre paréntesis.

1. La dentista sugirió que yo _____ (usar) el arco de Hawley.

2. Mi hijo quería que los frenillos _____ (ser) del tipo invisible.

Nombre _____ Fecha _____

3. Nuestro dentista recomendaba que nosotros _____ (hacer) gárgaras con agua salada.
4. ¡Qué lástima que la dentista no _____ (poder) ponerle los implantes!
5. El dentista me dijo que yo no _____ (comer) tantos caramelos.

3. ¡Escuchemos!

¿Cierto o falso? ¿Qué problema tiene el Sr. Rentas? Escuche el mensaje telefónico que dejó. Luego, decida si las frases a continuación son **ciertas** (C) o **falsas** (F).

1. _____ El Sr. Rentas masticó fuertemente con la dentadura nueva que le puso el dentista.
2. _____ El Sr. Rentas estuvo en la clínica la semana pasada.
3. _____ La corona nueva del Sr. Rentas se quebró.
4. _____ El Sr. Rentas quiere una cita para la semana que viene.
5. _____ La corona nueva del Sr. Rentas se aflojó.

4. ¡Hablemos!

Ojalá que... Use la expresión **ojalá que...** o **qué lástima que...** con el subjuntivo imperfecto del verbo subrayado *(underlined)* en cada frase a continuación. Ponga atención al significado *(Pay attention to the meaning)* de la frase original. Practique con otro(a) estudiante. El/La primer(a) estudiante debe escoger la frase que quiere. Ud. debe responder según el significado de la frase. Cambie de papeles.

MODELO: El dentista dijo que <u>podía</u> ponerme una corona de oro.
¡Ojalá que pudiera ponerle la corona!

1. El dentista dijo que tenía que <u>sacarme</u> dos muelas inferiores.
2. La ortodontista dijo que mi hija no <u>necesitaba</u> los frenillos.
3. El higienista dijo que tenía que <u>limpiar</u> los dientes.
4. La dentista dijo que los dientes postizos <u>costaban</u> mucho.
5. El dentista dijo que ya <u>hicieron</u> el paladar parcial.

5. La situación

Es Ud. el/la dentista. La dentadura del Sr. DeSoto está descuidada, pero con una combinación de implantes y coronas se puede mejorar su apariencia y aliviar molestias. Sin embargo, el Sr. DeSoto no entiende por qué el dentista no le extrae todos los dientes y le hace una dentadura postiza. Como dentista del Sr. DeSoto, explíquele las distintas opciones.

¿Sabía Ud. que...?

The dental techniques, the art of the prosthesis, and the materials used to fill or improve the teeth differ significantly throughout the Hispanic world. Because gold is readily available in some areas, it is often used more frequently than fabricated materials for dental fillings, crowns, and inlays.

Nombre _____ Fecha _____

> **Nota cultural**
> Many Hispanic Americans have an orientation of time that tends to focus on the here and now. This type of time orientation is inconsistent with watching the clock in order to be on time for health care appointments. In Latin America, some doctor's offices and clinics do not make appointments with patients. People walk in when necessary and wait to be seen. The same behaviors are often used in the United States. In these situations, the best approach is to politely and respectfully stress the importance of keeping appointments at scheduled times.

B. Unos problemas dentales

❖ Vocabulario

Verbos	**Verbs**
cortar	to cut
curar	to cure
masticar	to chew
morder (o→ue)	to bite
perforar	to drill
raspar	to scrape

Sustantivos	**Nouns**
el absceso	abscess
el afta/la úlcera	canker sore
la carie	cavity, dental caries
el cemento dental	dental cement
el diente de enlace	bonded tooth
el empaste (de oro/de plata/de esmalte/de porcelana)	(gold, silver, enamel, porcelain) filling
la enfermedad periodontal	periodontal disease
el esmalte	enamel
el gas/el óxido nitroso	gas, nitrous oxide
la infección	infection
la inflamación	inflammation
la limpieza	cleaning
el mal aliento	bad breath
la novocaína	novocaine
la placa	plaque
la porcelana	porcelain
la raíz	root
el sarro	tartar
el tratamiento del nervio (fam.)/la curación del nervio (fam.)/la endodoncia	root canal
la ulceración	sore, ulceration

Adjetivos	**Adjectives**
cariado	decayed
flojo	loose

Expresiones	**Expressions**
¿...cuando toma o bebe algo frío o caliente?	...when you eat something cold or hot?
¿...enfrente o detrás?	...in front or in back?
¿...la parte de arriba o abajo?	...top or bottom?
¿Le duele al masticar?	Does it hurt when you chew?
Quisiera una limpieza.	I'd like a cleaning.
Tiene un diente muy cariado.	Your tooth is very decayed.

1. Diálogo B. Unos problemas dentales

La Dra. Edwards discute los problemas dentales con su paciente, la Srta. Banderas.

DRA. EDWARDS: Srta. Banderas, Ud. tiene una muela muy cariada. Si hubiera venido más temprano, habría podido salvarla.

SRTA. BANDERAS: Si Ud. supiera el miedo que tengo a los dentistas, no me diría eso.

Nombre _____ Fecha _____

DRA. EDWARDS:	Entiendo, señorita, pero no debe tener miedo. Los métodos modernos provocan muy poco dolor.
SRTA. BANDERAS:	Ja, ja... De cualquier manera, me gustaría que me diera anestesia antes de usar el taladro.
DRA. EDWARDS:	Cómo no. Tendré que sacarle la muela de juicio inferior y empastar el diente canino. También, le recomiendo una corona de porcelana para el otro canino superior. Le va a quedar como si fuera su diente natural.
SRTA. BANDERAS:	Si tuviera el dinero, doctora, le pediría que me hiciera las coronas para todos los dientes.
DRA. EDWARDS:	Pues, hay varios remedios que no son tan costosos.
SRTA. BANDERAS:	Bueno, tengo los dientes muy oscuros. ¿Sería muy caro el tratamiento para blanquearlos?
DRA. EDWARDS:	Un poco. El higienista le puede dar los precios.
SRTA. BANDERAS:	Bueno, sería lindo pero mi padre me dijo que no hiciera nada que no fuera absolutamente necesario.

■ ¿Comprende?

1. ¿Por qué no va la Srta. Banderas al dentista con frecuencia? _____

2. ¿Qué le gustaría a la Srta. Banderas? _____

3. ¿Tiene la Srta. Banderas el permiso de su padre para hacerse el tratamiento de blanquear los dientes? _____

¡OJO! The present tense, the conditional, and the imperfect subjunctive are used with certain verbs to indicate various levels of courtesy. For example, **¿Quiere Ud. un pañuelo de papel?** means *Do you want a tissue?* **¿Querría un pañuelo de papel?** or **¿Quisiera un pañuelo de papel?** means *Would you like a tissue?* The latter, which uses the imperfect subjunctive, implies a greater degree of politeness. It might sound like *Would you care for a tissue?* in English. Other verbs commonly used this way are **poder** and **gustar**.

2. ¡Practiquemos!

El subjuntivo imperfecto y el condicional. Haga frases usando el subjuntivo imperfecto en la primera parte y el condicional en la segunda parte. Escoja el verbo de la lista a continuación.

perforarlo con el taladro, ponerle un drenaje, darle novocaína, hacerle un tratamiento de nervio, hacerle los implantes dentales, enderezalos con frenillos

MODELO: la paciente / tener un diente roto, el dentista...
Si la paciente tuviera un diente roto, el dentista le pondría un enlace dental.

1. el paciente / no querer usar los dientes postizos, yo... _____

2. la paciente / tener un diente muy cariado, el dentista... _____

CAPÍTULO 18

Nombre _____ Fecha _____

3. haber un absceso, nosotros... _____
   _____

4. las pacientes / querer tener los dientes más blancos, la dentista... _____
   _____

5. los dientes / estar muy torcidos, la ortodontista... _____
   _____

3. ¡Escuchemos!

La clínica dental. ¿Qué les ofrece la Clínica Dental de Chapultapec a los pacientes? Escuche el anuncio que informa al público sobre sus servicios. Luego, ponga una **X** al lado de los servicios que ofrecen en la clínica según el anuncio.

LOS SERVICIOS DE LA CLÍNICA DENTAL DE CHAPULTAPEC

_____ tratamientos de nervio

_____ servicios sólo para adultos

_____ pasta de dientes gratis para niños

_____ un plan de pagos

_____ puentes fijos

_____ enlaces dentales de porcelana

_____ dentaduras

4. ¡Hablemos!

Unas condiciones diferentes. ¿Qué haría Ud. bajo estas condiciones? Practique con otro(a) estudiante. Hay varias respuestas posibles.

MODELO: ¿Qué haría Ud. si su paciente tuviera una infección de las encías?
         Yo le daría unos antibióticos.

¿Qué haría Ud.

1. ...si su paciente tuviera un diente roto?
2. ...si la dentadura no le cupiera bien a su paciente?
3. ...si a su paciente le doliera la muela del juicio?
4. ...si se hubiera salido el empaste?
5. ...si su paciente no pudiera comer nada frío porque le duele el diente?
6. ...si su paciente no aguantara las inyecciones de novocaína?

5. La situación

Dolor en una muela. La Sra. de Malloy llega a su consultorio dental con tanto dolor en una muela que apenas puede hablar. Hágale las sí/no preguntas necesarias para saber cuál es el diente afectado y para hacer un diagnóstico.

Nombre _____ Fecha _____

¿Sabía Ud. que... ?

Dental clinics in some Hispanic countries can be very competitive. To advertise their services, the managers or owners of a clinic, who are not always dentists themselves, may pass out fans with information about the clinic printed on the back and a funny or colorful picture on the front.

Nota cultural

The here-and-now time orientation also plays a role in why it may be difficult to engage individuals from the Latin American countries in preventive health care measures or periodic check-ups, which are much more future oriented. A Hispanic person might think, "I feel fine right now, so why should I have this exam (e.g., for dental caries, glaucoma)?" Hispanics may be relatively unconcerned about the possibility of future problems with their teeth or eyes. Instead, they will deal with the problems when they surface.

C. La óptica y la optometría

❖ Vocabulario

Verbos	***Verbs***
disgustar(le)	*to dislike, to not like*
entornar los ojos/achicar los ojos	*to squint*
fabricar	*to manufacture*
fruncir	*to frown*
romper/quebrar (e→ie)	*to break*
tapar	*to cover*

Sustantivos	***Nouns***
el ángulo del ojo	*corner of the eye*
los anteojos (de sol, para el sol)	*(sun)glasses*
el astigmatismo	*astigmatism*
los bifocales	*bifocals*
las cataratas	*cataracts*
el colirio	*eyewash*
el daltonismo	*color blindness*
la degeneración macular	*macular degeneration*
el glaucoma	*glaucoma*
el globo ocular	*eyeball*
las gotas	*drops*
el gotero/el cuenta gotas	*eyedropper*
la gráfica/el gráfico	*chart*
la hipermetropía	*farsightedness*
un hoyo (macular)	*(macular) hole*
el lente (de contacto)	*(contact) lens*
los lentes/las gafas	*eyeglasses, spectacles*
los lentes para leer	*reading glasses*
el marco/el armazón	*frame*
la miopía	*nearsightedness, myopia*
la oftalmología	*ophthalmology*
el/la oftalmólogo(a)	*ophthalmologist*
el oftalmoscopio	*ophthalmoscope*
el ojo de vidrio/el ojo postizo	*glass eye*
el ojo perezoso *(fam.)*	*lazy eye*
el/la óptico(a)	*optician*
el/la optometrista	*optometrist*
el par	*pair*
el parche	*patch*
el párpado	*eyelid*
la pestaña	*eyelash*
la pupila reducida (dilatada)	*constricted (dilated) pupil*

CAPÍTULO 18   257

Sustantivos	**Nouns (cont.)**
la retina desprendida/ el desprendimiento de retina	detached retina
la solución salina	saline solution
el tornillo	screw
el tratamiento con rayos láser	laser treatments
la visión	vision
la vista	eyesight
la vista cansada/ el cansacio visual	eye strain
la visión periférica	peripheral vision
la visión tunelada	tunnel vision

Adjetivos	**Adjectives**
bizco	cross-eyed
borroso	blurred, fuzzy, cloudy
ciego	blind
claro	clear
daltónico	color blind
delgado	thin
doble	double
feo	ugly
gigante	huge, gigantic
grueso	thick
igual	equal, the same
medio ciego	half blind
miope	nearsighted, myopic
nubloso	cloudy
oscuro	dark
présbito	farsighted

Expresiones	**Expressions**
¿Están rotos los lentes?	Are your glasses broken?
¡No lo frote!	Don't rub it!
¿Puede ver bien?	Can you see well?
¿Tiene algo en el ojo?	Do you have something in your eye?
¿Tiene dificultad al leer?	Do you have difficulty (problems) reading?
Tiene la visión doble, borrosa.	She/He has double, blurred vision.
¿Usa anteojos o lentes de contacto?	Do you wear glasses or contacts?
Va a sentir un soplito de aire.	You are going to feel a puff of air.
¿Ve doble?	Do you see double? Do you have double vision?

1. Diálogo C. La óptica y la optometría

Sarita Trujillo, de ocho años de edad, está en el consultorio de la optometrista porque necesita unos lentes nuevos. Tiene la visión borrosa. Su mamá, la Sra. de Trujillo, está con ella.

OPTOMETRISTA: Sarita, ¿puedes leerme las letras gigantonas en la parte de arriba de la gráfica?
SARITA: A, E, O.
OPTOMETRISTA: Muy bien. Ahora, las letras chiquitas de abajo.
SARITA: B, O... no... C. Es todo. No puedo ver las demás.
OPTOMETRISTA: No te preocupes. Voy a poner otro lente en el aparato. Ahora, dime si las letras chiquititas son más claras o más borrosas.
SARITA: Mmmm... un poquito mejor.
OPTOMETRISTA: ¿Y con este lente?
SARITA: Igualito.
OPTOMETRISTA: ¿Con éste?
SARITA: Quisiera ver el primero de nuevo, por favor.
OPTOMETRISTA: Cómo no.
SARITA: B, C, L, D, A.
OPTOMETRISTA: ¡Buenísimo!

Nombre _____ Fecha _____

[Más tarde con el óptico]

ÓPTICO: Ahora, puedes escoger unos marcos que te gusten. ¿Vale?
SARITA: Mamacita, no me gustan esos marcos feúchos. Quiero éstos modernos.
SRA. TRUJILLO: Mi corazoncito, no te quedan bien. Son grandotes para tu carita. ¿Qué tal éstos?
SARITA: ¡Son lindísimos!
SRA. TRUJILLO: Señor, ¿los lentes de Sarita van a ser gruesísimos? Pues, es muy miope y tiene astigmatismo.
ÓPTICO: No, Sra. Trujillo. Ahora los lentes de plástico son delgadísimos y no se quiebran tampoco.
SRA. TRUJILLO: Muy bien. Cómprémonos ésos.

■ ¿Comprende?

1. ¿Qué problema visual tiene Sarita? Mire el vocabulario y haga una lista de otros problemas visuales comunes en los niños. _____

2. ¿Cómo le quedan los lentes modernos a Sarita? _____

3. ¿Cómo van a ser los lentes de Sarita según *(according to)* el óptico? _____

¡OJO! As you have read in various parts of your coretext and in the current chapter, there are many ways to express yourself with nouns and adjectives in the diminutive and the augmentative. All of the Hispanic countries have preferences for the way that they are formed and how they are used. For example, you read that Costa Ricans are referred to as **ticos** because they prefer to use this ending instead of **-ito**. In Spain and Argentina, there is a preference for **-illo**. Mexicans often will use **mucho muy** to punch up the idea of *very, very much*. They also use **re-** and **requete-** in front of adjectives to indicate this idea. For example, **requetebien** means *really, really well*. Some countries like to repeat **-ito** to **-itito** as in **chiquitito**. Listen to your patients as they speak to their children and pick up some of the ways to use these forms. It is fun and adds a great deal to your conversation.

2. ¡Practiquemos!

El diminutivo y el aumentativo. Son dos formas de hablar muy populares en español. Lea en su *coretext* sobre las varias maneras de transformar los sustantivos y los adjetivos así. Luego, practique con las frases a continuación. Puede tener varias respuestas.

1. Este ojo está _____ *(a little bit worse)*.
2. Mi _____ *(little boy)* tiene un astigmatismo en el _____ *(little eye)* derecho.
3. Mi abuelita usa unos _____ *(big, cumbersome glasses)* para leer.
4. Es _____ *(really difficult)* leer las letras en la gráfica visual.
5. Mi bisabuelo es medio ciego. Puede ver _____ *(a very little bit)*.

Nombre _____ Fecha _____

3. ¡Escuchemos!

¿Quiénes leen la gráfica correctamente? Ponga una X debajo de **Correcto** o **Incorrecto** según lo que Ud. oye en relación a la gráfica óptica de abajo.

Nombre	Correcto	Incorrecto
Margarita		
Carlos		
Isabel		
José		
Cristina		

4. ¡Hablemos!

Los ojos. Escoja un adjetivo o un sustantivo en las frases siguientes y cámbielo *(change it)* a una forma del aumentativo o del diminutivo. Lea las respuestas en voz alta *(out loud)* y compárelas con las de otros estudiantes.

MODELO: ¿Tiene el niño un problema con sus lentes?

Sí, el niñito tiene un problema con sus lentes.
o Sí, el niño tiene un problemita con sus lentes.

1. ¿Puede Ud. ver las letras chicas en la gráfica?
2. ¿Qué hijo tiene el ojo perezoso?
3. ¿Es su abuela o su abuelo quien tiene glaucoma?
4. ¿Puede el bebé usar lentes muy pequeños?
5. Esos marcos… ¿no son muy grandes para ti?

5. La situación

La revisación de ojos. La Sra. Romano necesita una revisación de ojos para ver si tiene glaucoma o cataratas. Explíquele lo que hará en cada una de estas pruebas y pídale que lea la gráfica.

¿Sabía Ud. que... ?

Several Hispanic countries produce the latest fashions in eyewear. Mexico, Argentina, and Puerto Rico are very fashion forward in their production of stylish frames and often manufacture the lines of famous designers. Also, since frames and lenses are much less expensive in these countries, a Hispanic patient or customer may be astonished to see how much they cost in the United States.

Nota cultural

The physical presence of others, especially close family members, during important examinations or testing is very important to most Hispanic Americans. Extended family members will likely accompany the patient and wait together in the waiting room.

Nombre _____ Fecha _____

D. Síntesis: Por el mundo de la salud y la medicina

¡A leer!

Antes de leer: ¿Qué servicios suelen ofrecer las ópticas?

Lea el anuncio para la Óptica Foilán. Luego conteste las preguntas a continuación.

LA ÓPTICA FOILÁN

Si pudiera cambiar el color de sus ojos, ¿lo haría?
¿$59 es demasiado dinero para tener un «new look»?
Ahora puede hacerlo con lentes de contacto de colores disponibles en azul, negro, castaño y aveno.

¿Le gustaría usar lentes sin bifocales visibles?
¿$49 es demasiado dinero para quitar esa línea feísima del bifocal?
Ahora puede tener los lentes con bifocales invisibles con este cupón.

$49
oferta limitada

Venga a vernos en la ÓPTICA FOILÁN, 356 W. Broadway, a 1/4 de cuadra al norte de la calle Stanton o llámenos hoy al 678-7810. El examen óptico cuesta $29 extra. Lentes comunes y de contacto disponibles usualmente en una hora.

¿Comprende?

1. Si Ud. pudiera cambiar el color de sus ojos, ¿qué color escogería Ud. de los colores ofrecidos? ¿Qué otros colores naturales hay? _____

2. ¿Cuál sería el costo total de un par de bifocales con un examen? _____

3. ¿De qué adjetivo deriva el aumentativo **feísima**? _____

4. Subraye todas las formas del verbo en el condicional en este anuncio. Ponga un círculo alrededor de *(around)* todas las formas en el subjuntivo imperfecto. _____

CAPÍTULO 18

Nombre _____ Fecha _____

■ Se necesita traductor(a).

Sobre los dientes y los ojos. Escriba la traducción de las siguientes preguntas y frases.

1. Your tooth is very decayed. _____

2. Would you like us to give you novocaine? _____

3. It would be impossible for us to make a crown for that molar. _____

4. Could you rinse your mouth and spit in the bowl, please? _____

5. What a shame that you couldn't save the tooth with a root canal. _____

6. Hopefully, the patient was able to eat with her new dentures. _____

7. Can you read the third line of the chart where the very small letters are? _____

8. You will feel a little puff of air on your eyeball. _____

9. Would you like me to show you some very large frames for your sunglasses? _____

10. I am going to do a test for glaucoma, macular degeneration, and cataracts. _____

■ Correo electrónico

¿Cuál es el problema? Ud. es el/la dentista que recibe este mensaje del Laboratorio Dentapos. Hay un problema con el molde dental de su paciente, el Sr. Ramiro Montero. Respóndale al laboratorio.

De: dentalpos@alfa.com
Para: usted@escríbanos.com
Asunto: el molde del paciente Ramiro Montero
Mensaje:

El molde del paciente Ramiro Montero que Ud. nos mandó el 13 de octubre, no tenía suficiente detalle *(detail)* para hacer las coronas de porcelana exactísimas. ¿Quisiera ponérselas al Sr. Montero? Quisiéramos que nos informara si le quedan *(fit him)* bien o no. Si no, nos gustaría que nos hiciera otro molde nuevo. Ojalá que le quedaran bien. Esperamos sus órdenes.

Nombre _____ Fecha _____

De: usted@escríbanos.com
Para: dentalpos@alfa.com
Asunto: el molde de paciente Ramiro Montero
Mensaje:

_____
_____
_____
_____
_____
_____
_____
_____
_____
_____
_____
_____

■ Contestador automático

Los lentes. La Srta. Antuñano le llama a Ud. a su óptica. Escriba la respuesta para que el/la secretario(a) pueda llamarle a la Srta. Antuñano con la información que ella pide.

_____
_____
_____
_____
_____
_____
_____
_____
_____

Nombre _____ Fecha _____

■ Mi agenda

Make a list of polite requests that you could use with your patients, using the verbs **gustar(le)**, **poder**, and **querer**. Try the three forms for each verb: the present, the conditional, and the imperfect subjunctive and then add the requests you might make of a patient in your field of health.

New eye surgeries and new dental techniques are constantly being developed. Make note here of any of the new methods you read about. Then try the Internet to see if you can find the Spanish equivalent. (Try using a search engine and clicking on **español**, then search under **la salud dental**, and **la óptica** or **la salud de la visión**.)

■ Para discutir

If neither optometry nor dentistry is your principal field of health, decide which words or phrases would be useful to you in other areas of health. For example, if a patient is undergoing surgery, you need to find out if he/she wears glasses, contacts, or dentures. How would you ask a patient in a very polite way to remove these items? Compare your answers with those of other students.

Pueden buscar información en el sitio de la red: **http://spanishforlife.heinle.com**.

La anatomía humana
(Human Anatomy)

APPENDIX A

La cabeza (The Head)

Vista de perfil (Side View)

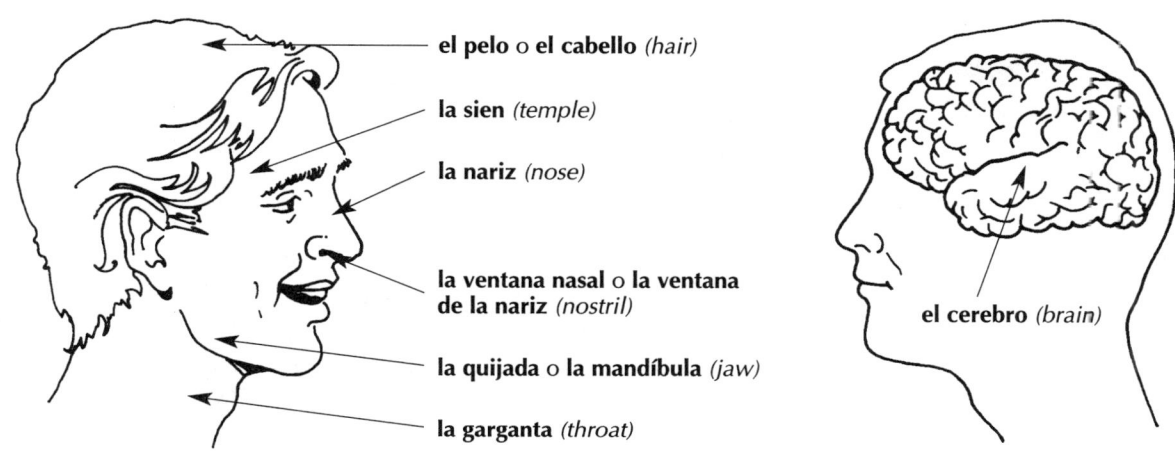

- el pelo o el cabello (hair)
- la sien (temple)
- la nariz (nose)
- la ventana nasal o la ventana de la nariz (nostril)
- la quijada o la mandíbula (jaw)
- la garganta (throat)
- el cerebro (brain)

Vista anterior (Front View)

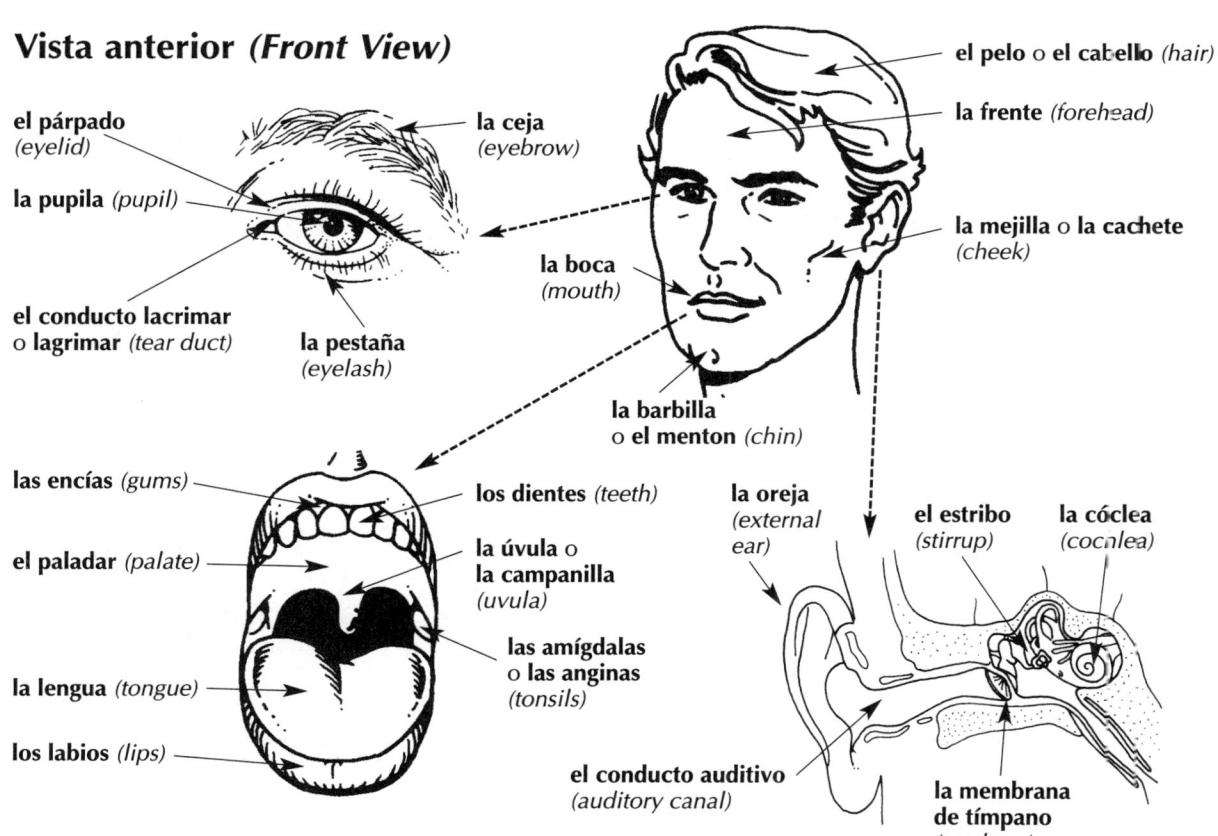

- el párpado (eyelid)
- la pupila (pupil)
- el conducto lacrimar o lagrimar (tear duct)
- la pestaña (eyelash)
- la ceja (eyebrow)
- la boca (mouth)
- la barbilla o el mentón (chin)
- el pelo o el cabello (hair)
- la frente (forehead)
- la mejilla o la cachete (cheek)
- las encías (gums)
- el paladar (palate)
- la lengua (tongue)
- los labios (lips)
- los dientes (teeth)
- la úvula o la campanilla (uvula)
- las amígdalas o las anginas (tonsils)
- la oreja (external ear)
- el conducto auditivo (auditory canal)
- el estribo (stirrup)
- la cóclea (cochlea)
- la membrana de tímpano (eardrum)

APPENDIX A: HUMAN ANATOMY

El cuerpo humano (The Human Body)

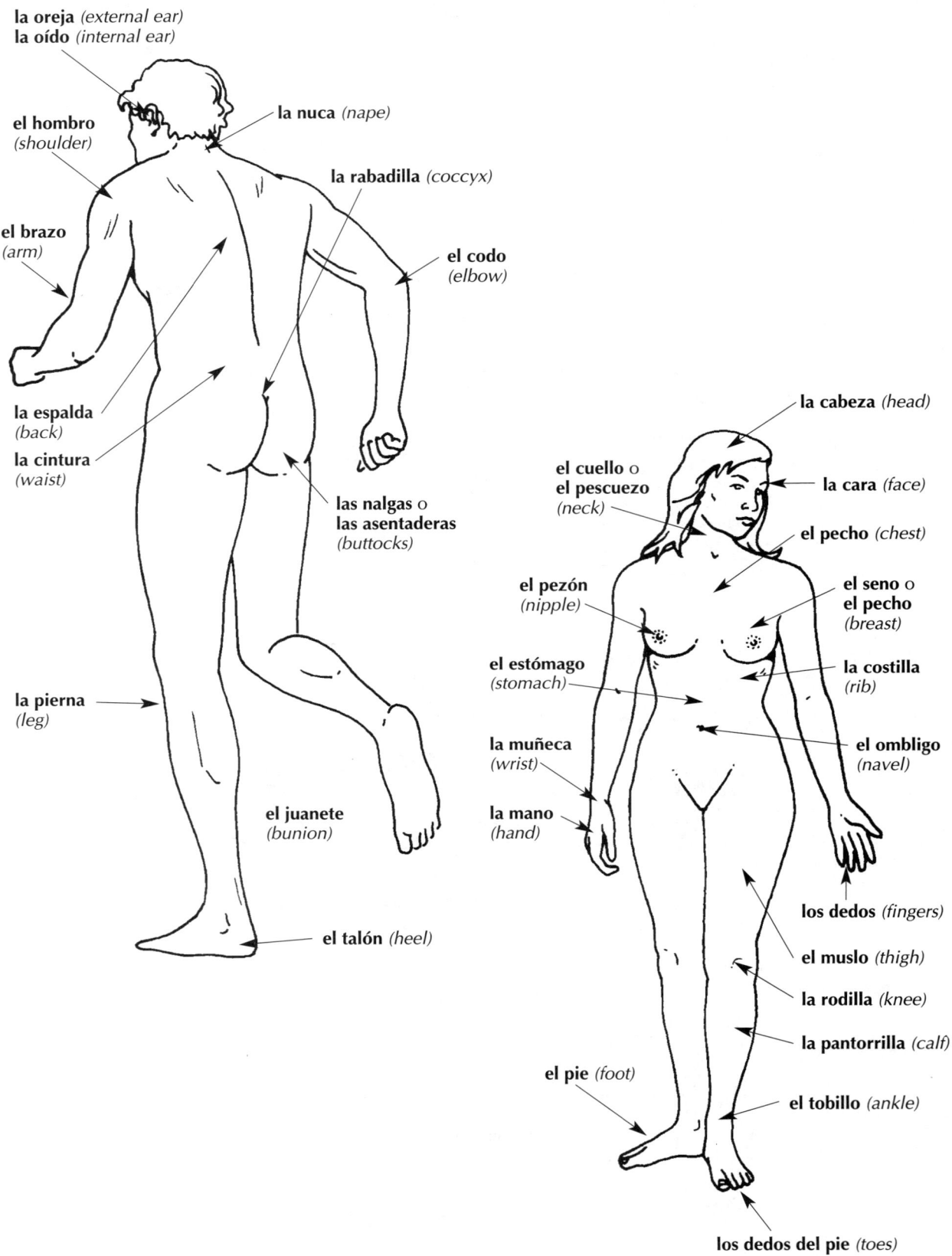

El aparato digestivo
(The Digestive System)

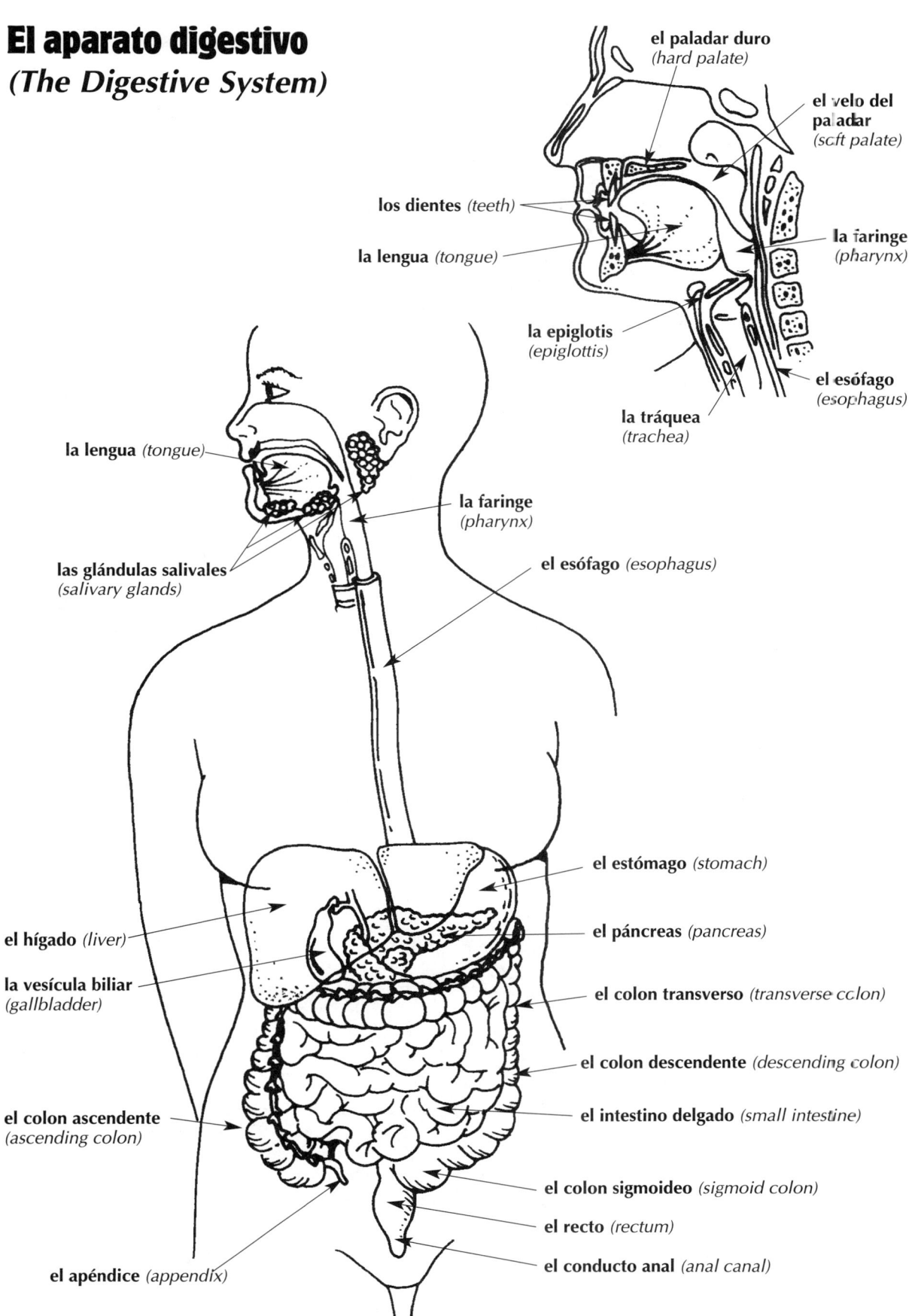

La piel *(The Skin)*

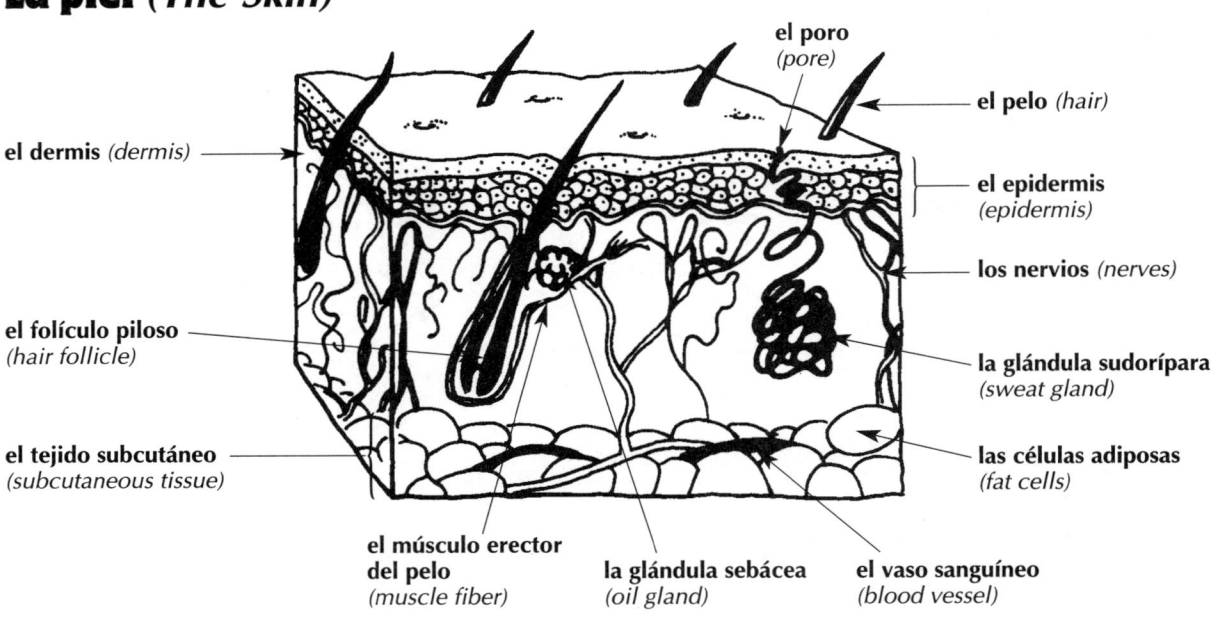

Órganos internos *(Internal Organs)*

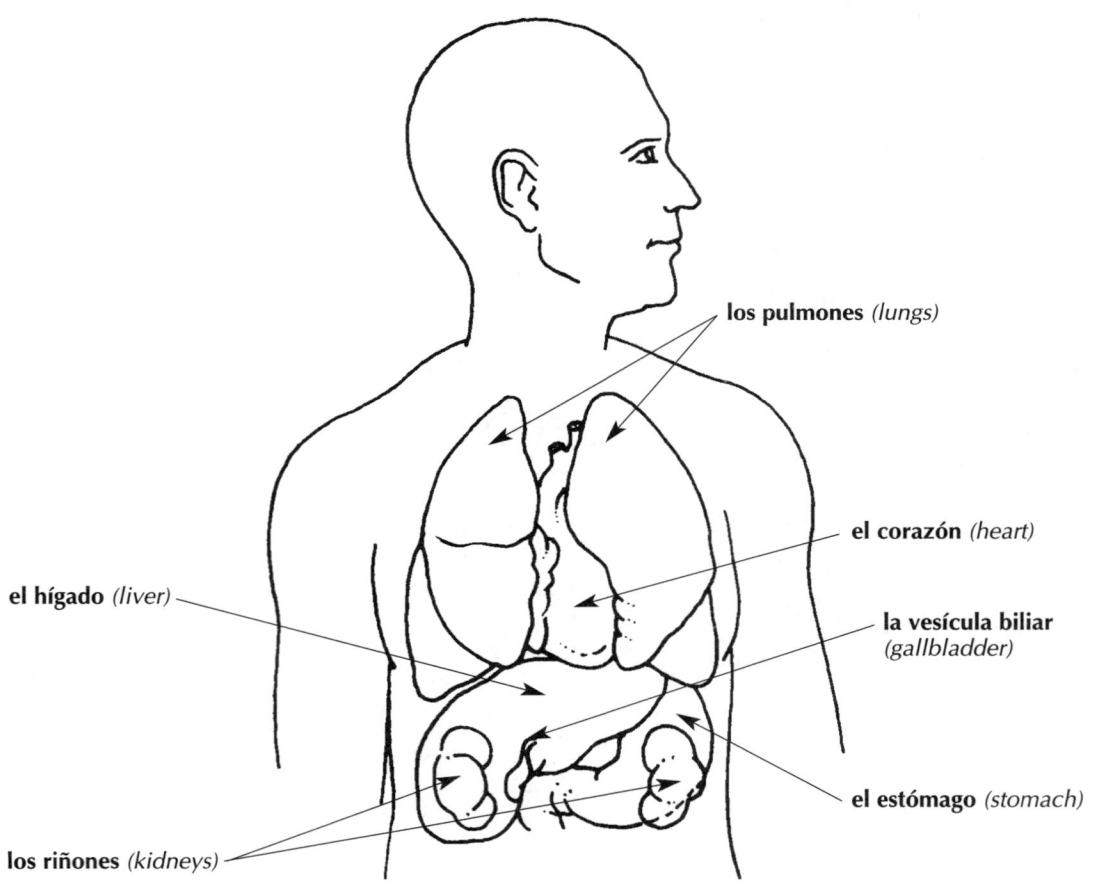

Los músculos *(The Muscles)*

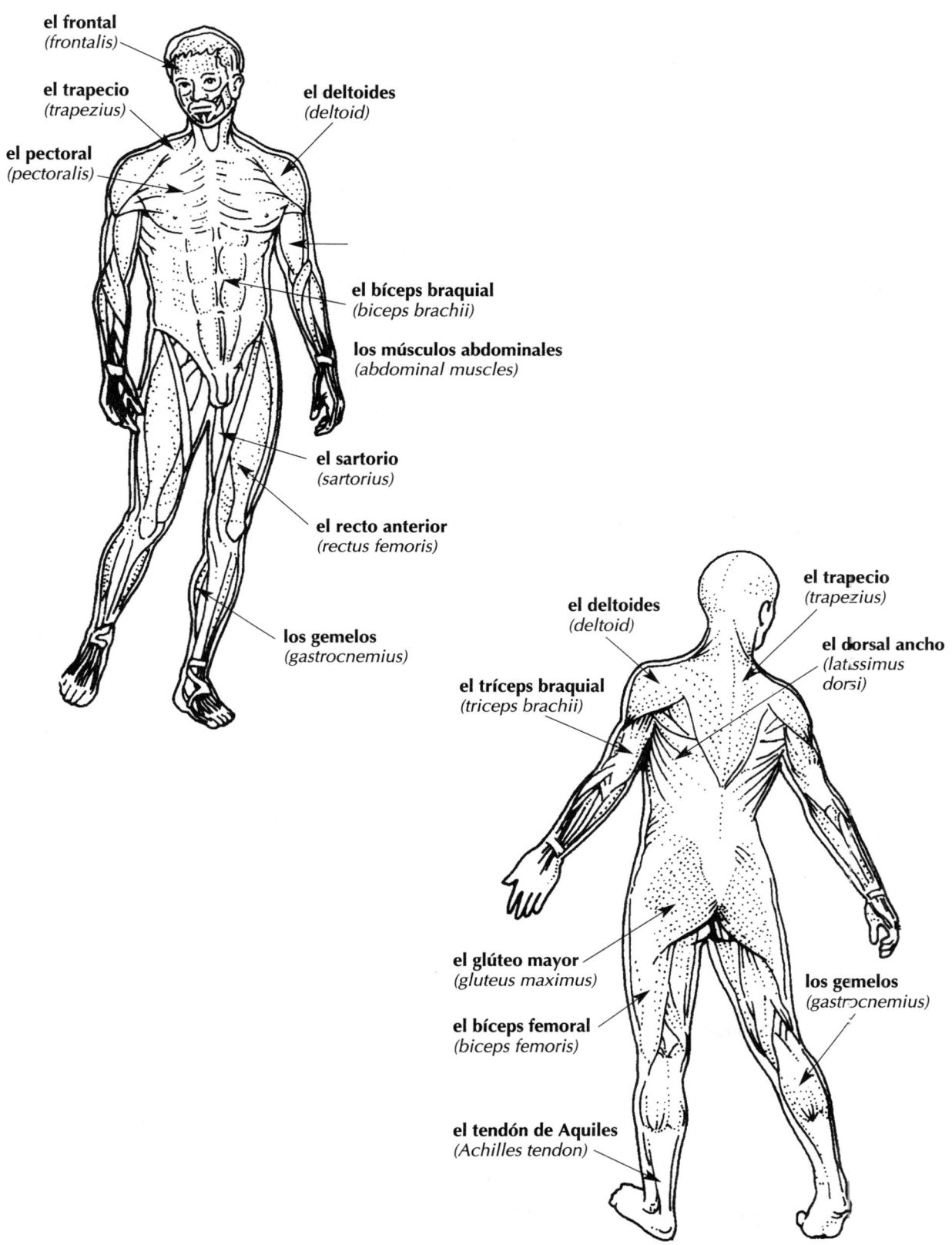

APPENDIX A: HUMAN ANATOMY 269

El esqueleto *(The Skeleton)*

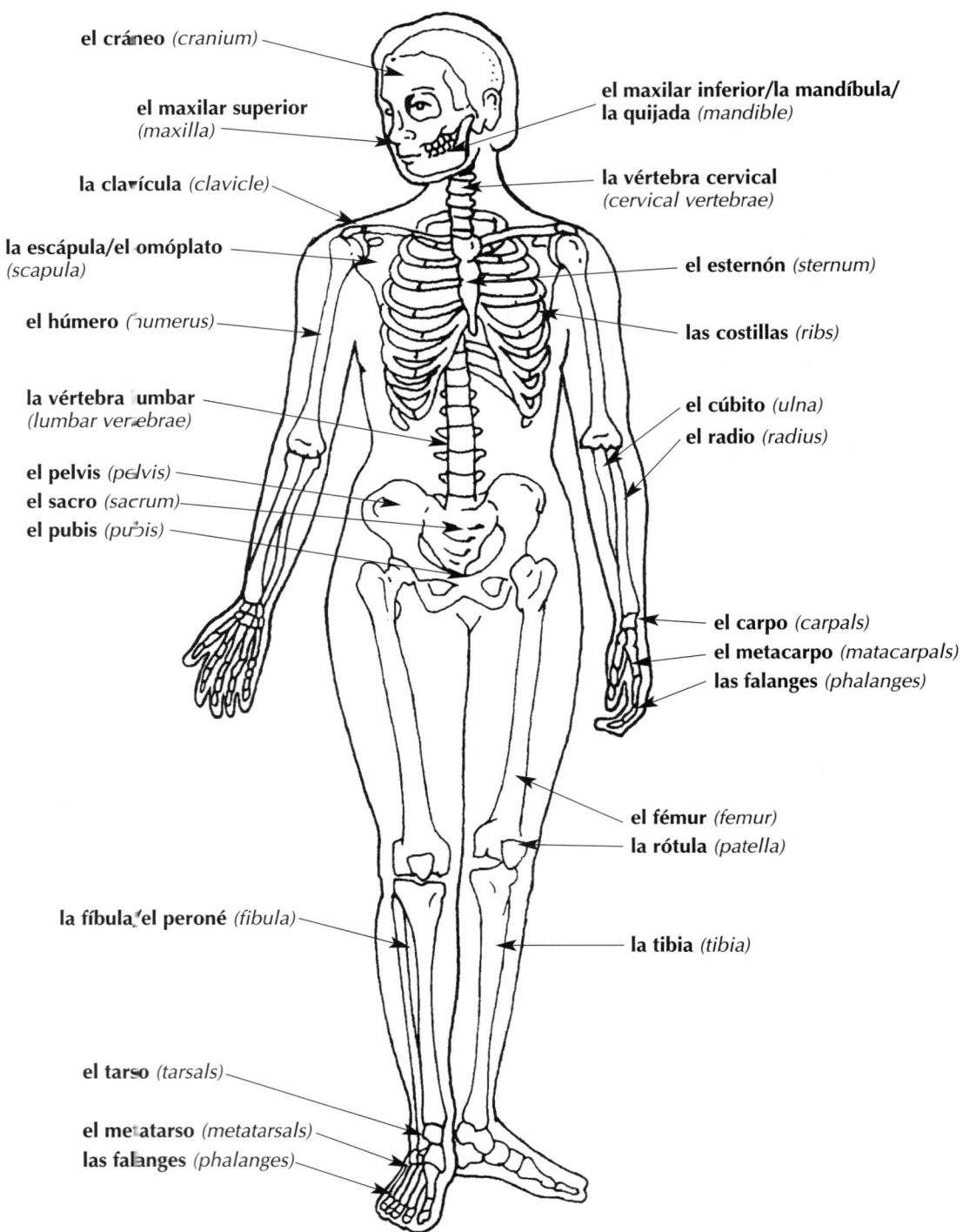

El aparato reproductor *(The Reproductive System)*

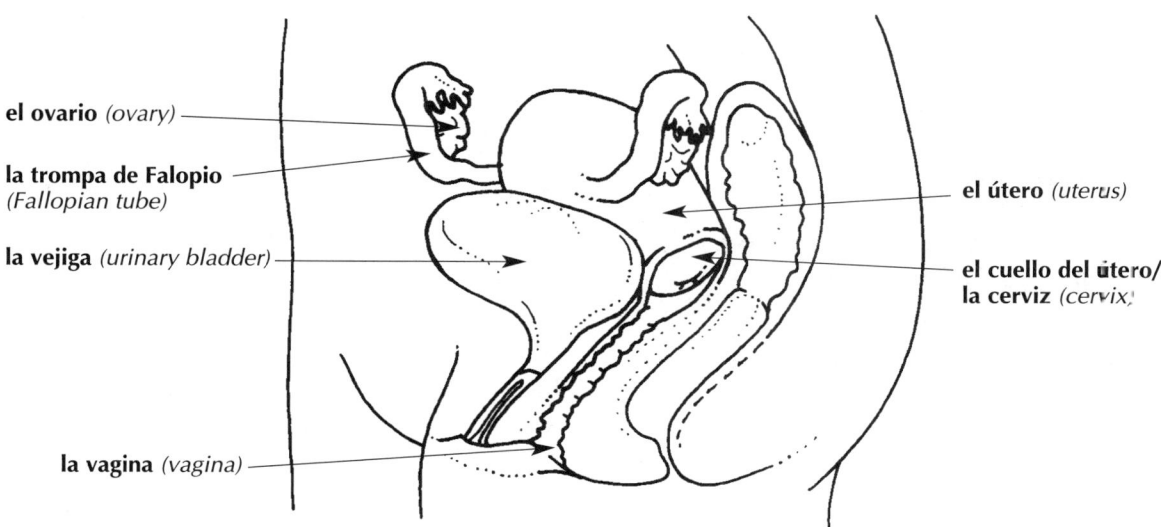

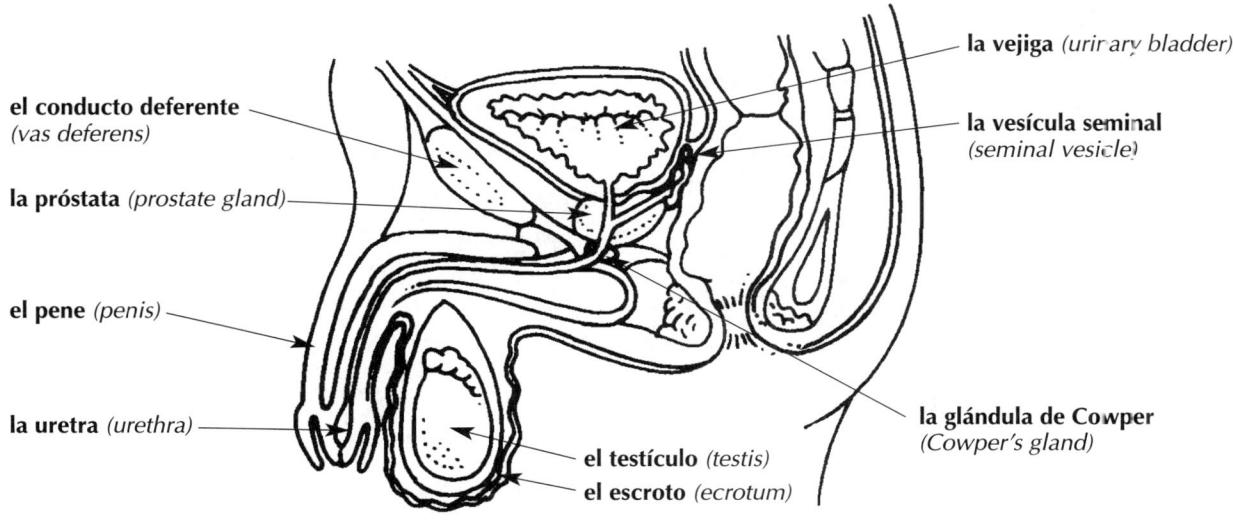

¡Escuchemos! Tapescript

APPENDIX B

Capítulo preliminar

Bienvenidos a la clase de español: El mundo de la salud y la medicina

3. ¡Escuchemos! ¿Cómo está Ud.?

DRA. COLÓN: Buenas tardes, señor Martín.
SR. MARTÍN: Buenas tardes, doctora.
DRA. COLÓN: ¿Cómo está usted?
SR. MARTÍN: Regular, gracias. ¿Y usted?
DRA. COLÓN: Muy bien, gracias.

¡Escuchemos!

Me llamo Amelia Duero y soy doctora. El Sr. Gómez tiene: alergias, diabetes, dermatitis y diarrea. La Sra. Ríos tiene: artritis, hipertensión y glaucoma. Gracias. Hasta luego.

Capítulo 1

A. En la sala de espera de la doctora Olmos

3. ¡Escuchemos! El/La próximo(a) paciente

SR. COLÓN: Buenas tardes, señorita. Soy José Colón.
RECEPCIONISTA: Buenas tardes, señor Colón. ¿Su nombre completo, por favor?
SR. COLÓN: José Colón Robles.
RECEPCIONISTA: Muy bien. ¡Ah! ¿Es Ud. el padre de María Colón Sánchez, la cardióloga?
SR. COLÓN: Sí, señorita. Soy su padre.
RECEPCIONISTA: María es mi amiga del hospital de Los Ángeles. Yo soy Carmen Rodríguez Martín. Mucho gusto.
SR. COLÓN: Encantado, señorita Rodríguez.

B. El presupuesto para la sala de espera y el despacho de la recepcionista

3. ¡Escuchemos! Los artículos

Necesito 25 bloques de papel, 15 rollos de cinta adhesiva, dos sacapuntas eléctricos, 12 cajitas de pañuelos de papel y 20 bolígrafos. Y para la sala de espera, necesito tres revistas: *Hola, Latina* y *El Tiempo*. También, necesito seis asientos de metal y una mesa de madera, y para el consultorio, cuatro papeleras de plástico. Es todo para hoy.

C. Arreglando el consultorio

3. ¡Escuchemos! Su información

RECEPCIONISTA: ¿Es Ud. el Sr. Juan Martín Norman?
SR. NORMAN: Sí, señorita.
RECEPCIONISTA: ¿Cuál es su primer apellido?
SR. NORMAN: Es Norman. Mi nombre completo es Juan Martín Norman García.
RECEPCIONISTA: Muy bien, Sr. Norman. ¿Cuál es su direccion?
SR. NORMAN: Calle Elmwood 478.
RECEPCIONISTA: ¿Y el teléfono?
SR. NORMAN: 555-6237.
RECEPCIONISTA: ¿Casado?
SR. NORMAN: No, señorita. Soy viudo.
RECEPCIONISTA: Gracias, Sr. Norman. Es todo por ahora.

D. Síntesis: Por el mundo de la salud y la medicina

Contestador automático: ¿Quién llama?

Hola, Pat. Soy María, del consultorio de la doctora Meléndez. La dirección del Hospital Santa Teresa es Calle Patterson 1026. ¿Cuál es el teléfono de la farmacia Evergreen en Coral Gables? Mi número de teléfono es 454-9321. Chau y gracias.

Capítulo 2

A. En el consultorio: ¿Cómo está Ud.?

3. ¡Escuchemos! Las instrucciones

Hola, Carolina. Soy yo. Estoy en el consultorio del doctor Barreda porque él está enfermo hoy. El teléfono es 897-7423. Luego voy al hospital. Después, voy a casa. Y mañana mi esposo y yo estamos de vacaciones. El teléfono de la doctora

Marino está encima de mi escritorio, debajo del calendario, a la derecha. En caso de emergencia, llámala. Hasta luego.

B. Por teléfono con la enfermera

3. ¡Escuchemos! ¿Qué tiene que hacer?

ENFERMERA: ¿Sr. Montero? La doctora está en el consultorio ahora. Va a hablar con Ud.

SRA. MONTERO: No, soy la Sra. de Montero. Mi esposo está en la cama.

ENFERMERA: Bueno, señora. El Sr. Montero tiene que venir al consultorio hoy. La doctora tiene que examinarlo.

SRA. MONTERO: De acuerdo. Voy a llamar a mi esposo ahora. Vamos a llegar al consultorio dentro de media hora. ¿Está bien?

ENFERMERA: Claro. Vamos a estar aquí hasta las ocho. Voy a buscar su carpeta.

C. Las recomendaciones de la doctora y la farmacia

3. ¡Escuchemos! Una receta por teléfono

La receta es para el paciente Fernando López Galán. Setenta tabletas de codeína con acetaminofina para el dolor de espalda. Número tres, 60 miligramos. Una tableta cada seis horas cuando sea necesario.

D. Síntesis: Por el mundo de la salud y la medicina

Contestador automático: Su paciente anciana

Hola, Dr. Zamora. Soy María Greco, la enfermera a domicilio. Estoy en casa de la Sra. Ramos. Ella tiene 80 años y es hipertensa. Su temperatura es 98.7°F. Su presión arterial es 180 sobre 95. Tiene sed y la garganta seca. ¿Tiene que aumentar su medicamento para la presión? El número de teléfono de la Sra. Ramos es 786-2997. Voy a estar aquí todo el día. Gracias.

Capítulo 3

A. Un diagnóstico común: La acidez

3. ¡Escuchemos! La acidez

Generalmente la acidez comienza una hora después de las comidas y dura de unos minutos hasta varias horas. Es común que se repita, especialmente si es producto de un esfínter débil. Un episodio aislado de acidez no causa mayores problemas pero cuando es intensa y frecuente causa daños en el esófago. No es peligroso pero si continúa, tal vez, es una indicación de otros problemas.

B. Apuntar citas, la fecha de nacimiento y otros datos

3. ¡Escuchemos! ¿Cuándo cierran el consultorio?

Cerramos el consultorio en las fechas siguientes:

el primero hasta el 2 de enero
el 20 de febrero
el 28 de marzo hasta el 3 de abril
el 30 de mayo
el 4 de julio
el primero de septiembre
el 12 de octubre
el 25 de noviembre
el 24 de diciembre hasta el 26 de diciembre

C. Las alergias y las estaciones

3. ¡Escuchemos! La presión de la sangre

el señor Ramírez – 120/83
la señora Galán – 165/112
la señorita Gil – 100/69
Roberto Santos – 97/74
Anita Hidalgo – 158/98

D. Síntesis: Por el mundo de la salud y la medicina

Contestador automático: ¡Qué emocionante!

Hola. Habla Ulpiano Naturino. Tengo que cancelar la cita para mi hija Marcelina con la doctora Morgan. Es el miércoles 12 de agosto. Mi esposa está encinta y esperamos la llegada de nuestro bebé el 11 de agosto. Lo siento... estoy nervioso. [Se ríe.] Bueno, ¿es posible cambiar la cita al 8 de septiembre? La doctora desea examinar a Marcelina porque comienza la escuela primaria en septiembre. Gracias. Muy amable.

Capítulo 4

A. La angina y otros problemas cardíacos

3. ¡Escuchemos! Insuficiencia cardíaca congestiva

La insuficiencia cardíaca congestiva ocurre cuando el músculo cardíaco se debilita y no impulsa la sangre por todo el cuerpo. Entonces, la sangre se acumula en los pulmones u otras partes del cuerpo. La causan las eferdedades cardíacas, el estrés

3. ¡Escuchemos! Insuficiencia cardíaca congestiva *(cont.)*

emocional o físico y las enfermedades del músculo cardíaco. Si una persona recibe mucho estrés en la vida o si su presión arterial sube, es posible que sufra de insuficiencia cardíaca congestiva.

B. ¡Un ataque al corazón!

3. ¡Escuchemos! Las pruebas cardíacas

Hay muchos procedimientos y pruebas que ayudan a hacer un diagnóstico de problemas cardíacos. Con el oxímetro aprendemos el nivel de oxígeno en la sangre. Con el suero el paciente recibe líquidos y medicinas en la vena a través de un tubo. La radiografía o rayos X es una fotografía de los pulmones y el corazón. Con el electrocardiograma medimos la actividad elétrica del corazón y detectamos si existen los daños cardíacos. Con el ecocardiograma usamos las ondas de sonido para mirar el corazón. La prueba de estrés es una prueba de la resistencia a los ejercicios del paciente. La angioplastia es un procedimiento que abre las arterias bloqueadas. Y finalmente, tenemos el estetoscopio. Con este instrumento, oímos los latidos o palpitaciones del corazón.

C. La salud cardíaca

3. ¡Escuchemos! ¿Dónde estás?

Son las nueve y veinte, Ana. La cita con la terapeuta es a las diez. ¿Dónde estás? Voy a esperar frente a tu casa hasta las diez menos cuarto. Si no vienes, voy a la clínica para hacer los ejercicios cardíacos. Conoces la clínica, ¿verdad? Bien, ¿sabes dónde está la cafetería? Pues, voy a estar allí al mediodía hasta la una y cuarto. Después, me gustaría ver al recepcionista en el consultorio del doctor López para hacer una cita para la semana que viene. Bueno, Ana, no voy a esperar más. Sabes adónde voy y a qué hora. Chau.

D. La síntesis: Por el mundo de la salud y la medicina

Contestador automático: Su vecino

Hola, Mario. Conoces a la señora Sánchez, ¿verdad? ¿Sabes que ella padece de problemas cardíacos? Pues, está en el hospital Central, en Cabo Nexo, y está mal. No tiene familia aquí y desea saber si puedes venir a visitarla. Sé que las horas de visita son de las once de la mañana hasta las siete de la tarde. Voy al hospital a las cinco. Si vienes a mi casa a las cuatro y cuarto, vamos los dos juntos al hospital. Conduzco yo porque tengo el carro de mi papá. ¿Está bien? Estoy en la universidad ahora. Si quieres llamarme, mi número es el 342-0098.

Capítulo 5

A. Los grupos de alimentos y una dieta

3. ¡Escuchemos! El nivel de colesterol

¿Sabe Ud. cuánto colesterol tiene? Si tiene más de 240, puede ser peligroso. En ese caso, es importante la manera como cocina la comida. La grasa saturada aumenta su nivel de colesterol. Debe evitar ciertos alimentos como la leche entera, crema y mantequilla; también la manteca de cerdo y carnes con mucha grasa como las salchichas. Si quiere, puede sustituir estos alimentos por leche con poca grasa, aceite de oliva y carnes como el pollo sin grasa. Así, puede mantener su nivel de colesterol por debajo de 200.

B. La dieta diabética

3. ¡Escuchemos! La A.D.A.

Vivir con diabetes tipo I, dependiente de la insulina. Es un mensaje de la American Diabetes Association. La gente que padece de diabetes tipo I puede vivir una vida feliz y saludable si sigue su plan de tratamiento y su dieta. El objetivo es mantener su nivel de azúcar en la sangre lo más normal posible. Los exámenes de sangre o de orina dicen si el nivel de azúcar es alto, bajo o normal. La diabetes tipo I puede causar problemas como la hipoglicemia o bajo nivel de azúcar. Ud. corrige el problema con dos tabletas de glucosa o tres o cuatro Lifesavers. La hiperglicemia es el alto nivel de azúcar en la sangre. Si esto ocurre, es importante comunicarse con su médico.

C. Los buenos resultados de comer bien

3. ¡Escuchemos! Un anuncio de la radio

Con NutriTrim, puedes comer de todo. No tienes que tomar ninguna medicina, ni hacer ningún ejercicio. Este sistema no tiene nada que ver con esos sistemas de régimen que ves en el mercado, ni con los regímenes que ves en las revistas. El NutriTrim actúa muy de prisa y drena la grasa fuera de las células en las partes del cuerpo que más necesitan adelgazar: el estómago, las piernas y la cara. En 48 horas, vas a notar la diferencia. Vas a bajar de dos a cuatro libras y vas a tener la piel más suave que nunca.

[Excerpt adapted from an ad in Cristina *magazine, año 7, número 5, pp. 56–57.]*

D. Síntesis: Por el mundo de la salud y la medicina

Contestador automático: El servicio de comidas

Hola. Habla Luis Huertos, de la cafetería. Tengo que cambiar algunos de los desayunos para mañana. Bueno, la señora de Quintanilla pide un jugo de piña. No tenemos ningún jugo de piña, sólo jugo de naranja o de toronja. El señor Iglesias pide huevos pero quiere huevos fritos. ¿Permite su médico los alimentos fritos? No hay ninguna indicación en su menú. Si quiere, puede pedir huevos hervidos. El señor Burdiu está con dieta de líquidos. Puede tomar un caldo de pollo o de verduras. Nunca tenemos caldo de res. También, puede tomar una gelatina de cereza o de limón. ¿Puede llamarme a la extensión cuanto antes? Gracias.

Capítulo 6

A. En el cuarto de hospital

3. ¡Escuchemos! ¿Cómo está mi esposa?

Buenas tardes. Habla el esposo de la señora Antunano. Ella no tiene teléfono en su cuarto. Por favor, ¿puede informarme cómo está y qué está haciendo? ¿Está durmiendo? ¿Está comiendo ahora? ¿Qué va a comer para el almuerzo? ¿Tiene su propio cuarto? ¿Está mirando la tele o está leyendo ahora? Ah, también, le tiene miedo a las jeringas. Y nuestra amiga, Marta, ¿está visitando a mi esposa ahora o viene más tarde? Estoy muy preocupado por mi esposa. Quiero saber todo. Estoy trabajando ahora y esperando las noticias. ¿Puede Ud. llamar en cuanto antes? Muchísimas gracias. Mi número es 545-0128.

B. La familia, las visitas y el paciente

3. ¡Escuchemos! ¿Qué pide el paciente?

—Por favor, necesito la chata.
—Me gustaría un vaso de agua.
—Quiero la foto de mi esposo.
—Necesito más jabón.
—Quiero unos pedacitos de hielo.
—Tengo frío. Necesito otra frazada.
—No sé dónde están mis zapatillas.
—¿Dónde está mi rosario?
—Quiero oler las flores.
—Quiero otro jugo de naranja.
—Quiero leer el periódico.

C. Examinando a los niños

3. ¡Escuchemos! La apendicitis

DOCTOR: Luis no debe levantar nada pesado. No debe subir muchas escaleras.
LEONOR: Sí, doctor. ¿Puede Luis comer cualquier cosa que cocino?
DOCTOR: ¡Cómo no! Debe comer para recuperarse.
LEONOR: Bueno, pero no tiene apetito. ¿Qué hago?
DOCTOR: Puede preparar unos batidos ricos de leche y frutas frescas. Debe beberlos todos. También, debe comer sopas como sopa de pollo o de verduras.
LEONOR: ¿Y los ejercicios?
DOCTOR: Claro. Debe hacer ejercicios muy ligeros. Pero no debe extender los brazos arriba de la cabeza. Y tiene que terminar todos los antibióticos del frasco. Debe tomar la codeína sólo cuando sea necesario para el dolor.
LEONOR: Muchas gracias, doctor. Voy a comunicárselo todo a Luis.

D. La síntesis: Por el mundo de la salud y la medicina

Contestador automático: La vacunación

Hola, soy Carmen Méndez. Mi hija Guadalupe tiene dos semanas de nacida y es paciente del doctor Sherman. Quisiera saber cuándo tengo que llevar a la niña al consultorio para que le den las primeras vacunas. También estoy preocupada porque creo que mi hija es alérgica y temo que las vacunas le puedan causar efectos secundarios. Espero su respuesta.

Capítulo 7

A. El accidente

3. ¡Escuchemos! El testigo no habla inglés

El taxi chocó a máxima velocidad con la muchacha en la bicicleta. Ella cruzó la intersección sin mirar. Ella se cayó de la bicicleta a la tierra. El taxi paró y el chofer le gritó pero ella no respondió. Entonces, yo la moví a la acera. Observé que la pierna estaba torcida. Le pregunté a la niña cómo se llamaba. Entonces, ella abrió los ojos y respondió. Me llamo Margarita Andrés. Le expliqué lo que pasó. Luego, llamé a 911 y llegaron Uds. y la policía.

B. En la ambulancia

3. ¡Escuchemos! El accidente náutico

Ayer la princesa Alexia y su prometido, Carlos Morales, fueron heridos en un accidente náutico abordo de su barco. El barco chocó con otro barco cuando ellos salieron del puerto en Barcelona. Carlos cayó al agua y sufrió una fractura de la rotula derecha. La princesa Alexia se fracturó la clavícula izquierda. Tras el accidente, una lancha de rescate los llevó al puerto. Luego, una ambulancia Cruz Azul los llevó a la clínica Quirón. Carlos Morales dijo: «Alexia recibió una herida en la oreja en la que le dieron tres puntos. Me caí al agua. Sufrí un golpe en la rodilla al entrar en la lancha de rescate. Las lesiones de la princesa son severas pero no graves. Nadie se ahogó y nadie murió. Nos dieron los médicos un analgésico para el dolor.» La princesa queda en la clínica por 48 horas.

C. Un accidente con una pistola

3. ¡Escuchemos! La preocupación

— ¿Qué le pasó a mi hijo?
— ¿Qué le hizo Ud. en la pierna?
— ¿Le dio Ud. algo para el dolor?
— ¿Hace cuánto tiempo llegó la ambulancia?
— ¿Cuánto tiempo hace que está aquí en la calle?
— ¿Puedo viajar con él en la ambulancia?

D. La síntesis: Por el mundo de la salud y la medicina

Contestador automático: El/La espectador(a)

Hace dos semanas que mi hija, Ángela Morales, fue herida en un accidente automovilístico frente al hospital. Estuvo en el hospital durante 36 horas con una tibia fracturada. El vehículo paró y el conductor le dijo algo a mi hija. Luego, él huyó del lugar. Ud. observó el accidente y ofreció su ayuda. ¿Nos puede decir de qué color era el carro que atropelló a mi hija? ¿De qué marca era? Ud. se quedó con mi hija hasta la llegada de la ambulancia. ¿Le dijo ella algo sobre el conductor? Muchísimas gracias por su ayuda. Mi teléfono es 555-9080.

Capítulo 8

A. Los objetos de primeros auxilios

3. ¡Escuchemos! Los síntomas

Los síntomas fueron: pulso débil; piel pálida y húmeda; respiración rápida y corta. Mantuvimos a las víctimas en posición lateral. Mantuvimos el pasaje de aire libre. Les levantamos la cabeza y los hombros. Pusimos frazadas sobre cada víctima. No les dimos líquidos por lo menos por una hora. Después de una hora de estabilización, ellos pudieron tomar un té caliente.

B. Los primeros auxilios en sitio

3. ¡Escuchemos! La maniobra de Heimlich

Ud. debe estar detrás de la víctima y poner las manos debajo de las costillas. Tiene que empujar rápidamente hacia arriba y hacia adentro. Luego, tiene que apretar y soltar la presión inmediatamente. Debe repetir el procedimiento tres veces. También puede seguir con golpes agudos entre los tahalis.

C. Los primeros auxilios en situaciones de desastres naturales, envenenamientos y otros desastres

3. ¡Escuchemos! Llamadas de emergencia

1. ¡Por favor, ayúdame! Mi hermano está inconsciente.
2. ¡Socorro! Mi esposo no está respirando.
3. Mi bebé tragó unas pastillas.
4. Hay una inundación en mi calle.
5. Mi hermano está pálido y tiene frío. La piel está fría.

D. La síntesis: Por el mundo de la salud y la medicina

Contestador automático: ¿Cuál es el mejor remedio?

Hola, doctor(a). Soy Marlena Dospasos. Estuve en el consultorio la semana pasada con mi hijo, Ramón, porque una abeja lo picó y Ud. le puso una loción. Pues, otra vez una abeja lo picó en el pie. No sé qué hacer. ¿Debo sacar el aguijón? Esta vez, el pie está más hinchado y rojizo. ¿Debo poner algo en la picadura? ¿Debo ir al consultorio? Estoy aquí en casa, en el número 874-3342. Gracias.

Capítulo 9

A. En la sala de emergencia

3. ¡Escuchemos! ¿Cómo ocurrió?

1. *(woman's voice)* Me corté la mano izquierda.
2. *(man's voice)* Mis hijos se rasparon las rodillas.
3. *(woman's voice)* Me torcí la muñeca derecha.
4. *(a little boy's voice)* Me pinché los dedos.
5. *(a little girl's voice)* Nos golpeamos la cabeza.
6. *(a man's voice)* Se murió mi abuela anoche.
7. *(a man's voice)* Me quebré las costillas.

B. En la sala de emergencia: Un examen físico

3. ¡Escuchemos! «Simón dice... »

1. ¿Puede Ud. mover la cabeza hacia atrás?
2. ¿Puede Ud. hacer un puño con la mano izquierda?
3. ¿Puede Ud. respirar y retener la respiración?
4. ¿Puede Ud. fijar la vista en la pared?
5. ¿Puede Ud. ponerse de pie?
6. ¿Puede Ud. relajar los hombros?
7. ¿Puede Ud. doblar las rodillas?
8. ¿Puede Ud. separar los dedos?

C. La hospitalización y el formulario médico

3. ¡Escuchemos! El formulario médico

Me llamo José Calderón Santos y vivo en la calle Maple 233. Nací en Perú en 1956. Soy mecánico pero ahora no trabajo porque me duele la espalda. No tengo seguros médicos de este país pero tengo una tarjeta de seguros médicos de Perú. No sé donde está. No la tengo conmigo. ¿Es muy importante tener una tarjeta de seguros médicos? No tengo teléfono ahora. ¿Cuándo puedo ver al doctor?

D. La síntesis: Por el mundo de la salud y la medicina

Contestador automático: La madre

Hola. Soy la Srta. Guadalupe Barreda. Estuve en la sala de emergencia esta tarde con mi madre. Ella fue la paciente que se resbaló en el hielo y se quebró la muñeca. La doctora le dio dos medicamentos. ¿Son los dos para el dolor? No recuerdo. Uno dice aspirina y el otro dice codeína. ¿Debe tomar éstos con agua? Ya tiene aspirina en casa. ¿Puede tomar esas pastillas o debe tomar las nuevas? Cuando tomó la codeína, se durmió inmediatamente. ¿Es normal? Por favor, ¿puede llamarme a este número: 223-1209? Gracias.

Capítulo 10

A. Los problemas médicos y la historia médica de los adolescentes

3. ¡Escuchemos! Sus sugerencias

Me llamo Rocío Altamontes y vine a los Estados Unidos el año pasado con mis padres. No hablaba mucho inglés y no tenía muchos amigos. Era un poquito gorda y los muchachos siempre se burlaban de mí. Quería suicidarme pero luego decidí bajar de peso. Todos los días comía muy poco... una manzana o una ensalada. Bajé diez kilos en dos meses. Pero mi vida no es mejor... es peor. Tengo granos en la cara y los muchachos no me hacen caso. No sé qué hacer.

B. Las enfermedades de los niños

3. ¡Escuchemos! Los niños

1. Rosita se chupaba el dedo gordo cuando era niña.
2. Anita no comió nada anoche.
3. Mi hijo gateó por primera vez hoy.
4. Mis hijos siempre tenían infecciones de oído durante el invierno.
5. Mi hija nunca gateó. Empezó a caminar a los nueve meses.
6. Mi bebé dormía bien, pero ahora no.
7. Carlos tuvo problemas con el oído el verano pasado.
8. Cuando yo le cantaba, Carolina sonreía.
9. Normalmente comía mucho.
10. Todos los niños tuvieron de las paperas.

C. La salud de los bebés

3. ¡Escuchemos! ¿Qué le encanta... ?

1. ¿A quiénes no les gustan las inyecciones?
2. ¿A quiénes les molesta el oído?
3. ¿A quién le fascina la luz?
4. ¿A quién le importa la tarjeta de vacunas?
5. ¿A quién le encanta el chupete?

D. Síntesis: Por el mundo de la salud y la medicina

Contestador automático: La pasta

Dra. Ochoa, soy Celestina Firenze. Mi hija Victoria, de nueve meses, es su paciente. Empezé a darle nuevos alimentos. Cuando le di macarrones con salsa de tomate, le salieron manchas en la cara. Le gustan mucho y siempre pide más. ¿Es Victoria demasiado pequeña para comer pasta? ¿Esto que tiene es algo grave? ¿Debo llevarla al consultorio?

Capítulo 11

A. En el consultorio de la trabajadora social

3. ¡Escuchemos! Sufro de los nervios

La psiquiatría y el trabajo social pueden ser sistemas no muy comunes para los hispanos de zonas rurales. Ellos no suelen hablar sobre sus emociones en términos psiquiátricos. Si tienen problemas emocionales, suelen decir «Sufro de los

3. ¡Escuchemos! Sufro de los nervios *(cont.)*

nervios». Además, algunos hispanos consultan a los curanderos y a los sacerdotes o pastores para que los ayuden con estos problemas. Si Ud. es profesional del trabajo social o de la psiquiatría, debe entender que su paciente puede estar tomando hierbas para sentirse mejor. Debe preguntarle, tratando de no ofenderlo, si lo está haciendo.

B. El alcoholismo y sus consecuencias

3. ¡Escuchemos! Un anuncio al público

Algunos estudios muestran que un 25% de los ingresos a los hospitales están relacionados con el uso del alcohol. Entre las enfermedades más serias asociadas con el uso crónico del alcohol está el cáncer al hígado, al estómago, al colón, a la laringe y al esófago. El abuso del alcohol produce también problemas de tipo orgánico, tales como:

- lesiones al cerebro, pancreas y riñones
- presión sangínea alta, ataques cardíacos y embolias
- cirrosis de hígado
- úlcera duodenal y estomacal
- impotencia e infertilidad
- vejez prematura

Una persona no tiene que ser alcohólica para tener problemas con el alcohol. Por ejemplo, cada año, muchos jóvenes pierden la vida en accidentes automovilísticos, ahogos o suicidios relacionados con el uso del alcohol.

C. El abuso de las drogas y las drogas ilegales

3. ¡Escuchemos! La pandilla

Cuando tenía diez años, mis padres me abandonaron y fui a vivir con mi tía. Al comenzar la escuela secundaria, la ilusión de pertenecer a una familia me atrajo y me uní con una pandilla. Después vinieron las drogas, los malos comportamientos y las peleas. Acabé con la escuela y conocí a Samuel que tenía 18 años y pertenecía a la misma pandilla. Nos casamos. La vida no fue fácil. Aumentaban las peleas y el abuso de las drogas. Un día, decidí cambiar mi vida loca. Fui a ver a una consejera en la agencia de trabajo social. Ella me ayudó. Me inscribí en un centro de educación y recibí mi diploma. Samuel y yo nos divorciamos pero yo seguí con mi educación. Acabo de recibir mi *bachelors* de la Universidad de Washington. Lo hice por mí pero quiero agradecer a esa consejera que siempre creía en mis habilidades.

D. Síntesis: Por el mundo de la salud y la medicina

Contestador automático: Problemas económicos

Me llamo Amalia Santander. Estuve en su consultorio el 19 de mayo. Hablamos de mis problemas económicos. Si lo recuerda, mi esposo acababa de morirse y no sabía qué hacer. Bueno, Ud. me dio una lista de servicios que me pueden ayudar. Perdí la lista cuando alguien me robó la bolsa mientras viajaba por el metro. ¿Me puede llamar para darme la lista de nuevo? Además, mi sobrino de 14 años de edad va a vivir conmigo. Acaba de salir del hospital. Sufrió de una sobredosis de narcóticos. ¿Qué debo hacer con él? Estoy muy agradecida por su ayuda. El teléfono es 333-6740.

Capítulo 12

A. Las instrucciones para los pacientes: La radiografía y otras pruebas médicas

3. ¡Escuchemos! No puede

1. Saque la radiografía ahora.
2. Póngase de pie, por favor.
3. Salga del cuarto por un momento.
4. Haga la prueba de la tuberculina.
5. Extienda la mano derecha.
6. Voltéese al lado izquierdo.
7. Mantenga la respiración.
8. Súbase a la cama.
9. Abra la puerta de la unidad de radiografía.
10. Discuta los resultados con el paciente.

B. Las preparaciones antes de una prueba médica

3. ¡Escuchemos! Pruebas médicas

Es necesario que María de Córdova se haga una serie de pruebas médicas. Primero, queremos que le hagan la prueba gastrointestinal inferior. Segundo, es importante que ella se haga una mamografía. Finalmente, su médico cardiólogo dice que es buena idea que el radiólogo le saque una placa de los pulmones.

C. Los resultados y la discusión de las pruebas médicas

3. ¡Escuchemos! La tuberculosis

La tuberculosis es una infección causada por la bacteria. Es común que empiece en los pulmones y luego es posible que se trasmita a otras partes del cuerpo. Para hacer la prueba de tuberculina, el médico le inyecta una pequeña cantidad de fluido debajo de la piel. Si tiene tuberculosis, dentro de dos o tres días un área dura y rojiza se desarrolla alrededor del punto donde entró la aguja. En las primeras etapas de tuberculosis, es común que no haya ningún síntoma. Otros síntomas son la fiebre, los sudores nocturnos y el cansancio.

D. Síntesis: Por el mundo de la salud y la medicina

Contestador automático: La preocupación

Habla la Srta. Daisy Almovar. Llamé para averiguar el resultado de mi prueba. El médico me tomó un cultivo de la garganta para ver si mi dolor de garganta es causado por el estreptococo. ¿Me puede decir el resultado? Si es positivo, ¿qué tengo que hacer?

Capítulo 13

A. La salud de la mujer y la examinación ginecológica

3. ¡Escuchemos! La endometriosis

Los síntomas más comunes de la endometriosis son dolor antes y durante los períodos menstruales, dolor durante el acto sexual y hemorragias fuertes o irregulares. En casos más graves se desarrolla un tejido cicatrizado en la trompa de Falopio o en un ovario. Esto impide que salga el óvulo al útero. Así impide que la mujer conciba. La magnitud del dolor no corresponde a la gravedad de la endometriosis ni al tamaño de los tumores endometriales.

B. Las etapas de la vida de la mujer: La pubertad hasta la posmenopausia

3. ¡Escuchemos! Los exámenes

Todas las mujeres entre 40 y 65 años de edad deben hacerse la prueba Papanicolau. La prueba se hace cada año. Si los resultados de la prueba no son normales, el doctor estudia la gravedad del caso. El doctor debe medir el nivel de colesterol cada cinco años. Todas las mujeres que tienen hasta 49 años deben hacerse una mamografía cada uno o dos años. Para las mujeres de más de 49, la mamografía es necesaria anualmente. La prueba de sangre oculta en la materia fecal, es para ver si hay tumores cancerígenos. Las mujeres después de los 50 deben someterse a este examen. Finalmente, la sigmoidoscopía es un examen que usa un aparato fino que se coloca dentro del recto y el colon inferior para detectar el posible cáncer.

C. La planificación familiar y las enfermedades de transmisíon sexual

3. ¡Escuchemos! Las emociones

1. ¡Qué raro que no quiera usar anticonceptivos!
2. ¡Qué vergüenza! ¡Mi hija soltera está embarazada!
3. Estoy muy triste. Mi padre está enfermo.
4. Estoy preocupado. Mi esposa no cuida de su salud.

D. Síntesis: Por el mundo de la salud y la medicina

Contestador automático: Está confundida

Hola. Mi nombre es Amelia Esteban y soy paciente de su clínica. Ud. me dio las instrucciones para preparar una muestra de materia fecal, pero no las entiendo. Son en inglés y no lo hablo bien. Por favor, explíqueme lo que Ud. quiere que yo haga. Las instrucciones dicen «samples from three consecutive days». ¿Eso es importante?

Capítulo 14

A. La cirugía

3. ¡Escuchemos! ¿Es necesario la cirugía?

1. Doctor, mi hija Inés siempre tiene dolor de garganta. Las amígdalas parecen hinchadas y tienen manchas blancas.
2. Doctora, no me gusta la forma de mi nariz. ¿La puede cambiar?
3. Doctora, la rodilla izquierda está hinchada de nuevo y me duele mucho.
4. Doctor, no como ningún alimento con grasa pero todavía me duele el estómago.
5. Doctor, no creo que mi esposa aguante más el dolor de la angina.

B. Lo que pasa en la sala de operaciónes

3. ¡Escuchemos! La cirugía estética

1. Se hace el diagnóstico con un médico especialista en cirugía plástica.
2. Si se recomienda la cirugía, se discute la posibilidad con la familia.
3. Si se decide tener la operación, se arregla el día y la hora con la clínica y el cirujano.
4. Se informa al jefe del trabajo o a la familia que se necesita un tiempo determinado para recobrarse.

3. ¡Escuchemos! La cirugía estética *(cont.)*

5. Se vuelve al consultorio según las indicaciones del médico para examinar los resultados.

C. Los instrumentos y la postoperación

3. ¡Escuchemos! Los instrumentos quirúrgicos

Tenemos varias cirugías mañana. Por favor, traiga dos pinzas grandes, dos escalpelos chicos, una caja de esponjas, unas tenazas, unas tijeras chicas, una sierra nueva para la amputación que tenemos a las doce. También necesitamos más guantes de látex desechables, una docena de batas y jabón antiséptico. Gracias. Hasta mañana.

D. Síntesis: Por el mundo de la salud y la medicina

Contestador automático: La enfermera nocturna

Doctor Ramírez, soy la enfermera nocturna en el hospital de Richmond Heights. Quisiera informarle que su paciente Rita de Ubrique sufrió otro ataque al corazón anoche por las diez y media. Dudamos que pueda sobrevivir por mucho tiempo más. No sé qué hacer. No creo que ella tenga familiares en los Estados Unidos. La trasladamos al cuidado intensivo. Por favor, llámenos cuanto antes. Gracias.

Capítulo 15

A. El cuidado en casa

3. ¡Escuchemos! ¿Se usa el subjuntivo o no?

1. La clínica que se llama All Health tiene solamente una enfermera que habla español.
2. Todos los hospitales necesitan terapeutas que sepan dirigir clases de recuperación física.
3. ¿Tiene Ud. un pariente que necesite ayuda médica en casa?
4. No hay ningún médico que visite a sus pacientes en casa.
5. Hay un número reducido de ayudantes de enfermera que quieren trabajar medio horario.
6. Buscamos profesionales en el campo de la medicina que puedan trabajar horario completo.

B. El cáncer: El tratamiento y el progreso

3. ¡Escuchemos! Las primeras señales

Las señales tempranas del cáncer:

1. La rápida pérdida de peso sin una causa indentificada
2. Una lesión que no se cura dentro de tres semanas
3. Un lunar que sangra o que cambia de color, tamaño o forma
4. Dificultad al tragar
5. La indigestión persistente
6. Un bajo recuento de los glóbulos blancos
7. Irregularidad en los movimientos de vientre, como diarrea o estreñimiento
8. El sangrado rectal

C. El SIDA: El tratamiento y el progreso

3. ¡Escuchemos! Sra. López con el SIDA

Fui drogadicta, fui golpeada y sufrí abuso sexual. Pero ahora aprendí que aunque soy una mujer pobre y de color, tengo recursos para ayudarme y ayudar a mi hija que también fue diagnosticada con el virus. Algunas personas piensan que los activistas contra el SIDA son solamente hombres homosexuales blancos, pero no es cierto. Nosotras, latinas infectadas, también tenemos una voz. Nos dedicamos a encontrar una cura del SIDA.

D. Síntesis: Por el mundo de la salud y la medicina

Contestador automático: ¿Es benigna?

Habla Eliana Payán. Doctora Maldonado, se me hizo una biopsia en una lesión que tengo en la mejilla. Pues llamo para saber si es benigna o no. No recuerdo las opciones que me explicó Ud. Sin embargo, tengo que salir para Bolivia la semana que viene. ¿Qué debo hacer en cualquier caso?

Capítulo 16

A. El asilo y el hogar para los ancianos

3. ¡Escuchemos! ¿Qué actividades hacen?

Caminemos unos pasos sin usar el andador.
Pongámonos las chaquetas y vayámonos afuera.
Disfrutemos del aire fresco.
Hagamos los ejercicios de pronunciación con la terapeuta del habla.
Comamos la merienda y luego llamemos a su hijo para ver a qué hora viene a visitarla.
¿Hay algo más que quiera Ud. hacer hoy?

B. La historia y los problemas médicos de los ancianos

3. ¡Escuchemos! Los lazos familiares

Ser un anciano en un país que adora la juventud y no aprecia a la familia puede ser muy triste. El 27 por ciento de los hispanos mayores de 65 años vive en la pobreza y puede sufrir de desnutrición, soledad y depresión. Pero la tradición hispana les enseña que ellos deben sentirse como así. Hagamos un esfuerzo para fortalecer los lazos familiares.

C. La urología y la salud de los hombres

3. ¡Escuchemos! Hablando con el doctor

Doctor, mi hijo dice que necesito un examen urológico. No sé lo que significa. Los médicos del servicio de inmigración ya me habían examinado cuando me trasladé a los Estados Unidos y estoy bien. Lo único es que a veces tengo problemas al orinar. Siento ardor de vez en cuando. Y dos o tres veces a la semana, me despierto durante la noche porque tengo que ir al baño. Lo molesto es no poder dormirme de nuevo.

D. Síntesis: Por el mundo de la salud y la medicina

Contestador automático: A caso

Buenos días. Soy Diego Malamud, el hijo de doña Fatima. ¿Puede Ud. decirle que he hablado con su doctor? Ha dicho que ella puede volver a casa a fin de mes. Lo importante es que haga sus ejercicios y que tome su medicina mientras está en el asilo. También, que mi esposa y yo hemos conseguido un minivan, así que ella podrá estar cómoda al volver a casa. Muchas gracias.

Capítulo 17

A. El embarazo y el cuidado prenatal

3. ¡Escuchemos! El consejo

Es muy importante que se cuide durante el embarazo. Antes de que nazca el bebé, la madre tiene que comer una dieta saludable y tomar vitaminas y suplementos que receta el médico, como el ácido fólico y la vitamina C. Cuando la madre entra en la quinta semana de embarazo, puede hacerse un sonograma y, luego, si quiere, puede saber el sexo del bebé. Si la madre tiene problemas médicos o más de 35 años, es buena idea hacerse una amniosentesis para ver si hay anormalidades.

B. El parto

3. ¡Escuchemos! La joven

Tenemos algunas malas noticias. Marlena está bien pero como Ud. sabe, Marlena es muy joven. Su cuerpo es muy pequeño todavía. No pudo aguantar el parto natural porque su pelvis es muy estrecha. Por eso tuvimos que hacerle la cesárea. Lo siento pero el bebé nació muerto. Tuvo un defecto cardíaco y los pulmones no se habían desarrollado suficientemente para soportar la vida. Marlena va a estar bien. Necesita descansar antes de regresar a la escuela, por si acaso hay complicaciones.

C. El cuidado postnatal y la planificación familiar

3. ¡Escuchemos! Una clínica

Ya sea que es mamá por primera vez o que ya tiene su familia, Outreach Medical Services le puede ayudar. Ofrecemos planificación familiar, cuidados de maternidad, vacunas o clases de nutrición. Estamos aquí para mantener a su familia sana. Ud. recibirá información sobre el uso de anticonceptivos o sobre los métodos de fertilidad para las parejas que no pueden concebir. Ofrecemos exámenes periódicos para mantener la salud de las embarazadas, así como también información para después del parto, incluyendo consejos para las madres que están amamantando. Llámenos al teléfono 223-9776.

D. Síntesis: Por el mundo de la salud y la medicina

Contestador automático: Su consejo

Hola. Habla Corazón de Almeda. Estoy por dar a luz. Acaba de romperse la bolsa de aguas y no sé qué hacer. Mi esposo no está en casa y no conozco a nadie en este país. Ya empezaron las contracciones. No habrá suficiente tiempo para llegar al hospital. Tengo miedo de que nazca el bebé antes de que llegue mi esposo. ¿Qué hago?

Capítulo 18

A. Una visita al dentista

3. ¡Escuchemos! ¿Cierto o falso?

Buenos días, soy su paciente, Victor Antonio Rentas. Estuve en su clínica la semana pasada. Ud. me dijo que no masticara fuertemente con la corona nueva que me puso. Pues, no sé qué pasó pero ahora está muy floja. Quisiera hacer una cita lo más pronto posible. Por favor, llámeme al número 555-0857.

B. Unos problemas dentales

3. ¡Escuchemos! La clínica dental

El Dr. Miguel Alarde, graduado de la Universidad de Montevideo, Uruguay, se pone a sus órdenes.

Puentes fijos y sacables, dentaduras y coronas, restauraciones cosméticas y tratamientos de nervio. Por tiempo limitado, ofrecemos el primer examen, cuatro radiografías y limpieza dental por diez dólares. Aceptamos seguros médicos, planes dentales y un plan de pagos. Niños bienvenidos. Llame al número 221-765-0352.

C. La óptica y la optometría

3. ¡Escuchemos! ¿Quiénes leen la gráfica correctamente?

1. *(Margarita, una niña)* Las letras grandotas son una F, luego otra F, una O y una L. Las letras chiquitas son m, o, p, q.
2. *(Carlos, un adulto)* Creo que las letras de la segunda línea son E, U, L.
3. *(Isabel, una adulta)* Puedo leer la cuarta línea: e, c, l, c, k.
4. *(José, un niño)* Bueno, las letras pequeñitas son: a, c, l, r, k.
5. *(Cristina, una abuelita)* Pues, con el ojo derecho puedo leer las primeras tres líneas: es una E solita, luego E, O, L. Y la tercera es m, e, p, q.

D. Síntesis: Por el mundo de la salud y la medicina

Contestador automático: Los lentes

Hola, soy la Srta. Antuñano. Quisiera saber si están listos los lentes. ¿Cuándo sería posible recogerlos? Tengo una hora para el almuerzo en mi trabajo. ¿Sería suficiente para que me ajuste los lentes nuevos? ¿Podría decirme el costo total de los lentes y el armazón antes de que vaya a su óptica? Puede llamarme a este número: 348-7326. Muchas gracias.

Worktext Answer Key

Capítulo preliminar

A. Bienvenidos a la clase de español: El mundo de la salud y la medicina

¿Comprende?
1. es de mañana *(Answer may be in English)* 2. regular 3. ¡Hola! No es formal.

¡Practiquemos!
1. Buenas tardes. 2. ¡Hola! 3. Buenos días. 4. Buenas noches. 5. Buenas tardes.

¡Escuchemos!
Buenas tardes, Buenas tardes, Regular, gracias

¡Hablemos! *Answers will vary.*

La situación. *Answers will vary.*

D. Síntesis

¿Comprende?
1. Concepción Ríos de Morán 2. viuda 3. de México 4. es diabética

Se necesita traductor(a)
1. ¿Cuál es su nombre completo? 2. ¿De dónde es Ud.? 3. ¿Cuál es su dirección y su número de teléfono? 4. ¿Cuál es su estado civil? 5. ¿Cuándo es su cita?

Correo electrónico. *Answers will vary.*

Contestador automático
A. María, Pat, la dirección del Hospital Santa Teresa es Calle Patterson 1026. B. *Answers will vary.*

Mi agenda. A. *Answers will vary.* B. *Answers will vary.*

Para discutir. A. *Answers will vary.* B. *Answers will vary.*

Capítulo 1

A. En la sala de espera de la doctora Olmos

¿Comprende?
1. el señor García/el padre de la señora López 2. Antonio García y Martínez 3. García 4. His first last name is the same as his mother's and his second last name is his grandfather's first name.

¡Practiquemos!
A. 1. usted 2. ustedes 3. tú 4. usted 5. ustedes 6. ustedes
B. 1. él 2. yo 3. ella 4. él 5. ella 6. ellos C. 1. es 2. soy 3. son 4. eres 5. somos

¡Escuchemos!
Soy, completo, Es, su padre, es, Encantado

¡Hablemos! *Answers will vary.*

La situación. *Answers will vary.*

B. El presupuesto para la sala de espera y el despacho de la recepcionista

¿Comprende?
1. ¡Ay! Es mucho dinero. 2. Es de metal. 3. Las revistas de la sala de espera son viejas; son importantes para los pacientes.

¡Practiquemos!
A. el, el, la, el, los, los, la, la B. *Answers will vary*

¡Escuchemos!
25, 15, 2, 12, 20, 3, 6, 1, 4, 88

¡Hablemos! *Answers will vary.*

La situación. *Answers will vary.*

C. Arreglando el consultorio

¿Comprende?
1. de Cuba, ¿de dónde? 2. baja y amable 3. mañana 4. Hasta mañana, Buenas noches

¡Practiquemos!
A. 1. ¿de dónde? 2. ¿quién? 3. ¿cuánto? 4. ¿cuál? 5. ¿cuándo? B. 1. Es la carpeta del señor Martín. 2. Es el bolígrafo del doctor. 3. Es la agenda de la vendedora. 4. Son las revistas de las enfermeras. 5. Es la enfermera de los pacientes.

¡Escuchemos!
Juan Martín, Norman García, Calle Elmwood 478, 555-6237, viudo

¡Hablemos! *Answers will vary.*

Capítulo 2

A. En el consultorio: ¿Cómo está Ud.?

¿Comprende?
1. mal 2. está cansada y nerviosa 3. vitaminas 4. a la farmacia 5. en la calle Park, al lado del hospital Santa Teresa, frente al parque

¡Practiquemos!
A. *Some possible answers:* 1. Antonio está decaído. 2. Juan está preocupado/nervioso. 3. El/La bebé está mareado(a). 4. Juana está cansada. 5. La señora Chan está orgullosa. 6. Ella está de vacaciones. B. *Answers will vary.*

¡Escuchemos!
1. en el consultorio del doctor Barreda 2. al hospital 3. No, porque ellos estarán de vacaciones 4. encima del escritorio, debajo del calendario, a la derecha

¡Hablemos!
1. Vas a la farmacia. 2. Va al hospital. 3. Van al consultorio. 4. Voy al laboratorio. 5. Vamos a la biblioteca. 6. Va a la sala de espera. 7. van al despacho de la recepcionista 8. va a la sala de espera

La situación. *Answers will vary.*

B. Por teléfono con la enfermera

¿Comprende?
1. Tiene catarro. 2. dolor de cabeza, dolor de garganta, tos, nariz constipada 3. Va a hablar con la doctora. 4. as a synonym of "stuffed up". That person could think it means "constipated."

¡Practiquemos!
A. 1. Tiene dolor de garganta. 2. Tiene dolor de estómago. 3. Tenemos dolor de cabeza. 4. Tiene dolor de oído. 5. Tienes la nariz tapada. 6. Tiene dolor de oído. 7. Tiene dolor de espalda. 8. Tiene dolor de mano. B. *Possible answers:* 1. Van a comprar aspirinas. 2. Vas a llamar al médico. 3. Va a descansar. 4. Va a eructar. 5. Voy a descansar.

¡Escuchemos!
1. ir al consultorio 2. examinarte 3. llegar al consultorio dentro de media hora 4. estar allí hasta las ocho 5. estar allí hasta las ocho

¡Hablemos! *Answers will vary.*

La situación. *Answers will vary.*

Spanish for Health Worktext Answer Key

C. Las recomendaciones de la doctora y la farmacia

¿Comprende?
1. tomarle la temperatura, escucharle el corazón y examinarle los oídos 2. eritromicin, 60 3. tres veces, antes de las comidas 4. *Possible answers:* Tiene que ir a la oficina; él y sus colegas van a presentar un nuevo proyecto.

¡Practiquemos!
A. 1. Hay 100 aspirinas en el frasco. 2. Hay 5.5 miligramos de codeína en la pastilla. 3. Hay 98 tabletas de barbitúricos en el frasco. B. 1. Sra. Milano, Ud. tiene que tomar sus cápsulas de vitamina E. 2. Juanito, tienes que tomar tus pastillas para el dolor de garganta. 3. Srta. Lugo, Ud. tiene que tomar su suspención para el estómago. 4. Niños, tienen que tomar sus jarabes para la tos. 5. Rosita, tienes que tomar tu medicina ahora. 6. Sr. Ramos, Ud. tiene que tomar su calmante.

¡Escuchemos!
Possible answer: Fernando López Galán, 70 tabletas de codeína con acetaminofina, #3, 60 mg., 1 tableta cada 6 horas, cuando sea necesario

¡Hablemos!
1. Tienes que tomar dos tabletas de diurético dos veces al día. 2. Tienes que tomar una cápsula de antiácido tres veces al día antes de las comidas. 3. Tienes que tomar dos cucharadas de antidiarreico cuando sea necesario. 4. Tienes que tomar 100 miligramos de antiinflamatorio por la mañana.

La situación. *Answers will vary.*

D. Síntesis

¿Comprende?
1. Nuncatos 2. un descongestionante y un expectorante 3. una cucharada por la noche 4. limón, caramelo y sabor original

Se necesita traductor(a)
1. ¿Tiene fiebre? 2. ¿Le duele el estómago? 3. ¿Le duele la garganta? 4. ¿Tiene escalofríos? 5. ¿Está muy cansado? 6. ¿Se siente mareado? 7. ¿Tiene vómitos?

Correo electrónico. *Answers will vary.*

Contestador automático. *Answers will vary.*

Mi agenda. A. *Answers will vary.* B. *Answers will vary.*

Para discutir. *Answers will vary.*

Capítulo 3

A. Un diagnóstico común: La acidez

¿Comprende?
1. *Answers will vary.* 2. fumar, tomar aspirinas, café, cerveza, usar cinturones o ropas ajustadas 3. un antiácido 4. mandarle unas radiografías

¡Practiquemos!
A. 1. ayuda/opera 2. controla 3. ayudan 4. apunta 5. Preparamos 6. opero/trabajo B. 1. Sr. Borges, ¿usa Ud. ropa ajustada? 2. Juanito, ¿practicas muchos deportes? 3. Sra. Alarcón, ¿fuma Ud.? 4. Srta. Cueva, ¿necesita Ud. una receta? 5. Sr. y Sra. López, ¿preparan Uds. comida grasosa? 6. Sra. Rodríguez, ¿toma Ud. mucha Coca-Cola? 7. *Answers will vary.* C. 1. uso 2. practico 3. fumo 4. necesito 5. preparamos 6. tomo 7. *Answers will vary.*

¡Escuchemos!
1. falso 2. falso 3. cierto 4. cierto 5. falso

¡Hablemos!
A. *Answers will vary.* B. *Answers will vary.*

La situación. *Answers will vary.*

B. Apuntar citas, la fecha de nacimiento y otros datos

¿Comprende?
1. La doctora piensa que tiene codo de tenista. 2. para alrededor del 10 de enero 3. el viernes 27 de diciembre 4. porque no maneja mucho en el invierno

¡Practiquemos!
A. *Answers may vary somewhat but should include:* 1. cierra 2. pienso 3. encuentro 4. almuerzo 5. empiezo
B. 1. primero de septiembre del dos mil dos 2. veintiuno de noviembre de mil novecientos ochenta y seis 3. cuatro de febrero de mil novecientos cincuenta y ocho 4. catorce de marzo de mil novecientos veintidós 5. treinta y uno de julio de mil novecientos setenta y nueve

¡Escuchemos!
el primero hasta el 2 de enero, Fin de Año y Año Nuevo; el 20 de febrero, Día del Presidente; el 28 de marzo hasta el 3 de abril, Semana Santa; el 30 de mayo, Día de Recordatario; el 4 de julio, Día de la Independencia; el primero de septiembre, Día del Trabajo; el 12 de octubre, Día de Cristobal Colón; el 25 de noviembre, Día de Acción de Gracias; el 24 de diciembre hasta el 26 de diciembre, Noche Buena y Navidad

¡Hablemos!
1. ¿Es el once de marzo de mil novecientos sesenta y tres o es el tres de noviembre? 2. ¿Es el ocho de septiembre de mil novecientos diecinueve o es el nueve de agosto? 3. ¿Es el doce de noviembre de mil novecientos noventa o es el once de diciembre? 4. ¿Es el seis de mayo de mil novecientos treinta y ocho o es el cinco de junio? 5. ¿Es el siete de febrero de mil novecientos ochenta y siete o es el dos de julio?

La situación
Sr. López, su cita es el martes, no el lunes, pero la fecha, el siete de enero, es correcta. Srta. Ramón, su cita es el miércoles, no el martes, pero la fecha, el ocho de enero, es correcta. Tomás Robles, su cita es el miércoles, no el martes, pero la fecha, el ocho de enero, es correcta. Sr. Colón, su cita es el jueves, no el miércoles, pero la fecha, el 9 de enero, es correcta. Sr. Guzmán, su cita es el jueves, no el miércoles, pero la fecha, el 9 de enero, es correcta. Sra. Delugo, su cita es el viernes, no el jueves, pero la fecha, el 10 de enero, es correcta. Carlos Sega, su cita es el viernes, no el jueves, pero la fecha, el 10 de enero, es correcta.

C. Las alergias y las estaciones

¿Comprende?
1. Tiene erupciones en ambos brazos y manos. 2. alguna alergia 3. Es una dermatitis por contacto. 4. trabajar con las plantas 5. alguna hierba venenosa; en la primavera y en el verano, cuando llueve y después hace sol

¡Practiquemos!
A. 1. a 2. a 3. — 4. — 5. al 6. al 7. a 8. — B. 1. Las alergias al polen son enfermedades de la primavera/primaverales. 2. Las alergias al polvo son enfermedades del invierno/invernales. 3. La bronquitis es una enfermedad de invierno/invernal. 4. La artritis es una enfermedad de invierno/invernal. 5. El asma es una enfermedad del verano/veraniega. 6. La diarrea del viajero es una enfermedad de verano/veraniega. C. *Possible answers:* 1. ¿Te gusta cultivar las plantas cuando llueve mucho en el otoño? ¡No! Me gusta cultivar las plantas cuando no llueve en la primavera. 2. ¿Te gusta estar en el consultorio cuando hace sol en el verano? ¡No! Me gusta estar en la playa cuando hace sol en el verano. 3. ¿Te gusta practicar deportes cuando hace frío en el invierno? ¡No! Me gusta practicar deportes cuando hace fresco en la primavera. 4. ¿Te gusta jugar al tenis cuando hace mucho viento en la primavera? ¡No! Me gusta jugar al tenis cuando no hay viento en la primavera o el otoño. 5. ¿Te gusta tomar té caliente cuando hace calor en el verano? ¡No! Me gusta tomar té caliente cuando hace frío en el invierno.

¡Escuchemos!
1. 120/83 2. 165/112 3. 100/69 4. 97/74 5. 158/98
1. la señora Galán y Anita Hidalgo 2. la señorita Gil y Roberto Santos 3. el señor Ramírez

¡Hablemos! *Answers will vary.*

La situación
1. 187 2. 266 3. 48 4. 202 5. 95

D. Síntesis
¿Comprende?
1. remedios que utilizan plantas y hierbas 2. una de cada cuatro 3. La quinina proviene de la corteza de un árbol, la chinchona. La digitalina proviene de una flor, la dedalina. 4. Pueden causar reacciones alérgicas. 5. ataques de fiebre de heno; es un suplemento nutritivo

Se necesita traductor(a)
1. Es una infección de los pulmones. 2. Causa inflamación y congestión en los pulmones. 3. Generalmente, es una enfermedad de invierno. 4. La infección comienza cuando se aspira un virus. 5. El virus queda en los pulmones. 6. Los síntomas son: dolor de cabeza, fiebre, escalofríos y tos. 7. Los antibióticos no curan la pulmonía viral. Es un virus, no una bacteria.

Correo electrónico. *Answers will vary.*

Contestador automático. *Answers will vary.*

Mi agenda. A. *Answers will vary.* B. *Answers will vary.*
C. *Answers will vary.*

Para discutir. *Answers will vary.*

Capítulo 4

A. La angina y otros problemas cardíacos
¿Comprende?
1. de sufrir un ataque al corazón 2. Comienzan de repente y duran unos minutos. 3. mandar un análisis de estrés 4. controlar la dieta y modificar los ejercicios

¡Practiquemos!
A. 1. Come 2. Sufre 3. Creen 4. vives 5. escupen B. 3, 8, 4, 1, 2, 7, 5, 6

¡Escuchemos!
1. ocurre 2. impulsa 3. se acumula 4. sube 5. recibe

¡Hablemos!
A. *Answers will vary.* B. ¿Fuma Ud. cigarrillos? ¿Toma Ud. alguna medicina? ¿Tiene Ud. alergias? ¿Bebe Ud. café o alcohol? ¿Hace Ud. ejercicio? ¿Dónde trabaja Ud.? ¿Dónde vive Ud.? ¿Sube Ud. muchas escaleras?

La situación. *Answers will vary.*

B. ¡Un ataque al corazón!
¿Comprende?
1. Le da oxígeno y le pone suero. 2. Siento una puntada muy fuerte en el pecho/ El dolor es muy fuerte. 3. Cálmese. Todo va a salir bien. No va a dolerle. No tenga miedo. Porque la señora está muy preocupada.

¡Practiquemos!
A. 1. padezco; I suffer from angina. 2. reduzco; I reduce the number of pills. 3. amanezco; I wake up with a migraine every morning. 4. conduzco; I drive the ambulance. 5. introduzco;. I introduce the IV drip into the left hand. B. 5: El enfermero introduce el suero en la mano izquierda. 1: El/La paciente con problemas cardíacos padece de angina de pecho. 4: El chófer conduce la ambulancia. 3: El/La paciente con dolor de cabeza amanece con una migraña todos los días. 2: La cardióloga reduce el número de pastillas.

¡Escuchemos!
1. g 2. a 3. b 4. h 5. f 6. c 7. d 8. e

¡Hablemos!
A. 1. Le pongo el suero. 2. Reduzco el riesgo de un ataque al corazón. 3. Le doy oxígeno. 4. Vengo más cerca. 5. Sé dónde está su esposa. B. *Answers will vary.*

La situación. *Answers will vary.*

C. La salud cardíaca
¿Comprende?
1. El señor Rincón quiere saber si su corazón está en buen estado. 2. un electrocardiograma y una prueba de estrés 3. Debe controlar su dieta, reducir las calorías, tomar la medicina y hacer un programa de ejercicios. 4. el 15 de mayo a las ocho y media de la mañana para el ECG y al mediodía para la prueba de estrés

¡Practiquemos!
A. 1. conoce 2. sé, conozco 3. Sabe 4. conocen 5. saben 6. conoce 7. sabe 8. conozco, sé B. 1. Son las tres y la cita es a las tres y media. 2. Son las tres menos cuarto y la cita es a las cuatro. 3. Son las diez y veinticinco y la cita es al mediodía. 4. Es mediodía y la cita es a la una y cuarto. 5. Es la una y diez y la cita es a las dos menos cuarto.

¡Escuchemos!
1. 9:20 2. 10:00 3. al mediodía y hasta la 1:15 4. ver al recepcionista en el consultorio del doctor López

¡Hablemos!
Answers may vary but should include: A. 1. Conoce, conozco 2. Conoce, conozco 3. Sabe, sé 4. Conoce, conozco 5. Sabe, sé 6. Sabe, sé 7. Conoce, conozco 8. Sabe, sé
B. *Answers will vary.*

La situación. *Answers will vary.*

D. Síntesis
¿Comprende?
1. Es un bloqueador del canal de calcio. 2. tragar la pastilla entera, no beber jugo de toronja una hora antes o dos horas después de tomar la medicina, no tomar dos dosis al mismo tiempo 3. mareos, dolor de cabeza, estreñimiento, náusea, acedia

Se necesita traductor(a)
1. Si tiene dolor de pecho de repente, debe ponerse una tableta de nitroglicerina bajo la lengua. 2. Si el dolor dura más de unos pocos minutos, debe ponerse otra tableta de nitroglicerina bajo la lengua. 3. Si el dolor persiste, debe llamar a su doctor o al 911 si el dolor es muy fuerte. 4. No debe comer alimentos pesados o grasosos. 5. No debe trabajar cuando hace mucho calor afuera. 6. Debe preguntarle a su doctor acerca de los resultados del ECG y del MRI.

Correo electrónico. *Answers will vary.*

Contestador automático. *Answers will vary.*

Mi agenda. A. *Answers will vary.* B. *Answers will vary.*

Para discutir. *Answers will vary.*

Capítulo 5

A. Los grupos de alimentos y una dieta
¿Comprende?
1. La señora Castro es de Puerto Rico y su es esposo de México. 2. puertorriqueña y mexicana 3. cocerlos con margarina en vez de manteca 4. Sí, porque tiene poco colesterol.

¡Practiquemos!
1. puedo 2. duermes 3. Cuecen 4. prefieren 5. Vuelvo 6. Quiere

¡Escuchemos! *Answers will vary.*

¡Hablemos! A. *Answers will vary.* B. *Answers will vary.*

La situación. *Answers will vary.*

B. La dieta diabética
¿Comprende?
1. de diabetes 2. tres comidas y al menos dos meriendas 3. puede perder el conocimiento y hacer un coma diabético 4. La grasa contribuye al riesgo de la enfermedad del corazón. 5. seguir la dieta y hacer los ejercicios recetados

¡Practiquemos!
1. pido, b 2. sigo, a 3. pierdo, d 4. prefiero, c 5. digo, e

¡Escuchemos! *Answers will vary.*

¡Hablemos! *Answers will vary.*

La situación. *Answers will vary.*

C. Los buenos resultados de comer bien

¿Comprende?
1. porque antes no lo era/porque él adelgazó 2. la carne menos grasosa 3. el cerdo 4. no, porque son delgados 5. Jaime

¡Practiquemos!
A. 1. Nadie 2. Nunca 3. No quiero nada 4. Ningún alimento... es bueno 5. Tampoco queremos 6. No tienen ni azúcar ni... B. 1. La naranja es dulce; la toronja es amarga. 2. El azúcar es malo para la salud; la fruta es sana. 3. Los frijoles en lata son enlatados; la lechuga es fresca. 4. La leche es ligera; la crema es grasosa.

¡Escuchemos!
1. F: Con NutriTrim puedes comer de todo. 2. F: No tienes que tomar ninguna medicina, ni hacer ningún ejercicio. 3. F: Este sistema no tiene nada que ver con los regímenes que ves en el mercado. 4. F: El NutriTrim actúa muy de prisa. 5. F: Vas a bajar de dos a cuatro libras en 48 horas. 6. F: Tu piel va a estar más suave que nunca.

¡Hablemos! *Answers will vary.*

La situación. *Answers will vary.*

D. Síntesis

¿Comprende?
1. *Answers will vary.* 2. hojas de lechuga con papas hervidas 3. comer más alimentos que provienen de las plantas y menos de los animales

Se necesita traductor(a)
ALMUERZO PARA EL SÁBADO: Dieta normal, Nombre del paciente, Cuarto, La enfermera recogerá su menú el viernes a las 5:OO de la tarde. Debe escoger un alimento de cada categoría. SOPA, sopa de pollo, sopa de tomate; PANES: bolillo, galletas, mantequilla o margarina; PLATO PRINCIPAL: hamburguesa con lechuga y tomate, sándwich de jamón con lechuga y mayonesa, omelette de vegetales, POSTRE, flan, fresas y crema; BEBIDAS: café descafeinado, té con limón o leche, leche con descremada, leche entera, jugo de naranja

Correo electrónico. *Answers will vary.*

Contestador automático. *Answers will vary.*

Mi agenda. *Answers will vary.*

Para discutir. A. *Answers will vary.* B. *Answers will vary.* C. *Answers will vary.*

Capítulo 6

A. En el cuarto del hospital

¿Comprende?
1. cambiando las sábanas, abriendo las cortinas 2. en el cuarto de recuperación 3. la oscuridad 4. limpiándole la incisión, aplicándole crema antibiótica, poniéndole una venda nueva 5. esperando en la enfermería

¡Practiquemos!
Possible answers: 1. Estoy prendiendo la luz. 2. Estoy elevando la cabecera de la cama. 3. Estoy abriendo las cortinas. 4. Estoy haciendo la cama con mis sábanas. 5. Estoy tapando al otro paciente con la frazada. 6. Estoy apagando el televisor. 7. Estoy inyectando con la aguja. 8. Estoy aplicando la crema. 9. Estoy sirviendo la cena. 10. Estoy cambiando el vendaje.

¡Escuchemos! *Answers will vary.*

¡Hablemos! *Answers will vary.*

La situación. *Answers will vary.*

B. La familia, las visitas y el paciente

¿Comprende?
1. diez 2. Son su suegro y su cuñada. 3. durmiendo 4. Sólo entrarán dos a la vez.

¡Practiquemos!
A. 1. La 2. los 3. lo 4. los 5. las 6. los 7. me 8. te
B. 1. Sí, la está tomando. Está tomándola. 2. Sí, lo están esperando. Están esperándolo. 3. Sí, los estoy comiendo. Estoy comiéndolos. 4. Sí, lo están leyendo. Están leyéndolo. 5. Sí, las estoy cambiando. Estoy cambiándolas. 6. Sí, debe abrirlas. 7. Sí, debo comerlos. 8. Sí, deben traerlas. 9. Sí, quiero beberla. 10. Sí, necesito usarlo.

¡Escuchemos!
la, lo, la, lo, los, la, las, lo, las, lo, lo

¡Hablemos! *Answers will vary.*

La situación. *Answers will vary.*

C. Examinando a los niños

¿Comprende?
1. porque siente dolor 2. Le duelen la pierna y el pie izquierdo 3. No la muevas. No te preocupes. Ahora, mírame. Mira mi dedo. Mira hacia arriba, hacia abajo, a la derecha, a la izquierda. Cálmate. Saca la lengua y di "ahhhh" 4. Está llamando al esposo, al padre de Juanito. 5. porque terminó el examen

¡Practiquemos!
A. 1. Saca la lengua. 2. Escupe la sangre. 3. Mastica bien la carne. 4. Muestra el pie a la doctora. 5. Toca donde te duele. 6. Extiende la mano. 7. Respira profundo. 8. Pasa al cuarto. B. 1. No llores. 2. No muevas la pierna. 3. No comas todos los dulces 4. No mastiques con la boca abierta. 5. No muerdas la pisalenguas. 6. No te chupes el pulgar. 7. No duermas en el suelo. 8. No mires hacia atrás.

¡Escuchemos!
No levantes nada pesado. No subas muchas escaleras. Come para recuperarte. Bebe batidos. Come sopas. Hace ejercicios muy ligeros. No extiendas los brazos arriba de la cabeza. Termina todos los antibióticos. Toma la codeína sólo cuando sea necesario.

¡Hablemos!
A. *Possible answers:* Abrásalo. Cómela. Úsalo. Mastícala. Míralos. B. *Possible answers:* No te chupes el dedo. No seas mala. No llores. No te toques. No te quites la curita.

La situación. *Answers will vary.*

D. Síntesis

¿Comprende?
1. No puede pasar al cuarto porque no se admiten visitas fuera de horario. 2. dos 3. lavarse las manos 4. retirarse del cuarto

Se necesita traductor(a)
Para el dolor, tome hasta cuatro Tylenol Extra Strength por día. NO tome aspirinas ni ningún otro medicamento que contenga aspirina. Tome una cucharita (5 ml) al día del antibiótico recetado, preferiblemente con una comida. En caso de estreñimiento, trate de aumentar la cantidad de alimentos fibrosos en la dieta. Si eso no le ayuda, llame al consultorio para que le receten un laxante. No tome nada de alcohol durante el tratamiento.

Correo electrónico. *Answers will vary.*

Contestador automático. *Answers will vary.*

Mi agenda. *Answers will vary.*

Para discutir. *Answers will vary.*

Capítulo 7

A. El accidente

¿Comprende?
1. El carro azul no paró y chocó con el tren. Luego el camión negro chocó con el coche azul y explotó. 2. Tapó con su abrigo al hombre que salió del camión en llamas y sofocó el fuego. Le habló al hombre. 3. Tuvo algunas quemaduras de segundo grado. 4. oxígeno

¡Practiquemos!
A. 1. chocó 2. hundió 3. atendieron 4. llegó 5. tapé 6. pregunté 7. salió 8. gritamos B. 1. Le 2. me 3. Les 4. nos 5. les

¡Escuchemos!
1. The girl crossed the street without looking. 2. The taxi hit the girl. 3. Yes, the witness moved the girl. 4. Yes, she was conscious. 5. Her name is Margarita Andrés 6. The witness called the police.

¡Hablemos! *Answers will vary.*

La situación. *Answers will vary.*

B. En la ambulancia

¿Comprende?
1. después 2. Le dio oxígeno 100% y suero con Ringer de 200 cc. 3. porque todavía no se sabe la amplitud de sus lesiones

¡Practiquemos!
A. 1. fue 2. dije 3. hizo 4. dijo 5. dimos

¡Escuchemos!
1. F 2. F 3. C 4. F 5. F 6. C 7. C 8. C

¡Hablemos! *Answers will vary.*

La situación. *Answers will vary.*

C. Un accidente con una pistola

¿Comprende?
1. 15 minutos 2. el defribulador 3. Le puso una venda de compresión.

¡Practiquemos!
A. 1. ¿Cuánto tiempo hace que el hospital mandó la ambulancia? 2. ¿Cuánto tiempo hace que los socorristas le dieron oxígeno al paciente? 3. ¿Cuánto tiempo hace que la paramédica revisó los signos vitales? 4. ¿Cuánto tiempo hace que Uds. establecieron el eje columnal? 5. ¿Cuánto tiempo hace que el helicóptero de rescate trasladó el paciente a la clínica?

¡Escuchemos! *Answers will vary.*

¡Hablemos! *Answers will vary.*

La situación. *Answers will vary.*

D. Síntesis

¿Comprende?
1. no 2. Puede amarrarle las piernas juntas para apoyarlas. 3. Puede ponerle el brazo en un cabestrillo.

Se necesita traductor(a)
1. Lo/La examiné y revisé sus signos vitales. 2. Le dí oxígeno 100%. 3. Él/Ella dejó de respirar y yo lo/la resucité. 4. La ambulancia llegó inmediatamente y lo/la llevaron al hospital. 5. Afortunadamente, nadie murió en el accidente. 6. El autobús chocó con el carro y con la bicicleta. 7. Hablé con los doctores por radio en la ambulancia.

Correo electrónico. *Answers will vary.*

Contestador automático. *Answers will vary.*

Mi agenda. A. *Answers will vary.* B. *Answers will vary.*

Para discutir. *Answers will vary.*

Capítulo 8

A. Los objetos de primeros auxilios

¿Comprende?
1. *Possible answer:* Se resbaló en la cocina porque en el suelo había un poco de grasa y ella no la vio. 2. para evitar la asfixia 3. Enfrió el brazo con mucha agua fría y lo cubrió con un paño limpio.

¡Practiquemos!
A. 1. Puse una venda esterilizada en la quemadura. 2. Puse a la víctima en la posición lateral para evitar la asfixia. 3. Comprimí la herida para parar el sangrado. 4. Revisé los signos vitales cuando puse a la víctima en la posición lateral. 5. Coloqué a la víctima en la camilla porque no podía caminar. B. *Possible answers:* 1. Coloqué a la víctima en la camilla. 2. Puse a la víctima en la posición lateral. 3. Inmovilicé a la víctima. 4. Le expliqué la importancia de ir al hospital.

¡Escuchemos!
fueron, Mantuvimos, Mantuvimos, Les levantamos, Pusimos, dimos, pudieron

¡Hablemos!
1. pasó 2. embestió 3. pudieron 4. ayudé 5. puse 6. se llevaron

La situación. *Answers will vary.*

B. Los primeros auxilios en sitio

¿Comprende?
1. para ver si puede respirar 2. dos golpes 3. darle a la niña los trozos de carne

¡Practiquemos!
A. 1. Sí, se las puedo escribir. / Sí, puedo escribírselas. 2. Sí, se las da. 3. Sí, se lo traen. 4. Sí, se los comunicaron. 5. Sí, se lo leyó. 6. Sí, se la puse. B. 1. durmieron 2. pedimos 3. siguieron 4. pidió 5. consiguió

¡Escuchemos!
Possible answer: Yo estuve detrás de la víctima. Puse las manos debajo de las costillas. Empujé rápidamente hacia arriba y hacia adentro. Apreté y solté la presión inmediatamente. Repetí el procedimiento tres veces. Seguí con golpes agudos entre los tahalís.

¡Hablemos!
1. dárselos 2. decírselos 3. explicárnoslos 4. mostrármela 5. escribírselas

La situación. *Answers will vary.*

C. Los primeros auxilios en situaciones de desastres naturales, envenenamientos y otros desastres

¿Comprende?
1. de las ventiscas, tempestades e inundaciones/del clima norteño 2. Raúl tiene tres y Pita tiene dos. 3. porque dejó la aspirina al alcance del niño

¡Practiquemos!
1. El/La paciente tiene calor. 2. Los pacientes tienen sueño. 3. Los médicos tienen prisa. 4. Los heridos tuvieron frío. 5. La gente tiene miedo. 6. La persona tiene hambre. 7. Los diabéticos tienen sed. 8. La niña tuvo vergüenza.

¡Escuchemos!
Answers may vary. All of them should include debe/tiene que/o necesita, + infinitive, followed by: 1. ver si está respirando 2. darle la RCP 3. inducir vómitos 4. taparlo con una frazada 5. evacuar la casa e ir a un puesto de socorro

¡Hablemos! *Answers will vary.*

La situación. *Answers will vary.*

D. Síntesis

¿Comprende?
1. una inundación 2. escapar y nadar hasta la orilla 3. miedo y frío 4. un corte en la frente 5. *Answers will vary.*

Se necesita traductor(a)
Qué hacer durante un terremoto si usted está en su casa.
1. No trate de salir del edificio durante el terremoto.
2. Manténgase alejado de ventanas y muebles que puedan venirse abajo. 3. Métase bajo una mesa o párese bajo el marco de una puerta mientras dure el terremoto. 4. En cuanto termine, corte el gas y la electricidad de su casa.
5. Entonces, si usted piensa que corre algún peligro dentro de su edificio, puede salir. No use el ascensor, use las escaleras o la salida de emergencia. 6. Siempre debe tener suficiente agua y alimentos para unos días, una radio a pilas y una linterna.

Correo electrónico. *Answers will vary.*
Contestador automático. *Answers will vary.*
Mi agenda. *Answers will vary.*
Para discutir. *Answers will vary.*

Capítulo 9

A. En la sala de emergencia

¿Comprende?
1. Un fuego artificial estalló muy cerca de él. 2. Se quitó la camisa y los pantalones. 3. Se cayó cuando corrió de la explosión. 4. Porque ella se murió hace tres años.

¡Practiquemos!
A. 1. se desmayó 2. se pinchó 3. me levanté 4. se duchó 5. te fregaste 6. nos quejamos B. 1. Ella baña al niño.
2. Ellos se friegan las manos. 3. Ella se levanta. 4. El doctor quita la camisa del viejo. 5. Ella acuesta al enfermo.
6. Ella levanta al niño.

¡Escuchemos!
1. ¿Cómo se cortó la mano? 2. ¿Cómo se rasparon las rodillas? 3. ¿Cómo se torció la muñeca derecha? 4. ¿Cómo te pinchaste los dedos? 5. ¿Cómo se golpearon la cabeza?
6. ¿Cómo se murió? 7. ¿Cómo se quebró las costillas?

¡Hablemos!
1. ¿Cómo se cortó la mano Ud.? Me preparaba la carne con un cuchillo. 2. ¿Cómo se torció el tobillo la Sra. Fernández? Se resbaló en el hielo. 3. ¿Cómo se rasparon las rodillas los niños? Se cayeron del columpio. 4. ¿Cómo se quebró la cadera el Sr. Bautía? Se atropelló en la escalera. 5. ¿Cómo te quemaste el brazo? Me acerqué a la estufa.

La situación. *Answers will vary.*

B. En la sala de emergencia: Un examen físico

¿Comprende?
1. Lo mordió una culebra. 2. Su compañero vino con él.
3. *Possible answer:* El doctor le pide al paciente que doble las rodillas y las separe, que aprete el puño y lo relaje, que doble la cabeza para adelante y para atrás, que fije la vista entre sus ojos, y siga su dedo sin mover la cabeza y que respire lenta y profundamente por la boca y retenga la respiración. 4. la vacuna contra el tétano

¡Practiquemos!
1. al lado de/ con 2. sin 3. debajo de/ al lado de 4. sin 5. hacia abajo, hacia arriba/ hacia atrás 6. después

¡Escuchemos!
Students play a game of Simon says.

¡Hablemos!
1. No, Ud. debe leerlo con las gafas. 2. No, está delante del hospital. 3. No, Ud. debe moverla hacia adelante 4. No, debe ir sola/sin Ud. 5. No, firme el formulario sobre la línea.

La situación *Answers will vary.*

C. La hospitalización y el formulario médico

¿Comprende?
1. No tiene sus gafas de leer. 2. Son inmigrantes legales.
3. Él trabaja en un restaurante y ella en una escuela bilingüe. 4. A, B, AB y O

¡Practiquemos!
este, aquella, aquel, Aquella, Estos, Esos, este, esta

¡Escuchemos!
¿Cúal es su número de teléfono? ¿En qué día y mes nació Ud.? ¿Tiene Ud. alergias?

¡Hablemos!
1. ¿De quién es esta silla de ruedas? Ésa es del nuevo paciente. 2.¿De quién es este formulario médico? Ése es del muchacho de la sala de emergencia. 3. ¿De quién son estas gafas? Ésas son de la enfermera. 4. ¿De quién es esta tarjeta de seguros médicos? Ésa es del esposo. 5. ¿De quién son estos medicamentos? Ésos son de la Sra. Delgado.
6. ¿De quién es este doctor? Ése doctor es de la Srta. Arnaz.

La situación. *Answers will vary.*

D. Síntesis

¿Comprende?
1. Un amigo de Edgar recibió un balazo. 2. No. 3. ¡Mami, mami, me duele! 4. *Possible answer:* Lo siento mucho.

Se necesita traductor(a)
1. ¿Cuánto tiempo lleva Ud. en este país? 2. ¿Dónde nació?
3. ¿Es ésta la primera vez que está en este hospital? 4. ¿En qué trabaja? 5. ¿Cómo se lastimó? 6. ¿Dónde se torció el tobillo? 7. ¿Puede caminar con esa pierna? 8. Éstos son los formularios médicos. 9. Tenemos que hospitalizarlo.
10. Estas enfermeras van a ayudarle.

Correo electrónico. *Answers will vary.*
Contestador automático. *Answers will vary.*
Mi agenda. *Answers will vary.*
Para discutir. *Answers will vary.*

Capítulo 10

A. Los problemas médicos y la historia médica de los adolescentes

¿Comprende?
1. le dijo al doctor que no tenía problemas en la escuela, no fumaba y no tomaba drogas ni alcohol, pero que bajaba mucho de peso 2. Ella siempre comía demasiado y engordaba. 3. Porque va a cumplir los quince. 4. *Possible answer:* Le puede venir anorexia nervosa y bulimia.

¡Practiquemos!
1. pasaba 2. ponía 3. se llevaba 4. tenía 5. era 6. iban.

¡Escuchemos!
Possible answers: 1. No le gusta su vida. 2. Tiene granos en la cara. 3. Los muchachos no le hacen caso.

¡Hablemos!
1. Vomitaba a menudo. Y ahora…¿vomitas a menudo?
2. Tenía relaciones sexuales frecuentemente. Y ahora… ¿tienes relaciones sexuales frecuentemente? 3. No podía hablar con mis padres sobre asuntos sexuales. Y ahora… ¿puedes hablar con tus padres sobre asuntos sexuales?
4. Tenía mucho acné. Y ahora… ¿tienes mucho acné?
5. No iba al pediatra nunca. Y ahora… vas al pediatra siempre? 6. Era el/la menor de la familia. Y ahora… ¿eres el/la menor de la familia?

La situación. *Answers will vary.*

B. Las enfermedades de los niños

¿Comprende?
1. Tiene catarro. 2. Evita se chupa el dedo. 3. Possible answers: Piensa que las dos tienen buena salud/que todo está bien.

¡Practiquemos!
1. se resfriaba 2. tenías, caminabas 3. salió 4. jugaba, dio 5. se murió 6. Eran, llamó

¡Escuchemos!
1. imperfecto 2. pretérito 3. pretérito 4. imperfecto

5. pretérito, pretérito 6. imperfecto 7. pretérito 8. imperfecto 9. imperfecto 10. pretérito

¡Hablemos!
Answers may vary somewhat but should include: 1. tuvo, tuve 2. tuvo, tuve 3. se resfriaba, me resfriaba 4. faltaba, faltaba 5. tuvo, tuve

La situación. *Answers will vary.*

C. La salud de los bebés
¿Comprende?
1. Porque Roque rechazaba el pecho 2. Debe dárselos gradualmente. 3. Debe usar un poco de vaselina.

¡Practiquemos!
1. A los bebés les fascinan los objetos brillantes. 2. Al niño de siete meses le gusta explorar la casa. 3. A los nenes les encanta gatear. 4. A los médicos les importan las vacunas. 5. A nosotros nos gusta lucirnos con nuestros hijos.

¡Escuchemos!
1. A la nena le encanta el chupete. 2. A nosotros no nos gustan las injecciones. 3. A los niños les molesta el oído. 4. A ti te fascina la luz. 5. A mí me importa la tarjeta de vacunas.

¡Hablemos!
Possible answers: 1. te gustan, me gustan 2. te gusta, me gusta 3. te gusta, me gusta 4. te gustan, me gustan 5. te gustan, me gustan 1. les gusta 2. les gusta 3. les gusta 4. les gustan

La situación. *Answers will vary.*

D. Síntesis
¿Comprende?
1. Porque no tenía suficientes horas de sueño/ porque no dormía lo suficiente. 2. Aproximadamente nueve horas. 3. Descubrió que en la pubertad el sueño aparece más tarde en la noche. 4. A las ocho. 5. Es una hormona que produce el sueño naturalmente.

Se necesita traductor(a)
1. ¿Se provocaba Ud. el vómito? 2. ¿Aumentó Ud. mucho de peso cuando era un adolescente? 3. El doctor le dio a ella un tratamiento para el acné y los granos el año pasado. 4. ¿Cuándo comenzó ella a jalarse la oreja? 5. ¿Cada cuánto tiempo se refriaban ellos? 6. ¿Sufrían ellos de infecciones en los oídos? 7. Sus niños son muy monos. 8. Al bebe le encanta balbucear y chillar. 9. ¿Le gustan a él los cereales? 10. El bebe estaba amarillento cuando nació.

Correo electrónico. *Answers will vary.*

Contestador automático. *Answers will vary.*

Mi agenda. *Answers will vary.*

Para discutir. *Answers will vary.*

Capítulo 11

A. En el consultorio de la trabajadora social
¿Comprende?
1. Porque su esposo abandonó a su familia y ella no puede trabajar porque está deprimida. 2. Por explicándole que debe solicitar los cupones de alimentos y la ayuda del bienestar social. 3. Porque piensa que ir al psiquiatra significa que está loca.

¡Practiquemos!
1. abandonó 2. salimos, dejamos 3. murió 4. perdimos 5. rechazaron, vine 6. se enfogonó, mató 7. puse, se cayó

¡Escuchemos!
1. C 2. F 3. F 4. F

¡Hablemos!
Answers will vary somewhat but should include these verbs:
1. murieron 2. salió 3. robó 4. se lastimó 5. chocó 6. traicionó 7. aprobaste 8. se divorciaron

La situación. *Answers will vary.*

B. El alcoholismo y sus consecuencias
¿Comprende?
1. Él fui a los Alcohólicos Anónimos. 2. Ellos se avergonzaban. 3. Siempre hay tentaciones, pero toma las cosas día a día.

¡Practiquemos!
1. nos emborrachábamos 2. ingería 3. estaban 4. perdía 5. recordábamos 6. tomaba, no tenía

¡Escuchemos!
1. cáncer al hígado, estómago, colon, laringe y esófago. 2. lesiones al cerebro, pancreas y riñones; presión alta, ataques cardíacos y embolias; cirrosis de hígado; úlceras; impotencia e infertilidad; vejez prematura 3. perder la vida en accidentes automovilísticos, ahogos o suicidios

¡Hablemos!
1. ¿Iba al hospital cuando se enfermaba? 2. ¿Tenían problemas familiares? 3. ¿Lo/La rechazaban? 4. ¿Controlaban el consumo de alcohol en casa o en el trabajo? 5. ¿Se peleaba con otros o se dormía?

La situación. *Answers will vary.*

C. El abuso de las drogas y las drogas ilegales
¿Comprende?
1. Quería ver a sus amigos. 2. Tenía dificultad para respirar, convulsiones y daños al corazón y a los riñones. 3. Tiene que asistir a terapia y a Adictas de narcótico Anónimos. 4. Sé porque usa los verbos que terminan en -s; porque Omar es joven.

¡Practiquemos!
A. 1. acaba con 2. acaba de 3. acababan de 4. acaban de 5. se acabaron B. *Answers will vary.*

¡Escuchemos!
1. Quería tener la ilusión de pertenecer a una familia. 2. Acabó cuando vinieron las drogas, las peleas y el mal comportamiento. 3. una consejera 4. Porque ella creía en sus habilidades.

¡Hablemos!
Possible answers: 1. Tiene vómitos/nauseas. 2. Está confundido. Tiene ilusiones. 3. Tiene los delirios paranoicas. 4. Sufren de agresividad. 5. Tienen insomnio. 6. Tiene dilatación de las pupilas. 7. Sufre de dificultades respiratorias. 8. Está deprimido.

La situación *Answers will vary.*

D. Síntesis
¿Comprende?
Drogas legales: 1. alcohol 2. las que se venden en el mostrador 3. las que se venden por receta
Drogas ilegales: *Answers may include:* marihuana, cocaína, PCP, heroína

Se necesita traductor(a)
1. ¿Hace cuánto tiempo que usa drogas? 2. ¿Qué drogas ilegales usa? 3. ¿Cada cuánto tiempo ingresa en el hospital? 4. El alcoholismo, ¿viene de familia? 5. ¿Solicitó cupones de alimentos o la ayuda del bienestar social? 6. ¿Cómo se sintió cuando lo/la abandonó? 7. ¿Cuánto tomaba? 8. ¿Qué hace si siente la tentación de beber alcohol (o usar drogas)? 9. No deber tener miedo (estar avergonzado, nervioso). 10. ¿Consulta con los curanderos? 11. Puede hablar en confianza.

Correo electrónico. *Answers will vary.*

Contestador automático. *Answers will vary.*

Mi agenda. *Answers will vary.*

Para discutir. *Answers will vary.*

Capítulo 12

A. Las instrucciones para los pacientes: La radiografía y otras pruebas médicas

¿Comprende?
1. Escriba. Afirmativo 2. Porque tiene problemas de espalda. 3. Los mandatos reflexivos son: desvístase, póngase, párese, súbase, échese, no se mueva, voltéese, acuéstese, no se vista. Los mandatos no reflexivos son: escriba, pase, apoye, respire, retenga, espere. 4. Se desviste en el cuarto a la derecha.

¡Practiquemos!
1. Hable 2. Coma 3. Discuta 4. Respire 5. Venga 6. Ponga 7. Voltéese 8. Quítese 9. Haga 10. Acuéstese

¡Escuchemos!
1. No puedo sacar la radiografía. 2. No puedo ponerme de pie. 3. No puedo salir del cuarto. 4. No puedo hacer la prueba. 5. No puedo extender la mano. 6. No puedo voltearme al lado izquierdo. 7. No puedo mantener la respiración. 8. No puedo subirme a la cama. 9. No puedo abrir la puerta. 10. No puedo discutir los resultados

¡Hablemos!
A. 1. Vaya a la unidad de radiografía. 2. Siéntese en la sala de espera. 3. Desvístase. 4. Póngase la bata. 5. Súbase a la mesa. 6. Acuéstese 7. Retenga la respiración 8. Voltéese al lado derecho. 9. Bájese de la mesa. 10. Vístase. **B.** 1. No vaya a la unidad de radiografía. 2. No se siente en la sala de espera. 3. No se desvista. 4. No se ponga la bata. 5. No se suba a la mesa. 6. No se acueste. 7. No retenga la respiración. 8. No se voltee al lado derecho. 9. No se baje de la mesa. 10. No se vista.

La situación. *Answers will vary.*

B. Las preparaciones antes de una prueba médica

¿Comprende?
1. Le pide una muestra de orina y de materia fecal, que escupa en un vaso y que tosa fuerte, y una prueba de sangre. 2. Antes de la prueba tiene que subirse la manga, apoyar el brazo y cerrar el puño. Después de la prueba tiene que mantener el algodón apretado. 3. Se queja del enema. 4. *Answers may vary.*

¡Practiquemos!
1. coma 2. regresen 3. escriba 4. debo 5. mueran 6. se ponga 7. necesita

¡Escuchemos!
1. prueba gastrointestinal inferior 2. mamografía 3. placa de los pulmones

¡Hablemos! *Answers will vary.*

La situación. *Answers will vary.*

C. Los resultados y la discusión de las pruebas médicas

¿Comprende?
1. porque es una persona muy limpia y vive en una vecindad respetable 2. ninguna 3. Porque ahora se trata con medicamentos modernos. 4. Tratan la tuberculosis con medicamentos modernos.

¡Practiquemos! *Answers will vary.*

¡Escuchemos!
La médica no ha contestado las preguntas 3, 4 y 6.

¡Hablemos!
1. ¿Es posible tener el virus del SIDA sin saberlo? 2. ¿Es posible no tener síntomas? 3. ¿Es posible que sea un error? 4. *Answers will vary.*

La situación. *Answers will vary.*

D. Síntesis

¿Comprende?
1. La endemia es una enfermedad que aparece con frecuencia en una región. La epidemia aparece en un momento determinado y afecta a mucha gente. 2. No 3. Porque mucha gente padece la enfermedad habitualmente. 4. Porque es una enfermedad endémica.

Se necesita traductor(a)
1. Los resultados de sus pruebas son negativos. 2. El doctor le hablará acerca de los resultados. 3. Es necesario que descanse y termine toda la medicina del frasco. 4. Espero que se sienta mejor. 5. Por favor, relájese y acuéstese sobre la mesa. 6. No se mueva. 7. Muévase hacia mi lado. 8. ¿Es posible que Ud. nos dé una muestra de orina?/¿Puede darnos una muestra de orina? 9. Es importante que vuelva dentro de dos semanas.

Correo electrónico. *Answers will vary.*

Contestador automático. *Answers will vary.*

Mi agenda. *Answers will vary.*

Para discutir. *Answers will vary.*

Capítulo 13

A. La salud de la mujer y la examinación ginecológica

¿Comprende?
1. *Answers will vary.* 2. Ponga los pies en los estribos, muévase hacia mí, separe las piernas. 3. Le recomienda que lea un folleto sobre cómo examinarse los pechos.

¡Practiquemos!
1. se mueva 2. lea 3. vaya 4. se examine 5. diga

¡Escuchemos! *Answers will vary.*

¡Hablemos! *Answers will vary.*

La situación. *Answers will vary.*

B. Las etapas de la vida de la mujer: La pubertad hasta la posmenopausia

¿Comprende?
1. la menopausia y la pubertad 2. Está en la premenopausia porque todavía tiene el período. 3. Es prepubescente. 4. No.

¡Practiquemos!
1. describa 2. explica 3. sea 4. retarden 5. ayuda

¡Escuchemos!
1. Papanicolau, 1 vez por año 2. colesterol, cada 5 años 3. mamografía, cada 1 o 2 años 4. sangre en la materia fecal; cada año 5. sigmoidoscopía ; cuando sea necesario

¡Hablemos! *Answers will vary.*

La situación. *Answers will vary.*

C. La planificación familiar y las enfermedades de transmisión sexual

¿Comprende?
1. dos hijos y una hija 2. Ella no quiere más hijos. 3. Sugiere que la señora y su esposo hablen con ella en la próxima cita.

¡Practiquemos!
1. esté 2. use 3. vayamos 4. tenga 5. curen

¡Escuchemos!
1. Me sorprende que no quiera usar anticonceptivos.
2. Me avergüenza que mi hija soltera esté embarazada.
3. Me entristece que mi padre esté enfermo. 4. Me preocupa que mi esposa no cuide su salud.

¡Hablemos! *Answers will vary.*

La situación. *Answers will vary.*

D. Síntesis

¿Comprende?
1. todos los meses 2. si siente en el seno un nódulo o una bola dura y si su piel se endurece o aparecen hoyuelos 3. hablar con su médico 4. la prueba de Papanicolau

Se necesita traductor(a)
1. ¿Le trastorna que su esposo quiera más hijos? 2. ¿Cuándo comenzó a menstruar? 3. ¿Cuántos días dura su período? 4. ¿Tiene períodos normales? 5. Necesitamos una muestra de su orina. 6. ¿Siente calores repentinos? 7. ¿Tiene alguna información sobre los síntomas de la menopausia? 8. Le sugiero que tome píldoras para el control de la natalidad.

Correo electrónico. *Answers will vary.*

Contestador automático. *Answers will vary.*

Mi agenda. *Answers will vary.*

Para discutir. *Answers will vary.*

Capítulo 14

A. La cirugía

¿Comprende?
1. Le recomienda la cirugía de vesícula biliar. 2. Porque se siente mejor, no quiere tener una cicatriz y tiene miedo de morirse. 3. saquemos, muera, tenga, sea X, se formen, vaya

¡Practiquemos!
1. vaya 2. sobreviva 3. deje 4. podamos

¡Escuchemos! *Answers will vary.*

¡Hablemos! *Answers will vary.*

La situación. *Answers will vary.*

B. Lo que pasa en la sala de operaciones

¿Comprende?
1. Si haya una infección y si el apéndice esté inflamado. 2. Porque está nervioso y no habla inglés. 3. Se administra anestesia, se hace una incisión y se cierra la herida.

¡Practiquemos!
1. Se saca 2. Se hace 3. Se administra 4. Se llama 5. Se recomienda 6. Se cuenta 7. Se prepara 8. Se unta

¡Escuchemos!
1. Hace el diagnóstico con un médico especialista en cirugía plástica. 2. Si recomienda la cirugía, discute la posibilidad con la familia. 3. Si decide tener la operación, arregla el día y la hora con la clínica y el cirujano. 4. Informa al jefe del trabajo o a la familia que necesita un tiempo determinado para recobrarse. 5. Vuelve al consultorio según las indicaciones del médico para examinar los resultados.

¡Hablemos! *Answers will vary.*

La situación. *Answers will vary.*

C. Los instrumentos y la postoperación

¿Comprende?
1. Lo llevó su esposa. 2. Porque le van a poner anestecia local. 3. dos días

¡Practiquemos!
1. para 2. por 3. para 4. para 5. por

¡Escuchemos!
1. dos pinzas grandes 2. dos escalpelos chicos 3. una caja de esponjas 4. tenazas 5. tijeras chicas 6. una sierra nueva 7. guantes de latex desechables 8. una docena de batas 9. jabón antiséptico

¡Hablemos! *Answers will vary.*

La situación. *Answers will vary.*

D. Síntesis

¿Comprende?
1. en el consultorio o en el hospital 2. la podiatría, podiatra 3. juanetes, callos, deformaciones de los huesos

Se necesita traductor(a)
1. El doctor opera durante las próximas dos horas. 2. Primero, se da la anestesia. 3. Luego, se hace la incisión.
4. Dudo que vaya a sobrevivir la operación. 5. Dudo que la enfermera pueda trabajar por Ud. hoy. 6. Se usa el escalpelo para hacer la incisión. 7. Ella vino en ambulancia anoche. 8. Noventa y cinco por ciento de los pacientes sobreviven la cirugía de bypass. 9. Necesita pasar por la puerta que dice "cirugía". 10. ¿Puede trabajar para el Dr. Sachs esta noche?

Correo electrónico. *Answers will vary.*

Contestador automático. *Answers will vary.*

Mi agenda. *Answers will vary.*

Para discutir. *Answers will vary.*

Capítulo 15

A. El ciudado en casa

¿Comprende?
1. Tiene que hablar español, ser mujer y poder trabajar lunes, miércoles y viernes. 2. Necesita una receta para que el seguro médico lo pague. 3. No hay problema que no podamos resolver.

¡Practiquemos!
1. sea 2. sepan 3. venga 4. quiera 5. incluyan

¡Escuchemos!
1. habla 2. X sepan 3. X necesite 4. X visite 5. quieren 6. X puedan

¡Hablemos!
Answers may vary somewhat but should include: 1. sepa, sabe 2. sean, son 3. visite, visita 4. trabaje, trabaja 5. tengan, tienen 6. le den, le dan

La situación. *Answers will vary.*

B. El cáncer: El tratamiento y el progreso

¿Comprende?
1. el cáncer de seno 2. la quimioterapia y el rayo láser 3. Lleva un sombrero y se aplica lociones con protector solar, porque tuvo cancer a la piel.

¡Practiquemos!
1. El tratamiento es dado por el radiólogo. 2. Los pacientes con cáncer son cuidados por los oncólogos. 3. El cáncer de próstata es detectado por el análisis de sangre. 4. El cáncer fue curado por la quimioterapia. 5. A veces el cáncer es transmitido por los genes.

¡Escuchemos!
1. la pérdida de peso, una lesión que no se cura, un lunar que sangra o cambia de color, tamaño o forma, dificultad al tragar, la indigestión persistente, la irregularidad en los movimientos de vientre, el sangrado rectal 2. un bajo recuento de los glóbulos blancos

¡Hablemos!
Answers will vary somewhat but should include: 1. fue hecha 2. fue encontrado 3. son llamados 4. es administrada 5. es sacada

La situación. *Answers will vary.*

C. El SIDA: El tratamiento y el progreso

¿Comprende?
1. Usaba drogas y vivía un estilo de vida no muy sano. 2. Quiere que sea el tipo de análisis anónimo. 3. *Answers will vary.*

¡Practiquemos!
1. simplemente 2. temporalmente 3. Actualmente, constantemente 4. Obviamente 5. francamente

¡Escuchemos!
1. los hombres homosexuales blancos 2. Ella fue drogadicta, la golpearon y sufrió abuso sexual. 3. a encontrar una cura para el SIDA

¡Hablemos! *Answers will vary.*

La situación. *Answers will vary.*

D. Síntesis

¡A leer!
e, a, b, d, c

Se necesita traductor(a)
1. La biopsia se hace (es hecha) en el hospital. 2. Los resultados se anotan (son anotados) en una gráfica. 3. Debe hablar honestamente con su médico/a. 4. El cáncer se detectó (fue detectado) demasiado tarde. 5. ¿Necesita un enfermero que hable español e inglés? 6. Éste es el sexto y último tratamiento de quimioterapia. 7. ¿Tiene dificultad para tragar? 8. Es especialmente importante que los pacientes con SIDA hagan una buena dieta. 9. Ella sufrió abuso sexual y fue infectada con VIH. 10. Normalmente no hay sangre en la orina.

Correo electrónico. *Answers will vary.*

Contestador automático. *Answers will vary.*

Mi agenda. *Answers will vary.*

Para discutir. *Answers will vary.*

Capítulo 16

A. El asilo y el hogar para los ancianos

¿Comprende?
1. Porque quiere que viva en su casa. 2. Pueden atenderla mejor y se va a recuperar más rápidamente. 3. *Answer will vary.*

¡Practiquemos!
1. Hablemos 2. Levantémonos 3. Caminemos 4. Practiquemos 5. Hagamos 6. Sentémonos 7. Comamos 8. Pongámonos

¡Escuchemos!
1. caminar unos pasos sin usar el andador, ponerse las chaquetas e ir afuera, hacer los ejercicios de pronunciación, comer la merienda y llamar al hijo 2. *Answers will vary* 3. *Answers will vary*

¡Hablemos!
Answers may vary somewhat but should include: 1. No usemos, Usémoslo 2. No discutamos, Discutámoslo 3. No subamos, Subámoslas 4. No caminemos, Caminemos 5. No bebamos, bebámoslo 6. No nos cepillemos, Cepillémoslos 7. No tomemos, Tomémosla 8. No arreglemos, Arreglémoslo

La situación. *Answers will vary.*

B. La historia y los problemas médicos de los ancianos

¿Comprende?
1. ninguna 2. Se resbaló en la nieve. 3. Luchó en la guerra. 4. *Answers will vary.*

¡Practiquemos!
1. he hablado 2. hemos hecho 3. han discutidos 4. ha visto 5. Ha escrito

¡Escuchemos!
1. el 27 por ciento 2. desnutrición, soledad, depresión 3. fortalecer los lazos familiares

¡Hablemos!
1. ¿Dónde había vivido? 2. ¿Quién le preparaba las comidas? 3. ¿Qué había hecho para pasar el tiempo? 4. ¿Dónde había trabajado? 5. ¿Había tenido hijos?

La situación. *Answers will vary.*

C. La urología y la salud de los hombres

¿Comprende?
1. Lo más importante es que el hombre tenga el examen cada año. 2. No tiene problemas y es fiel a su esposa. 3. Va a poner su dedo dentro del recto para sentir si está hinchada la próstata.

¡Practiquemos!
Possible answers: 1. Lo importante/ lo necesario/lo bueno 2. Lo triste 3. Lo necesario/lo importante/ lo dudoso 4. Lo incómodo 5. Lo difícil 6. Lo bueno/lo importante/lo necesario

¡Escuchemos!
1. cuando se trasladó a los Estados Unidos. 2. a.Tiene problemas al orinar. b. Se despierta durante la noche. c. No puede dormirse de nuevo. 3. No, no sabe lo que significa.

¡Hablemos! *Answers will vary.*

La situación. *Answers will vary.*

D. Síntesis

¿Comprende?
1. No se debe sentir culpable cuando no podemos cuidar a un pariente que sufre y necesita atención médica. 2. "eyes that don't see, heart that does not feel" 3. dos millones 4. retenerlos en el seno familiar

Se necesita traductor(a)
1. Su tía abuela necesita cuidado ambulatorio. 2. ¿Es difícil subir las escaleras? 3. Podemos cuidarlo bien en el asilo de ancianos. 4. Su nieto no quiere que viva sola. 5. Lo peor son los huesos quebradizos. 6. Discutamos cómo cuidarla. 7. Practiquemos con el andador. 8. ¿Has hablado con alguien sobre la guerra? 9. ¿Había consultado antes a su médico sobre esto? 10. Lo importante es que tenga un examen urológico cada año.

Correo electrónico. *Answers will vary.*

Contestador automático. *Answers will vary.*

Mi agenda. *Answers will vary.*

Para discutir. *Answers will vary.*

Capítulo 17

A. El embarazo y el cuidado prenatal

¿Comprende?
1. No debe fumar ni tomar alcohol. Debe seguir una dieta adecuada y asistir a clases para los padres nuevos y a las clases de Lamaze. 2. una sonograma 3. *Answers will vary.*

¡Practiquemos!
1. nazca 2. lleguen 3. se sienta 4. conciban 5. decida

¡Escuchemos!
1. tomar vitaminas y suplementos y comer una dieta saludable 2. el sexo del bebé 3. las que tienen problemas médicos o más de 35 años

¡Hablemos! *Answers will vary.*

La situación. *Answers will vary.*

B. El parto

¿Comprende?
1. *Possible answer:* Porque es demasiado tarde. 2. No, llega después de unos minutos. 3. con usted: empuje, abra las piernas; con tú: agarra, apriétala

¡Practiquemos!
1. A menos que empiecen las contracciones... 2. Con tal que no tenga Ud. dos centímetros... 3. Para que vean ustedes al bebé mejor... 4. Sin que Ud. lo autorice, no le podemos dar anestesia. 5. En caso de que el bebé salga de nalgas...

¡Escuchemos!
1. El bebé nació muerto. 2. *Possible answers:* Porque su cuerpo es muy pequeño todavía. / Su pelvis es muy estrecha y no pudo aguantar el parto natural. 3. Tuvo un defecto cardíaco y sus pulmones no se habían desarrollado suficientemente. 4. *Answers will vary.*

¡Hablemos!
1. Suba a la cama. 2. Agarre las barandas de la cama. 3. Jadee. 4. Empuje. 5. Pare. 6. Respire normalmente.

7. Abra las piernas. 8. Apriete la mano. 9. Abrace al bebé. 10. Descanse.

La situación. *Answers will vary.*

C. El cuidado postnatal y la planificación familiar

¿Comprende?
1. Se siente feliz. 2. Pregunta sobre el postparto y sobre las relaciones sexuales. 3. el uso de anticonceptivos

¡Practiquemos!
1. cambiarán 2. dará 3. acostará 4. pondré 5. hará 6. hablaremos 7. podrá 8. podrán

¡Escuchemos!
Servicios para mujeres embarazadas: cuidados de maternidad, vacunas, clases de nutrición, exámenes periódicos Servicios para las parejas: planificación familiar, información sobre el uso de anticonceptivos y sobre los métodos de fertilidad Servicios para madres después del parto: cuidados de maternidad, vacunas, clases de nutrición, información sobre el uso de anticonceptivos, consejos para madres que están amamantando.

¡Hablemos!
1. Tendremos 2. Escogeré 3. Tendremos 4. Usaremos 5. Nacerá 6. Amamantaré/Le daré 7. Pondremos

La situación. *Answers will vary.*

D. Síntesis

¿Comprende?
1. para identificar si tienen algún defecto grave 2. *Answers will vary but should include three of the following:* retardo mental, hiperplasia, hipotiroidismo, anemia 3. Sí, debe asegurarse de que el bebé ha sido evaluado antes de salir del hospital y debe llevarlo al médico cuando tenga de 7 a1 4 días.

Se necesita traductor(a)
1. Cuando le diga, empuje fuerte. 2. ¡Espere! ¡No empuje! 3. El doctor llegará pronto. 4. Tendrá que hacer planes antes de que nazca el bebé. 5. ¿Usará Ud. un condón o usará su esposa un diafragma? 6. En caso de que no pueda llegar al hospital a tiempo, llame al 911. 7. ¿Cuánto tiempo hace que está en parto? 8. ¿Cuántos niños piensa tener? 9. ¿Amamantará a la beba o le dará biberón? 10. Después de que nazca el bebé, necesitará escoger un pediatra.

Correo electrónico. *Answers will vary.*

Contestador automático. *Answers will vary.*

Mi agenda. *Answers will vary.*

Para discutir. *Answers will vary.*

Capítulo 18

A. Una visita al dentista

¿Comprende?
1. Porque no tenía suficiente dinero. 2. sacarse dos dientes superiores y hacerse un puente sacable. 3. Porque la hija del Sr. Martillo necesita los frenillos.

¡Practiquemos!
1. usara 2. fueran 3. hiciéramos 4. pudiera 5. comiera

¡Escuchemos!
1. F 2. C 3. F 4. F 5. C

¡Hablemos!
1. ¡Qué lástima que el dentista sacara dos muelas inferiores! 2. ¡Ojalá que mi hija no necesitara frenillos! 3. ¡Ojalá que me limpiara los dientes! 4. ¡Qué lástima que costaran mucho! 5. ¡Ojalá que hicieran el paladar parcial!

La situación. *Answers will vary.*

B. Unos problemas dentales

¿Comprende?
1. Tiene miedo a los dentistas. 2. Le gustaría que la dentista le diera anestesia antes de usar el taladro. 3. no

¡Practiquemos!
1. Si la paciente no quisiera usar los dientes postizos, yo le haría los implantes dentales. 2. Si la paciente tuviera un diente muy cariado, el dentista el haría un tratamiento de nervio. 3. Si hubiera un absceso, nosotros le pondríamos un drenaje. 4. Si los pacientes quisieran tener los dientes blancos, la dentista les haría un tratamiento para blanquearlos. 5. Si los dientes estuvieran muy torcidos, la ortogontista los enderezaría con frenillos.

¡Escuchemos!
Los servicios de la clínica: tratamientos de nervio, un plan de pago, puentes fijos, dentaduras

¡Hablemos! *Answers will vary.*

La situación. *Answers will vary.*

C. La óptica y la optometría

¿Comprende?
1. miopía y astigmatismo. *(Answers will vary.)* 2. No le quedan bien. 3. delgadísimos

¡Practiquemos!
Posssible answers: 1. un poquito peor 2. niñito/nenito, ojito 3. lentotes/lentazos 4. dificilazo 5. poquito

¡Escuchemos!
Correcto: José, Cristina Incorrecto: Margarita, Carlos, Isabel

¡Hablemos! *Answers will vary.*

La situación. *Answers will vary.*

D. Síntesis

¿Comprende?
1. *Answers will vary.* 2. $78.00 3. fea 4. Condicional haría, gustaría Subjuntivo imperfecto: pudiera

Se necesita traductor(a)
1. Su diente está muy cariado. 2. ¿Quisiera que le diéramos novocaína. 3. Sería imposible que nosotros hiciéramos una corona para esa muela. 4. ¿Podrías enjuagarte la boca y escupir en la palangana? 5. ¡Qué lástima que no pudiera salvar el diente con un tratamiento del nervio! 6. Por suerte, la paciente pudo comer con su nueva dentadura. 7. ¿Puede leer la tercera línea de la gráfica, donde están las letras muy pequeñitas? 8. Sentirá un soplito de aire en el globo ocular. 9. ¿Le gustaría que le mostrara algunos marcos muy grandotes para sus lentes de sol? 10. Voy a hacer un examen para ver si tiene glaucoma, degeneración macular o cataratas.

Correo electrónico. *Answers will vary.*

Contestador automático. *Answers will vary.*

Mi agenda. *Answers will vary.*

Para discutir. *Answers will vary.*

Vocabulario español-inglés

A

a diario daily
a dieta on a diet
a la derecha to the right
a la izquierda to the left
a la vez at a time
a máxima velocidad at high speed, top speed
a prueba de niños childproof
a su alcance within one's reach
abajo below
abandonar to abandon, to leave
abandono abandonment
abeja bee
abierto (adj.) open
abogado(a) lawyer; sponsor (in Alcoholics Anonymous programs)
abortar to abort
aborto (voluntario, provocado) abortion
aborto espontáneo/involuntario/natural miscarriage, loss of the baby
abrazar(se) to embrace, to hug
abrazo hug
abrigo overcoat
abrir to open; to separate
absceso abscess
absorber to absorb, to blot
absorción absorption
abstenerse to abstain
abstinencia abstinence
abuelo(a) grandfather, grandmother
abusar to abuse
abuso de alcohol alcohol abuse
abuso de los ancianos elderly abuse
abuso de los niños child abuse
accidente (m.) accident
aceite (m.) **(de oliva, vegetal)** (olive, vegetable) oil
acercarse to approach, to get near
achicar los ojos to squint
acidez acid stomach, heartburn
acné (m.) acne
acomodar to accommodate
aconsejar to advise
acontecimiento occurrence, event
acordarse de (o→ue) to remember
acoso sexual sexual crime
acostar (o→ue) to put to bed
acostarse (o→ue) to go to bed, to lie down
actividad (f.) activity
acto sexual sexual act
actuar to act
acudir to come to the rescue, to respond
adecuadamente adequately, appropriately
adecuado (adj.) adequate, appropriate
adicto a las drogas (adj.) addicted to drugs
Adiós. Good-bye.
administrar(le) to administer (to someone)
admisiones (f. pl.) (U.S.) Admissions
adopción adoption
adoptar to adopt
adormecimiento numbness
adquirir (i→ie) to acquire
aeróbico (adj.) aerobic
afeitar(se) to shave (oneself)
afligido (adj.) distressed
afta canker sore
agacharse to squat, to bend, to stoop down
agarrar to grasp, to hold on to, to grip
agencia agency
agitado (adj.) agitated
agobiado (adj.) overwhelmed
agotado (adj.) exhausted
agradable (adj.) pleasant, nice
agradecido (adj.) thankful
agregar to add
agresividad (f.) agressiveness
agua (f.) water
agua mineral (f.) mineral water
aguantar to stand, to put up with, to endure
agudo (adj.) sharp
aguja needle
ahogado (adj.) drowned, choked
ahogamiento drowning
ahogar to drown
ahora mismo/ahorita (Mex.) right now
aire acondicionado (f.) air conditioning
aislado (adj.) isolated
ajustado (adj.) tight
al día a day
al lado de next to, beside
al menos at least
al mismo tiempo at a time, at the same time
al principio at the beginning
alacrón (m.) scorpion
alarma alarm
alcanzar to reach
alcohol alcohol (usually refers to hard liquor)
alegre happy
alergia allergy
alfiler (m.) pin
algodón (m.) cotton
algún some
algunas medicinas any medicines
alimentar to feed
alimento food
aliviado (adj.) relieved
aliviar to relieve, to get rid of
almohada pillow
almuerzo lunch
alojar to house
alquilar to rent
alto por drogas (adj.) high (on drugs)
alto (adj.) high, tall
alucinación (f.) hallucination
alud (m.) avalanche (snow or mud)
alumno(a) pupil, student
amamantar to nurse (a baby)
amanecer to awaken, to wake up, to dawn
amarillento (fam.) jaundiced
ambulancia ambulance
ambulatorio (adj.) ambulatory
Amenaza la vida. It's life-threatening.
amigdalectomía tonsillectomy
amigdalitis (f.) tonsillitis
amigo(a) friend
ampolla blister
amputar(le) to amputate
analgésico analgesic
análisis (m.) analysis, test
análisis de estrés (m.) stress test
andador (m.) **(con ruedas)** walker (with wheels)
ándale/ándele go on
andar to walk
anemia anemia
anestesia (general, local, regional, espinal, epidural) (general, local, regional, spinal, epidural) anesthesia
anestesiar to anesthesize
anestesiología anesthesiology
anestesista anesthetist
aneurisma aneurism
anfetamina speed, amphetamine
angina angina
angiografía/el angiograma angiogram
ángulo del ojo corner of the eye
angustiado (adj.) distressed
anillo ring
animal (m.) animal
animal de peluche (m.) toy (stuffed) animal
anorexia nervosa anorexia nervosa
anoréxico (adj.) anorexic
anormal abnormal
anormalidad (f.) abnormality
anormalidad física (f.) physical abnormality
ansiedad (f.) anxiety
ansioso (adj.) anxious
anteojos eyeglasses
anteojos (de sol, para el sol) (sun) glasses
antes (de) before
antes de tiempo prematurely
antiácido antacid
antialérgico antihistamine
antibiótico antibiotic
anticoncepetiva birth control
anticonceptivo contraception
anticuado (adj.) old-fashioned, out-of-date
antidepresivo antidepressive
antidiarreico antidiarrheal
antigripal cold reliever
antihipertensivo antihypertensive
antihistamínico antihistamine
antiinflamatorio nonsteroidal anti-inflammatory
antipicadura anti-sting
antojo craving
¡Apaga el fuego! Put out the fire!
apagar to turn off, to shut off, to turn out
aparato de inhalación oxygen equipment
aparato de reanimación resuscitacion equipment
aparato intrauterino IUD (intrauterine device)
aparato ortopédico brace
aparecer to appear
apariencia appearance
apendectomía appendectomy
apéndice (m.) appendix
apendicitis (f.) appendicitis
aplastar (Mex.) to run over
aplicar to apply
apnea del sueño sleep apnea
apoplejía apoplexy, stroke
apoyar to lean, to support
aprender (a) to learn (to do something)
apretado (adj.) tight
apretar (e→ie) to squeeze, to push in, to apply pressure
apropiado (adj.) appropriate
apuñalado (adj.) stabbed
apuñalar to stab
apuntar to write down, to make a note
Aquí tiene su... Here is your . . .
araña spider
árbol (m.) tree
arco arch
arco de Hawley retainer
ardilla squirrel
ardor (m.) burning sensation
ardor de estómago (m.) heartburn
arete (m.) earring
armazón (m.) frame
arrancar to pull up, to yank out (by the roots)
arreglar to arrange, to fix
arriba up, above
arrojar to spit up
arroz (m.) rice
arrullar to coo
arteria obstruida/la arteria bloqueada blocked artery
articulación (f.) joint (of body)
artificial (adj.) artificial
artritis (reumatoide) (f.) arthritis (reumatoid)
artroscópica arthroscopic
asado (adj.) grilled
asegurar to assure, to make sure
Asegúrese de que no estén comiendo pedacitos de pintura de las paredes. Make sure that they aren't eating paint chips from the walls.
asfixia asfixia
asfixiado (adj.) drowned, choked
asfixiar to choke (on something)
así this way, thus
Así así. So, so.
asiento de seguridad child's car seat
asilo hospice
asilo de ancianos nursing home
asistencia attendance (can also mean assistance)
asma (m.) asthma
aspiradora aspirator, suction
aspirar to aspirate
astigmatismo astigmatism
asunto subject matter
asustarse to become frightened
ataque (m.) seizure, stroke
ataque al corazón/el ataque cardíaco/el ataque de corazón (m.) heart attack
ataque epiléptico (m.) epileptic seizure
atención prenatal (f.) prenatal care
atender (e→ie) to attend to, to take care of, to tend to
aterrizaje forzado (m.) crash landing
aterrizar to land
atestiguar to testify, to attest
atropellar to run over
atropellarse to trip, to stumble
audífono hearing aid
aumentar to increase
aumento de los senos breast enlargement
ausente (adj.) missing, absent
auto/el automóvil (m.) car
autobús bus
autoexamen del seno (m.) breast self-exam
autopsia autopsy
avalancha snow avalanche
avergonzado (adj.) ashamed, embarrassed
avisar to warn, to caution
ayuda del bienestar social welfare
¡Ayúdame! Help me!
ayudante de enfermera nurse's aid, orderly
ayudar to help
ayunar to fast, to abstain from
azúcar (m., f.) sugar

B

bacterial (adj.) bacterial
bajar de peso to lose weight
bajar to lower
bajo (adj.) low; short; shallow
balazo gunshot
balbucear to babble

bañarse to take a bath
bandeja tray
bañera bathtub
baño bath(room)
baranda de la cama bedrail
barandilla handrail
barbitúrico barbiturate
barca/barco ship, boat
bario barium
barrer to sweep
barro pimple
bastón (m.) cane
bata robe, hospital gown
bata quirúrgica surgical gown
batata sweet potato
beba baby
bebé baby
bebé prematuro(a) premature baby, preemie
beber to drink
bebida beverage, drink
bendecir (like decir) to bless
bendición (f.) blessing
beneficio benefit
benigno (adj.) benign
berrinches (m. pl.) tantrum
besar to kiss
beso kiss
biberón (m.) baby bottle
bicarbonato bicarbonate
bicicleta bicycle
bien well
bien criado/bien educado (adj.) well-mannered, well behaved
bifocales (m. pl.) bifocals
biopsia biopsy
bisexual (adj.) bisexual
bisturí (m.) scalpel
bizco (adj.) cross-eyed
blanqueador dental dental whitening
blanquear to bleach
bloqueador blocker
bloquear to block, to obstruct
blusa blouse
boca abajo face down, on one's stomach
boca arriba face up, on one's back
bola lump
bolillo (Mex.) roll
bolsa/bolso handbag, purse
bolsa de agua caliente hot water bottle
bolsa de líquido amniótico/la bolsa de aguas amniotic sack
bomberos firefighters
borracho (adj.) drunk(en)
borroso (adj.) blurred, fuzzy, cloudy
bosque (m.) woods, forest
botas boots
botella bottle
botiquín de primeros auxilios (m.) first-aid kit
brassiere (m.) bra
brazalete (m.) bracelet
broncodilator (m.) bronchodilator
bronquitis (f.) bronchitis
buena suerte good luck
Buenas noches. Good evening., Good night.
Buenas tardes. Good afternoon.
¿Bueno? ¿Hello? (when answering the phone in Mexico)
Buenos días./Buen día. Good morning.
bufanda scarf
bulimia bulimia
burlarse de to make fun of, to mock
bursitis (f.) bursitis
buscar to look for, to seek
bypass (m.) (U.S.) bypass

C

cabecera headboard
cabestrillo arm sling
cables (m. pl.) wires
cacahuate (m.) peanut
¿Cada cuánto tiempo vienen las contracciones? How far apart are the contractions coming?
cada __ horas every __ hours
cada día each day
cada quien each one
cadena necklace
caer(se) to fall (down)
café (descafeinado) (m.) coffee (decaffeinated)
cafetería cafeteria
caída fall
cajón (m.) drawer
calabaza squash; pumpkin
calambre (m.) cramp
calcetines (m. pl.) socks
calcio calcium
cálculo biliar gallstone
cálculos (del riñon, de la vesícula biliar) (kidney, gall) stones
calefacción (f.) heating
calentar (e→ie) to heat, to warm
caliente (adj.) hot (to the touch), feverish
calificado (adj.) qualified
callo callus, corn
calmante (m.) tranquilizer
cálmese calm down
caloría calorie
calvicie (f.) baldness
calvito (adj.) baldy
calvo (adj.) bald
calzas (Mex.) underpants
calzoncillos boxer shorts, underpants
cama (de hospital) (hospital) bed
cambiar to change
cambio (de vida) change (of life)
camilla stretcher
caminar to walk
camión (m.) (Mex.) bus
camión/camioneta (Mex.) truck
camisa shirt
camiseta undershirt, T-shirt
camiseta de dormir, de noche/camisón (m.) nightgown
canal (m.) channel; canal
canal cervical (m.) cervical canal
cancelar to cancel
cáncer de cancer of the
   colon colon
   estómago stomach
   hueso bone
   pancreas pancreatic
   piel skin
   próstata prostate
   pulmón lung
   seno breast
   útero uterine
cansado (adj.) tired
cansancio visual eye strain
cantidad (f.) quantity, amount
cantidades moderadas (f. pl.) moderate quantities
cánula cannula
capilla chapel
cápsula capsule
caramelos candy, hard candy
cardenal (Spain) (m.) bruise
cardíaco (adj.) heart, cardiac
cardiología cardiology
cariado (adj.) decayed
carie (f.) cavity, dental caries
carne de res (f.) beef
carrito/carretillo eléctrico electric scooter, cart
carro (del metro) (subway) car
cartera wallet
casa de amparo para mujeres women's shelter
castigar to punish
castigo punishment
cataratas cataracts
catarro common cold
catéter (m.) catheter
católico(a) romano(a) Roman Catholic
causa cause
causado (adj.) caused
causar to cause
cavidad (f.) cavity (body) (NOT dental cavity)
cebra zebra
ceguera blindness
celoso (adj.) jealous
célula cell
cemento dental dental cement
cena dinner, supper
cenicero ashtray
cepillarse el pelo to brush one's hair
cepillo de dientes toothbrush
cepillo de pelo hairbrush
cerdo pork
cereal (m.) cereal
cereza cherry
cerrar (e→ie) to close, to shut
cerveza beer
cesar to cease
cicatrizado (adj.) scarred, scarring
cicatrizar to scar
ciclo (menstrual) (menstrual) cycle
ciego (adj.) blind
cierto (adj.) certain, true, sure
cinta ribbon, tape
cinturón de seguridad (m.) safety strap, belt
cinturón (m.) belt
cirrosis de hígado/cirrosis hepática (f.) cirrhosis of the liver
ciruela plum
cirugía surgery
cirugía electiva elective surgery
cirugía exploratoria exploratory surgery
cirugía para eliminar las arrugas face-lift
cirugía plástica/estética plastic surgery
cirujano(a) surgeon
cita appointment, date
clamidia chlamydia
claro (adj.) clear
clase (f.) type, kind
clases para padres y madres (f. pl.) parenting class
clima (m.) climate
clínica clinic
coagulación (f.) coagulation
coágulo clot
cobija blanket
cocaína/coca cocaine, coke
cocer (o→ue) to cook
coche (m.) car, subway car
cochecito electric scooter, cart
cocina kitchen; cuisine; cooking
cocinar to cook
codo de tenista tennis elbow
coger to catch (a disease), to pick, to pick up
coito coitus
cojear to limp
cojín eléctrico (m.) heating pad
cojo (adj.) lame
cojones (m. pl.) (fam.) testicles
cola glue
colcha bedcover, bedspread
colchón (m.) mattress
colega colleague, coworker
cólera cholera
colesterol (m.) cholesterol
cólico (adj.) colic
colirio eyewash
colisión (f.) collision
collar (m.) necklace
colocar to place
colores (m. pl.) de la sangre: rosa; rojo (claro, oscuro) colors of blood: (light, dark) pink, red
coma coma

comadre (f.) very close female friend of the family, godmother
comadrona midwife
combate (m.) combat
combatir to combat, to fight
comenzar (e→ie) to begin, to commence
comer to eat
comezón (m.) itch, itching
comida meal, food
comité (m.) committee
¿Cómo andas? How are you? (informal to one person)
¿Cómo escucha (oye), ve... ? How well do you hear, see . . . ?
¿Cómo está usted? How are you? (formal to one person)
¿Cómo se dice... en español? How do you say . . . in Spanish?
¿Cómo se llama? What is your name?
compadre (m.) very close male friend of the family, pal, godfather
compañero(a) friend, acquaintance
compartir to share
compasión (f.) sympathy, compassion
completamente completely
completo (adj.) complete
complicado (adj.) complicated
comportarse to behave
¡Compórtate bien! Behave yourself!
comprar to buy
comprender (e→ie) to understand, comprehend
comprimir to compress
computadora computer
común (adj.) common
comunicar con to comunicate with, to talk with, to contact
con with
con frecuencia frequently
con fuerza hard, forcefully
con las comidas with meals
con leche, agua with milk, with water
¿Con qué mano escribe Ud.? Which hand do you write with?
con respecto a... with respect to
con sal with salt
concebir (e→i) to conceive
concentrado (adj.) concentrated
concepción (f.) conception, conceiving
concusión (f.) concussion
condición (f.) condition
condiciones sanitarias (f. pl.) sanitary conditions
condón (de latex) (m.) (rubber) condom
conducir to drive (Spain and several other Hispanic countries); to conduct
confianza trust, confidence
confiar en to confide in
confidencialmente confidentially
confundido (adj.) confused
confusión (f.) confusion
congelamiento frostbite
conocer to know (someone, something), to be familiar with
conseguir (e→i) to get, to obtain
consejero(a) counselor
consejo advice
constante (adj.) constant
constantes vitales (f. pl.) vital signs
constipación (f.) stuffiness (of the nose), (can mean constipation)
constipación nasal (f.) stuffy nose
constipado (adj.) stuffed up, stuffy
contacto contact
contagioso (adj.) contagious, catching
contar (calorías) to count (calories)
contento (adj.) happy
continuar to continue
contra against
contracción (f.) contraction
contraceptivo contraceptive

Vocabulario español-inglés

contraer(se) to contract (a disease)
contrato contract
control de la natalidad (m.) birth control
controlar to control, to monitor
contusión (f.) contusion
conveniente (adj.) suitable, convenient
convenir (like venir) to suit
convulsiones (f. pl.) convulsions
corazón (m.) heart
cordón umbilical (m.) umbilical cord
corona de oro/de plata/de porcelana gold, silver, porcelain crown
corona crown, cap
correa safety strap, belt
corregir (e→i) to correct
correr to run
corsé (m.) corset
cortar to cut
cortarse to get cut, to cut oneself
corte (m.) cut
cortina curtain
coser(le) to sew, to suture (someone up)
cosmética cosmetic
coyuntura joint (of body)
crayones (m. pl.) crayons
crecer to grow, to grow up, to increase
crema cream
crema antibiótica antibiotic cream
crianza upbringing, care of a child
criar to raise, to bring up (a child)
criatura (fam.) baby, child
crucifijo crucifix
cruda (Mex.) hangover
crudo (adj.) hungover
cruz (f.) cross
cruzar to cross
CT (f.) (U.S.) computerized tomography, CT scan
cualificado (adj.) qualified
cuando sea necesario as needed
¿...cuando toma o bebe algo frío o caliente? ...when you eat something cold or hot?
¿Cuánto aumentó (bajó) de peso? How much weight did you gain (lose)?
¿Cuánto tiempo lleva Ud. aquí? How long have you been here?
cuarto room; one quarter
cuarto de hospital hospital room
cuarto privado private room
cuatro por cuatro 4x4
cubrecama (m.) bedcover, bedspread
cubrir to cover
cuchara/cucharada tablespoon
cucharita/cucharilla/cucharadita teaspoon
cuchillo knife
cuello uterino/cuello de la matriz cervix
cuenta de gotas eyedropper
cuidado care
cuidado ambulatorio ambulatory care
cuidado con enfermera nursing care
cuidado intensivo intensive care
cuidado intermedio intermediate care
cuidado prenatal prenatal care
cuidado total total care
cuidar to take care, to care for
culebrilla shingles
culpable (adj.) guilty
culpar to blame
cultivar to grow, to cultivate
cumplir ___ años to become ___ years old
cuna crib, cradle
cuñado(a) brother-in-law, sister-in-law
cupones de alimentos (m. pl.) food stamps

curar to cure, to heal
curioso (adj.) curious, strange
curita Band-Aid®, bandage
Chao./Chau. So long. (Spain and Argentina)
chaqueta jacket
charlar to chat
chata bedpan
chequear (fam.) to check
chillar to squeal
china (Carib.) orange
chocar (con) to crash (car, bus, etc.) (into)
chocolate caliente (m.) hot chocolate
chófer (m.) driver
choque (m.) crash, shock
choque anafiláctico (m.) anaphylactic shock
choque eléctrico (m.) electric shock
chupar(se) to suck (on)
chuparse el pulgar/chuparse el dedo gordo to suck one's thumb
chupete (m.) nipple (of bottle), pacifier

D

daltónico (adj.) color-blind
daltonismo color blindness
daño harm, injury
dar to give
dar a luz to give birth
dar biberón to give a bottle
dar de alta to discharge (from the hospital), to release
dar el seno to nurse (a baby)
dar espacio to give space
dar lugar to give room
darle el pecho to nurse (a baby)
darle (a uno) to catch (a disease)
de antemano beforehand
de corazón abierto open heart
de mediana edad middle-aged
de metal (adj.) metal
de plástico (adj.) plastic
de prisa fast, quickly, rapidly
de rayos láser laser (beam)
de repente suddenly, all of a sudden
de vacaciones on vacation
debajo de la lengua under the tongue
debajo de below, underneath, under
deber ought to, must, should
débil (adj.) weak
decaído (adj.) listless, without energy
decir (e→i) (yo digo) to say, to tell (I say)
dedo de martillo hammer toe
dedo gordo thumb
dedos de fuera (de dentro) toes turned out, duck-footed (toes turned in, pigeon-toed)
defecar to defecate
defectos natales birth defects
defender (e→ie) to defend
defensa defense
defribulador (m.) defibrillator
degeneración macular (f.) macular degeneration
dejar una cicatriz to scar
del niño hiperactivo attention deficit disorder
delante de in front of
delgado (adj.) thin, slim
delicado (adj.) delicate
delirios paranoicos paranoid delusions
demencia senil senile dementia
dentadura postiza denture
dentro de inside of, within
departamento department
depender de to depend on
dependiente de las drogas dependent on drugs
depósito de cadáveres morgue
depresión (f.) depression

deprimido (adj.) depressed
derecho straight ahead
derivación coronaria (f.) bypass
dermatitis (por contacto) (f.) contact dermatitis
derramar to discharge
derrame cerebral (m.) stroke, cerebral hemorrhage
derrame (m.) leakage, leaking
derribar to shoot down
desafortunadamente unfortunately
desangrar to bleed a lot
desanimado (adj.) depressed
desanimar to discourage
desaparecer to disappear
desaparecido (adj.) missing (a missing person)
desarrollar to develop
desayuno breakfast
descansar(se) to rest (to take a rest)
Descanse un poco. Rest a little bit.
desconcertado (adj.) embarrassed
desconcierto embarrassment
descongestionante decongestant
desconocido (adj.) unknown
descorazonado (adj.) disheartened
descubrir to discover, to find
desear to want, to desire
desechable (adj.) disposable
desecho discharge
desgraciadamente unfortunately
deshidratado (adj.) dehydrated
deslizar to slide
desmayarse to faint
desmayo fainting
desminuir to decrease
desnutrido undernourished
desodorante (m.) deodorant
desorden mental (m.) mental disorder
despertarse (e→ie) to wake up
despierto (adj.) awake
desprendimiento de retina detached retina
después de afterward, after
destetar to wean
destitución (f.) destitution
destituido (adj.) destitute
desvelado (adj.) sleepless
detector de humo (m.) smoke detector
determinar to determine
Di no a las drogas. Say no to drugs.
diabetes (m.) diabetes
diafragma (m.) diaphragm
diagnosticar to diagnose
diagnóstico diagnosis
diario daily, newspaper
diarrea diarrhea
diástole (f.) diastole
dichoso (adj.) lucky
diente de enlace (m.) bonded tooth
diente de leche (m.) baby tooth
dientes postizos (m. pl.) false teeth
dieta balanceada balanced diet
dieta diet
dietético (adj.) dietetic
dietista dietician
difícil (adj.) difficult, hard
dificultad al tragar/orinar/comer difficulty swallowing, urinating, eating
dificultad respiratoria (f.) respiratory problem
dificultar to make difficult, to consider difficult
difteria diphtheria
dilación de las pupilas (f.) dilation of the pupils
disciplina discipline (also: major in school)
disfunción erectil (f.) erectile dysfunction
disgustado (adj.) disgusted
disgustar(le) to dislike, to not like
dislocación (f.) dislocation

disparar to shoot
disponible (adj.) available
distensión (f.) distention
distrofia muscular muscular dystrophy
diurético diuretic
divorciarse to get divorced
divorcio divorce
doblar to fold, to bend, to double
doble (adj.) double
doctor(a) doctor
doler (o→ue) to hurt
dolor (m.) pain
dolor de espalda (m.) backache
dolor al orinar (m.) pain when urinating
dolor de cabeza (m.) headache
dolor de estómago (m.) stomachache
dolor de garganta (m.) sore throat
dolor de pecho (m.) chest pain
dolor que corre por los brazos (m.) pain that extends down the arms
dolores del parto (m. pl.) labor pains
dolorido sore
domicilio de ancianos nursing home
domicilio de jubilados retirement home
dormido (adj.) asleep
dormir (o→ue, u) to sleep
dormirse (o→ue, u) to fall asleep
dosis excesiva (f.) overdose
dosis (f.) dosage, dosis
drenaje (m.) drainage
droga (ilegal) (illegal) drug
drogadicto (adj.) addicted to drugs
drogadicto drug addict
drogas inyectadas injected drugs, IV drugs
droguería (U.S. colloquial) drugstore
ducha shower
ducharse to take a shower
dudar to doubt
dudoso (adj.) doubtful
duérmete go to sleep
dulce (m.) (usually plural: los dulces) candy, sweet
durar to last
durazno (Lat. Am.) peach

E

ECC (m.) electrocardiogram, EKG
echar de menos to miss (someone, something, someplace)
echarse to lie down
ecocardiograma echocardiogram
edredón (m.) bedcover, bedspread
eje columnal (m.) spinal axis
ejercicio exercise
EKG (U.S.) (m.) electrocardiogram, EKG
El médico manda una dieta líquida. The doctor is ordering a clear liquid diet.
electrocardiograma electrocardiogram, EKG
elefante (m.) elephant
elegir (e→i) to select, to choose, to elect
elevar to raise (up)
eliminar to eliminate
embarazada pregnant (NOT embarrassed)
embarazo pregnancy
embarazo (ectópico/tubular) (ectopic, tubal) pregnancy
embarcadero (Lat. Am.) ferry
embolia embolism
emborracharse/embriagarse to get drunk
embrión (m.) embryo
emergencia (U.S.) emergency
emigrar to emigrate
empaste (de oro/de esmalte/de porcelana) (m.) filling (of gold, silver, enamel, porcelain)

empeine *(m.)* instep
empeorarse to get worse
empezar (e→ie) to begin, to start
emplear to hire, to employ
empujar to push
¡Empuje fuerte! Push hard!
en on, in
en ayunas fasting
en cuanto a regarding
en cuanto antes as soon as possible
en lugar de/en vez de instead of
encamarse to take to one's bed
enchufes *(m. pl.)* outlets (electric)
encía gum
encima de on top of
encinta pregnant
encontrar (o→ue) to find
endémico endemic
enderezar to straighten
endometriosis *(f.)* endometriosis
endurecimiento de las arterias hardening of the arteries
enema de bario barium enema
enema enema
enfadado *(adj.)* annoyed
enfadarse to become annoyed
enfermedad *(f.)* illness, disease
enfermedad de Alzheimer *(f.)* Alzheimer's disease
enfermedad periodontal *(f.)* periodontal disease
enfermedad venérea *(f.)* venereal disease
enfermedades que vienen de familia *(f. pl.)* diseases or illnesses that run in the family
enfermería nurse's station
enfermero(a) domiciliario(a)/privado(a) home, private nurse
enfermero(a) quirúrgico(a) surgical nurse, scrub nurse
enfermizo *(adj.)* sickly
enfermo *(adj.)* sick
enfisema emphysema
enfogonado *(fam.) (adj.)* furious, enraged
enfrente de opposite (to)
¿enfrente o detrás? in front or in back?
enfriar to chill, to make cold
enfuriarse/enfurecerse/enfogonarse *(slang)* to become furious
engañar to trick, to cheat, to deceive
engordar to gain weight
enjuagarse to rinse (out)
enlace dental *(m.)* dental bonding, bond
enojado *(adj.)* angry
enojarse to become angry
Ensució el pañal. He/She dirtied the diaper.
entablillado (de urgencia) (emergency) splint
entender (e→ie) to understand
entero *(adj.)* whole, entire
entornar los ojos to squint
entrenado *(adj.)* trained, educated
entrevista interview
entrevistar to interview
entristecerse to become sad, to be saddened
enuresis *(f.)* bedwetting
envejecer to age
envenenado *(adj.)* poisoned
envenenamiento poisoning
epidural epidural
epilepsia epilepsy
episiotomía episiotomy
equipar to equip
equipo equipment; team
erradicar to eradicate
eructar to burp
erupción *(f.)* rash

Es dudoso que sobreviva. It's doubtful that she/he will survive.
esbelto *(adj.)* slim, slender
escalera stair
escalofríos chills
escalpelo scalpel
escapar to escape
escarlatina scarlet fever
esclerosis múltiple *(f.)* multiple sclerosis
escoba broom
escombros wreckage
escopetazo gunshot
escorpión *(m.)* scorpion
escuela (de medicina) school (of medicine)
escupidera cuspidor, bowl for saliva
escupir to spit (up)
esmalte *(m.)* enamel
espalar (la nieve) to shovel (snow)
esparadrapo adhesive tape
espasmo spasm
espectador(a) bystander, spectator
espéculo speculum
espejo mirror
esperar to wait
esperma sperm
espermicida *(m.)* spermicide
espina bífida spina bifida
espinilla blackhead
esponja sponge
esposo(a) husband, wife
espuma foam
esputo sputum, saliva
esquizofrenia schizophrenia
¡Está en llamas/ardiendo! She/He is on fire!
estabilizar to stabilize
estampilla stamp
¿Están rotos los lentes? Are your glasses broken?
estar crudo to be hungover
estar de acuerdo to agree
estar de goma to be hungover
estar de guardia to be on call
estar de pie to be standing, to be on one's feet
estar en buena salud to be healthy
estar en forma to be in shape
estar en trabajo de parto to be in labor
estar pasado de peso to be overweight
estéril *(adj.)* sterile
esterilidad *(f.)* sterility
esterilización *(f.)* sterilization
esterilizado *(adj.)* sterilized
esteroide *(m.)* steroid
estetoscopio stethoscope
estimado *(adj.)* esteemed
estirar to pull out
Esto es para el dolor. This is for the pain.
estornudar to sneeze
¡Estoy atascado/bloqueado/agarrado/atrapado! I'm trapped!
estrangulado *(adj.)* strangled
estrellar to crash *(esp.* airplane), to explode
estreñimiento constipation
estrías stretch marks
estribos stirrups
estrógeno estrogen
etapa stage
evaluación *(f.)* socorrista: A.V.D.N. (alerto, verbal, dolor, ninguno) first-aid evaluation (alert, verbal, pain, none)
evaluar to evaluate
evitar to avoid, to prevent
examen *(m.)* **de** test, exam for
examen del factor Rhesus (RH) *(m.)* RH factor test

examen físico *(m.)* physical exam
examen gastrointestinal (superior, inferior) *(m.)* (upper, lower) G.I. exam
examen proctológico *(m.)* proctologic exam
examinar to examine
examinarse los pechos/los senos to examine one's breasts
excremento stool
excusado usually refers to the toilet (*can also mean* excused)
exigencia demand
exigir to require, to demand
expectorante *(m.)* expectorant
expediente médico *(m.)* medical record
experiencia experience
experimentar to experience
explicar to explain
explotar to explode
extender (e→ie) to extend, to stretch
extintor de fuegos *(m.)* fire extinguisher
extirpación del útero *(f.)* hysterectomy
extraer to pull out, to extract
extraño *(adj.)* curious, strange
extrovertido *(adj.)* outgoing

F
fabricar to manufacture
fácil *(adj.)* easy
facilitar to make easy, to facilitate
factor Rhesus *(m.)* RH factor
faja girdle
falda skirt
fallecer to die, to pass away
falta de aire shortness of breath
falta de respeto lack of respect
falta poco tiempo para terminar el examen almost done with the exam
faltar to miss, to lack
familia de acogida foster family
familiares *(m. pl.)* family members
farmacéutico(a) pharmacist, druggist
farmacia pharmacy, drugstore
fatiga shortness of breath
fatigado *(adj.)* fatigued (U.S.), short of breath
fecha date (calendar)
fécula starch
feculento *(adj.)* starchy
feo *(adj.)* ugly
ferrocarril *(m.)* railroad
fértil *(adj.)* fertile
fertilidad *(f.)* fertility
fertilización in vitro *(f.)* in vitro fertilization
fertilizar to fertilize
feto fetus
fiable *(adj.)* trustworthy, reliable
ficha médica medical record
fiebre tifoidea *(f.)* typhoid fever
fiebre *(f.)* fever
fijar (en) to focus on, to pay attention to
fijar la vista en to focus on, to fix the vision on
fijo *(adj.)* fixed, immovable
firma signature
firmar to sign
flaco *(adj.)* skinny
flan *(m.)* custard
flojo *(adj.)* loose
flor *(f.)* flower
flores *(f. pl.)* flowers
fluido fluid
fluir to flow
flujo vaginal vaginal discharge
fólico folic (*NOT* follicle)
folleto brochure, pamphlet

fórmula formula
formulario form
formulario de permiso permission form
formulario médico medical form
fortalecer to strengthen
forzado *(adj.)* strained, forced
fracasar to fail
fracaso failure
fractura (complicada) (compound) fracture
fracturado *(adj.)* fractured
fracturar to fracture
frágil *(adj.)* brittle, fragile
fragmentar to cut up into pieces, to fragment
francamente honestly, frankly
frasco bottle, prescription bottle
frazada blanket
frecuente *(adj.)* frequent
fregarse (e→ie) to scrub up
frenillos/frenos braces
frente a in front of
fresco *(adj.)* fresh
frijoles *(m. pl.) (Mex.)* beans
frito *(adj.)* fried
fruncir to frown
frustrado *(adj.)* frustrated
fuego fire (small)
fuerte strong, hard
fuertemente hard, forcefully
fumar to smoke
funcionamiento cardiovascular cardiovascular function
funcionar to work, to run, to function
furioso *(adj.)* furious, enraged
fusil *(m.)* gun
fusilamiento shooting

G
gabinete *(m.)* cabinet
gafas eyeglasses, spectacles
galleta cookie, cracker
gancho clasp
gandules *(m. pl.) (P.R.)* beans
gas *(m.)* gas, nitrous oxide
gas abdominal *(m.)* abdominal gas
gasa esterilizada sterile gauze dressing
gasolina gasoline
gástrico *(adj.)* gastric
gatear to crawl, to creep
gato cat
gemelo (fraterno, idéntico) (fraternal, identical) twin
gemelos siameses conjoined (Siamese) twins
genes *(m. pl.)* genes
geriatría geriatrics
GI (superior/inferior) *(m.)* G.I. (upper, lower)
gigante *(adj.)* huge, gigantic
girafa giraffe
girar to turn (around)
glaucoma glaucoma
globo ocular eyeball
gobernante housekeeper, public custodian
gobierno (estatal, federal, del condado) (state, federal, county) government
golpe *(m.)* bump, bruise
golpear to hit, to bump
golpearse to get bumped, hit
goma *(U.S.)* hangover, glue
gonorrea gonorrhea
gordito *(adj.)* chubby
gordo *(adj.)* fat, heavy
gorro cap
gota drop, gout
goteo *(adj.)* dripping
goteo nasal runny nose
gotero eyedropper

VOCABULARIO ESPAÑOL–INGLÉS   **297**

Vocabulario español–inglés

gracias thank you
gráfica/gráfico chart
grano pimple
grapa staple
grasa grease, fat
grasoso (adj.) greasy, fatty
grave (adj.) major, serious, grave
gravedad (f.) seriousness
grifo faucet, spigot
gripa common cold
gripe flu
grueso (adj.) thick
grupo group
grupo sanguíneo blood type
guagua (Carib.) bus
guantes (m. pl.) **(de látex)** (rubber) gloves
guardar to keep, to save
güero (adj.) blonde, fair-skinned
guerra war
guía handbar
guisantes (m. pl.) peas

H

habichuelas (f.) beans
habitación privada private room
habla (fam.) speech (function of speaking), ability to talk
hablar con total confianza to speak in total confidence
hablar to speak
hacer ejercicio to exercise
hacer el vientre to defecate, to have a bowel movement
hacer eructar to burp (a baby)
hacer gárgaras to gargle
hacer la cama to make the bed
hacer pipí (fam.) to go pee pee
hacer pupú/popó/caca (Carib.) to make poo poo
hacer una impresión to make an impression, to take an impression
hacerle caso a to pay attention to
hacerlo eructar después de cada alimento to burp him after every feeding
hacerse adicto a las drogas to become addicted to drugs
hacerse daño to get hurt
hachís (m.) hashish
hacia toward
hacia abajo down, toward the floor, downward
hacia adelante forward
hacia arriba toward the ceiling, up, upward
hacia atrás back, behind, backward
hacia la derecha toward the right
hacia la izquierda toward the left
hambre (f., m.) hunger, starvation
Hasta la vista./Hasta pronto. See you soon.
Hasta luego. See you later.
Hasta mañana. See you tomorrow.
helado ice cream
helicóptero (de rescate) (rescue) helicopter
hembra female
hemofilia hemophilia
hemorragia hemorrhaging
hemorroide (f.) hemorrhoid
hepatitis (f.) hepatitis
herida wound, injury
heridas internas internal injuries
herido (adj.) wounded, hurt, injured
herir (e→ie, i) to injure, to hurt (someone)
hermana nun, sister (relgious)
hermanastro(a) stepbrother, stepsister
hermano(a) brother, sister
hermanos siblings, brothers
hernia hernia

heroína heroine
herpes (m.) herpes
hervido (adj.) boiled
heterosexual heterosexual
hiedra ivy
hierba mala weed
hierba grass, marijuana
hierbas medicinales medicinal herbs
hijastro(a) stepson, stepdaughter
hijito(a) little son, daughter
hijo(a) único(a) only child
hijo(a) son, daughter
hijos children, sons
hilo thread
hilo dental dental floss
hinchado (adj.) swollen
hinchar to swell
hinchazón (f.) swelling
hiper(hipo)tensión (f.) hyper(hypo)tension
hiper(hipo)tiroidismo hyper(hypo)thyroidism
hiper(hipo)glicemia hyper(hypo)glycemia
hipermetropía farsightedness
histerectomía hysterectomy
histerias histeria
histérico (adj.) hysterical
historia clínica medical history
hogar de ancianos (m.) nursing home
¡Hola! Hello!, Hi!
homosexual homosexual
hondo (adj.) deep
hora hour
horas/horario de visita visiting hours
hormiga ant
hormigueo tingling, pins and needles
hormona hormone
hormonal (adj.) hormonal
hornear to bake
hospedar to house
hospicio hospice
hospitalización (f.) hospitalization
hospitalizar to hospitalize, to admit to the hospital
hostil (adj.) hostile, unfriendly
hoy en día nowadays
hoyo (macular) (macular) hole
huevo egg
huevos (fam.) testicles
humo smoke
hundir to sink
huracán (m.) hurricane

I

ictericia (adj.) jaundice, ictericia
igual equal, the same
ilegal illegal
imagen por resonancia magnética (f.) MRI
imagínese imagine that
impedir (e→i) to prevent, to impede
imperativo (adj.) imperative
implantar to implant
implante (m.) implant
implante dental (m.) dental implant
implante hormonal (m.) hormonal implant
(im)posible (adj.) (im)possible
impotencia e infertilidad impotence and infertility
impotente (adj.) impotent
impulsar to pump
impuro (adj.) impure
inanición (f.) starvation
incapacidad (f.) handicap
incapacitado (adj.) handicapped
incendio fire (large), conflagration
incierto (adj.) doubtful
incisión (f.) incisión
incluir(se) to include

incoherencia incoherence
incoherente (adj.) incoherent
(in)cómodo (adj.) (un)comfortable
(in)consciente (adj.) (un)conscious
incontinente (adj.) incontinent
incorporarse to sit up (upright)
incrustación (f.) inlay
incubadora incubator
incubar to incubate
indicación (f.) indication
indicar to indicate
indocumentado (adj.) undocumented, illegal (without documents)
infancia childhood
infarto heart attack
infección (f.) infection
infección de hongo (f.) yeast infection
infección urinaria (f.) U.T.I., urinary tract infection
infectar to infect
inflamación (f.) inflammation
infusión (f.) (herbal) tea
ingerir (e→ie, i) to ingest
ingresado (adj.) admitted
ingreso admissions
inhabilidad (f.) handicap
inhabilitado (adj.) handicapped
inhalador nasal (m.) inhaler (for the nose)
inhalante (m.) inhalant
inhalar to inhale
inmediatamente immediately, speedily
inmediato (adj.) immediate
inmigrar to immigrate
inmovilizar to immobilize
insecto insect
inseminación artificial (f.) artificial insemination
insolado (adj.) sun stricken
insomnio insomnia
instalar to install
instruir to instruct
instrumento instrument
insulina insulin
intenso (adj.) intense
intermitente (adj.) intermittent
internar to hospitalize, to admit to the hospital
interrupción del coito (f.) coitus interruptus
intoxicado (adj.) intoxicated, poisoned
intoxicado por drogas (adj.) high (on drugs)
intoxicarse to become intoxicated
introducir to introduce (into)
introducirle (a uno) to insert, to put in, to stick in
introvertido introverted, quiet
intubación endotraqueal (f.) endotracheal intubation
inundación (f.) sinking, flood
inválido (adj.) invalid, disabled
invernal (adj.) during the winter
inyección (f.) shot, injection
ir de compras to go shopping
IRM (f.) MRI
irregular (adj.) irregular
irritabilidad (f.) irritability
irrupción (f.) rash
IUD (English initials) IUD (intrauterine device)

J

jabón (m.) soap
jadear to pant
Jadee rápidamente. Pant quickly.
jalar(se) to pull (on)
jalón (m.) twitch, tremor
jaqueca migraine
jarabe de Ipecac (m.) Ipecac syrup
jarabe (m.) syrup
jeringa syringe
jubilarse to retire (from a job)

jugar (u→ue) to play
jugo juice
juventud (f.) youth

K

kilo kilo (2.2 lbs.)

L

¿la parte de arriba o abajo? top or bottom?
laboratorio de radiología X-ray lab
laceración (f.) laceration
lácteos dairy
lagarto lizard
lámpara lamp
largo (adj.) long
láser (m.) laser
lastimado (adj.) wounded, hurt, injured
lastimar to hurt (someone)
lastimarse to get hurt
latido (del corazón) heartbeat, rhythm
latidos de corazón irregulares irregular heartbeats
latir to beat
lavamanos (m.)/**lavabo** sink
lavar to wash
lavarse to wash oneself
lavativa enema
laxante/laxativo laxative
Le acompaño en el sentimiento. Please accept my condolences.
le conviene it suits you, it's suitable, appropriate
¿Le duele al masticar? Does it hurt when you chew?
¿Le es difícil subir las escaleras? Is it hard for you to climb stairs?
Le falta un dedo. He/She is missing a finger.
¿Le viene el período con regularidad? Do you get your period regularly?
leche (f.) **(desnatada/entera)** (skim, whole) milk
lechería/leches (f. pl.) dairy
lechuga lettuce
leer to read
legal (adj.) legal
lente (de contacto) (m.) (contact) lens
lentes para leer (m. pl.) reading glasses
lentes (m. pl.) eyeglasses, spectacles
lento (adj.) slow
lesiones al cerebro, páncreas y riñones (f. pl.) brain, pancreas, and kidney lesions
lesiones (f. pl.) lesions
leucemia leukemia
levantar to raise (up)
levantarse to get up
libra pound
libro a colorear coloring book
liebre (f.) pacemaker
ligadura de trompas tubal ligation (tubes tied)
ligeramente lightly
lima file
limonada lemonade (also can mean soft drink)
limpiador (m.) water pick, pick
limpiar to clean
limpiar la nariz con el dedo to pick one's nose
limpieza cleaning
limpio (adj.) clean
línea line
líquido liquid
líquido cefalorraquídeo cephalorhachidian fluid
litro liter
llaga sore

llaga de presión bedsore, pressure sore
llama flame
llamar to call
llave (f.) faucet, spigot
llegar to arrive, to get somewhere
llenar to fill, to fill out
llevar to take (from one place to another), to carry, to give a ride to
llevar to wear (clothing), to carry
llevar(se) bien/mal con alguien to get along well/not well with someone
llorar to cry
lo (te, la) oigo I hear you, I understand you
lo apretado tightness
lo más pronto posible as soon as possible
lo siento I'm sorry (least formal)
loción (f.) cream, lotion
loción de calamina (f.) calamine lotion
longevo (adj.) long-lived
Los bebés comen cada tres o cuatro horas. Babies eat every three or four hours.
luanete (m.) bunion
lunar (m.) mole
lupus (m.) lupus
luz azul (f.) (Lat. Am.) warning light (blue light)
luz intermitente (f.) flashing light
luz roja (f.) (Spain) warning light (red light)

M

macarones (m. pl.) macaroni, pasta
madrastra stepmother
madre (f.) mother
madre que amamanta (f.) nursing mother
madre soltera (f.) single mother
madrina godmother
madurar to mature
magnitud (f.) magnitude, large size
magullado (adj.) bruised
magullar to bruise
mal aliento bad breath
mal criado/mal educado bad-mannered, poorly behaved
mal not good, bad, poorly, not well
malaria malaria
malestar general (m.) general malaise
maligno (adj.) malignant
malos sueños bad dreams
malparir (form.) to miscarry
mamá/mami/mamacita mom, mommy, mama
mamadera (Arg.) baby bottle
mamografía mammogram
mancha (rojiza) (red) spot
mandar to send, to order
mandíbula jaw
manejar to drive (Lat. Am.), to manage
manga sleeve
maniobra maneuver
maniobra de Heimlich Heimlich maneuver
manos frías (f. pl.) cold hands
manta blanket
manteca (de cerdo, vegetal) lard (animal, vegetable fat) shortening, fat
mantener (like tener) to maintain, to keep
Mantenga esa posición. Hold still.
manténgase apartado/manténgase a distancia stand back
mantequilla butter
manzana apple
mar (m.) sea

marca de nacimiento birthmark
marcapasos (m.) pacemaker
marcar to dial (the phone)
marco frame
mareado dizzy, nauseated, seasick
mareo dizziness, upset stomach, seasickness
margarina margarine
marido husband
marijuana/marihuana marijuana
marinero sailor (navy)
(más) despacio (more) slowly
más tarde later
máscara mask
máscara de goma/de latex rubber mask, dam
mastectomía mastectomy
masticar to chew
matar to kill
materia fecal stool
maternidad (f.) maternity
matriz (f.) womb
mayonesa mayonnaise
mayor (adj.) older
me dio (me vino) un resfriado/resfrío I caught a cold
me duelen los pies my feet hurt
me llamo my name is
medalla medical medical medal, bracelets
medias stockings, socks
medicaid/medicare (m.) medicaid, medicare
medicamento medication
médico cabecero/médico de cabecera/médico de familia main, family doctor
médico(a) doctor
medio (adj.) half
medio ciego (adj.) half blind
medir (e→i) to measure
medir (e→i) ___ to measure ___ in height
médula marrow
mejor better
mejorarse to get better
melocotón (m.) peach
melón (m.) melón
meningitis (f.) meningitis
menopausia menopause
menopausia prematura premature menopause
menopáusico menopausal
menor (adj.) younger, minor
menstruación (f.) menstruation
menstrual menstrual
mercuriocromo mercurachrome
merienda snack, light meal
mes (m.) month
mesa table
mesa de noche nightstand
mesa de operaciones operating table
metadona methadone
metadrina speed
metálico (adj.) metal
meterle (a uno) to insert, to put in, to stick in
meterse en to get into (something)
método del ritmo/método natural rhythm method
método method, way
metro subway
mezquino (Mex.) corn (on the foot)
mi más sentido pésame my deepest sympathy
mi señora/mi mujer my wife
microscópico (adj.) microscopic
microscopio microscope
miel (f.) honey
miembro penis
migraña migraine
miligramos milligrams
mimado (adj.) spoiled, pampered
ministro(a) minister

miope (adj.) nearsighted, myopic
miopía nearsightedness, myopia
mitad (f.) a half, half
mocos (m. pl.) mucus (in nose), snot
moderno (adj.) modern
modestia modesty
mojar la cama to wet the bed
molde (m.) mold
molestar to bother
molestías relacionadas con los deportes sports injuries
monitar (U.S.) to monitor
monitor Holter (m.) Holter monitor
monitoreo fetal fetal monitor
monja nun, sister (religious)
mono (adj.) cute
montaña mountain
mordedura (de perro, de insecto, de víbora) (dog, insect, snake) bite
morder (o→ue) to bite
mordido (adj.) bitten
moreno (adj.) dark, brunette, dark-haired, dark-skinned
moretón (m.) (Lat. Am.) bruise
morfina morphine
morgue (f.) morgue
morir(se) (o→ue, u) to die, to pass away
mortificado (adj.) tormented
mortificar to torment
mosquito mosquito
mostrar (o→ue) to show
mota marijuana
motivo reason, motive
motocicleta/moto (f.) motorcycle
mover el vientre to defecate
mover(se) (o→ue) to move (oneself)
mucosidades (f. pl.) mucus
mudar(se) to move (from one place to another)
muerte (f.) death
muerto (adj.) dead
muestra specimen, sample
mujer (f.) female
muleta crutch
muñeca doll, wrist
murmullo en el corazón heart murmur
Muy bien. Very well.
muy mal very bad, very poorly

N

nacer to be born
nacido muerto stillborn
nacimiento birth
nacimientos múltiples multiple births
nadar to swim
naranja orange
narcótico narcotic, dope
nariz constipada/nariz tapada stuffy nose
naufragio shipwreck
náusea nausea
navaja para afeitar razor
necesariamente necessarily
necesario (adj.) necessary
Necesita una transfusión de sangre. He/She needs a blood transfusion.
negativo (adj.) negative
nene(a) (informal) baby
nerviosidad (f.) nervousness
nervioso (adj.) nervous
neumonía pneumonia
neurosis de guerra (f.) shell shock
nevar (e→ie) to snow
nieto(a) grandson, granddaughter
nieve (f.) snow, ice cream
niñez (f.) childhood
niño maltratado battered, mistreated child
nitroglicerina nitroglycerin
nivel de azúcar y de glucosa (m.) blood-glucose level

nivel de oxígeno (m.) oxygen level
nivel (m.) level
¡No empuje todavía! Don't push yet!
No es bueno que acueste a su bebé con un biberón con leche. It's not a good idea to put the baby to bed with a bottle of milk.
no estar en forma to be out of shape
No le agregue más agua a la fórmula. Don't dilute the formula anymore.
No le dé comida que pueda asfixiarlo como cacahuates o frijoles. Don't give him/her food that can choke her/him like peanuts or beans.
¡No lo frote! Don't rub it!
no llores (fam.) don't cry
No muy bien. Not very well.
No se mueva. Hold still.
¡No se preocupe! Don't worry!
no tener razón to be wrong
no tenga miedo don't be scared
no va a doler it is not going to hurt
nodriza wet nurse
normal (adj.) normal
nostalgia nostalgia
novio(a) boyfriend, girlfriend, groom, bride
novocaína novocaine
nubloso (adj.) cloudy
nuera daughter-in-law

O

obesidad (f.) obesity
observar to observe
obstrucción (f.) blockage, obstruction
obstruir to block, to obstruct
ocasionar to cause, to make happen
ocupado (adj.) busy
ocurrencia occurrence, event
ocurrir to occur, to happen
ofender to offend
ofendido (adj.) offended
oftalmología ophthalmology
oftalmólogo ophthalmologist
oftalmoscopio ophthalmoscope
oído hearing, ability to hear
oír (yo oigo) to hear
¡Ojalá (que)... ! It is hoped . . . , Hopefully . . . !
ojo de vidrio/ojo postizo glass eye, prosthetic eye
ojo perezoso (fam.) lazy eye
oler (o→hue) to smell
oler la cocaína (slang) to snort coke (slang)
ombligo navel, belly button
omitir to omit
ómnibus (m.) (Arg.) bus
onda de sonido soundwave
onda wave
ondas de choque shock waves
onza ounce
operación cesárea (f.) Cesarean section
operador(a) switchboard operator
operar(le) to operate (on someone)
óptico(a) optician
optometrista optometrist
oral (adj.) oral
orar por to pray (for)
ordenador (m.) (Spain) computer
organización organization
orgulloso (adj.) proud
orina urine
orinar to urinate, to pee
orinar en la cama bedwetting
ortopédico (adj.) orthopedic
oscuridad (f.) darkness, dark
oscuro (adj.) dark
osito teddy bear
oso bear
osteoporosis (f.) osteoporosis

Vocabulario español-inglés

otoñal *(adj.)* during the autumn
otro *(adj.)* other, another
ovario ovary
ovulación ovulation
óvulo ovum
óxido nitroso nitrous oxide
oxígeno oxygen

P

pacha *(Carib.)* baby bottle
padecer (de) to suffer (from)
padrastro stepfather
padre *(m.)* father, priest
padre soltero *(m.)* single father
padres *(m. pl.)* parents, fathers
padrino(a) sponsor (of a foster child), godparent
pájaro *(fam.)* bird (penis)
pajilla/pajita (drinking) straw
paladar *(m.)* palate
palangana *(Spain)* pan, bedpan
palita lollipop, sucker
palpitaciones irregulares *(f. pl.)* irregular heartbeats
pan *(m.)* bread
pañal *(m.)* diaper
panecito roll
paño sanitario sanitary napkin
paño cloth
pantalones *(m. pl.)* pants, slacks
pantimedias pantyhose
pantuflas *(Spain)* slippers
PAP/Papanicolau PAP
papa *(Mex.)* potato
papá/papacito/papito dad, daddy
papel de envolver *(m.)* wrapping paper
paperas mumps
paquete de primeros auxilios *(m.)* first-aid kit
par *(m.)* pair
para for, in order to
para dormir for sleep
para el dolor for pain
paramédico(a) paramedic
paranoia paranoia
parar to stop
pararse to stand up
parche *(m.)* patch
parcial *(adj.)* partial
pareja partner (marital, sexual), couple
pariente relative (family)
pariente cercano(a) blood relative
parihuelas *(Spain)* stretcher
parir to give birth
párpado eyelid
partera midwife
parto natural birthing, natural childbirth
pasado *(adj.)* past
pasamano handrail
pasar to pass; to enter; to spend (time)
pasar (por) to pass, to go by
pasar (tiempo) to spend (time)
pasar (tirar) gases to pass gas
pasar la esponja to sponge off
pasta dentrífica/de dientes/para los dientes toothpaste
pasta pasta
pastel *(m.)* cake, pastry
pastilla pill, birth control pill
pastilla para dormir sleeping pill
pasto grass
pastor *(m.)* pastor, priest
patata potato
patear to kick
pato duck
patólogo(a) pathologist
patrón(ona) sponsor (in Alcoholics Anonymous programs)
PCP PCP
pedacitos de hielo ice chips
pedar *(fam.)* to fart

pedir (e→i) to ask for, to request, to order (food)
pegarle (a uno) to catch (a disease)
peinarse to comb one's hair
peine *(m.)* comb
pelear to fight
peligro danger
peligroso *(adj.)* dangerous
pelirrojo *(adj.)* redhead
pelo púbico/pendejo *(fam.)* pubic hair
pene *(m.)* penis
penicilina penicillin
peor *(adj.)* worse
pepino cucumber
pera pear
perder (e→ie) el bebé to miscarry
perder (e→ie)/el conocimiento to lose consciousness, to be unconscious
perder (e→ie) las inhibiciones to lose one's inhibitions
perder (e→ie) peso to lose weight
pérdida loss
pérdida (falta) de apetito loss of appetite
pérdida de peso weight loss
pérdida del bebé *(fam.)* miscarriage, loss of the baby
¿Perdió un bebé alguna vez? Have you ever lost a baby?
perdón pardon, excuse me
perforación *(f.)* puncture (wound)
perforar to drill
peridural *(adj.)* epidural
periódico newspaper
período (menstrual) period
permanente *(adj.)* permanent
permitir to permit, to allow
perro dog
persistente *(adj.)* persistent
persistir to persist
personalidad bi-polar bipolar personality
pesadilla nightmare
pesado *(adj.)* heavy
pesar to weigh
pescado fish
peso weight
pestaña eyelash
petróleo gasoline
pezón *(m.)* nipple
picaduras de insectos insect bites
picazón/picazones itch, itching
pie *(m.)* foot (measurement)
piedra biliar gallstone
piel *(f.)* skin
pierna postiza false leg
pies fríos *(m. pl.)* cold feet
pijama/pijamas pajamas
píldora pill
píldora (anticonceptiva) (birth control) pill
pimiento pepper
pinchar to puncture
pincharse to get stabbed, pricked
pinzas tweezers
pipa pipe
pisalenguas tongue depressor
piscina de hidromasaje whirlpool bath
piso floor
pistola pistol
placa X-ray film, plaque, X-ray plate
placenta placenta
plancha plate
plancha parcial partial plate
planear to plan
planilla *(fam.)* form
planta plant
plástico plastic
platicar *(Cent. Am.)* to chat
plato dish
pobre *(adj.)* poor
poco peso al nacer low birth weight

poco profundo *(adj.)* shallow
poder (o→ue) can, to be able to
podiatra podiatrist
polen *(m.)* pollen
pollo (frito) (fried),chicken
polvo dust
polvo de ángel angel dust
pomada ointment
pomelo grapefruit
poner (yo pongo) to put (I put)
poner atención to pay attention
ponerle un derrame to put in a drain
ponerse to put on (clothing)
ponerse de pie to stand up
ponerse un enema to give oneself an enema
popote *(Lat. Am.)* (drinking) straw
por casualidad by chance
por día per day
por la mañana in the morning
por la noche at night
por lo menos at least
por sí mismo by oneself, alone
por supuesto of course
porcelana porcelain
portátil *(adj.)* portable
poseer to possess
posición lateral de seguridad (PLS) *(f.)* safe lateral position, coma position
positivo *(adj.)* positive
posmenopausia postmenopause
postales *(f. pl.)* postcards
postizo false, prosthetic
postoperatorio *(adj.)* postoperative
postración nerviosa shock
postrado en cama bedridden
pote *(m.)* prescription bottle
practicante *(Spain)* orderly
practicar to practice
precaución precaution, warning
precioso *(adj.)* adorable, precious, beautiful
preferible *(adj.)* preferable
preferir (e→ie) to prefer
preguntar to ask (a question), to inquire
prematuramente prematurely
premenopausia premenopause
prender to turn on, to light
preocupado *(adj.)* worried
preocuparse to be worried
preparado *(adj.)* prepared
preparar to prepare
prepararle to prepare someone
(pre)pubescente *(adj.)* (pre)pubescent
prepucio foreskin
présbito farsighted
presenciar to testify, to attest
presentar to present, to introduce (make an introduction)
presión (la sanguínea) alta/baja *(f.)* high/low blood pressure
presión arterial sanguínea/de la sangre *(f.)* blood pressure
presionar to press
prevención *(f.)* prevention
prevenir (like venir) to prevent
previo *(adj.)* previous, before
prieto *(Mex.) (adj.)* dark-skinned
primario *(adj.)* primary
primaveral *(adj.)* during the spring
primeriza first-time mother
primo(a) cousin
probablemente probably
probar (o→ue) to try, to sample
problema *(m.)* problem
problema hereditario *(m.)* hereditary problem
problemas cardíacos *(m. pl.)* heart problems
problemas emocionales *(m. pl.)* emotional problems
procedimiento procedure

profundo *(adj.)* deep
progesterona progesterone
progestina (artificial) progestin
prohibirse to prohibit
promesa promise
prometido(a) fiancé, fiancée
pronto immediately, speedily
propagar to propagate
proporcionar to provide
prostatitis *(f.)* prostatitus
prostituta prostitute
proteger(se) to protect
prótesis *(f.)* prosthesis
proveer to provide, to supply
provocar to provoke, to cause
proyecto project
prueba de test, exam for
  embarazo pregnancy
  estrés stress
  hepatitus hepatitus
  Holter Holter monitor
  la tuberculina tuberculine
  Papanicolau PAP, smear
prueba para el virus SIDA AIDS test
psicólogo(a) psychologist
psiquiatra psychiatrist
pubertad *(f.)* puberty
¿Puede ver bien? Can you see well?
puente *(m.)* bridge
puente coronario *(m.)* bypass
puerco pork
pulgada inch
pulgar thumb
pulmonía pneumonia
pulsera medical medal, bracelet
pulso pulse
punto point, stitch
punzante *(adj.)* sharp, stabbing, knife-like
puño fist
pupila reducida (dilatada) constricted (dilated) pupil
púpilas reducidas contracted pupils
pus *(f.)* pus
puta *(slang)* prostitute

Q

¡Qué barbaridad! How awful!, What nonsense!
¿Qué clase de jugo, de bebida... quiere? What kind of juice, beverage . . . do you want?
¡Qué cosa! What a thing!, What kind of thing is this!
Que Dios lo/la bendiga. (May) God bless you (him/her).
¿Qué opina? What do you think?, What is your opinion?
Que se mejore pronto. Get well soon.
¿Qué suele comer? What you are used to eating?
¡Qué susto! How frightening!, What a scare!
¿Qué tal? How are you? (rather informal), How's it going?
quebradizo *(adj.)* brittle, fragile
quebrado *(adj.)* broken
quebrar (e→ie) to break
quedar(se) to stay, to remain
quejarse (de) to complain (about)
quemado *(adj.)* burned
quemadura burn
quemante *(adj.)* burning
quemar to burn
quemarse to get burned
querer (e→ie) to want
queso cheese
quetoacidosis ketoacidosis
quetona keton
¿Quién le prepara las comidas? Who prepares your meals?
¿Quiere otra (una segunda) opinión? Do you want another (a second) opinion?

quieto *(adj.)* still *(NOT quiet)*
quijada *(fam.)* jaw
quimioterapia chemotherapy
quinceañera fifteenth-birthday celebration
quirófano operating room
quirúrgico *(adj.)* surgical
Quisiera una limpieza. I'd like a cleaning.
quiste *(m.)* cyst
quitar to take off (something), to remove
quitarse to take off (clothing)

R

rabí/rabino(a) rabbi
radical *(adj.)* radical
radiografía radiography
radiográfico *(adj.)* radiographic
radiólogo(a) radiologist
raíz *(f.)* root
rampa *(Spain)* cramp
rápido/rápidamente fast, quickly, rapidly
rascar to scratch
rasguñar to scrape
rasguño scrape, abrasion
raspar to scrape
rasparse to get scraped, brush burned, scratched
rata rat
ratón *(m.)* mouse
rayos X X-rays
reacciones alérgicas *(f. pl.)* allergic reactions
reanimación cardiopulmonar (RCP) *(f.)* cardiopulmonary resuscitation (CPR)
recaer *(like* **caer***)* to relapse
recaída relapse
receta prescription
rechazado *(adj.)* rejected
recibir to receive
recién nacido newborn
recobrarse to recover
recoger to pick, to pick up
recomendar (e→ie) to recommend
reconocer to examine
reconocimiento físico physical exam
reconstructiva *(adj.)* reconstructive
recordar (o→ue) to remember
recuento de glóbulos cell count
recuento de los glóbulos sanguíneos blood cell count
recuperar to recover, to recuperate
recuperarse to recover
reducción de los senos *(f.)* breast reduction
reemplazo hormonal hormone replacement
referencia reference
refresco soft drink
regalar to give (as a gift), to regale
régimen *(m.)* diet
registro sign-in sheet, registry
regla (menstrual) period; rule
regresar to come back, to return
regular regular
Regular. So, so.
regularmente regularly
reír (e→i) to laugh
reja bar
relaciones sexuales *(f. pl.)* sexual relations
relajar(se) to relax
religioso clergyperson, cleric
reloj *(m.)* watch
renunciar to resign, to renounce, to quit
resaca hangover
resbalar(se) to slip
rescatar to rescue
rescate *(m.)* rescue
resfriado/resfrío common cold
resfriarse to get a cold
resistencia al ejercicio stress test
respetable *(adj.)* respectful, respectable
respiración *(f.)* respiration, breathing
respirar to breathe
respire tranquilamente y despacio breathe slowly and calmly
responsabilidad *(f.)* responsibility
restos wreckage
resultado result, outcome
resultar to result, to come out, to turn out
resucitar to resuscitate
retenedor *(m.) (fam.)* retainer
retener la respiración *(like* **tener***)* to hold one's breath
retina desprendida detached retina
retirarse *(U.S.)* to retire (from a job)
retractor retractor
retraso mental mental retardation
reumático *(adj.)* rheumatic
revolver *(m.)* gun
rezar to pray (for)
riesgo risk
rifle *(m.)* rifle
rinoplastia rhinoplasty
ritmo cardíaco heartbeat, rhythm
RMI *(f.) (U.S.)* MRI
roca crack cocaine
rogar (o→ue) to pray (for)
rollo de foto roll of film
romper to break
roncar to snore
ronchas hives
ronquido snoring
ropa de cama bedding
ropa interior underwear
ropa clothing
rosario rosary
roto *(adj.)* broken
rubeola rubella, German measles
rubio blond, light-haired
rutina routine
rutinario *(adj.)* routine

S

sábana sheet
saber to know (a fact)
saber a to taste like
sabroso *(adj.)* tasty, delicious
sacable removable
sacar la lengua to stick out the tongue
sacar(le) to take out, to remove (from someone)
sacarina saccharin
sacerdote *(m.)* priest
sala de
  emergencia emergency room
  maternidad maternity ward
  operaciones operating room
  recién nacidos newborn nursery
  reconocimiento/examen examination room
  recuperación recovery room
salir (de) to leave (from), to exit
salir to result, to come out, to turn out
saliva sputum, saliva
salpullido hives
salud *(f.)* health
saludable *(adj.)* healthful, healthy
salvar (la vida) to save (one's life)
salvavidas lifeguard, rescuer
sanatorio sanitarium, health center
sandía watermelon
sangrar to bleed
sangrar rectal rectal bleeding
sangre *(f.)* blood
sangriento bleeding
sanitario *(adj.)* sanitary
sanitario(a) *(Spain)* ambulance attendant
sano *(adj.)* healthy

sarampión *(m.)* rubeola, measles
sarpullido rash
sarro tartar
satisfecho *(adj.)* satisfied
Se dice... You say . . .
¿Se le hinchan los toblillos, las muñecas, los dedos... ? Do your ankles, wrists, fingers . . . swell (up)?
Se parece a su padre/madre. He/She looks like his/her father/mother.
seco *(adj.)* dry
secreción *(f.)* secretion
seguir (e→i) to follow, to go on
seguro *(adj.)* safe, sure
sello (Spain & other countries) stamp
semana week
semen *(m.)* semen
señal *(f.)* sign, signal
sencillo *(adj.)* simple
senilidad *(f.)* senility
señor (Sr.) Mr.
señora (Sra.) Mrs.
señorita (Srta.) Miss
sensación de calor *(f.)* hot flash
sensibilidad *(f.)* sensitivity
sentarse (e→ie) to sit down
sentirse (e→ie, i) to feel
separar to separate
serio *(adj.)* serious
serpiente *(f.)* snake
servicio service
servicio médico en casa home health care
servir (e→i) to serve
severo *(adj.)* severe
si Dios quiere/que Dios quiera God willing
SIDA (el síndrome de inmunodeficiencia adquirida) AIDS (Aquired Immune Deficiency Syndrome)
sierra saw
sífilis *(f.)* syphilis
sigmoidoscopía sigmoidoscope
signos vitales vital signs
silbido wheezing
silla chair
silla de ruedas wheelchair
sillón *(m.)* armchair
simple *(adj.)* simple
sin without
sin embargo nevertheless
sin falta without fail
sin sal without salt
síndrome *(m.)* syndrome
  de alcohol en el feto fetal alcohol syndrome
  de Down Down's syndrome
  de Reye Reye's syndrome
  de la muerte súbita infantil sudden death syndrome (SIDS)
síntoma *(m.)* symptom
sirena siren
Sirven las comidas tres veces. Meals are served three times a day.
sístole *(m.)* systol
sobre las rodillas on one's knees
sobredosis *(f.)* overdose
sobrepeso overweight
sobre *(m.)* envelope
sobrio *(adj.)* sober
socio business associate
socorrista rescue team member, giver of first aid
¡Socorro! Help!
sofocado *(adj.)* suffocated
sofocar to suffocate
soldado soldier
soledad *(f.)* loneliness
soler (o→ue) to be used to, to be accustomed to
solicitar to apply for
solitario *(adj.)* lonely

solución Ringer *(f.)* Ringer solution
solución salina *(f.)* saline solution
sombrero hat
someterse to submit
sonda probe
sonografía sonograph
sonograma sonogram
sonreír (e→i) to smile
soplo cardíaco/del corazón heart murmur
soportable *(adj.)* bearable
soportar to stand, to put up with, to endure
sordera deafness
sordo *(adj.)* deaf, dull
sorprenderse to be surprised
sostén *(m.)* bra
Su familia está afuera. Your family is outside.
su última regla y la previa your last period and the one before that
subir to go up, to rise
subir de peso to gain weight
subirse to put up, to roll up, to get up onto
sudar to sweat
sudor *(m.)* sweat
sudores nocturnos *(m. pl.)* night sweats
sudoso *(adj.)* sweaty
suegro(a) father-in-law, mother-in-law
suelo floor
sueño (malo) (bad) dream
suero IV drip, intravenous
suéter *(m.)* sweater
sufrir (de) to suffer (from)
sufrir el corazón to have heart disease
sugerir (e→ie, i) to suggest
suicidarse to commit suicide
suicidio suicide
superior top, upper, superior
suplementos del estrógeno estrogen supplements
suspensión *(f.)* suspension
sustitución *(f.)* substitution
sustituir to substitute
sustituto de azúcar sugar substitute
sutura suture

T

tabla chart
tableta tablet
tableta de glucosa glucose tablets
tablilla (de urgencia) emergency) splint
taladro drill
talco talcum powder
tampón *(m.)* tampon
tanque de oxígeno *(m.)* oxygen tank
tapado *(adj.)* stuffed up, stuffy
tapar to cover (over, up)
taparle to cover someone up
taquicardia tachycardia
tarjeta de inmigración/la tarjeta verde *(coll.)* immigration card, green card
tarjeta de saludos greeting card
tarjetas postales postcards
taxi *(m.)* taxi
TC *(f.)* computerized tomography, CT scan
té (de hierbas) *(m.)* (herbal) tea
técnico(a) ambulance attendant, technician
técnico(a) quirúrgico(a) surgical technician
tejido tissue
tejido cicatrizal scar tissue
tejido de grasa fatty tissue
tele *(f.)* TV
televisión *(f.)* television
televisor *(m.)* TV set

Vocabulario español–inglés

temblar (e→ie) to shake, to tremble
temer to fear, to be afraid
temperatura temperature
tempestad *(f.)* storm
temporada de alergias allergy season
tenazas forceps
tender (e→ie) to tend
tenedor *(f.)* fork
tener to be, to feel, to have
  calor to be (feel) hot
  demasiado peso to be overweight
  frío to be (feel) cold
  hambre to be hungry
  más energía to have more energy
  miedo (de) to be afraid (of)
  prisa to be in a hurry
  razón to be right, correct
  relaciones sexuales to have sexual relations
  sed to be thirsty
  sueño to be sleepy
  un aborto natural to miscarry
  un aspecto saludable to look healthy
  una cruda to be hungover
  una laguna mental to black out (have memory loss)
  una resaca to be hungover
tenis *(m.)* sneakers, tennis shoes, running shoes
tensión *(f.)* tension
terapeuta therapist
terapeuta de la respiración/ fisioterapeuta/ocupacional respiratory therapist, physical therapist, occupational therapist
terapia de reemplazo hormonal hormone replacement therapy
terapia hormonal hormonal therapy
termómetro thermometer
termostato thermostat
terremoto earthquake
terrible *(adj.)* terrible
testículos testicles
testigo(a) witness
teta nipple
tétanos *(m.)* tetanus
tienda de regalos gift shop
¿Tiene algo en el ojo? Do you have something in your eye?
¿Tiene dificultad al leer? Do you have difficulty (problems) reading?
Tiene la visión doble/borrosa. She/He has double, blurred vision.
Tiene que preparar la fórmula. You have to prepare the formula.
Tiene tres meses de embarazo./Está encinta hace tres meses. You are three months pregnant.
Tiene un dedo de menos. He/She is missing a finger.
Tiene un diente muy cariado. Your tooth is very decayed.
tieso *(adj.)* stiff, rigid
tigre *(m.)* tiger
tijeras scissors
timbre *(m.) (Mex.)* stamp
timbre *(m.)* bell, call button (for the nurse)
tímido *(adj.)* shy
tina *(Mex.)* bathtub
tío(a) uncle, aunt
tipo type, kind
tirado *(adj.)* shot, thrown
tirar to shoot
tirar (de) to pull

tirar vientos to fart
tirita plastic bandage
tiro de fusil gunshot
tiroidectomía thyroidectomy
tirón *(m.)* twitch, tremor
tobillos hinchados swollen ankles
tocar to touch; to play a musical instrument; to knock
todo va a salir bien everything is going to be OK
todos los días every day
todoterreno all-terrain vehicle
tofu *(m.)* tofu
tomar to take, to eat or drink
tomar una decisión to make a decision
tomate *(m.)* tomato
tomografía computarizada computerized tomography, CT scan
tonsilectomía tonsillectomy
tópico *(adj.)* topical
torcedura sprain
torcer (o→ue) to twist
torcido *(adj.)* sprained, twisted
tormenta storm
tornado tornado
tornillo screw
torniquete *(m.)* tourniquet
toronja *(Lat. Am.)* grapefruit
tos *(f.)* cough
tos ferina/la tos convulsa whooping cough
toser to cough
tóxico poison, intoxicant
trabajador(a) social social worker
trabajar to work
trabajo de parto labor pains
tracción *(f.)* traction
tractor *(m.)* tractor
traer to bring
traficante de drogas drug trafficker, dealer
traficar to traffic
tragar to swallow
traicionado *(adj.)* betrayed, cheated
traje *(m.)* suit
tranquilizante *(m.)* tranquilizer
transbordador *(m.) (Spain)* ferry
transcurso de la enfermedad course of the disease
transmitir(se) to transmit, to pass on, to give (a disease to someone else)
tranvía *(m.)* tram, the trolley
trapecio trapeze
tras after
trasladar to transfer
trasladarse to move (from one location to another)
trastornado *(adj.)* upset
trastornarse to be upset
tratamiento con rayos láser laser treatments
tratamiento del nervio *(fam.)***/la curación del nervio** *(fam.)***/la endodoncia** root canal
tratamiento treatment
tratar to treat (a disease, condition)
tratar el juanete to treat, to remove the bunion
trauma *(m.)***/traumatismo** trauma
tren *(m.)* train
trillizo triplet
trimestre *(m.)* trimester
triste *(adj.)* sad
trompa de Falopio Fallopian tube
trozo piece, portion
tuberculosis *(f.)* TB
tubo tube
tumor *(m.)* tumor

tumor endometrial *(m.)* endometrial tumor
tumor genital *(m.)* genital wart

U

Ud. está dilatada a dos centímetros. You are two centimeters dilated.
Ud. puede comer cualquier en el menú. You can eat anything on the menu.
úlcera ulcer, canker sore
úlcera de decúbito bedsore, pressure sore
úlcera duodenal y estomacal duodenal and stomach ulcers
ulceración *(f.)* sore, ulceration
último *(adj.)* last
ultrasonido ultrasound
uña enterrada (encarnada)/uñero ingrown nail
una vez once
ungüento ointment
unidad de maternidad *(f.)* maternity ward
unidad radiográfica/de radiografía *(f.)* X-ray unit
uniforme *(m.)* uniform
untar to daub
urgencia emergency
urgente *(adj.)* urgent
urticaria urticaria
¿Usa anteojos o lentes de contacto? Do you wear glasses or contacts?
usar to use
uso use
útero uterus
utilizarse to utilize, to use, to put to use

V

Va a alimentar al bebé. You are going to feed the baby.
Va a sentir un soplito de aire. You are going to feel a puff of air.
vacuna contra la polio vaccine against polio
vacunación *(f.)***/la vacuna** vaccination
vagón *(m.)* subway car
valiente *(adj.)* brave
valorar to evaluate
Vamos a reparar el daño. We're going to repair the damage.
Vamos a sacarle... We're going to take out his, her, your . . .
vaqueros/blue jeans *(m. pl.)* jeans
varicela chicken pox
várices *(f. pl.)* varicose veins
varios *(adj.)* several, various
varón *(m.)* male
vasectomía vasectomy
vaso (drinking) glass
¿Ve doble? Do you see double? Do you have double vision?
veces *(f. pl.)* times
vecino(a) neighbor
vehículos de rescate rescue vehicles
vejez prematura *(f.)* premature aging
vena vein
venda de gasa gauze bandage
venda elástica ace-bandage
vendaje *(m.)* bandage
vendaje adhesivo adhesive tape
vendaje de presión pressure bandage
vendaje plástico plastic bandage
vendar to bandage
vender to sell
veneno poison, intoxicant

venenoso *(adj.)* poison
venir (yo vengo) (e→ie) to come (I come)
ventilador *(m.)* fan, ventilator
ventisca blizzard
veraniego *(adj.)* during the summer
verdaderamente truly, truthfully, really
verdadero *(adj.)* true, real
verduras greens
vergüenza embarrassment
verruga wart
verruga genital genital wart
vesícula biliar gall bladder
vestido dress
vestirse (e→i) to get dressed
veterano(a) veteran
vía track
víbora snake
víctima victim
vigilar to monitor, to watch over, to keep a vigil
VIH (el virus de inmunodeficiencia humana) HIV (human immunodeficiency virus)
vino (tinto, blanco, rosado) (red, white, rosé) wine
violación *(f.)* rape
violar to rape, to violate
viral *(adj.)* viral
viruela smallpox
viruelas (locas) chicken pox
visión *(f.)* vision
visión periférica *(f.)* peripheral vision
visión tunelada *(f.)* tunnel vision
visita visitor
visitar to visit
vista eyesight
vista cansada eye strain
vitamina vitamin
vivir to live
vivo *(adj.)* alive
voltear to turn (around)
voltearse to turn over
volver (o→ue) to return, to turn (around)
volver a tener relaciones sexuales to resume sexual relations
vomitar to vomit, to throw up
vómitos vomiting
vómitos del embarazo morning sickness
Voy a hacerle la dentadura superior (inferior). I'm going to make you an upper (lower) denture.
vulva vulva

W

W.C. *(m.)* toilet

Y

¡Ya está! That's it!
yerba *(fam.)* marijuana
yerno(a) son-in-law
yeso plaster cast
yodo iodine
yogur *(m.)* yogurt

Z

zanahoria carrot
zancudo mosquito
zapatillas slippers
zona zone
zumaque *(m.)* sumac
zumo *(Spain)* juice
zurdo *(adj.)* left-handed

Vocabulario inglés-español

A
a day al día
abandon abandonar
abandonment abandono
abdominal gas gas abdominal (m.)
ability to hear oído
ability to talk habla
abnormal anormal
abnormality anormalidad (f.)
abort abortar
abortion aborto (voluntario, provocado)
above arriba
abrasion rasguño
abscess absceso
absent ausente (adj.)
absorb absorber
absorption absorción (f.)
abstain ayunar/abstenerse
abstinence abstinencia
abuse abusar
accident accidente (m.)
accommodate acomodar
Ace-bandage venda elástica
acid stomach acidez (f.)
acne acné (m.)
acquaintance compañero(a)
acquire adquirir (i→ie)
act actuar
activity actividad (f.)
add agregar
addicted to drugs drogadicto/adicto a las drogas (adj.)
adequate adecuado (adj.)
adequately adecuadamente
adhesive tape vendaje adhesivo/esparadrapo
administer (to someone) administrar(le)
admissions ingreso/las admisiones (U.S.)
admit (to hospital) internar
admitted ingresado (adj.)
adopt adoptar
adoption adopción (f.)
adorable precioso (adj.)
advice consejo
advise aconsejar
aerobic aeróbico (adj.)
after detras/después de
afterward después de
against contra
age edad (f.)/envejecer (v.)
agency agencia
agitated agitado (adj.)
agree estar de acuerdo
agressiveness agresividad (f.)
AIDS (Acquired Immune Deficiency Syndrome) SIDA (el síndrome de inmunodeficiencia adquirida)
AIDS test prueba para el virus SIDA
air conditioning aire acondicionado
alarm alarma
alcohol (usually refers to hard liquor) alcohol
alcohol abuse abuso de alcohol
alive vivo (adj.)
all of a sudden de repente
allergic reactions reacciones alérgicas
allergy season temporada de alergias
allergy alergia
allow permitir
all-terrain vehicle/4x4 todoterreno/el cuatro por cuatro

almost done with the exam falta poco tiempo para terminar el examen
alone por sí mismo
Alzheimer's disease enfermedad (f.) de Alzheimer
ambulance attendant sanitario(a) (Spain)/técnico(a)
ambulance ambulancia
ambulatory care cuidado ambulatorio
ambulatory ambulatorio (adj.)
amniotic sack bolsa de líquido amniótico/la bolsa de aguas
amount cantidad (f.)
amphetamine anfetamina
amputate amputar(le)
analgesic analgésico
analysis análisis (m.)
anaphylactic shock choque anafiláctico
anemia anemia
anesthesia (local, general, regional, spinal, epidural) anestesia (local, general, regional, espinal, epidural)
anesthesiology anestesiología
anesthesize anestesiar
anesthetist anestesista
aneurism aneurisma
angel dust polvo de ángel
angina angina
angiogram angiografía/angiograma
angry enojado (adj.)
animal animal (m.)
annoyed enfadado (adj.)
anorexia nervosa anorexia nervosa
anorexic anoréxico (adj.)
another otro (adj.)
ant hormiga
antacid antiácido
antibiotic cream crema antibiótica
antibiotic antibiótico
antidepressant antidepresivo
antidiarrheal antidiarreico
antihistamine antialérgico/antihistamínico
antihypertensive antihipertensivo
anti-sting antipicadura
anxiety ansiedad (f.)
anxious ansioso (adj.)
any medicines algunas medicinas
apoplexy apoplejía
appear aparecer
appearance apariencia
appendectomy apendectomía
appendicitis apendicitis (f.)
appendix apéndice (m.)
apple manzana
apply for (a job, help) solicitar
apply pressure apretar (e→ie)
apply aplicar
appointment cita
approach acercarse
appropriate adecuado (adj.)/apropiado (adj.)
appropriately adecuadamente
arch arco
Are your glasses broken? ¿Están rotos los lentes?
arm sling cabestrillo
armchair sillón (m.)
arrange arreglar
arrive llegar
arthritis (rheumatoid) artritis (m.) (reumatoide)

arthroscopic artroscópica
artificial insemination inseminación artificial
artificial artificial (adj.)
as needed cuando sea necesario
as soon as possible en cuanto antes/lo más pronto posible
asfixia asfixia
ashamed avergonzado (adj.)
ashtray cenicero
ask (a question) preguntar
ask for pedir (e→i)
asleep dormido (adj.)
aspirate aspirar
aspirator aspiradora
assistance asistencia
assure asegurar
asthma asma (m.)
astigmatism astigmatismo
at a time a la vez/al mismo tiempo
at high speed, top speed a máxima velocidad
at least al menos/por lo menos
at night por la noche
at the beginning al principio
attend to atender (e→ie)
attendance asistencia
attention deficit disorder niño hiperactivo
attest atestiguar/presenciar
aunt tía
autopsy autopsia
available disponible (adj.)
avalanche (snow or mud) alud (m.)
avoid evitar
awake despierto (adj.)
awaken amanecer
babble balbucear

B
Babies eat every three or four hours. Los bebés comen cada tres o cuatro horas.
baby bottle biberón (m.)/mamadera (Arg.)/pacha (Carib.)
baby tooth diente de leche
baby bebé/nene(a) (fam.)/beba/criatura (fam.)
back/backward hacia atrás
backache dolor (m.) de espalda
bacterial bacterial (adj.)
bad breath mal aliento
bad dreams malos sueños
bad mal
bad-mannered mal criado/mal educado
bake hornear
balanced diet dieta balanceada
bald calvo (adj.)
baldness calvicie (f.)
baldy calvito (adj.)
bandage/Band-Aid® curita/vendaje (f.)/venda
bandage vendar
bar reja
barbiturate barbitúrico
barium enema enema de bario
barium bario
bath(room) baño
bathtub bañera/tina (Mex.)
battered child niño maltratado
be ser/estar/tener
  (feel) cold tener frío
  (feel) hot tener calor
  able to poder (o→ue)

afraid (of) tener miedo (de)
afraid temer
born nacer
familiar with conocer
healthy estar en buena salud
hungover estar crudo/tener una cruda/tener una resaca/estar de goma
hungry tener hambre
in a hurry tener prisa
in labor estar en trabajo de parto
in shape estar en forma
on call estar de guardia
out of shape no estar en forma
overweight estar pasado de peso/tener demasiado peso
right, correct tener razón
saddened entristecerse
sleepy tener sueño
standing, to be on one's feet estar de pie
surprised sorprenderse
thirsty tener sed
unconscious perder la consciencia/el conocimiento
upset trastornarse
used to, to be accustomed to soler (o→ue)
worried preocuparse
wrong no tener razón
beans habichuelas/los frijoles (Mex.)/los gandules (P.R.)
bear oso
bearable soportable (adj.)
beat latir
beautiful precioso (adj.)
become ___ years old cumplir ___ años
become addicted to drugs hacerse adicto a las drogas
become angry enojarse
become annoyed enfadarse
become frightened asustarse
become furious enfuriarse/enfurecerse/enfagonarse (slang)
become intoxicated intoxicarse
become sad entristecerse
bed cama
bedcover cubrecama (m.)/el edredón/la colcha
bedding ropa de cama
bedpan chata/palangana (Spain)
bedrail baranda de la cama
bedridden postrado en cama
bedsore úlcera de decúbito/la llaga de presión
bedspread cubrecama (m.)/el edredón/colcha
bedwetting eneuresis/el orinar en la cama
bee abeja
beef carne de res (f.)
beer cerveza
before antes (de)/previo
beforehand de antemano
begin comenzar (e→ie)/empezar (e→ie)
Behave yourself! ¡Compórtate bien!
behave comportarse
behind hacia atrás
bell timbre (m.)
belly button ombligo
below abajo/debajo de
belt cinturón (m.)
bend agacharse/doblar
benefit beneficio
benign benigno (adj.)

Vocabulario inglés-español

beside al lado de
betrayed traicionado (adj.)
better mejor
beverage bebida
bicarbonate bicarbonato
bicycle bicicleta
bifocals bifocales (m.)
biopsy biopsia
bi-polar personality personalidad bi-polar
bird pájaro
birth control pill píldora/pastilla
birth control control de la natalidad/anticoncepetiva
birth defects defectos natales
birth nacimiento
birthing parto natural
birthmark marca de nacimiento
bisexual bisexual (adj.)
bite (dog, insect, snake) mordedura (de perro, de insecto, de víbora)/morder (o→ue) (v.)
bitten mordido (adj.)
black out (have memory loss) tener una laguna mental
blackhead espinilla
blame culpar
blanket cobija/frazada/manta
bleach blanquear
bleed a lot desangrar
bleed sangrar
bleeding sangriento
bless bendecir (like decir)
blessing bendición (f.)
blind ciego (adj.)
blindness ceguera
blister ampolla
blizzard ventisca
block bloquear
blockage obstrucción (f.)
blocked artery arteria obstruida/arteria bloqueada
blocker bloqueador (m.)
blond rubio/güero (adj.)
blood sangre (f.)
blood cell count recuento de los glóbulos sanguíneos
blood pressure presión arterial sanguínea/de la sangre
blood pressure presión de la sangre
blood relative pariente cercano(a)
blood type grupo sanguíneo
blood-glucose level nivel de azúcar y de glucosa
blot absorber
blouse blusa
blurred borroso (adj.)
boat barco/barca
boiled hervido (adj.)
bonded tooth diente de enlace (m.)
bone hueso
boots botas
bother molestar
bottle botella/frasco
bowl for saliva escupidera
boxer shorts calzoncillos
boyfriend novio
bra sostén (m.)/el brassiere
brace aparato ortopédico
bracelet brazalete (m.)/pulsera
braces frenillos/frenos
brave valiente
bread pan (m.)
break romper/quebrar (e→ie)
breakfast desayuno
breast seno
breast enlargement aumento de los senos
breast reduction reducción de los senos
breast self-exam autoexamen del seno

breathe slowly and calmly respire tranquilamente y despacio
breathe respirar
breathing respiración (f.)
bride novia
bridge puente (m.)
bring up (a child) criar
bring traer
brittle quebradizo (adj.)
brochure folleto
broken quebrado/roto (adj.)
bronchitis bronquitis (f.)
bronchodilator broncodilator (m.)
broom escoba
brother hermano
brother-in-law cuñado
bruise golpe/moretón (Lat. Am.)/la cardenal (Spain)/magullar (v.)
bruised magullado (adj.)
brunette moreno (adj.)
brush one's hair cepillarse
bulimia bulimia
bump golpe (m.)/golpear (v.)
bunion juanete (m.)
burn quemadura/quemar (v.)
burned quemado (adj.)
burning sensation ardor (m.)
burning quemante (adj.)
burp (a baby) eructar (hacer eructar)
burp him after every feeding hacerlo eructar después de cada alimento
bursitis burcitis
bus autobús/el ómnibus (Arg.)/el camión (Mex.)/guagua (Carib.)
business associate socio
busy ocupado (adj.)
butter mantequilla
buy comprar
by chance por casualidad
by oneself por sí mismo
bypass bypass (m.) (U.S.)/el puente coronario/derivación coronaria
bystander espectador

C

cabinet gabinete (m.)
cafeteria cafetería
cake pastel (m.)
calamine lotion loción de calamina
calcium calcio
call button (for the nurse) timbre
call llamar
callus callo
calm down cálmese
calorie caloría
Can you see well? ¿Puede ver bien?
can poder (o→ue)
canal canal (m.)
cancel cancelar
cancer cáncer
candy caramelos/dulce (m.) (usually plural: los dulces)
cane bastón (m.)
canker sore afta/úlcera
cannula cánula
cap (dental) corona
cap (head covering) gorro
capsule cápsula
car carro/el coche/el auto/el automovil
cardiac cardíaco (adj.)
cardiology cardiología
cardiopulmonary resuscitation (CPR) reanimación cardiopulmonar (RCP)
cardiovascular function funcionamiento cardiovascular
care for cuidar
care of a child crianza

care cuidado
carie carie (f.)
carrot zanahoria
carry llevar
cat gato
cataracts cataratas
catch (a disease) coger/pegarle (a uno)/darle (a uno)
catheter catéter
catching contagioso (adj.)
cause causa/causar (v.)/ocasionar (v.)/provocar (v.)
caused causado (adj.)
caution avisar
cavity (body) cavidad
cavity (dental) carie (f.)
cease cesar
cell count recuento de glóbulos
cell célula
cephalorhachidian fluid líquido cefalorraquídeo
cereal cereal (m.)
cerebral hemorrhage derrame cerebral
certain cierto (adj.)
cervical canal canal cervical (m.)
cervix cuello uterino/cuello de la matriz
Cesarean section operación cesárea
chair silla
change (of life) cambio (de vida)
change cambiar
channel canal (m.)
chapel capilla
chart gráfico/gráfica/tabla
chat charlar/platicar (Central Am.)
cheat engañar
cheated traicionado (adj.)
check chequear (fam.)
cheese queso
chemotherapy quimioterapia
cherry cereza
chest pain dolor de pecho
chew masticar
chicken (fried) pollo (frito)
chicken pox varicela/viruelas (locas)
child abuse abuso de los niños
child criatura (fam.)
child's car seat asiento de seguridad
childhood niñez (f.)/infancia
childproof a prueba de niños
children hijos
chill enfriar
chills escalofríos
chlamydia clamidia
choke (on something) asfixiar
choked asfixiado (adj.)
cholera cólera
cholesterol colesterol (m.)
choose elegir (e→i)
chubby gordito (adj.)
cirrhosis of the liver cirrosis de hígado/cirrosis hepática
clasp gancho
clean limpio (adj.)/limpiar (v.)
cleaning limpieza
clear claro (adj.)
clergyperson, cleric religioso
climate clima (m.)
clinic clínica
close cerrar (e→ie)
clot coágulo
cloth paño
clothing ropa
cloudy borroso (adj.)/nubloso (adj.)
coagulation coagulación (f.)
cocaine, coke cocaína/la coca
coffee (decaffeinated) café (m.) (descafeinado)
coitus interruptus interrupción del coito

coitus coito
cold feet pies fríos
cold hands manos frías
cold reliever antigripal
colic cólico
colleague colega
collision colisión (f.)
colon colon (m.)
color-blind daltónico (adj.)
colorblindness daltonismo
coloring book libro a colorear
colors of blood: pink, red (light, dark) colores de la sangre: rosa/rojo (claro, oscuro)
coma position posición lateral de seguridad (PLS)
coma coma
comb one's hair peinarse
comb peine (m.)
combat combate (m.)/combatir (v.)
come back regresar
come out resultar/salir
come to the rescue acudir
come (I come) venir (yo vengo) (e→ie)
comfortable cómodo (adj.)
commence comenzar (e→ie)
commit suicide suicidarse
committee comité
common cold catarro/resfriado/resfrío/la gripa
common común (adj.)
compassion compasión
complain (about) quejarse (de)
complete completo (adj.)
completely completamente
complicated complicado (adj.)
compound fracture fractura complicada
comprehend comprender
compress comprimir
computer computadora/el ordenador (Spain)
computerized tomography, CT scan tomografía computarizada/la TC/la CT (U.S.)
comunicate with comunicar con
conceive concebir (e→i)
conceiving concepción
concentrated concentrado
conception concepción
concussion concusión
condition condición
condom (rubber) condón (de latex) (m.)
confide in confiar en
confidence confianza
confidentially confidencialmente
conflagration incendio
confused confundido (adj.)
confusion confusión (f.)
conjoined (Siamese) twins gemelos siameses
conscious consciente (adj.)
consider difficult dificultar
constant constante (adj.)
constipation estreñimiento
constricted pupil pupila reducida
contact contacto/comunicar con (v.)
contact dermatitis dermatitis (por contacto)
contact lens lente (m.) de contacto
contagious contagioso (adj.)
continue continuar
contraception anticonceptivo
contraceptive contraceptivo
contract (a disease) contrato [contraer(se) (v.)]
contracted pupils púpilas reducidas
contraction contracción
control controlar
contusion contusión

convenient conveniente *(adj.)*
convulsions convulsiones
coo arrullar
cook cocer (o→ue) *(v.)*/cocinar *(v.)*
cookie galleta
cooking cocina
corn (on the foot) callo/mezquino *(Mex.)*
corner of the eye ángulo del ojo
correct corregir (e→i)
corset corsé *(m.)*
cosmetic cosmética
cotton algodón *(m.)*
cough tos *(f.)*/toser *(v.)*
counselor consejero(a)
count (calories) contar (calorías)
couple pareja
course of the disease transcurso de la enfermedad
cousin primo(a)
cover (over, up) tapar
cover someone up taparle
cover cubrir
coworker colega
crack cocaine roca
cracker galleta
cradle cuna
cramp calambre *(m.)*/rampa *(Spain)*
crash choque *(m.)*
crash (car, bus, etc.) chocar
crash (esp. airplane) estrellar
crash (into) chocar (con)
crash landing aterrizaje forzado
craving antojo
crawl gatear
crayons crayones *(m.)*
cream crema/loción
creep gatear
crib cuna
cross cruz *(f.)*/cruzar *(v.)*
cross-eyed bizco
crown corona
crucifix crucifijo
crutch muleta
cry llorar
cucumber pepino
cuisine cocina
cultivate cultivar
cure curar
curious curioso *(adj.)*
curtain cortina
cuspidor escupidera
custard flan *(m.)*
cut oneself cortarse
cut up into pieces fragmentar
cut corte *(m.)*/cortar *(v.)*
cute mono *(adj.)*
cyst quiste *(m.)*

D

dad/daddy papá/el papacito/el papito
daily diario/a diario
dairy lechería/las leches/los lácteos
dam máscara de goma/de latex
danger peligro
dangerous peligroso *(adj.)*
dark oscuro *(adj.)*
dark-haired moreno *(adj.)*
darkness, dark oscuridad *(f.)*
dark-skinned moreno *(adj.)*/prieto (Méx.) *(adj.)*
date (calendar) fecha
date cita
daub untar
daughter hija
daughter-in-law nuera/yerna
dawn amanecer
dead muerto *(adj.)*
deaf sordo *(adj.)*
deafness sordera
death muerte *(f.)*
decayed cariado *(adj.)*

deceive engañar
decongestant descongestionante
decrease desminuir
deep hondo/profundo *(adj.)*
defecate hacer el vientre/defecar/ mover el vientre
defend defender (e→ie)
defense defensa
defibrillator defribulador *(m.)*
dehydrated deshidratado *(adj.)*
delicate delicado *(adj.)*
delicious sabroso *(adj.)*
demand exigencia/exigir *(v.)*
dental bonding, bond enlace *(m.)* dental
dental cement cemento dental
dental floss hilo dental
dental implant implante *(m.)* dental
dental whitening blanqueador *(m.)* dental
denture dentadura postiza
deodorant desodorante *(m.)*
department departamento
depend on depender de
dependent on drugs dependiente de las drogas
depressed deprimido/desanimado *(adj.)*
depression depresión *(f.)*
desire desear
destitute destituido *(adj.)*
destitution destitución *(f.)*
detached retina retina desprendida/ desprendimiento de retina
determine determinar
develop desarrollar
diabetes diabetes *(m.)*
diagnose diagnosticar
diagnosis diagnóstico
dial (the phone) marcar
diaper pañal *(m.)*
diaphragm diafragma *(m.)*
diarrhea diarrea
die fallecer/morir(se) (o→ue, u)
diet dieta/el régimen
dietetic dietético *(adj.)*
dietician dietista
difficult difícil *(adj.)*
difficulty swallowing, urinating, eating dificultad al tragar/al orinar/al comer
dilated pupil pupila dilatada
dilation of the pupils dilación *(f.)* de las pupilas
dinner cena
diphtheria difteria
disabled inválido *(adj.)*
disappear desaparecer
discharge desecho
discharge (from the hospital) derramar (dar de alta)
discipline disciplina
discourage desanimar
discover descubrir
disease enfermedad *(f.)*
diseases or illnesses that run in the family enfermedades que vienen de familia
disgusted disgustado *(adj.)*
dish plato
disheartened descorazonado *(adj.)*
dislike disgustar(le)
dislocation dislocación *(f.)*
disposable desechable *(adj.)*
distention distensión *(f.)*
distressed angustiado/afligido *(adj.)*
diuretic diurético
divorce divorcio
dizziness mareo
dizzy mareado
Do you get your period regularly? ¿Le viene el período con regularidad?

Do you have difficulty (problems) reading? ¿Tiene dificultad al leer?
Do you have something in your eye? ¿Tiene algo en el ojo?
Do you see double? Do you have double vision? ¿Ve doble?
Do you want another (a second) opinion? ¿Quiere otra (una segunda) opinión?
Do you wear glasses or contacts? ¿Usa anteojos o lentes de contacto?
Do your ankles, wrists, fingers . . . swell (up)? ¿Se le hinchan los tobillos, las muñecas, los dedos...?
Does it hurt when you chew? ¿Le duele al masticar?
doctor doctor(a)/médico(a)
dog perro
doll muñeca
don't be scared no tenga miedo
don't cry (fam.) no llores
Don't dilute the formula anymore. No le agregue más agua a la fórmula.
Don't give him/her food that can choke her/him like peanuts or beans. No le dé comida que pueda asfixiarlo como cacahuetes o frijoles.
Don't push yet! ¡No empuje todavía!
Don't rub it! ¡No lo frote!
Don't worry! ¡No se preocupe!
dope narcótico
dosage/dosis dosis *(f.)*
double doble *(adj.)*/doblar *(v.)*
doubt dudar
doubtful dudoso *(adj.)*/incierto *(adj.)*
down hacia abajo
Down's syndrome de Down *(m.)*
downward hacia abajo
drainage drenaje *(m.)*
drawer cajón *(m.)*
dream (bad) sueño (malo)
dress vestido
drill taladro/perforar *(v.)*
drink bebida /beber *(v.)*
dripping goteo *(adj.)*
drive (Spain and several other Hispanic countries) manejar/conducir
driver chófer *(m.)*
drop gota
drown ahogar
drowned ahogado *(adj.)*
drowning ahogamiento
drug (illegal) droga (ilegal)
drug addict drogadicto
drug trafficker, dealer traficante de drogas
druggist farmacéutico(a)
drugstore farmacia /droguería (U.S.) *(colloquial)*
drunk(en) borracho *(adj.)*
dry seco
duck pato
duck-footed dedos de fuera
dull sordo *(adj.)*
duodenal and stomach ulcers úlcera duodenal y estomacal
during the autumn otoñal *(adj.)*
during the spring primaveral *(adj.)*
during the summer veraniego *(adj.)*
during the winter invernal *(adj.)*
dust polvo

E

each day cada día
each one cada quien
earring arete *(m.)*
earthquake terremoto

easy fácil *(adj.)*
eat comer/tomar
echocardiogram ecocardiograma
educated entrenado *(adj.)*
egg huevo
elderly abuse abuso de los ancianos
elect elegir (e→i)
elective surgery cirugía electiva
electric scooter/cart carrito/ cochecito/carretillo eléctrico
electric shock choque eléctrico
electrocardiogram/EKG electrocardiograma/el ECC/El EKG *(U.S.)*
elephant elefante *(m.)*
eliminate eliminar
embarrassed avergonzado/desconcertado *(adj.)*
embarrassment desconcierto/ vergüenza
embolism embolia
embrace abrazar(se)
embryo embrión *(m.)*
emergency room sala de emergencia
emergency urgencia/emergencia *(U.S.)*
emigrate emigrar
emotional problems problemas *(m.)* emocionales
emphysema enfisema
employ emplear
enamel esmalte *(m.)*
endemic endémico *(adj.)*
endometrial tumor tumor *(m.)* endometrial
endometriosis endometriosis *(f.)*
endotracheal intubation intubación *(f.)* endotraqueal
endure aguantar/soportar
enema enema/lavativa
enraged enfogonado *(slang) (adj.)*
enter pasar
envelope sobre *(m.)*
epidural epidural/peridural
epilepsy epilepsia
epileptic seizure ataque epiléptico
episiotomy episiotomía
equal igual
equip equipar
equipment equipo
eradicate erradicar
erectile dysfunction disfunción *(f.)* erectil
escape escapar
esteemed estimado *(adj.)*
estrogen supplements suplementos del estrógeno
estrogen estrógeno
evaluate evaluar/valorar
event ocurrencia/acontecimiento
every __ hours cada __ horas
every day todos los días
everything is going to be OK todo va a salir bien
exam for examen *(m.)*/prueba de
examination room sala de reconocimiento/examen
examine one's breasts examinarse los pechos/los senos
examine examinar/reconocer
excuse me perdón *(m.)*
excused excusado
exercise ejercicio/hacer ejercicio *(v.)*
exhausted agotado *(adj.)*
exit salir (de) *(v.)*
expectorant expectorante *(m.)*
experience experiencia/experimentar *(v.)*
explain explicar
explode explotar/estrellar
exploratory surgery cirugía exploratoria
extend extender (e→ie)

Vocabulario inglés-español

extract extraer
eye strain vista cansada/cansacio visual
eyeball globo ocular
eyedropper gotero/el cuenta de gotas
eyeglasses anteojos/los lentes/ gafas
eyelash pestaña
eyelid párpado
eyesight vista
eyewash colirio

F

face down boca abajo
face up boca arriba
face-lift cirugía para eliminar las arrugas
facilitate facilitar
fail fracasar
failure fracaso
faint desmayarse
fainting desmayo
fair-skinned güero *(adj.)*
fall (down) caída/caer(se) *(v.)*
fall asleep dormirse (o→ue, u)
Fallopian tube trompa de Falopio
false leg pierna postiza
false teeth dientes postizos
false postizo
family doctor médico(a) cabecero/médico(a) de cabecera/médico(a) de familia
family members familiares
fan ventilador *(m.)*
farsighted présbito
farsightedness hipermetropía
fart tirar vientos *(v.)*/pedar *(fam.)* *(v.)*
fast (abstain) ayunar
fast (speed) rápido/rápidamente/de prisa
fasting en ayunas
fat grasa/gordo *(adj.)*
father padre
father-in-law suegro
fatigued fatigado *(adj.)* *(U.S.)*
fatty tissue tejido de grasa
fatty grasoso *(adj.)*
faucet grifo
fear temer
feed alimentar
feel sentirse (e→ie, i)
female hembra/la mujer
ferry transbordador *(Spain)*/embarcadero *(Lat. Am.)*
fertile fértil *(adj.)*
fertility fertilidad *(f.)*
fertilize fertilizar
fetal alcohol syndrome síndrome de alcohol en el feto
fetal monitor monitoreo fetal
fetus feto
fever fiebre *(f.)*
feverish caliente *(adj.)*
fiancé, fiancée prometido *(adj.)*
fifteenth birthday celebration quinceañera
fight combatir/pelear
file lima
fill, fill out llenar
filling (gold, silver, enamel, porcelain) empaste (de oro/de plata/de esmalte/de porcelana)
find descubrir/encontrar (o→ue)
fire (large) incendio
fire (small) fuego
fire extinguisher extintor *(m.)* de fuegos
Fire! ¡Fuego!
firefighters bomberos
first-aid evaluation (alert, verbal, pain, none) evaluación socorrista: A.V.D.N. (alerto, verbal, dolor, ninguno)

first-aid kit botiquín de primeros auxilios/el paquete de primeros auxilios
first-time mother primeriza
fish pescado
fist puño
fix the vision on fijar la vista en
fix arreglar
fixed fijo *(adj.)*
flame llama
flashing light luz *(f.)* intermitente
flood inundación *(f.)*
floor suelo/piso
flow fluir
flower flor *(f.)*
flu gripe *(f.)*
fluid fluido
foam espuma
focus on fijar la vista en/fijar (en)
fold doblar
folic fólico
follow seguir (e→i)
food stamps cupones de alimentos *(m.)*
food alimento/comida
foot (measurement) pie *(m.)*
for para
for pain para el dolor
for sleep para dormir
forced forzado *(adj.)*
forcefully fuertemente/con fuerza
forceps tenazas
foreskin prepucio
forest bosque *(m.)*
fork tenedor *(m.)*
form formulario/planilla *(slang)*
formula fórmula
forward hacia adelante
foster family familia de acogida
fracture fracturar
fractured fracturado *(adj.)*
fragile frágil *(adj.)*
fragment fragmentar
frame marco/el armazón
frankly francamente
frequent frecuente *(adj.)*
frequently con frecuencia
fresh fresco *(adj.)*
fried frito *(adj.)*
friend amigo(a)/compañero(a)
frostbite congelamiento
frown fruncir
frustrated frustrado *(adj.)*
function funcionar
furious furioso
fuzzy borroso *(adj.)*

G

G.I. (upper, lower) examen gastrointestinal (superior, inferior)/el GI
gain weight engordar/subir de peso
gall bladder vesícula biliar
gallstone cálculo de la vesícula biliar/cálculo biliar/piedra biliar
gargle hacer gárgaras
gas gas *(m.)*
gasoline gasolina/petróleo
gastric gástrico *(adj.)*
gauze bandage venda de gasa
general malaise malestar *(m.)* general
genes genes *(m.)*
genital wart verruga/el tumor genital
geriatrics geriatría
German measles rubeola/sarampión *(m.)*
get conseguir (e→i)
  a cold resfriarse
  along well/not well with someone llevar(se) bien/mal con alguien

better mejorarse
bumped/hit golpearse
burned quemarse
cut cortarse
divorced divorciarse
dressed vestirse (e→i)
drunk emborracharse/embriagarse
hurt lastimarse/hacerse daño
into (something) meterse en
near acercarse
rid of aliviar
scraped/scratched rasparse
somewhere llegar
stabbed pincharse
up onto subirse
up levantarse
worse empeorarse
Get well soon. Que se mejore pronto.
gift shop tienda de regalos
gigantic gigante *(adj.)*
giraffe girafa
girdle faja
girlfriend novia
give dar
  a disease to someone else transmitir(se)
  as a gift regalar
  a bottle dar biberón
  a ride to llevar
  birth parir/dar a luz
  oneself an enema ponerse un enema
  room, space dar lugar/dar espacio
giver of first aid socorrista
glass (drinking) vaso
glass eye ojo de vidrio
glaucoma glaucoma
gloves guantes *(m.)*
glucose tablet tableta de glucosa
glue goma/cola
go ir
  by pasar (por)
  on ándale/ándele/seguir (e→i) *(v.)*
  pee pee hacer pipí *(fam.)*
  shopping ir de compras
  to bed acostarse (o→ue)
  to sleep duérmete
  up subir
God willing si Dios quiere/que Dios quiera
godfather compadre *(m.)*/padrino
godmother comadre *(f.)*/madrina
gold crown corona de oro
gonorrhea gonorrea
Good afternoon. Buenas tardes.
Good evening. Buenas noches.
good luck buena suerte
Good morning. Buenos días./Buen día.
Good night. Buenas noches.
Good-bye. Adiós.
gout gota
government (state, federal, county) gobierno (estatal, federal, del condado)
grandfather, grandmother abuelo(a)
grandparents, grandfathers abuelos
grandson/granddaughter nieto(a)
grapefruit toronja *(Lat. Am.)*/pomelo
grasp agarrar
grass hierba/pasto
grave grave *(adj.)*
grease grasa
greasy grasoso *(adj.)*
green card tarjeta verde *(coll.)*
greens verduras
greeting card tarjeta de saludos
grilled asado *(adj.)*
grip agarrar

groom novio
group grupo
grow up crecer
grow cultivar
guilty culpable *(adj.)*
gum encía
gun fusil *(m.)*/el revolver
gunshot balazo/el escopetazo/tiro de fusil

H

hairbrush cepillo de pelo
half medio *(adj.)*/mitad *(f.)*
half-blind medio ciego *(adj.)*
hallucination alucinación
hammer toe dedo de martillo
handbag bolsa
handbar guía
handicap incapacidad/la inhabilidad
handicapped incapacitado/inhabilitado *(adj.)*
handrail barandilla/pasamano
hangover resaca/cruda *(Mex.)*/goma *(U.S.)*
happen ocurrir
happy alegre/contento
hard difícil *(adj.)*/fuerte *(adj.)*/fuertemente/con fuerza
hardening of the arteries endurecimiento de las arterias
harm daño
hashish hachís *(m.)*
hat sombrero
have tener
  a bowel movement hacer el vientre
  heart disease sufrir del corazón
  more energy tener más energía
  sexual relations tener relaciones sexuales
Have you ever lost a baby? ¿Perdió un bebé alguna vez?
He/She dirtied the diaper. Ensució el pañal.
He/She is missing a finger. Le falta un dedo./Tiene un dedo de menos.
He/She looks like his/her father/mother. Se parece a su padre/madre.
He/She needs a blood transfusion. Necesita una transfusión de sangre.
headache dolor *(m.)* de cabeza
headboard cabecera
heal curar
health center sanatorio
health salud *(f.)*
healthful saludable *(adj.)*
healthy sano *(adj.)*/saludable *(adj.)*
hear (I hear) oír (yo oigo)
hearing aid audífono
hearing oído
heart corazón *(m.)*
heart attack ataque al corazón/el ataque cardíaco/infarto/el ataque de corazón
heart murmur murmullo en el corazón/soplo del corazón/soplo cardíaco
heart problems problemas cardíacos
heartbeat, rhythm ritmo cardíaco/latido (del corazón)
heartburn acidez *(f.)*/ardor *(m.)* de estómago
heat calentar (e→ie)
heating pad cojín eléctrico
heating calefacción *(f.)*
heavy gordo/pesado
Heimlich maneuver maniobra de Heimlich
helicopter (rescue) helicóptero (de rescate)

Hello!, Hi! ¡Hola!
Hello? (when answering the phone in Mexico) ¿Bueno?
Help me! ¡Ayúdame!/¡Socorro!
help ayudar (v.)
hemophilia hemofilia
hemorrhaging hemorragia
hemorrhoid hemorroide (f.)
hepatitis hepatitis (f.)
hepatitis test prueba de hepatitis
Here is your... Aquí tiene su...
hereditary problem problema (m.) hereditario
hernia hernia
heroine heroína
herpes herpes (m.)
heterosexual heterosexual
high alto
high (on drugs) alto/intoxicado por drogas
high/low blood pressure presión (la sanguínea) alta/baja
hire emplear
histeria histerias
hit golpear
HIV (human immunodeficiency virus) VIH (el virus de inmunodeficiencia humana)
hives salpullido/las ronchas
hold on to agarrar
hold one's breath retener la respiración (like tener)
Hold still. No se mueva./Mantenga esa posición.
Holter monitor monitor Holter/la prueba de Holter
home health care servicio médico en casa
home nurse enfermero(a) domiciliario(a)
homosexual homosexual
honestly francamente
honey miel (f.)
hormonal hormonal (adj.)
hormonal implant implante hormonal
hormonal therapy terapia hormonal
hormone hormona
hormone replacement therapy terapia de reemplazo hormonal
hospice asilo/el hospicio
hospital room cuarto de hospital
hospital bed cama de hospital
hospital gown bata
hospitalization hospitalización (f.)
hospitalize hospitalizar
hostile hostil (adj.)
hot (to the touch) caliente (adj.)
hot chocolate chocolate caliente (m.)
hot flash sensación (f.) de calor
hot water bottle bolsa de agua caliente
hour hora
house alojar (v.)/hospedar (v.)
housekeeper gobernante
How are you? (formal to one person) ¿Cómo está usted?
How are you? (informal to one person) ¿Cómo andas?
How are you? (rather informal)/How's it going? ¿Qué tal?
How awful! ¡Qué barbaridad!
How do you say... in Spanish? ¿Cómo se dice... en español?
How far apart are the contractions coming? ¿Cada cuánto tiempo vienen las contracciones?
How frightening! ¡Qué susto!
How long have you been here? ¿Cuánto tiempo lleva Ud. aquí?
How much weight did you gain (lose)? ¿Cuánto aumentó (bajó) de peso?
How well do you hear, see... ? ¿Cómo escucha (oye), ve... ?
hug abrazo/abrazar(se) (v.)
huge gigante (adj.)
hunger hambre (f.)
hungover crudo (adj.)
hurricane huracán (m.)
hurt (someone) doler (o→ue) (lastimar/herir)
hurt herido/lastimado (adj.)
husband marido/esposo
hyper(hypo)tension hiper(hipo)tensión (f.)
hyper(hypo)thyroidism hiper(hipo)tiroidismo
hyperglycemia hiperglicemia
hysterectomy histerectomía/la extirpación del útero
hysterical histérico (adj.)

I

I caught a cold. Me dio (me vino) un resfriado/resfrío.
I hear you., I understand. Lo (te, la) oigo.
I'd like a cleaning. Quisiera una limpieza.
I'm going to make you an upper (lower) denture. Voy a hacerle la dentadura superior (inferior).
I'm sorry (least formal) lo siento
I'm trapped! ¡Estoy atascado(a)/bloqueado(a)/agarrado(a)/atrapado(a)!
ice chips pedacitos de hielo
ice cream helado/la nieve
ictericia ictericia
illegal (without documents) ilegal (indocumentado) (adj.)
illness enfermedad (f.)
imagine that imagínese
immediate inmediato (adj.)
immediately inmediatamente
immigrate inmigrar
immigration card tarjeta de inmigración
immobilize inmovilizar
immovable fijo (adj.)
impede impedir (e→i)
imperative imperativo (adj.)
implant implante (m.)/implantar (v.)
impossible imposible (adj.)
impotence and infertility impotencia e infertilidad
impotent impotente (adj.)
impure impuro (adj.)
in en
  front of delante de/frente a
  front or in back? ¿enfrente o detrás?
  order to para
  the morning por la mañana
in vitro fertilization fertilización (f.) in vitro
inch pulgada
incision incisión (f.)
include incluir(se)
incoherence incoherencia
incoherent incoherente (adj.)
incontinent incontinente (adj.)
increase aumentar/crecer
incubate incubar
incubator incubadora
indicate indicar
indication indicación (f.)
infect infectar
infection infección (f.)
inflammation inflamación (f.)
ingest ingerir (e→ie, i)
ingrown nail uña enterrada (encarnada)/uñero
inhalant inhalante (m.)
inhale inhalar
inhaler (for the nose) inhalador nasal (m.)
injected drugs, IV drugs drogas inyectadas
injection inyección (f.)
injure herir (e→ie, i)
injured herido/lastimado (adj.)
injury daño/herida
inlay incrustación (f.)
inquire preguntar
insect bites picaduras de insectos
insect insecto
insert introducirle (a uno)/meterle (a uno)
inside of dentro de
insomnia insomnio
install instalar
instead of en vez de/en lugar de
instep empeine (m.)
instruct instruir
instrument instrumento
insulin insulina
intense intenso (adj.)
intensive care cuidado intensivo
intermediate care cuidado intermedio
intermitent intermitente (adj.)
internal injuries heridas internas
interview entrevista/entrevistar (v.)
intoxicant tóxico/veneno
intoxicated intoxicado (adj.)
introduce (into) introducir
introduce (make an introduction) presentar
introverted introvertido
invalid inválido (adj.)
iodine yodo
Ipepec syrup jarabe de Ipecac
irregular irregular (adj.)
irregular heartbeats latidos de corazón irregulares/las palpitaciones irregulares
irritabillity irritabilidad (f.)
Is it hard for you to climb stairs? ¿Le es difícil subir las escaleras?
isolated aislado (adj.)
It is hoped..., Hopefully...! ¡Ojalá (que)...!
it is not going to hurt no va a doler
it suits you, it's suitable, appropriate le conviene
It's doubtful that she/he will survive. Es dudoso que sobreviva.
It's life-threatening. Amenaza la vida.
It's not a good idea to put the baby to bed with a bottle of milk. No es bueno que acueste a su bebé con un biberón con leche.
itch/itching picazón/las picazones /la comezón
IUD (intrauterine device) aparato intrauterino/el IUD (English initials)
IV drip/intravenous suero
ivy hiedra

J

jacket chaqueta
jaundice ictericia
jaundiced amarillento (fam.) (adj.)
jaw quijada (fam.)/mandíbula
jealous celoso (adj.)
jeans vaqueros/los blue jeans
joint (of body) articulación (m.)/la coyuntura
juice jugo/zumo (Spain)

K

keep a vigil vigilar
keep guardar/mantener (like tener)
ketoacidosis quetoacidosis
keton quetona
kick patear
kidney stones cálculos del riñon
kill matar
kilo (2.2 lbs.) kilo
kind clase (f.)/tipo
kiss beso/besar (v.)
kitchen cocina
knife cuchillo
knock tocar
know (a fact) saber
know (someone, something) conocer

L

labor pains dolores del parto/ trabajo de parto
laceration laceración (f.)
lack of respect falta de respeto
lack faltar (v.)
lame cojo
lamp lámpara
land aterrizar (v.)
lard (animal fat, vegetable shortening) manteca (de cerdo, vegetal)
laser (beam) rayos láser
laser treatments tratamiento con rayos láser
laser láser
last último (adj.)/durar (v.)
later más tarde
laugh reír (e→i)
laxative laxante (m.)/lcxativo
lazy eye ojo perezoso (fam.)
leakage/leaking derrame (m.)
lean apoyar
learn (to do something) aprender (a)
leave (from) salir (de)
left-handed zurdo (adj.)
legal legal (f.)
lemonade limonada
lesions (brain, pancreas, and kidney) lesiones (cerebro, pancreas y riñones)
lettuce lechuga
leukemia leucemia
level nivel (m.)
lie down echarse/acostarse (o→ue)
lifeguard salvavidas
light prender (v.)
light-haired rubio
lightly ligeramente
limp cojear (v.)
line línea
liquid líquido
listless decaído (adj.)
liter litro
little son, daughter hijito(a)
live vivir (v.)
lizard lagarto
lollipop palita
loneliness soledad (f.)
lonely solitario (adj.)
long largo (adj.)
long-lived longevo (adj.)
look for buscar
look healthy tener un aspecto saludable
loose flojo (adj.)
lose consciousness perder la consciencia/el conocimiento
lose one's inhibitions perder las inhibiciones
lose weight bajar de peso/perder peso
loss of appetite pérdida (falta) de apetito

Vocabulario inglés-español

loss of the baby aborto espontáneo/pérdida del bebé (fam.)
loss pérdida
lotion loción (f.)
low birth weight poco peso al nacer
low bajo (adj.)
lower bajar (v.)
lucky dichoso (adj.)
lump bola
lunch almuerzo
lung pulmón (m.)
lupus lupus

M

macaroni macarones (m.)
macular degeneration degeneración macular
macular hole hoyo (macular)
magnitud magnitud (f.)
maintain mantener (like tener)
major grave (adj.)
make hacer
  a decision tomar una decisión
  a note apuntar
  an impression hacer una impresión
  cold enfriar
  difficult dificultar
  fun of burlarse de
  happen ocasionar
  poo poo hacer pupú/popó/caca (Carib.)
  sure asegurar
  the bed hacer la cama
Make sure that they aren't eating paint chips from the walls. Asegúrese de que no estén comiendo pedacitos de pintura de las paredes.
malaria malaria
male varón
malignant maligno (adj.)
mammogram mamografía
manage manejar
maneuver maniobra
manufacture fabricar
margarine margarina
marijuana marijuana/marihuana/ (hierba, yerba [slang]/mota
marrow médula
mask máscara
mastectomy mastectomía
maternity maternidad (f.)
maternity ward sala de maternidad/la unidad de maternidad
mattress colchón (m.)
mature madurar (v.)
(May) God bless you (him, her) Que Dios lo/la bendiga
mayonnaise mayonesa
meal comida
Meals are served three times a day. Sirven las comidas tres veces.
measure medir (e→i)
measure ___ in height medir ___
medicaid/medicare medicaid/el medicare
medical form formulario médico
medical history historia clínica
medical medals/bracelets pulsera/medalla medical
medical record ficha médica/el expediente médico
medication medicamento
medicinal herbs hierbas medicinales
melón melón (m.)
meningitis meningitis (f.)
menopausal menopáusico
menopause menopausia

menstrual menstrual (adj.)
menstrual cycle ciclo menstrual
menstrual period período/la regla
menstruation menstruación (f.)
mental disorder desorden mental (m.)
mental retardation retraso mental
mercurachrome mercuriocromo
metal metálico/de metal (adj.)
methadone metadona
method método
microscope microscopio
microscopic microscópico
middle-aged de mediana edad
midwife partera/comadrona
migraine jaqueca/la migraña
milk (skim, whole) leche (f.) (desnatada/entera)
milligrams miligramos
mineral water agua mineral
minister ministro(a)
minor menor
mirror espejo
miscarriage aborto espontáneo/involuntario/natural/pérdida del bebé (fam.)
miscarry malparir (form.)/tener un aborto natural/perder el bebé
miss faltar (v.)
miss (someone, something, someplace) echar de menos
Miss señorita (Srta.)
missing (a missing person) desaparecido (adj.)
mistreated child niño maltratado
mock burlarse de
moderate quantities cantidades moderadas
modern moderno (adj.)
modesty modestia
mold molde (m.)
mole lunar
mom, mommy, mama mamá/mami/mamacita
monitor vigilar/monitar (U.S.)/controlar
month mes
morgue depósito de cadáveres/la morgue
morning sickness vómitos del embarazo
morphine morfina
mosquito mosquito/el zancudo
mother madre
mother-in-law suegra
motive motivo
motorcycle motocicleta/la moto
mountain montaña
mouse ratón (m.)
move (from one location to another) trasladarse/mudarse
move (oneself) mover(se) (o→ue)
Mr. señor (Sr.)
MRI imagen por resonancia magnética/la IRM/la RMI (U.S.)
Mrs. señora (Sra.)
mucus mucosidades (f.)
mucus (in nose) mocos
multiple births nacimientos múltiples
multiple sclerosis esclerosis múltiple
mumps paperas
muscular distrophy distrofia muscular
must deber
my deepest sympathy mi más sentido pésame
my feet hurt me duelen los pies
my name is me llamo
my wife mi señora/mi mujer
myopia miopía
myopic miope (adj.)

N

narcotic narcótico
natural childbirth parto natural
nausea náusea
nauseated mareado (adj.)
naval ombligo
nearsighted miope (adj.)
nearsightedness miopía
necessarily necesariamente
necessary necesario (adj.)
necklace collar/cadena
needle aguja
negative negativo (adj.)
neighbor vecino(a)
nervous nervioso (adj.)
nervousness nerviosidad (f.)
nevertheless sin embargo
newborn nursery sala de recién nacidos
newborn recién nacido
newspaper periódico/diario
next to al lado de
nice agradable (adj.)
night sweats sudores nocturnos
nightgown camiseta de dormir, de noche/el camisón
nightmare pesadilla
nightstand mesa de noche
nipple (of bottle) chupete (m.)
nipple pezón (m.)/teta
nitroglycerin nitroglicerina
nitrous oxide óxido nitroso
nonsteroidal antiinflammatory antiinflamatorio
normal normal (adj.)
nostalgia nostalgia
Not very well. No muy bien.
novocaine novocaína
nowadays hoy en día
numbness adormecimiento
nun monja
nurse (a baby) amamantar/darle el pecho/dar el seno
nurse's aid ayudante de enfermera
nurse's station enfermería
nursing care cuidado con enfermera
nursing home asilo de ancianos/el hogar de ancianos/el domicilio de ancianos
nursing mother madre que amamanta

O

obesity obesidad (f.)
observe observar
obstruct obstruir
obstruction obstrucción (f.)
obtain conseguir
occupational therapist terapeuta ocupacional
occur ocurrir
occurrence ocurrencia/acontecimiento
of course por supuesto
offend ofender
offended ofendido (adj.)
oil (olive, vegetable) aceite (m.) (de oliva, vegetal)
ointment pomada/ungüento
older mayor (adj.)
old-fashioned anticuado (adj.)
omit omitir
on a diet a dieta
on en
  one's back boca arriba
  one's knees sobre las rodillas
  one's stomach boca abajo
  top of encima de
  vacation de vacaciones
once una vez
one quarter cuarto
only child hijo(a) único(a)
open heart de corazón abierto

open abierto (adj.)/abrir (v.)
operate (on someone) operar(le)
operating room sala de operaciones/quirófano
operating table mesa de operaciones
ophthalmologist oftalmólogo
ophthalmology oftalmología
ophthalmoscope oftalmoscopio
opposite (to) enfrente de
optician óptico(a)
optometrist optometrista
oral oral (adj.)
orange naranja/china (Carib.)
order (food) mandar (pedir (e→i))
orderly ayudante de enfermera/practicante (Spain)
organization organización (f.)
orthopedic ortopédico
osteoporosis osteoporosis (f.)
other otro (adj.)
ought to deber
ounce onza
outcome resultado
outgoing extrovertido (adj.)
outlets (electric) enchufes (m.)
out-of-date anticuado (adj.)
ovary ovario
overcoat abrigo
overdose dosis excesiva/sobredosis (f.)
overweight sobrepeso
overwhelmed agobiado (adj.)
ovulation ovulación (f.)
ovum óvulo
oxygen oxígeno
oxygen equipment aparato de inhalación
oxygen level nivel (m.) de oxígeno
oxygen tank tanque (m.) de oxígeno

P

pacemaker liebre/el marcapasos
pacifier chupete (m.)
pain that extends down the arms dolor que corre por los brazos
pain dolor (m.)
pain when urinating dolor al orinar
pair par (m.)
pajamas pijama/pijamas
pal compadre (m.)
palate paladar (m.)
pampered mimado (adj.)
pamphlet folleto
pan palangana (Spain)
pancreatic de pancreas
Pant quickly. Jadee rápidamente.
pant jadear
pants pantalones (m.)
pantyhose pantimedias
PAP test, smear prueba de Papanicolau
paramedic paramédico(a)
paranoia paranoia
paranoid delusions delirios paranoicos
pardon perdón (m.)
parenting class clases (f.) para padres y madres
parents padres (m.)
partial plate plancha parcial
partial parcial (adj.)
partner (marital, sexual) pareja
pass away fallecer/morir(se) (o→ue, u)
pass gas pasar (tirar) gases
pass on transmitir(se)
pass pasar
past pasado (adj.)
pasta pasta
pastor pastor (m.)
pastry pastel (m.)
patch parche (m.)

pathologist patólogo(a)
pay attention to fijar (en)/hacerle caso a/poner atención
PCP PCP
peach melocotón/durazno (Lat. Am.)
peanut cacahuate (m.)
pear pera
peas guisantes (m.)
pee hacer pipí (fam.)
penicillin penicilina
penis pene (m.)/miembro/pájaro (fam.)
pepper pimiento
per day por día
periodontal disease enfermedad (f.) periodontal
peripheral vision visión periférica
permanent permanente (adj.)
permission form formulario de permiso
permit permitir
persist persistir
persistent persistente (adj.)
pharmacist farmacéutico(a)
pharmacy farmacia
physical abnormality anormalidad física
physical exam examen físico/reconocimiento físico
physical therapist terapeuta de la fisioterapeuta
pick one's nose limpiar la nariz con el dedo
pick up recoger
pick limpiador (m.)/coger (v.)
piece trozo
pigeon-toed dedos de dentro
pill (birth control) pastilla/píldora (anticonceptiva)
pillow almohada
pimple grano/el barro
pin alfiler (m.)
pins and needles hormigueo
pipe pipa
pistol pistola
place colocar (v.)
placenta placenta
plan planear (v.)
plant planta
plaque placa
plaster cast yeso
plastic bandage tirita/el vendaje plástico
plastic surgery cirugía plástica/estética
plastic plástico/de plástico (adj.)
plate plancha
play jugar (u→ue)
play a musical instrument tocar
pleasant agradable (adj.)
Please accept my condolences Le acompaño en el sentimiento
plum ciruela
pneumonia pulmonía/neumonía
podiatrist podiatra
point punto
poison venenoso/tóxico
poisoned envenenado (adj.)/intoxicado (adj.)
poisoning envenenamiento
polio polio (f.)
pollen polen (m.)
poor pobre (adj.)
poorly behaved mal criado/mal educado
poorly mal
porcelain crown corona de porcelana
porcelain porcelana
pork cerdo/puerco
portable portátil (adj.)
portion trozo

positive positivo (adj.)
possess poseer
possible posible (adj.)
post menopause posmenopausia
postcards postales (f.)/tarjetas postales
postoperative postoperatorio
potato papa (Mex.)/patata
pound libra
practice practicar
pray (for) rezar/orar por/rogar (o→ue)
precaution precaución
precious precioso (adj.)
prefer preferir (e→ie)
preferable preferible (adj.)
pregnancy (ectopic/tubal) embarazo (ectópico/tubular)
pregnancy test prueba de embarazo
pregnant embarazada/encinta
premature aging vejez prematura
premature baby/preemie bebé prematuro(a)
premature menopause menopausia prematura
prematurely prematuramente/antes de tiempo
premenopause premenopausia
prenatal care atención prenatal/cuidado prenatal
prepare preparar
prepare someone prepararle
prepared preparado (adj.)
(pre)pubescent (pre)pubescente (adj.)
prescription bottle frasco/el pote
prescription receta
present regalo
press presionar
pressure bandage vendaje (m.) de presión
pressure sore úlcera de decúbito/la llaga de presión
prevent evitar/impedir (e→i)/prevenir
prevention prevención
previous previo (adj.)
prick pinchar
priest sacerdote (m.)/el padre/el pastor
primary primario (adj.)
private nurse enfermero(a) privado(a)
private room cuarto privado/la habitación privada
probably probablemente
probe sonda
problem problema (m.)
procedure procedimiento
proctologic exam examen proctológico
progesterone progesterona
progestin progestina (artificial)
prohibit prohibirse
project proyecto
promise promesa
propagate propagar
prostate próstata
prostatitus prostatitis (f.)
prosthesis prótesis (f.)
prosthetic eye ojo postizo
prosthetic postizo
prostitute prostituta/puta (slang)
protect proteger(se)
proud orgulloso (adj.)
provide proporcionar/proveer
provoke provocar
psychiatrist psiquiatra
psychologist psicólogo(a)
puberty pubertad (f.)
pubic hair pelo púbico/pendejo (fam.)

public custodian gobernante
pull on jalarse
pull out estirar/extraer
pull up arrancar
pull jalar/tirar (de)
pulse pulso
pump impulsar
pumpkin calabaza
puncture (wound) pinchar (v.) (perforación)
punish castigar
punishment castigo
pupil alumno(a)
purse bolso
pus pus (f.)
Push hard! ¡Empuje fuerte!
push in apretar (e→ie)
push empujar
put (I put) poner (yo pongo)
 in a drain ponerle un derrame
 in introducirle (a uno)/meterle (a uno)
 on (clothing) ponerse (ropa)
 out the fire! ¡Apaga el fuego!
 to bed acostar (o→ue)
 to use utilizarse
 up with aguantar/soportar
 up subirse

Q

qualified cualificado/calificado
quantity cantidad (f.)
quickly rápido/rápidamente/de prisa
quiet introvertido (adj.)
quit renunciar

R

rabbi rabí/rabino(a)
radical radical (adj.)
radiographic radiográfico (adj.)
radiography radiografía
radiologist radiólogo(a)
railroad ferrocarril (m.)
raise (a child) criar
raise (up) elevar/levantar
rape violación (f.)/violar (v.)
rapidly rápido/rápidamente/de prisa
rash erupción/sarpullido/la irrupción
rat rata
razor navaja para afeitar
reach alcanzar
read leer
reading glasses lentes (f.) para leer
real verdadero (adj.)
really verdaderamente
reason motivo
receive recibir
recommend recomendar (e→ie)
reconstructive reconstructiva
recover recuperarse/recobrarse
recovery room sala de recuperación
rectal bleeding sangrar rectal
recuperate recuperar
redhead pelirrojo (adj.)
reference referencia
regale regalar
regarding en cuanto a
registry registro
regular regular
regularly regularmente
rejected rechazado (adj.)
relapse recaída/recaer (like caer) (v.)
relative (family) pariente
relax relajar(se)
release dar de alta
reliable fiable (adj.)
relieve aliviar
relieved aliviado (adj.)
remain quedar(se)
remember recordar (o→ue)/acordarse de (o→ue)
removable sacable

remove (from someone) sacar(le)
remove the bunion tratar el juanete
remove quitar
renounce renunciar
rent alquilar (v.)
request pedir (e→i)
require exigir
rescue team member socorrista
rescue vehicles vehículos de rescate
rescue rescate (m.)/rescatar (v.)
rescuer salvavidas
resign renunciar
respectful, respectable respetable (adj.)
respiration respiración (f.)
respiratory problem dificultad respiratoria
respiratory therapist terapeuta de la respiración
respond acudir
responsibility responsabilidad (f.)
rest (to take a rest) descansar(se)
Rest a little bit. Descanse un poco.
result resultado/resultar (v.)/salir (v.)
resume sexual relations volver a tener relaciones sexuales
resuscitacion equipment aparato de reanimación
resuscitate resucitar
retainer arco de Hawley/el retenedor (fam.)
retire (from a job) jubilarse/retirarse (U.S.)
retirement home domicilio de jubilados
retractor retractor (f.)
return regresar/volver (o→ue)
RH factor factor Rhesus
RH factor test examen del factor Rhesus (RH)
rheumatic reumático
rhinoplasty rinoplastia
rhythm method método del ritmo/método natural
ribbon cinta
rice arroz (m.)
rifle rifle (m.)
right now ahora mismo/ahorita (Mex.)
rigid tieso (adj.)
ring anillo
Ringer solution solución (f.) Ringer
rinse (out) enjuagarse
rise subir
risk riesgo
robe bata
roll bolillo (Mex.)/panecito
roll of film rollo de foto
roll up subirse
Roman Catholic católico(a) romano(a)
root canal tratamiento del nervio (fam.)/la curación del nervio (fam.)/endodoncia
root raíz (f.)
rosary rosario
routine rutina/rutinario
rubber gloves guantes (m.) de látex
rubber mask máscara de goma/de latex
rubella rubeola/sarampión (f.)
rule regla
run over aplastar (Mex.)/atropellar
run (a machine) correr/funcionar
running shoes tenis (m.)
runny nose goteo nasal

S

saccharin sacarina
sad triste (adj.)
safe lateral position posición lateral de seguridad (PLS)
safe seguro (adj.)

safety strap/belt correa/el cinturón de seguridad
sailor (navy) marinero
saline solution solución salina
saliva saliva
same igual *(adj.)*
sample muestra/probar (o→ue) *(v.)*
sanitarium sanatorio
sanitary sanitario *(adj.)*
sanitary conditions condiciones sanitarias
sanitary napkin paño sanitario
satisfied satisfecho *(adj.)*
save guardar
save one's life salvar (la vida)
saw sierra
say (I say) decir (e→i) (yo digo)
Say no to drugs. Di no a las drogas.
scalpel escalpelo/el bisturí
scar cicatrizar *(v.)*/dejar una cicatriz *(v.)*
scar tissue tejido cicatrizal
scarf bufanda
scarlet fever escarlatina
scarred, scarring cicatrizado *(adj.)*
schizophrenia esquizofrenia
school (of medicine) escuela (de medicina)
scissors tijeras
scorpion escorpión/el alarcón
scrape rasguño/rasguñar *(v.)*/raspar *(v.)*
scratch rascar
screw tornillo
scrub nurse enfermero(a) quirúrgico(a)
scrub up fregarse (e→ie)
sea mar *(m.)*
seasick mareado *(adj.)*
seasickness mareo
secretion secreción *(f.)*
See you later. Hasta luego.
See you soon. Hasta la vista./Hasta pronto.
See you tomorrow. Hasta mañana.
seek buscar
seizure ataque *(m.)*
select elegir (e→i)
sell vender
semen semen *(m.)*
send mandar
senile dementia demencia senil
senility senilidad *(f.)*
sensitivity sensibilidad
separate separar/abrir *(v.)*
serious grave/serio
seriousness gravedad *(f.)*
serve servir (e→i)
service servicio
several varios *(adj.)*
severe severo *(adj.)*
sew coser(le)
sexual act acto sexual
sexual crime acoso sexual
sexual relations relaciones *(f.)* sexuales
shake temblar (e→ie)
shallow poco profundo/bajo
share compartir
sharp agudo *(adj.)*/punzante *(adj.)*
shave (oneself) afeitar(se)
She/He has double, blurred vision. Tiene la visión doble, borrosa.
She/He is on fire! ¡Está en llamas/ardiendo!
sheet sábana
shell shock neurosis de guerra
shingles culebrilla
ship barco/barca
shipwreck naufragio
shirt camisa
shock waves ondas de choque
shock postración nerviosa/el choque

shoot disparar/tirar
shoot down derribar
shooting fusilamiento
short bajo *(adj.)*
short of breath fatigado *(adj.)*
shortness of breath falta de aire/la fatiga
shot inyección *(f.)*/tirado *(adj.)*
should deber
shovel (snow) espalar (la nieve)
show mostrar (o→ue)
shower ducha
shut cerrar (e→ie)
shut off apagar
shy tímido *(adj.)*
siblings hermanos
sick enfermo *(adj.)*
sickly enfermizo *(adj.)*
sigmoidoscope sigmoidoscopía *(m.)*
sign firmar *(v.)*
sign, signal señal *(f.)*
signature firma
sign-in sheet registro
silver crown corona de plata
simple sencillo *(adj.)*/simple *(adj.)*
single father padre soltero
single mother madre soltera
sink lavamanos/lavabo/hundir *(v.)*
sinking inundación *(f.)*
siren sirena
sister (religious) hermana
sister-in-law cuñada
sit down sentarse (e→ie)
sit up (upright) incorporarse
skin piel *(f.)*
skinny flaco *(adj.)*
skirt falda
slacks pantalones *(m.)*
sleep apnea apnea del sueño
sleep dormir (o→ue)
sleeping pill pastilla para dormir
sleepless desvelado *(adj.)*
sleeve manga
slender esbelto *(adj.)*
slide deslizar
slim delgado *(adj.)*/esbelto *(adj.)*
slip resbalar(se) *(v.)*
slippers pantuflas *(Spain)*/las zapatillas
slow lento *(adj.)*
slowly (more) (más) despacio
smallpox viruela
smell oler (o→ue) *(v.)*
smile sonreír (e→i)
smoke humo/fumar *(v.)*
smoke detector detector de humo *(m.)*
snack merienda
snake víbora/la serpiente
sneakers tenis
sneeze estornudar
snore roncar
snoring ronquido
snort coke *(slang)* oler la cocaína *(slang)*
snot mocos
snow avalanche avalancha
snow nevar (e→ie)
So long. (popular in Spain and Argentina) Chao./Chau.
So, so. Así así./Regular.
soap jabón *(m.)*
sober sobrio *(adj.)*
social worker trabajador(a) social
socks calcetines *(m.)*
soft drink refresco
soldier soldado
some algún
son hijo
son-in-law yerno
sonogram sonograma
sonograph sonografía
sons hijos
sore throat dolor de garganta

sore dolorido/llaga/ulceración
soundwave onda de sonido
spasm espasmo
speak hablar
speak in total confidence hablar con total confianza
specimen muestra
spectacles lentes/gafas
spectator espectadora
speculum espéculo
speech (function of speaking) habla *(f.)*
speed metadrina/anfetamina
speedily pronto
spend (time) pasar (tiempo)
sperm esperma
spermicide espermicida *(m.)*
spider araña
spigot la llave
spina bifida espina bífida
spinal axis eje columnal *(m.)*
spit (up) arrojar/escupir
splint (emergency) tablilla/entablillado (de urgencia)
spoiled mimado *(adj.)*
sponge esponja
sponge off pasar la esponja
sponsor (of a foster child) padrino(a)
sponsor *(in Alcoholics Anonymous programs)* patrón(a)/abogado(a)
sports injuries molestias relacionadas con los deportes
spot (red) mancha (rojiza)
sprain torcedura
sprained torcido *(adj.)*
sputum esputo
squash calabaza
squat agacharse
squeal chillar
squeeze apretar (e→ie)
squint entornar los ojos/achicar los ojos
squirrel ardilla
stab apuñalar
stabbed apuñalado *(adj.)*
stabbing punzante *(adj.)*
stabilize estabilizar
stage etapa
stair escalera
stamp timbre *(Mex.)*/sello *(Spain & other countries)*/la estampilla
stand aguantar *(v.)*/soportar *(v.)*
stand back manténgase apartado/manténgase a distancia
stand up pararse/ponerse de pie
staple grapa
starch fécula
starchy feculento *(adj.)*
start empezar (e→ie)
starvation inanición/el hambre
stay quedar(se)
stepbrother, stepsister hermanastro(a)
stepfather padrastro
stepmother madrastra
stepson, stepdaughter hijastro(a)
sterile estéril *(adj.)*
sterile gauze dressing gasa esterilizada
sterility esterilidad *(f.)*
sterilization esterilización *(f.)*
sterilized esterilizado *(adj.)*
steroide esteroide *(m.)*
stethoscope estetoscopio
stick in introducirle (a uno)/meterle (a uno)
stick out the tongue sacar la lengua
stiff tieso *(adj.)*
still quieto *(adj.)*
stillborn nacido muerto
stirrups estribos
stitches puntos
stockings medias

stomach estómago
stomachache dolor *(m.)* de estómago
stool materia fecal/el excremento
stoop down agacharse
stop parar
storm tempestad/tormenta
straight ahead derecho
straighten enderezar
strained forzado *(adj.)*
strange extraño *(adj.)*
strangled estrangulado *(adj.)*
straw (drinking) pajilla/pajita/el popote *(Lat. Am.)*
strengthen fortalecer
stress test análisis de estrés/prueba de estrés/resistencia al ejercicio
stretch marks estrías
stretch extender (e→ie)
stretcher camilla/parihuelas *(Spain)*
stroke apoplejía/derrame cerebral/el ataque
strong fuerte
student alumno(a)
stuffed up, stuffy constipado/tapado *(adj.)*
stuffiness (of the nose), can mean constipation constipación *(f.)*
stuffy nose constipación nasal/nariz *(f.)* constipada/nariz tapada
stumble atropellarse
subject matter asunto
submit someterse
substitute sustituir *(v.)*
substitution sustitución *(f.)*
subway car vagón *(m.)*/el coche/carro del metro
subway metro
suck (on) chupar(se)
suck one's thumb chuparse el pulgar/chuparse el dedo gordo
sucker palita
suction aspiradora
sudden infant death syndrome (SIDS) síndrome de la muerte súbita infantil
suddenly de repente
suffer (from) padecer (de)/sufrir (de)
suffocate sofocar
suffocated sofocado *(adj.)*
sugar azúcar *(m.)/(f.)*
sugar substitute sustituto de azúcar
suggest sugerir (e→ie, i)
suicide suicidio
suit traje *(m.)*/convenir *(v.)*
suitable conveniente *(adj.)*
sumac zumaque *(m.)*
sun stricken insolado *(adj.)*
sunglasses anteojos (de sol, para el sol)
supension suspensión *(f.)*
superior superior *(adj.)*
supper cena
supply proveer *(v.)*
support apoyar
sure cierto *(adj.)*/seguro *(adj.)*
surgeon cirujano(a)
surgery cirugía
surgical quirúrgico
surgical gown bata quirúrgica
surgical nurse enfermero(a) quirúrgico(a)
surgical technician técnico(a) quirúrgico(a)
suture (someone up) coser(le)
sutures sutura
swallow tragar
sweat sudor *(m.)*/sudar *(v.)*
sweater suéter *(m.)*
sweaty sudoso *(adj.)*
sweep barrer
sweet dulce *(m.)* *(usually plural: los dulces)*

sweet potato batata
swell hinchar
swelling hinchazón
swim nadar
switchboard operator operador(a)
swollen hinchado (adj.)
swollen ankles tobillos hinchados
sympathy compasión (f.)
symptom síntoma (m.)
syndrome síndrome (m.)
syphilis sífilis
syringe jeringa
syrup jarabe (m.)
systol sístole (m.)

T

table mesa
tablespoon cuchara/cucharada
tablet tableta
tachycardia taquicardia
take tomar
   a bath bañarse
   a shower ducharse
   an impression hacer una impresión
   care of atender (e→ie)
   care cuidar
   from one place to another llevar
   off (something) quitarse
   out sacar
   to one's bed encamarse
talcum powder talco
talk with comunicar con
tall alto
tampon tampón (m.)
tantrum berrinches
tape cinta
tartar sarro
taste like saber a
tasty sabroso (adj.)
taxi taxi (m.)
TB tuberculosis (f.)
tea (herbal) té (de hierbas)/la infusión
team equipo
teaspoon cucharita/cucharilla/cucharadita
technician técnico(a)
teddy bear osito
television televisión (f.)
tell (I tell) decir (e→i) (yo digo)
temperature temperatura
tend tender (e→ie)
tend to atender (e→ie)
tennis elbow codo de tenista
tennis shoes tenis
tension tensión
terrible terrible (adj.)
test análisis (m.)/examen (m.)/prueba
testicles testículos/huevos (fam.)/los cojones (fam.)
testify atestiguar/presenciar
tetanus tétanos
thank you gracias
thankful agradecido (adj.)
That's it! ¡Ya está!
The doctor is ordering a clear liquid diet. El médico manda una dieta líquida.
therapist terapeuta
thermometer termómetro
thermostat termostato
thick grueso (adj.)
thin delgado (adj.)
This is for the pain. Esto es para el dolor.
this way así
thread hilo
throw up vomitar
thrown tirado (adj.)
thumb dedo gordo/el pulgar
thus así

thyroidectomy tiroidectomía
tiger tigre (m.)
tight ajustado (adj.)/apretado (adj.)
tightness lo apretado
times veces (f.)
tingling hormigueo
tired cansado (adj.)
tissue tejido
to the left a la izquierda
to the right a la derecha
toes turned out, in dedos de fuera (de dentro)
tofu tofu (m.)
toilet excusado/el W.C.
tomato tomate (m.)
tongue depressor pisalenguas (m.)
tonsillectomy amigdalectomía/la tonsilectomía
tonsillitis amigdalitis (f.)
toothbrush cepillo de dientes
toothpaste pasta dentrífica/de dientes, para los dientes
top or bottom? ¿la parte de arriba o abajo?
top superior
topical tópico (adj.)
torment mortificar (v.)
tormented mortificado (adj.)
tornado tornado
total care cuidado total
touch tocar
tourniquet torniquete (m.)
toward hacia
   the ceiling hacia arriba
   the floor hacia abajo
   the left hacia la izquierda
   the right hacia la derecha
toy (stuffed) animal animal de peluche
track vía
traction tracción (f.)
tractor tractor (m.)
traffic traficar (v.)
train tren (m.)
trained entrenado (adj.)
tram tranvía (m.)
tranquilizer tranquilizante/el calmante
transfer trasladar
transmit transmitir(se)
trapeze trapecio
trauma traumatismo/el trauma
tray bandeja
treat (a disease, condition) tratar
treatment tratamiento
tree árbol (m.)
tremble temblar (e→ie)
tremor tirón (m.)/el jalón (m.)
trick engañar
trimester trimestre (m.)
trip atropellarse
triplet trillizo
trolley tranvía (m.)
truck camión/camioneta (Mex.)
true cierto (adj.)/verdadero (adj.)
truly, truthfully verdaderamente
trust confianza
trustworthy fiable (adj.)
try probar (o→ue)
T-shirt camiseta
tubal ligation (tubes tied) ligadura de trompas
tube tubo
tuberculine test prueba de la tuberculina
tumor tumor (m.)
tunnel vision visión (f.) tunelada
turn (around) girar/voltear/volver (o→ue)
turn off apagar
turn on prender
turn out (a light) apagar
turn out (result) resultar/salir

turn over voltearse
TV set televisor (m.)
TV tele (f.)
tweezers pinzas
twin (fraternal, identical) gemelo (fraterno, idéntico)
twist torcer (o→ue)
twisted torcido (adj.)
twitch tirón (m.)/el jalón
type clase (f.)/el tipo
typhoid fever fiebre tifoidea

U

ugly feo (adj.)
ulceration ulceración (f.)
ulcer úlcera
ultrasound ultrasonido
umbilical cord cordón (m.) umbilical
uncle tío
uncomfortable incómodo (adj.)
unconscious inconsciente (adj.)
under the tongue debajo de la lengua
under/underneath debajo de
undernourished desnutrido
underpants calzas (Mex.)
underpants (for boys) calzoncillos
undershirt camiseta
understand entender (e→ie)/comprender
underwear ropa interior
undocumented indocumentado (adj.)
unfortunately desafortunadamente/desgraciadamente
unfriendly hostil (adj.)
uniform uniforme (m.)
unknown desconocido (adj.)
up arriba
up/upward hacia arriba
upbringing crianza
upper superior
upset stomach mareo
upset trastornado (adj.)
urgent urgente (adj.)
urinate orinar
urine orina
urticaria urticaria
use uso/usar (v.)/utilizarse (v.)
uterine de útero
uterus útero
U.T.I., urinary tract infection infección urinaria
utilize utilizarse

V

vaccination vacunación/vacuna
vaccine against vacuna contra
vaginal discharge flujo vaginal
varicose veins várices (f.)
various varios (adj.)
vasectomy vasectomía
vein vena
venereal disease enfermedad (f.) venérea
ventilator ventilador (m.)
very bad/very poorly muy mal
very close female friend of the family comadre (f.)
very close male friend of the family compadre (m.)
Very well. Muy bien.
veteran veterano(a)
victim víctima
violate violar
viral viral (adj.)
vision visión (f.)
visit visitar (v.)
visiting hours horas (horario) de visita
visitor visita

vital signs signos vitales/las constantes vitales
vitamin vitamina
vomit vomitar
vomiting vómitos
vulva vulva

W

wait esperar (v.)
wake up amanecer/despertarse (e→ie)
walk caminar/andar
walker (with wheels) andador (m.) (con ruedas)
wallet cartera
want querer (e→ie)/desear
war guerra
warm calentar (e→ie)
warn avisar
warning light (blue light) luz (f.) azul (Lat. Am.)
warning light (red light) luz roja (Carib.)
warning precaución
wart verruga
wash (oneself) lavar(se)
watch over vigilar
watch reloj (m.)
water pick limpiador (m.)
water agua (f.)
watermelon sandía
wave onda
way método
We're going to repair the damage. Vamos a reparar el daño.
We're going to take out (his, her, your) . . . Vamos a sacarle...
weak débil (adj.)
wean destetar
wear (clothing) llevar (ropa)
weed hierba mala
week semana
weigh pesar
weight peso
weight loss pérdida de peso
welfare ayuda del bienestar social
well bien
well-mannered, well behaved bien criado/bien educado (adj.)
wet nurse nodriza
wet the bed mojar la cama
What a scare! ¡Qué susto!
What a thing!, What kind of thing is this! ¡Qué cosa!
What do you think?, What is your opinion? ¿Qué opina?
What is your name? ¿Cómo se llama?
What kind of juice, beverage . . . do you want? ¿Qué clase de jugo, de bebida... quiere?
What nonsense! ¡Qué barbaridad!
What you are used to eating? ¿Qué suele comer?
wheelchair silla de ruedas
wheezing silbido
when you eat something cold or hot? ¿cuando toma o bebe algo frío o caliente?
Which hand do you write with? ¿Con qué mano escribe Ud.?
whirlpool bath piscina de hidromasaje
Who prepares your meals? ¿Quién le prepara las comidas?
whole/entire entero (adj.)
whooping cough tos ferina/ la tos convulsa
wife esposa
wine (red, white, rose) vino (tinto, blanco, rosado)
wires cables (m.)
with con

with meals con las comidas
with milk, with water con leche/con agua
with respect to con respecto a...
with, without salt con/sin sal
within one's reach a su alcance
within dentro de
without sin
without energy decaído *(adj.)*
without fail sin falta
witness testigo(a)
womb matriz
women's shelter casa de amparo para mujeres
woods bosque *(m.)*
work trabajar *(v.)*/funcionar *(v.)*
worried preocupado *(adj.)*
worse peor *(adj.)*
wound herida
wounded herido/lastimado *(adj.)*
wrapping paper papel de envolver
wreckage restos/escombros
wrist muñeca
write down apuntar

X

X-ray film placa
X-ray lab laboratorio de radiología
X-ray plate placa
X-ray unit unidad radiográfica/de radiografía
X-rays rayos X

Y

yank out (by the roots) arrancar
yeast infection infección *(f.)* de hongo
yogurt yogur *(m.)*
You are going to feed the baby. Va a alimentar al bebé.
You are going to feel a puff of air. Va a sentir un soplito de aire.
You are three months pregnant. Tiene tres meses de embarazo./Está encinta hace tres meses.
You are two centimeters dilated. Ud. está dilatada a dos centímetros.
You can eat anything on the menu. Ud. puede comer cualquier cosa del menú.
You have to prepare the formula. Tiene que preparar la fórmula.
You say . . . Se dice...
younger menor *(adj.)*
Your family is outside. Su familia está afuera.
your last period and the one before that su última regla y la previa
Your tooth is very decayed. Tiene un diente muy cariado.
youth juventud *(f.)*

Z

zebra cebra
zone zona *(fam.)*